RÉPERTOIRE GÉNÉRAL

DES

CAUSES CÉLÈBRES

ANCIENNES ET MODERNES.

IMPRIMERIE DE FÉLIX LOCQUIN,
rue N.-D.-des-Victoires, 16.

RÉPERTOIRE GÉNÉRAL

DES

CAUSES CÉLÈBRES

ANCIENNES ET MODERNES,

RÉDIGÉ PAR UNE SOCIÉTÉ D'HOMMES DE LETTRES,

SOUS LA DIRECTION

DE B. SAINT-EDME,

AUTEUR DU DICTIONNAIRE DE LA PÉNALITÉ, ETC. ETC.

Membre de l'*Institut historique*, de la *Société française de Statistique uni-verselle*, de l'*Académie de l'Industrie*, etc.

TROISIÈME SÉRIE.— TOME III.

PARIS.

LOUIS ROSIER, ÉDITEUR,

19, RUE GUÉNÉGAUD

—

1834

RÉPERTOIRE GÉNÉRAL

DES

CAUSES CÉLÈBRES.

―――――

CAMBRONNE.

PIERRE-JACQUES-ETIENNE, baron Cambronne, naquit à Saint-Sébastien, près de Nantes, le 26 décembre 1770, d'un négociant estimable qui soigna son éducation. Il embrassa les principes de la révolution avec ardeur, devint officier dans la garde nationale de Nantes, s'engagea volontairement et servit dans la légion Nantaise contre les Vendéens. A l'affaire de Quiberon, en 1795, où il commandait une compagnie comme capitaine, il sauva plusieurs émigrés pris les armes à la main. Envoyé à l'armée des Alpes, sous Masséna, il combattit à Zurich (1799) à la tête d'une compagnie de grenadiers de la 46ᵉ demi-brigade, et à l'affaire d'Oberhausen (1800), où fut tué La Tour-d'Auvergne-Corret, premier grenadier de la république, Cambronne fut proclamé pour succéder à ce beau titre, dont sa valeur et son caractère le rendaient digne. Parvenu successivement aux grades de chef de bataillon et de colonel, il fit avec la plus grande distinction les campagnes de 1806, de 1809, de 1812, 1813, 1814 et 1815. Créé baron d'empire en 1812, nommé commandant de la Légion-d'Honneur et général de brigade en 1813, et général de division en 1815, il accompagna Napoléon à l'île d'Elbe, et commanda l'avant-garde de ses troupes lors de son retour. A la bataille de Mont-Saint-Jean, où il commandait une division de la garde impériale, entouré d'ennemis qui le sommaient de se rendre, il fit cette belle réponse : *La garde meurt ; elle ne se rend pas.* Couvert de blessures, que l'on jugea d'abord devoir être mortelles, il fut fait prisonnier et conduit en Angleterre. Il revint librement en France au mois de septembre, et Louis XVIII le fit traduire à un conseil de guerre, comme coupable d'avoir attaqué le gouvernement royal à main armée. Il avait été compris dans l'ordonnance du 24 juillet.

Il était encore prisonnier des Anglais lorsqu'il écrivit cette lettre toute de franchise militaire à Louis XVIII, qui ne le comprit pas.

« Sire,

« Major au premier régiment des chasseurs à pied de la garde, le traité de Fontainebleau m'imposa le devoir de suivre l'empereur à l'île d'Elbe.

Cette garde n'existant plus, j'ai l'honneur de prier V. M. de recevoir ma soumission et mon serment de fidélité. Si ma vie, que je crois sans reproches, me donne des droits à votre confiance, je demande mon régiment. En cas contraire, mes blessures me donnent droit à la retraite, qu'alors je solliciterai, regrettant d'être privé de servir ma patrie.

« Je suis, etc. »

Et Louis XVIII répondit par un jugement !
Voici ce procès curieux.

Séance du 26 avril 1816.

Le conseil entre en séance à onze heures.

Le président donne lecture d'une lettre du général comte Despinoy, commandant la 1re division militaire, qui convoque le conseil chargé de juger le général Cambronne, et composé ainsi qu'il suit :

Président : Le chevalier de Foissac-Latour, maréchal-de-camp, chef d'état-major de la 2e division de cavalerie de la garde royale.

Juges : Le comte Edmond de Périgord, maréchal-de-camp, commandant la 2e brigade de la 1re division de cavalerie de la garde royale ; le marquis de la Chevalerie, maréchal-de-camp, aide-de-camp de S. A. S. le prince de Condé ; le marquis de Marcillac, colonel d'état-major ; le vicomte de

Pons, chef d'escadron; le comte de Vergennes, capitaine; de Goui, capitaine.

Procureur du roi : Dutuis, capitaine dans la légion de la Seine.

-, *Rapporteur :* Delon, chef de bataillon.

' *Greffier* : Boudin.

· Le président donne lecture d'une seconde lettre du général Despinoy, en date de ce jour, qui désigne pour remplacer le marquis de Marcillac, retenu chez lui pour cause de maladie, le colonel Moulins, qui siége avec les autres membres du conseil.

Mᵉ Berryer fils, avocat, est chargé de la défense du général Cambronne.

Le rapporteur a la parole pour la lecture des pièces de la procédure. Après avoir donné connaissance au conseil de plusieurs lettres relatives à la translation à Paris du général Cambronne qui s'est volontairement constitué prisonnier, il lit les divers interrogatoires qu'il lui a fait subir.

Ces interrogatoires sont au nombre de trois.

Le premier a eu lieu le 29 janvier; le second, le 2 avril; le troisième, le 20 juillet.

En voici la copie.

D. Quels sont vos noms et prénoms, votre âge, lieu de naissance, domicile, qualités, titres et dignités.

R. Je me nomme Pierre-Jacques-Etienne Cam-·bronne; je suis né le 26 décembre 1790, à Nantes (Loire-Inférieure), y domicilié, fils de feu Pierre et d'Adélaïde Druon, demeurant à Saint-Sébastien, banlieue de Nantes. Je suis baron, maréchal-de-camp, l'un des commandans de la Légion-d'Honneur.

D. Monsieur le général, à quelle époque, dans quel lieu et pour quel motif avez-vous été arrêté?

R. Je n'ai point été arrêté: j'étais prisonnier de guerre en Angleterre. Ayant eu ma liberté par suite du traité de Paris, et connaissant l'ordonnance du roi du 24 juillet dernier, je m'empressai d'écrire à son excellence le ministre de la police générale, pour lui faire part que j'allais m'embarquer pour rentrer en France, dans l'intention de donner une preuve de ma soumission à sa majesté, en me présentant devant les juges qu'on désignerait. Je demandai seulement de n'être point arrêté lors de mon débarquement, et de pouvoir me rendre librement à Paris. Arrivé à Calais, je me présentai, le 17 décembre dernier, au commandant de la place, et le même jour je partis pour Paris, accompagné d'un officier à demi-solde, qui me fut donné par le commandant. M'étant présenté en cette dernière ville à M. le lieutenant-général Despinoy, il me fit conduire par un adjudant de place à l'Abbaye.

D. Quelles étaient vos fonctions au 1er mars 1814?

R. J'étais général de brigade, commandant le premier régiment de chasseurs à pied de la vieille garde.

D. Où vous trouviez-vous lors de l'abdication de Napoléon, en avril de la même année?

R. J'étais à Fontainebleau, retenu dans mon lit, par suite des blessures que j'avais reçues à la bataille de Craone, et sous les murs de Paris.   ‎

D. A cette époque, la France était rentrée sous le gouvernement de ses légitimes souverains : l'armée française, en masse et individuellement, a donné son adhésion ; elle a reconnu S. M. Louis XVIII pour son légitime souverain ; elle a prêté serment d'obéissance et de fidélité : avez-vous suivi son exemple ?

R. Le traité du 11 avril 1814 ayant accordé à Napoléon la souveraineté de l'île d'Elbe, avec le titre d'empereur, il a eu en outre l'autorisation d'emmener quatre cents hommes de troupes. Je me suis fait un devoir de partager le sort de mon souverain, et j'ai accepté le commandement de ces troupes, qui me fut donné la veille de leur départ de Fontainebleau. N'ayant pas quitté mon ancien souverain, je me suis considéré comme n'étant plus sujet français ; j'ai pensé que je n'étais astreint à aucun serment envers S. M. Louis XVIII : je n'en ai donc prêté d'aucune nature, ni n'ai fait aucun acte d'adhésion.

D. Où étiez-vous au 1er mars 1815 ?

R. Parti de l'île d'Elbe avec Napoléon, je suis débarqué avec lui et ses troupes sur les côtes de Provence. Le 1er mars nous étions au golfe Juan.

D. Qu'avez-vous fait du 1er au 20 mars ?

R. J'ai commandé l'avant-garde des troupes de Napoléon jusqu'à trois lieues avant l'arrivée à Lyon. Depuis cette époque, j'ai cessé d'avoir un commandement, et je l'ai précédé ou suivi jusqu'à son arrivée à Paris.

D. Qu'êtes-vous devenu depuis le 20 mars dernier jusqu'au jour de votre rentrée en France, venant d'Angleterre?

R. J'ai repris le commandement du 1ᵉʳ régiment de chasseurs à pied de la garde, à l'arrivée de ce corps à Paris. Quelque temps après, je fus promu au grade de lieutenant-général, que je refusai, en annonçant que, dans le cas où l'on me forcerait d'accepter, je prendrais ma retraite. Je quittai Paris avec la garde lorsqu'elle partit pour l'armée. Blessé et laissé pour mort à la bataille du 18 juin, je fus fait prisonnier par les Anglais, et conduit en Angleterre, d'où je suis revenu comme je l'ai dit plus haut.

D. Quelles étaient vos fonctions à l'île d'Elbe?

R. J'étais commandant de place à Porto-Ferrajo.

D. Postérieurement au 11 avril 1814, avant d'avoir quitté la France, depuis votre arrivée à l'île d'Elbe, pendant le séjour que vous y avez fait et depuis votre débarquement en France, n'avez-vous adressé au roi ou à ses ministres aucun acte de soumission? N'avez-vous fait enfin ni démarches, ni actes, ni demandes ayant pour but votre rentrée en France, pour y vivre en fidèle sujet de S. M. Louis XVIII?

R. Me considérant comme sujet d'un souverain étranger, je ne me suis point cru dans l'obligation de faire ni démarches ni actes de cette nature envers le roi de France et ses ministres. Je me suis borné, pendant mon séjour à l'île d'Elbe, à une époque dont je ne me rappelle plus, à écrire à M. le lieutenant-général comte Curial, pour l'inviter à me conserver sa bienveillance, et lui faire part de mon désir d'employer son crédit, dans le cas où la mort de Napoléon me laisserait libre, pour rentrer en France, et reprendre ma qualité et mes droits de citoyen français.

D. Depuis votre sortie de France, ou pendant votre séjour à l'île d'Elbe, n'avez-vous pas reçu des ordres du roi ou de ses ministres, annulant l'autorisation qui avait pu vous avoir été donnée de passer à un service étranger, et vous enjoignant de rentrer en France sur-le-champ ou dans un délai fixé.

R. Je n'ai jamais reçu d'ordres semblables.

D. Quelles étaient vos occupations à l'île d'Elbe?

R. J'étais commandant de Porto-Ferrajo, chargé de la police militaire et de l'instruction des Corses organisés en bataillon.

D. A quelle époque avez-vous eu connaissance du projet de Napoléon de quitter l'île d'Elbe pour tenter une invasion en France?

R. Trois jours avant l'embarquement; Napoléon me donna l'ordre de me tenir prêt à partir, sans me faire connaître ses projets et notre destination, et en me donnant également l'ordre de ne faire connaître ce départ à qui que ce fût.

Ce n'est qu'à bord du bâtiment, le deuxième ou troisième jour de la traversée, qu'il parut sur le pont avec la cocarde tricolore au chapeau, et que j'appris que nous allions en France.

D. Ne fîtes-vous aucune observation?

R. Les troupes poussèrent des *vivat* : soldat et sujet de Napoléon, je ne crus qu'avoir à obéir.

D. Antérieurement au départ de l'île d'Elbe, n'avez-vous pas fait de voyages en France, soit pour vos affaires particulières, soit pour remplir quelque mission qui vous aurait été donnée par Napoléon?

R. Je n'ai jamais quitté l'île d'Elbe qu'au moment de l'embarquement général.

D. Si vous n'avez pas fait de voyages en France ayant pour but de préparer la réussite de l'invasion de Napoléon, du moins avez-vous entretenu quelques correspondances à cet égard, soit avec vos amis particuliers, soit avec les partisans de Napoléon et les ennemis de la France, et de son légitime souverain Louis XVIII.

R. Jamais je n'ai eu de correspondance politique; je ne m'en suis jamais mêlé en conversation: entièrement militaire, je ne m'occupais que de mon état et des soldats sous mes ordres. Pendant mon séjour à l'île d'Elbe, je n'ai écrit qu'à ma mère, qui habite Saint-Sébastien, près de Nantes, et une fois à M. le lieutenant-général comte Curial, pour le prévenir qu'en cas que, pour un motif quelconque, je me décidasse à quitter le service de Napoléon, j'aurais recours à sa protection pour obtenir la permission de rentrer en

France, et d'y vivre tranquillement au sein de ma famille.

D. Puisque vous n'aviez accompagné Napoléon à l'île d'Elbe que par suite du traité du 11 avril 1814, et d'après l'autorisation accordée par ce traité, vous n'aviez pas besoin d'avoir recours à la protection de qui que ce soit pour obtenir votre rentrée en France. L'art. 18 de ce traité vous laissait pendant trois ans la faculté d'y rentrer sans vous soumettre à aucune démarche ni à aucune formalité.

R. Ayant accepté les fonctions de commandant de Porto-Ferrajo, ayant suivi Napoléon devenu souverain de l'île d'Elbe, peu au fait de ce qui constitue les droits politiques, je me regardais comme ayant perdu tous mes droits de citoyen français, comme étant devenu étranger à la France, et par conséquent comme ne pouvant y rentrer qu'après en avoir demandé et obtenu l'autorisation.

D. Vous prétendez n'avoir agi, en portant les armes contre la France, que comme étranger et sujet d'un souverain étranger. Je dois vous faire observer qu'en admettant que Napoléon fût réellement un souverain étranger, autorisé par les droits des nations à faire la guerre à la France, vous ne pouviez, dans cette hypothèse, vous considérer que comme un Français autorisé à servir une puissance étrangère; et, dans cette position, vous sentez que les lois de l'honneur vous prohibaient de porter les armes contre la France ?

R. Passé au service du prince souverain de l'île d'Elbe, non par une simple autorisation du roi de France, mais par suite des conditions stipulées dans le traité du 11 avril 1814, j'ai cru, puisque par ce traité je restais sujet de Napoléon sans aucune restriction ni condition, que les liens qui m'attachaient à la France étaient entièrement rompus, et que je devais aveugle obéissance au prince souverain auquel j'obéissais depuis si long-temps, et que j'avais cru ne pas devoir abandonner par cela même qu'il était malheureux.

D. Je dois vous faire observer que, d'après le sens des articles 17 et 18 du traité dont vous excipez, vous ne perdiez, en suivant Napoléon, la qualité de Français qu'au bout de trois ans, et qu'en conséquence vous n'étiez délié qu'après ces trois ans des obligations et des devoirs de citoyen français.

R. Je me suis considéré comme sujet d'un souverain étranger du moment où, par suite du traité déjà cité, Napoléon a été reconnu souverain de l'île d'Elbe, et voilà pourquoi je n'ai fait aucun acte d'adhésion au gouvernement provisoire, et n'ai prêté aucun serment de fidélité à S. M. Louis XVIII, jusqu'au 20 juillet dernier, que, dégagé de mes sermens par la seconde abdication de Napoléon, j'ai adressé d'Angleterre, où j'étais prisonnier, au ministre de la police, mon adhésion au gouvernement royal, en le priant de mettre sous les yeux de S. M. mon serment de fidélité, serment qu'on ne doit pas craindre de me voir trahir.

J'ai considéré l'article 18 comme seulement facultatif, et accordant aux Français qui auraient suivi Napoléon la faveur de reprendre, par leur simple retour en France, leurs droits de citoyens français, dans le cas où ils voudraient prendre ce parti. Voilà pourquoi et dans quel sens j'avais écrit à M. le lieutenant-général comte Curial, en profitant du motif que me donnait le besoin de régulariser ma comptabilité pour objet de service avant mon départ de France, mon désir étant de rentrer dans mon ancienne patrie, si un événement ou des circonstances quelconques m'avaient décidé à quitter l'île d'Elbe et le service de Napoléon.

D. Vous avez déclaré, dans un de vos interrogatoires précédens, que Napoléon, trois jours avant de quitter l'île d'Elbe, vous donna l'ordre de vous tenir prêt à partir sans vous faire connaître pour quelle destination; et que ce ne fut que le deuxième ou le troisième jour de la traversée que vous fûtes instruit, ainsi que la troupe, que vous alliez en France : comment croire que Napoléon, qui avait fait connaître avant son départ son projet aux généraux Bertrand et Drouot, n'ait pas eu en vous la même confiance, vous, comme eux, officier-général; vous, sur le dévouement duquel il n'avait probablement aucun doute?

R. Napoléon, après m'avoir donné l'ordre de

me tenir prêt à partir, s'adressant à moi, m'interpella en me disant : « Cambronne, où allons-
nous? » Je lui répondis : Je n'ai jamais cherché à
pénétrer les secrets de mon souverain, je vous suis
tout dévoué. » Napoléon n'ajoutant rien de plus,
je me bornai effectivement à me tenir prêt à obéir
à ses ordres sans chercher à savoir où nous devions
aller, ni par quels motifs il ne m'en faisait pas
part.

D. Une fois instruit que les projets de Napoléon,
en quittant l'île d'Elbe, avaient pour but une invasion en France, et le projet de détrôner le légitime souverain, n'avez-vous pas réfléchi sur la
déloyauté de cette entreprise, ses difficultés, ses
dangers, et les malheurs qu'elle devait nécessairement attirer sur la France?

R. Soldat et sujet, je ne pouvais abandonner
mon souverain sans lâcheté; j'ai rejeté toutes réflexions, mon devoir l'a emporté.

D. Vous vous considériez sujet de Napoléon
comme souverain étranger, et ne lui deviez à cet
effet pleine et entière obéissance, que par suite
du traité du 11 avril 1814, d'après lequel Napoléon avait renoncé à toute domination sur la
France et l'Italie. Lorsque vous avez eu connaissance que, contre la foi des traités, Napoléon attaquait le roi de France, et prenait la qualité
d'empereur des Français, ne deviez-vous pas vous
regarder comme dégagé de vos devoirs envers Napoléon, et des sermens que vous pouviez lui avoir
prêtés par suite de ce traité, dont il violait les

premières et principales conditions? En n'agissant pas ainsi, et favorisant de tous vos moyens l'invasion, ne vous êtes-vous pas exposé à ce qu'on ne voie en vous que le complice de l'auteur de l'attentat, et non le sujet d'un souverain étranger qui combat avec honneur les ennemis de son prince?

R. Le traité de Fontainebleau m'avait imposé des obligations envers Napoléon; ne me considérant pas comme Français, j'ai dû lui obéir passivement. Les titres que prit Napoléon à son arrivée en France ne lui ôtaient pas ceux de souverain de l'île d'Elbe; c'étaient donc toujours les mêmes devoirs qui me liaient à lui, c'étaient les mêmes principes qui me faisaient agir.

D. Avez-vous eu connaissance de l'ordonnance de sa majesté, du 6 mars de l'année dernière?

R. Je n'ai pas eu connaissance de cette ordonnance.

D. Cette ordonnance ayant eu toute la publicité que l'on donne à toutes les lois et actes émanés de l'autorité souveraine et législative, tous les habitans de la France sont censés, de droit ou de fait, en avoir eu connaissance, et étaient tenus d'y obéir. Cette ordonnance était impérative; elle traçait leur devoir à tous les Français qui, séduits ou égarés, avaient pu s'être réunis à Napoléon : pourquoi n'avez-vous pas obéi?

R. Je puis vous assurer de nouveau, et avec vérité, que je n'ai eu connaissance de cette ordonnance que depuis que je suis détenu; mais j'en au-

rais eu connaissance dès mon débarquement ou
avant mon arrivée à Paris avec Napoléon, que, ne
me regardant pas comme Français, étant, au contraire, sujet d'un souverain étranger , je n'aurais
pas cru être dans l'obligation de m'y soumettre.

D. N'avez-vous pas signé une proclamation,
sous la date du 1er mars et du golfe Juan; ladite
proclamation faite au nom des troupes de la garde
de Napoléon, et par laquelle les Français, et surtout l'armée, étaient invités à quitter leur légitime
souverain pour se réunir sous les drapeaux de Napoléon ?

R. J'ai signé, il est vrai, une proclamation sous
cette date; elle avait été rédigée par Napoléon lui-
même; et, d'après ses ordres, elle a été signée
par tous les militaires qui savaient écrire, n'importe leur grade.

D. Vous n'êtes donc ni l'auteur ni l'un des ré-
dacteurs de cette proclamation ?

R. Non, monsieur.

D. Pourquoi signer une proclamation aussi incendiaire, et dont les principes étaient si contraires au droit des gens, en admettant même
que Napoléon fût un souverain étranger, et
qu'en cette qualité il fît la guerre au roi de
France ?

R. Sujet de Napoléon, je lui devais obéissance et
faire ce qu'il m'ordonnait.

D. Je vous présente une proclamation insérée
dans le *Moniteur* du 24 mars de l'année dernière ,

portant la date du golfe Juan, premier dudit mois, et qui, faite au nom des généraux, officiers et soldats de l'ex-garde, est adressée à l'armée, et paraît avoir été revêtue de votre signature.

Reconnaissez-vous cette proclamation pour celle dont est question, et, par suite de cette reconnaissance, voulez-vous signer en marge de cet imprimé, ainsi que nous avons déjà fait avec le greffier ?

R. La proclamation que vous me présentez n'est point celle que j'ai signée; elle ne contenait pas les personnalités qui se trouvent insérées dans le *Moniteur*. Cette dernière n'étant pas la copie de celle à laquelle j'ai, par ordre de Napoléon, apposé ma signature comme tous les autres militaires, je ne crois pas devoir ni pouvoir la signer ainsi que vous m'en faites l'invitation.

D. Vous ne reconnaissez point la proclamation insérée dans le *Moniteur* pour être celle que vous avez signée; je vous en présente une en placard portant la date susdite, et qui paraît également avoir été revêtue de votre signature : la reconnaissez-vous pour être celle dont il est question, et voulez-vous, en foi de cette reconnaissance, la signer et parapher ainsi que nous avons déjà fait avec le greffier ?

R. Cette proclamation, quoique différente de celle que vous venez de me présenter, et qui est dans le *Moniteur*, n'est pas encore la copie exacte de celle signée par Napoléon; je ne crois pas en conséquence devoir ni pouvoir la signer ainsi que vous m'y invitez.

D. Puisque vous ne reconnaissez aucune de ces deux proclamations pour être la véritable, pourriez-vous nous représenter l'original ou la copie manuscrite ou imprimée de cette proclamation ?

R. Napoléon, qui a fait cette proclamation, ne l'a pas laissée en nos mains ; je ne l'ai lue qu'une fois, et je n'en ai jamais possédé des copies manuscrites ou imprimées.

D. Puisque vous ne pouvez présenter ni original ni copie de cette proclamation, dites-nous dans quel sens et dans quel esprit elle était rédigée ?

R. L'on invitait les troupes à se ranger sous les drapeaux de Napoléon.

D. A cette invitation de se réunir sous les drapeaux de Napoléon, n'y avait-on pas joint des personnalités injurieuses contre le roi et son auguste famille ; et n'ordonnait-on pas d'arracher et de fouler aux pieds la cocarde blanche et les drapeaux à la couleur de la famille royale ?

R. Je crois bien me rappeler qu'en invitant les troupes à se réunir à celles de Napoléon, on les invitait en même temps à substituer à la cocarde blanche celle tricolore ; mais il n'y avait point d'ordre de fouler aux pieds les signes de la royauté ; il n'y avait non plus aucunes personnalités injurieuses pour S. M. et la famille royale.

D. Par suite d'un arrêté pris à la fin du mois de juin dernier, par la commission du gouvernement provisoire, le ministre de la guerre a ordonné que les généraux Bertrand et Drouot seraient payés de leurs appointemens depuis leur départ pour l'île d'Elbe et pour tout le temps de leur séjour dans cette île ; vos appointemens, pour le même temps, ne vous auraient-ils point été payés par suite d'un pareil arrêté ou de toute autre décision ?

R. Non, monsieur, et je vous remets en preuve deux certificats délivrés à cet effet par les quartiers-maîtres Chérillon et Lanouy, certifiés par M. le sous-inspecteur aux revues Latrobe.

Sur-le-champ, et pour constater la remise de ces certificats, nous, chef de bataillon, rapporteur, les avons signés et paraphés *ne varietur* avec notre greffier ; et, sur notre invitation, lesdits certificats ont été également signés et paraphés par M. le maréchal-de-camp Cambronne.

D. Dans un de vos interrogatoires précédens, vous avez dit, à l'appui de l'opinion où vous étiez d'être devenu totalement étranger à la France, que, prévoyant peut-être le moment où, par un motif quelconque, vous vous décideriez à quitter l'île d'Elbe et le service de Napoléon pour rentrer en France et pour y vivre dans vos foyers, vous avez écrit à M. le lieutenant-général comte Curial, pour lui demander si vous pouviez compter sur sa protection pour vous faire obtenir la permission de rentrer en France, dans le cas où vous vous décideriez effectivement à quitter l'île d'Elbe.

Vous avez réclamé que cette lettre soit jointe aux pièces de la procédure. Malgré mes recherches pour me la procurer, je n'ai pu l'obtenir. Je vous présente une lettre qui m'a été adressée par M. le lieutenant-général comte Curial; dites-nous si les expressions qui y sont relatées sont celles qui étaient consignées dans la lettre que vous lui avez écrite et dont vous avez réclamé l'insertion au procès-verbal ?

M. le maréchal-de-camp Cambronne, ayant pris lecture de la lettre à nous adressée le 21 mars dernier par M. le comte Curial, commençant par ces mots : « Il est vrai que, sans pouvoir préciser », et finissant par ceux « est parfaitement d'accord avec sa déclaration, » a déclaré que le paragraphe qui le concernait et qui relatait sa demande de la protection de M. le général, dans le cas où il désirerait rentrer en France, était bien ce qu'il avait écrit à ce général.

En foi de cette reconnaissance et sur notre invitation, il a signé et paraphé ladite lettre, ainsi que nous et le greffier.

- D. Depuis que vous avez quitté la France pour suivre Napoléon dans l'île d'Elbe, vous prétendez n'avoir agi que comme sujet d'un souverain étranger, et avoir ainsi renoncé à la qualité de citoyen français, pourquoi et comment avez-vous accepté la qualité de pair de France dans la chambre créée par Napoléon, et pourquoi avez-vous siégé dans cette chambre.

R. Avant que Napoléon ait été placé par le fait à la tête du gouvernement en France, j'ai agi, en l'accompagnant, comme sujet d'un souverain étranger. Lorsque Napoléon est redevenu le chef du gouvernement de la France , toutes les causes qui m'avaient fait renoncer à la qualité de Français, ont cessé; leur effet a cessé de même , et je suis redevenu Français; d'autant plus que j'étais dans le délai prescrit par le traité du 11 avril.

D. Puisque vous croyiez vous devoir en entier à Napoléon , pourquoi ne l'avez-vous pas suivi à l'île Ste-Hélène, ou au moins pourquoi n'avez-vous pas demandé à suivre celui que vous regardiez comme votre souverain?

R. Les circonstances étaient changées; il ne lui était plus accordé de troupes, et n'était plus reconnu souverain; il m'avait délié de mes sermens par sa dernière abdication; j'ai donc cru devoir et pouvoir me soumettre à S. M. Louis XVIII; et à cet effet j'ai écrit à S. Exc. le ministre de la guerre, le 20 juillet dernier, pour le prier de mettre au pied du trône mon acte de soumission et mon serment de fidélité à S. M. ; et c'est par suite de cet acte, qu'ayant appris que j'étais porté sur la première liste de l'ordonnance du roi, du 24 juillet dernier, je me suis empressé de donner une preuve de respect et de soumission au souverain auquel j'avais adressé mon serment d'obéissance et de fidélité; et, à cet effet, j'ai écrit à S. Exc. le ministre de la police, pour lui faire part qu'aussitôt que je serais libre, je m'empresserais de me rendre en France , pour me présenter devant le tribunal appelé à prononcer sur mon sort, résolution que j'ai mise à exécution aussitôt que la paix est venue briser les liens qui me retenaient en Angleterre.

D. Je vous représente une lettre signée le baron Cambronne, datée d'Ashburton, le 10 octobre 1815, ne portant aucune inscription, commençant par ces mots : « Apprenant que la paix est prochaine, » et finissant par ceux-ci : « Dont je vous aurai une éternelle reconnaissance. » Reconnaissez-vous cette lettre pour celle que vous avez écrite à S. Exc. le ministre de la police générale, et mentionnée dans votre réponse précédente. En foi de la reconnaissance que vous pouvez en faire, voulez-vous la signer et parapher, ainsi que nous le faisons avec notre greffier.

R. Je reconnais cette lettre pour être celle mentionnée dans ma précédente réponse. Je veux bien la signer et parapher, ainsi que vous m'y invitez.

D. Nous vous représentons l'acte de soumission au roi, et la lettre d'envoi de cette pièce au ministre de la guerre, datée d'Ashburton, le 20 juillet dernier, et dont vous nous avez parlé dans vos précédens interrogatoires, reconnaissez-vous ces deux pièces ?

R. Je les reconnais parfaitement pour être celles que j'adressai dans le temps à son excellence.

D. En foi de cette reconnaissance, nous vous invitons à la signer et parapher *ne varietur*, avec nous et le greffier.

R. J'y consens. — Cela a été fait à l'instant.

D. M. le général, vous êtes traduit au 1er conseil de guerre permanent de la première division militaire, prévenu des délits spécifiés en l'article 1er de l'ordonnance du roi, du 24 juillet dernier, savoir : 1° de trahison envers le roi avant le 23 mars 1815 ; 2° d'avoir attaqué, à main armée, la France et le gouvernement ; et 3° d'avoir usurpé le pouvoir par violence. Avez-vous quelques moyens de justification à ajouter à ceux déjà consignés dans vos précédens interrogatoires.

R. J'avais prêté serment de fidélité à Napoléon ; autorisé par un traité, je l'ai suivi quand il a quitté la France pour l'île d'Elbe. Sa deuxième abdication m'ayant dégagé de mes devoirs et de mes sermens envers lui, j'ai envoyé le 20 juillet dernier mon acte de soumission et mon serment de fidélité à sa majesté Louis XVIII. Je ne pouvais donc trahir le roi avant cette époque ; et depuis, loin de me rendre coupable d'un pareil crime, j'ai donné des preuves de mon obéissance et de ma fidélité, puisque, lorsque j'ai eu connaissance de l'ordonnance du roi du 24 juillet, quoique me trouvant en pays étranger et libre de ne pas revenir en France, je n'ai pas balancé à venir me constituer prisonnier, lorsque j'en ai eu la faculté, par suite du traité de paix.

Je n'ai pas non plus en aucune manière usurpé le pouvoir par violence, et lorsque j'ai suivi Napoléon à son départ de l'île d'Elbe, et que j'ai obéi à ses ordres, j'ai toujours agi dans la bonne foi et avec la conviction que j'étais sujet entièrement étranger à la France.

Je me regarde donc comme très-innocent des crimes dont je suis accusé ; certain de l'impartiale équité de mes juges, j'attends avec une respectueuse confiance, qu'ils prononcent sur mon sort.

D. La loi vous autorise à faire choix de quelqu'un pour vous défendre, avez-vous fait ce choix?

R. Me Berryer fils, avocat, est chargé de me défendre.

Le rapporteur a expliqué que pour constater les allégations de l'accusé, il avait écrit au général Curial et au ministre de la police. Le premier a répondu qu'il avait en effet reçu la lettre mentionnée dans l'interrogatoire, et que dans le temps, il l'avait envoyée au directeur-général de la police. Le ministre a répondu que cette lettre n'avait pas été retrouvée dans ses bureaux.

Le rapporteur a également donné lecture au conseil, de quelques certificats qui prouvent que pendant la première guerre de la Vendée, le général Cambronne, au péril même de sa vie, a préservé d'une mort certaine plusieurs personnes qui allaient tomber sous la hache révolutionnaire.

Le général Cambronne a adressé les originaux de ces certificats au rapporteur, en lui écrivant la lettre suivante :

« Colonel,

« J'ai l'honneur de vous envoyer ci-joint quatre certificats que je vous prie de joindre à la procédure, afin que l'on voie que je ne fis jamais la guerre à l'opinion, mais seulement sur le champ de

bataille; et encore quand la victoire était déclarée, je faisais ce que l'humanité commande.

« J'ai l'honneur, etc.

Signé : le baron général CAMBRONNE.

Le premier de ces certificats est de M. Dumes-
nil, curé de Ville-Lévêque, qui a été sauvé en
1792 par le général Cambronne, et à qui ce dernier
offrit un asile.

La lecture des pièces de la procédure étant terminée, le président ordonne que l'on fasse venir
l'accusé.

Le général Cambronne est introduit; il porte
l'uniforme de son grade; sa figure et sa démarche
annoncent une tranquillité et un calme parfait. On
remarque au-dessus de son œil gauche, une profonde cicatrice provenant de la blessure qu'il a reçue à Waterloo , et à la suite de laquelle il fut confondu parmi les morts sur le champ de bataille.

Le président interroge comme ci-après le général Cambronne :

D. Lorsque *Bonaparte* mit le pied en France
en 1815, vous commandiez ses troupes?

R. Oui, général.

D. Vous l'avez quitté aux environs de Lyon;
vous aviez vraisemblablement une autre mission?

R. Ainsi que je l'ai dit dans mes interrogatoires,
je n'avais aucune mission particulière. Voilà les
ordres qui me furent donnés en débarquant (le
général lit d'une voix forte un papier qu'il tire de

sa poche). « *Cambronne, je vous confie l'avant-garde de ma plus belle campagne ; vous ne tirerez pas un seul coup de fusil ; partout vous ne trouverez que des amis ; songez que je veux reprendre ma couronne sans répandre une seule goutte de sang.* »

D. Pourquoi, d'après cet ordre, vous a-t-on ôté le commandement que vous aviez?

R. Alors nous avions d'autres troupes. Je n'avais d'abord que quarante hommes, bientôt on me désigna le 7e de ligne et le 4e de hussards qui se trouvaient dans nos cantonnemens, avec ordre de m'arrêter à trois lieues de Lyon, et de pousser mes reconnaissances jusque sur cette ville.

D. D'après cela, vous n'avez quitté votre commandement que pour en prendre un autre plus considérable?

R. Je n'avais aucun commandement. Je voyageais comme un simple particulier, tantôt devant, tantôt avec Napoléon.

D. Cependant, vous aviez une mission quelconque?

R. Aucune.

D. Comment se peut-il faire que *Bonaparte*, qui vous avait confié un commandement en débarquant, vous l'ait ôté ensuite?

R. Ne devait-il pas aussi avoir confiance en ceux qui se joignaient à lui. Nos troupes n'allaient pas aussi vite que celles qui étaient échelonnées sur la route. Elles ne sont pas parties avec nous ; elles ont été embarquées, et je voyageais à cheval avec Napoléon.

D. En quittant l'*usurpateur*, reçûtes-vous des instructions pour cette campagne prétendue?

R. Je fus instruit, le deuxième ou troisième jour de l'embarquement, lorsque Napoléon parut sur le pont avec la cocarde tricolore.

D. La question se rapporte à l'époque où vous avez quitté le commandement après le débarquement?

R. Je crois que c'est le deuxième jour que j'ai quitté mes quarante hommes.

D. Qui vous en donna l'ordre?

R. Napoléon lui-même : Vous allez, me dit-il, partir avec le 7e régiment.

D. Vous avez donc pris un autre commandement?

R. Eh! oui.

D. Qui vous transmettait les ordres de *Bonaparte*?

R. Les généraux ou lui-même.

D. Il y avait un intermédiaire ordinaire entre vous et lui?

R. Souvent les ordres m'étaient transmis par le général Bertrand.

D. A quel titre?

R. Comme grand maréchal.

D. Avez-vous conservé quelques-uns de ces ordres?

R. Non, ils étaient toujours verbaux.

D. Cependant, depuis l'embarquement jusques aux côtes de France, et plus tard, on a dû vous donner des ordres par écrit?

R. Tous ces ordres se réduisaient à ceci : Allez coucher là ; déjeunez là ; dînez-là ; voilà tout.

D. Mais vous aviez quelques instructions en cas de résistance ?

R. *Nous n'en avons jamais rencontré.*

D. Le cas pourtant devait être prévu ?

R. Eh ! général, il était prévu, puisqu'on nous avait dit que nous serions partout bien accueillis, et qu'en effet nous l'avons été comme on nous l'avait dit.

D. Vous marchiez militairement ?

R. Oh ! nous marchions le plus que nous pouvions.

Le procureur du roi. Il est bien surprenant que l'on n'ait entendu aucuns témoins dans cette affaire. Si le maire de Cannes avait été appelé, il n'aurait pas manqué d'apprendre que le général Cambronne avait fait des réquisitions pour 3,500 hommes. Si le duc de Valentinois, arrêté par le général Cambronne lui-même, près de Cannes, avait été entendu, il aurait expliqué en quelle qualité le général l'avait arrêté et quelle force il avait ; si on avait appelé le commandant de la garde nationale de Cannes, il aurait appris ce qui s'est passé au golfe Juan. Il est fâcheux que le rapporteur n'ait fait entendre aucuns témoins, nous aurions su quelle qualité prenaient alors ceux qui, ici, se qualifient d'étrangers. La procédure me paraît fort incomplète.

Le Rapporteur. Pour que j'entendisse des témoins, il aurait fallu qu'ils me fussent désignés par quelque autorité, ou par quelque individu animé du désir de faire connaître la vérité. Si j'avais appelé le maire de Cannes comme maire de Cannes, il n'y avait pas de raison pour ne pas appeler aussi tous les maires des villes et villages qui se trouvent sur la route de Cannes à Paris. Les faits dont le général Cambronne est accusé sont de notoriété publique; le premier acte, de descendre sur le territoire français à main armée, est celui sur lequel il s'agit de prononcer si le général est coupable ou non; tous les autres faits ne sont que la conséquence de celui-là, il est fâcheux que, puisque M. le procureur du roi est si bien instruit, son zèle ne l'ait pas porté à aider mon inexpérience.

Le Président au rapporteur. Le ministre de la police n'a-t-il désigné aucuns témoins?

Le Rapporteur. Pas un seul; il y a plus, on ne m'a remis aucune pièce. Lorsque j'ai demandé des renseignemens au ministre de la police, il m'a répondu qu'il n'en avait point, ni aucun témoin à me désigner.

L'interrogatoire de l'accusé continue.

D. Vous avez dû être organisé militairement pendant le trajet de Cannes à Lyon?

R. Il est bien clair que nous marchions militairement; mais Napoléon m'avait dit : Gagnez du pied, faites le plus de route que vous pourrez, il faut entrer en Dauphiné.

D. Marchant militairement, vous aviez des ordres en cas de résistance? ·
dres en cas de résistance?

R. Pas du tout; je vous ai déjà dit quelles étaient mes instructions.

D. Dans une entreprise dirigée contre le gouvernement légitime de la France, vous vous êtes regardé comme sujet de *Bonaparte*, et non plus comme Français : comment vous en êtes-vous assuré ?

R. Lorsque nous étions à Fontainebleau on forma un régiment pour suivre Napoléon. J'avais été blessé, j'étais malade; des officiers vinrent me prévenir, je réfléchis que j'étais le plus ancien major, j'écrivis au général Drouot que je regarderais comme la plus grande injustice de ne pas me choisir, que l'on m'avait toujours choisi pour aller à l'ennemi; je ne pouvais pas faire autrement. J'étais dans la garde, c'était mon uniforme, c'était ma doublure.

D. Vous pouviez avoir raison, mais d'autres officiers de la garde se sont aussi conduits avec honneur, et ont resté en France.

R. Lorsque le gouvernement donne un ordre, il faut le suivre. C'était l'honneur de l'uniforme.

Un membre du conseil. Personne ne vous a forcé à suivre *Bonaparte* : avons-nous des devoirs dans notre état ?

R. Je regardais cela comme un devoir.

D. Avez-vous, à Cannes, fait des réquisitions pour 3,500 hommes?

D. Je devais faire des réquisitions pour toute la colonne; elle n'était que de 1200 hommes; mais

Napoléon m'avait dit : Faites toujours des vivres le plus que vous pourrez, parce que nous avons des montagnes à traverser; j'en avais demandé pour deux jours, la garde n'en eut que pour un seul.

Le rapporteur : Il n'est pas bien important, je crois, de savoir s'il a été fait ou non des réquisitions; le général est descendu en France, voilà tout le délit.

Le procureur du roi : Vous soutenez que vous n'aviez pas de commandement. Si vous n'aviez pas eu de commandement, vous n'auriez pas fait de réquisition.

Le président (au procureur du roi): Le général a déjà donné l'explication que vous demandez.

Le général Cambronne : Je réponds encore qu'à Sisteron je demandai 6,000 rations; le maire me dit qu'il ne me les donnerait pas, attendu que je n'avais que 1,200 hommes. Eh que savez-vous, répondis-je, si les garnisons que j'ai laissées derrière moi, ne me suivront pas. Je lui jetai une bourse de 5,000 fr., et lui dis : Payez-vous. Il rougit, et me dit : Reprenez votre bourse.

D. Le fait est que vous traitiez la France en pays ennemi, et il me semble que pour un Français qui avait quitté la France depuis si peu de temps, vous considérant même comme étranger, il devait être bien douloureux pour vous, d'en agir ainsi?

R. Il est clair, général, que si nous avions tiré un coup de fusil, nous aurions agi en ennemi;

mais on n'en a pas tiré un seul ; très-souvent j'allais en avant sans avoir un seul soldat avec moi. Je me suis trouvé seul, à Grasse, au milieu de 1,500 bourgeois, de toute la population.

Le procureur du roi : Cela n'est pas étonnant, vous aviez là le général Gazan qui vous protégeait, et qui était dans vos intérêts ?

Le général Cambronne : Le général Gazan ! j'ai demandé à lui parler, il n'a pas voulu me recevoir ?

Le président (au procureur du roi) : Vous n'avez d'observations à faire que sur les formes à observer, et vous ne pouvez parler qu'après me l'avoir demandé.

Le procureur du roi garde le silence.

D. Je vous demande si ce que vous faisiez n'était pas bien pénible pour vous.

R. Je marchais toujours en avant de l'avant-garde. J'étais presque toujours seul.

D. En parlant de forces considérables, vous effrayiez la population ?

R. J'ai rencontré auprès de Grasse un espion ; je lui ai dit : Vous paraissez bien fatigué, n'allez pas plus loin ; et je lui ai avoué tout ce qui en était.

D. En 1814, vous avez écrit au général Curial, pour lui demander sa protection dans le cas où vous voudriez rentrer en France ?

R. Je ne me croyais plus Français, puisque j'avais accepté le commandement de Porto-Ferrajo ; puisque j'avais été séparé de ma patrie par un

traité solennel et reconnu, je crois, par le roi
même, et par toutes les puissances de l'Europe.

D. Lorsque vous écriviez dans ce sens, aviez-
vous le dessein de rentrer en France?

R. Jamais. Mais les hommes sont mortels, Napoléon pouvait mourir. Un sauvage retourne dans
ses déserts, pourquoi ne serais-je pas rentré en
France, sur le plus beau sol du monde!

D. Aux termes du traité, vous aviez trois ans
pour y rentrer, et pour cela vous n'aviez besoin
de la protection de personne.

R. Je le savais; mais j'étais commandant de
Porto-Ferrajo, ce qui m'ôtait cette faculté. J'étais
l'une des trois premières têtes de l'île d'Elbe,
et par conséquent je devais craindre une exception.

D. Est-ce en arrivant à l'île d'Elbe que vous
avez été nommé commandant de Porto-Ferrajo?

R. Non, quinze jours après.

D. Le général Drouot était gouverneur de l'île
d'Elbe?

R. Oui. Tous les jours je lui portais mes rapports.

D. Pendant la campagne prit-il le commandement de l'armée de Napoléon?

R. Je n'en ai reçu que des ordres verbaux.

D. Vous étiez donc sous ses ordres?

R. Les ordres d'un souverain, pourvu qu'ils
soient transmis par un de ses officiers, on est
obligé de les exécuter, et comme je connaissais le

général Drouot, comme je savais qu'il était un serviteur de Napoléon, je devais lui obéir.

D. Le commandement de l'armée de *Bonaparte*
devait être constitué, puisque déjà il prenait le
titre de souverain?

R. Je ne me suis jamais mêlé de cela.

D. Vous vous êtes mêlé de savoir si vous aviez
un chef ou non?

R. J'allais à l'ordre; une fois que j'avais dit:
Quoi de nouveau! qu'on m'avait répondu: Rien;
je m'en allais; je n'aime pas à faire la cour.

D. Je vous demande si le général Drouot avait
le commandement de l'armée?

R. Il n'en avait pas le commandement, c'était
l'empereur.

D. Cependant Drouot ne se bornait pas à vous
transmettre des ordres, il vous en donnait directement? Etait-ce en chef ou comme major-général de la garde?

R. Il était lieutenant-général, je devais lui
obéir.

D. A qui faisiez-vous vos rapports?

R. Quand je savais quelque chose, je le disais
au major-général?

D. Quel était le major-général?

R. Bertrand.

D. Etait-ce plutôt à Bertrand qu'à Drouot?

R. Plutôt à Bertrand.

D. C'était donc Bertrand qui commandait
comme major-général?

R. Il a toujours commandé.

D. Dans quelle forme avez-vous fait vos réquisitions? Au nom de qui?

R. Au nom de l'empereur; commandant l'île d'Elbe? Étant arrivé dans la ville de Grasse, je trouvai réunie une municipalité nombreuse, beaucoup de vieilles têtes et de rubans. J'étais suivi de plus de six mille âmes, le maire me demanda au nom de quel souverain je faisais mes réquisitions? Au nom de Napoléon, souverain de l'île d'Elbe. Il me dit : Nous avons notre souverain, nous l'aimons; je lui répondis que je ne venais pas faire de la politique avec lui, mais pour demander des rations, parce que ma colonne allait arriver dans l'instant.

D. Vous n'avez pas conservé vos registres de correspondance?

R. Je n'ai jamais conservé aucune lettre de correspondance.

D. C'est cependant l'usage. Quel titre prenait Napoléon lorsqu'il est débarqué?

R. Je ne l'ai entendu parler avec qui que ce soit. Est-ce des titres qu'il a pris dans sa proclamation dont vous voulez parler? Vous les avez lus.

D. Dans ses proclamations ou dans ses ordres?

R. Il n'y avait pas d'ordre transmis; on me disait : Allez-là.

D. Vous avez refusé de reconnaître une proclamation de *Bonaparte* qu'on vous a représentée, comme n'étant pas conforme à celle que vous avez signée. Quel titre prenait *Bonaparte* dans celle-ci ?

R. Je vous assure que je ne me le rappelle pas.

D. Il est étonnant que vous ayez donné votre signature pour une chose si importante sans savoir ce qu'elle contenait.

R. Je ne l'ai lue qu'une seule fois.

D. Cela suffit pour répondre à la question que je vous fais. Dans la guerre de souverain à souverain, vous n'avez pas vu *Bonaparte*, à l'époque où il était reconnu comme empereur, prendre le titre du souverain qu'il attaquait, il devait donc vous être démontré que le titre qu'il prenait était usurpé.

R. Quand nous faisions la guerre, prenions-nous le titre d'armée d'Angleterre, du Danube ?...

D. Je ne vous comprends pas ; apparemment que vous n'avez pas bien entendu ma question.

Le président répète la question.

Le général Cambronne : Tout cela ne me regardait pas, car s'il prenait tel ou tel titre, cela ne lui ôtait pas celui de souverain de l'île d'Elbe. Je ne réponds pas de ce qu'a fait Napoléon, je ne réponds que de ce que j'ai fait.

D. Vous êtes arrivé à une époque où vous ne pouviez pas douter que *Bonaparte* prenait un titre qu'il avait usurpé, car il se faisait appeler empereur des Français avant que les chambres

fussent réunies et lui eussent ainsi donné ce droit
apparent.

R. Je ne dis pas le contraire. Nous étions alors
à Paris, il était maître de dire tout ce qu'il voulait ; mais il ne m'a pas dit qu'il était souverain de
l'île d'Elbe. Il ne m'a pas dit : tu es sujet du roi
de France, va-t'en avec lui.

D. Lorsque vous êtes arrivé à Paris, *Bonaparte*
a dû vous donner des témoignages de sa satisfaction.

R. Trois différens. Il m'a nommé pair, lieutenant-général, comte.

D. Combien de temps après son arrivée ?

R. Je ne peux pas vous le dire, car je n'ai jamais fait attention à ces choses-là.

D. En supposant que vous n'y mettiez pas beaucoup d'importance, vous devez vous en rappeler
l'époque. Vous avez reçu des brevets ?

R. Je vous donne ma parole d'honneur que je
ne me le rappelle pas. Je vous ai déjà dit que je ne
garde jamais de papier.

D. Combien de temps, à peu près, après votre
arrivée, avez-vous été nommé pair ?

R. Très-long-temps après, je n'ai même pas
pu assister à la première séance.

D. Quels sont les motifs du refus que vous avez
fait du grade de lieutenant-général ?

R. Je me crois dans le cas de commander une
division, si j'étais seul, mais quand on marche
avec d'autres.... Vous l'avez vu à Waterloo, nous

avions un capitaine très-renommé ; eh ! bien , il n'a pas pu parvenir à mettre tout en ordre; il y a tant de jaloux ! on aurait dit que c'était un passe-droit. Les maréchaux de camp auraient trouvé que j'étais trop jeune lieutenant - général , on m'aurait laissé dans l'embarras , et je ne voulais pas compromettre le salut de l'armée.

Aucun témoin n'ayant été appelé , le rapporteur a la parole. Il prononce un discours très-bien écrit , dans lequel il a établi d'abord quels étaient les devoirs qui sont imposés à son ministère. Entrant ensuite dans la discussion de l'affaire , il a démontré la non culpabilité du général Cambronne , et il a conclu à ce qu'il fût acquitté.

Le président accorde la parole au défenseur de l'accusé.

Me Berryer s'exprime en ces termes :

« En ce temps où l'insubordination et la perfidie, où le mépris de la foi jurée , où l'oubli des promesses les plus solennelles et la violation des sermens les plus sacrés ont enfanté de si grands maux et fait connaître tant de coupables , n'est-ce point un spectacle étrange que de voir un homme généreux , conduit par son attachement à ses devoirs , par son respect inviolable pour ses sermens , sur ce siége de douleur , où les vengeances divines et humaines appellent les parjures et les lâches conspirateurs. N'êtes-vous pas encore plus étonnés que nous , vous , messieurs , qui avez vécu dans nos camps ; vous le connaissez cet homme qu'on vient

de tirer d'une obscure prison, pour le faire asseoir devant vous sur le banc des accusés. Toutes
les fois qu'une ardeur française vous emporta au
fort du péril, au foyer des combats, vous avez
rencontré, vous avez admiré le général Cambronne. Soit que dans une rue de Zurich, à la
tête d'une seule compagnie de grenadiers, il en-
lève à l'ennemi plusieurs pièces de canon et lui
fasse douze cents prisonniers; soit qu'à Paradis,
avec quatre-vingts hommes, il parvienne à cul-
buter trois mille Russes; soit que dans les plaines
d'Iéna, pour raffermir contre le danger ses gens
qui chancelaient, il s'élance seul sur un plateau,
sous un feu effrayant d'artillerie et de mousquet-
terie, et rallie sa troupe par ce froid courage;
partout éclatent à la fois et la bravoure et sa volonté ferme de remplir les ordres de ses chefs. »

Après quelques autres détails, où il a parlé de
la bravoure du général, Me Berryer fait le récit
des faits qui se sont passés depuis le traité de Fontainebleau jusqu'au jour où le général Cambronne,
parti volontairement d'Angleterre, est venu se
constituer prisonnier dans la maison d'arrêt militaire. « Il y trouve, dit l'avocat, le général Drouot,
qui, comme lui, avait sacrifié à la reconnaissance
et au devoir le beau titre de citoyen français; qui,
comme lui, avait été contraint d'obéir à un ancien
maître. Il est demeuré cinq mois renfermé avec ce
brave général, qu'un jugement solennel a rendu
à la liberté; qui s'est vu environné, jusque
dans cette enceinte, par de si illustres marques

d'intérêt, et sur qui les témoignages d'estime sont descendus de si haut. »

Me Berryer entre ensuite dans la discussion et l'appréciation des faits qui sont imputés à l'accusé, et qui tendent à le représenter comme coupable d'un crime d'état. « C'est surtout dans l'examen de ces crimes d'état, observe-t-il, qu'il faut se garder de s'arrêter à l'existence des faits: il faut approfondir tous les caractères de culpabilité qui doivent seuls provoquer la vengeance de la majesté royale et de l'intérêt public. Un illustre écrivain a dit : Qu'un homme réellement criminel, un assassin, un voleur public, un empoisonneur, un parricide soit arrêté, et que son crime soit prouvé, il est certain que dans quelque temps, et par quelque juge qu'il soit jugé, il sera un jour condamné; mais il n'en est pas de même des hommes d'état. Donnez-leur seulement d'autres juges, ou attendez que le temps ait changé les intérêts, refroidi les passions, amené d'autres sentimens, leur vie sera en sûreté. Le plus souvent en ces matières, dit l'avocat-général Pasquier, les juges accordent leurs volontés aux volontés extraordinaires d'autrui.

Pour n'avoir point à craindre, ajoute le défenseur, ces redoutables arrêts de la postérité, pour n'avoir rien à redouter au jour où les jugemens de la terre seront jugés d'en haut, les magistrats doivent, en ces occasions, se demander si l'action qui leur est dénoncée, serait jugée criminelle dans tous les temps, dans tous les lieux, et dans la conscience de tous les hommes sages.

Dans sa discussion, Me Berryer établit trois propositions, il prouve : 1º que le général Cambronne n'était pas Français à l'époque où se sont passés les faits qui lui sont imputés ; qu'étant alors sujet d'un souverain étranger, il ne peut être assimilé à un Français qui a porté les armes contre la France, et qu'il ne saurait être justiciable que du droit des gens ; 2º qu'ayant dû obéissance au souverain qui avait reçu ses sermens, il fut contraint de le suivre dans son expédition contre la France ; que sa volonté n'ayant pas été libre, ses actions n'avaient pu avoir aucun caractère de criminalité ; 3º que d'ailleurs Cambronne, lorsqu'il partit de l'île d'Elbe, ne connaissait point la nature et le vrai caractère de l'expédition à laquelle il lui était ordonné de prendre part; que tout concourut même, pendant le voyage, à le maintenir dans l'erreur où on l'avait mis ; qu'il ne s'agissait point d'attaquer la France, mais seulement de céder à ses vœux, avec l'assentiment des souverains de l'Europe.

De ces trois propositions établies, Me Berryer tire la conséquence que, suivant les principes des lois de tous les peuples policés, le général Cambronne ne fut point coupable.

L'avocat a terminé en ces termes :

« Le général Cambronne a partagé l'exil, la captivité du général Drouot, il partagera aussi son succès ; faut-il vous rappeler de quelle bouche auguste le lieutenant-général Drouot a appris que des ordres avaient été donnés pour le mettre en liberté, et pour que toutes poursuites cessassent contre lui.

« Assurément, Messieurs, vous ne porterez point atteinte à la chose ainsi jugée, ainsi sanctionnée, pour frapper d'un supplice honteux cet homme d'une stoïque vertu. Vous n'oublierez pas qu'avant de connaître les dispositions de l'ordonnance du 24 juillet, il envoya son serment de fidélité au roi; un serment, vous savez combien pour lui c'est une chose sainte; il n'est point de passion, point d'intérêt, point de danger qui puisse lui faire trahir cet engagement sacré.

Ah! surtout ne perdez point de souvenir! Comment, lorsque les vastes mers étaient ouvertes à sa fuite, soumis aux volontés de son nouveau roi il les a traversées pour se livrer lui-même à la justice de son pays. Déclarez-vous rebelle celui qui sait ainsi obéir au péril de sa vie. Quel cœur français aurait le courage de laisser tomber un si cruel arrêt sur cette tête sillonnée par tant de cicatrices. Non, la main d'un bourreau n'achèvera pas si ignominieusement cette mort que mille ennemis ont si glorieusement commencée. Enfin, pour emprunter aux livres sacrés une expression qui convient admirablement bien à notre sujet, non, vous n'immolerez point ce lion qui est venu s'offrir comme une victime obéissante.

« Mais qu'ai-je dit, messieurs, j'ai trahi la cause qui m'était confiée: un sentiment douloureux, que je n'ai pu vaincre, m'a entraîné hors du cercle qui avait été tracé à mon zèle ; ce n'est point par des considérations touchantes que mon client prétend déterminer vos esprits ; il demande justice ; nul, sans doute, ne veut repousser les bienfaits d'un roi chéri, qui, comme notre Henri de mémoire glorieuse et bien aimée, veut se défaire de ses ennemis en s'en faisant des amis ; mais Cambronne l'inflexible s'est toujours imposé à lui-même des lois sévères, c'est selon elles qu'il veut être jugé. « J'estime trop les hommes, m'a-t-il dit, pour ne pas croire qu'il en est beaucoup qui auraient été capables des actions dont on m'accuse. Si cependant je m'aveugle ; moi qui n'ai vécu, moi qui ne veux vivre que pour l'honneur ; moi dont l'honneur est la seule joie et le seul bien au monde ; si j'ai violé les lois, j'ai mérité la mort et je la demande. Mais si j'ai toujours marché dans cette voie étroite et simple des Français, des officiers français ne me condamneront pas : quelle que soit leur sentence, elle sera exécutée. S'il faut vivre, je vivrai heureux de pouvoir encore offrir mes jours à mes concitoyens, s'il faut mourir, je présenterai avec respect ma tête au fer des lois ; que mes juges, cependant, pèsent ce que vaut la vie d'un homme qui, durant vingt-cinq ans, a servi son pays avec gloire. Ce sang que, durant vingt-cinq ans de combats, j'ai prodigué pour ma patrie, ne doit point couler inutilement. L'intérêt, le repos, le besoin de l'état, doivent seuls en épuiser les restes. »

Le conseil va délibérer. Il est deux heures et demie.

Le conseil rentre en séance à huit heures moins un quart.

Le président prononce le jugement suivant :

Le conseil réuni à huis-clos, en présence seulement de M. le procureur du roi, le président a posé les questions suivantes :

1°. Le maréchal-de-camp Pierre-Jacques-Etienne Cambronne est-il coupable d'avoir trahi le roi avant le 23 mars?

2°. Le maréchal-de-camp Cambronne est-il coupable d'avoir attaqué la France et son gouvernement légitime à main armée ?

3°. Le maréchal-de-camp Cambronne est-il coupable d'avoir usurpé le pouvoir par violence?

Le conseil, sur la première question, a répondu à l'unanimité : *Non*.

Sur la deuxième question, à la majorité de six voix : *Non*.

Sur la troisième question, à la majorité de cinq voix : *Non*.

En conséquence, le président déclare que le général Cambronne est acquitté des faits qui lui étaient imputés.

Le conseil, sur la réquisition du procureur du roi, a déclaré qu'il serait sursis, pendant vingt-quatre heures à sa mise en liberté.

Le procureur du roi se pourvut en révision , et le 4 mai suivant, le nouveau conseil confirma le jugement d'acquittement.

Cambronne partit aussitôt après pour Saint-Sébastien.

Quand le duc d'Angoulême se rendit en Bretagne, en 1817 , Cambronne lui fut présenté : on croit que c'est à la faveur de ce prince qu'il a dû d'être chargé , en 1820, du commandement de la place de Lille.

BONNAIRE ET MIÉTON.

Bonnaire (Jean-Gérard), maréchal-de-camp, naquit en 1771 à Propet, département de l'Aisne. Entré en 1792 comme simple volontaire dans un des bataillons qui s'organisaient à cette époque, il parvint par des services distingués au grade de général de brigade, et fit en cette qualité les dernières campagnes d'Espagne, si funestes à la France. Blessé grièvement devant Bayonne, vers le commencement de 1813, il se vit contraint de garder le lit pendant quelques mois, à une époque où il se serait estimé heureux de consacrer ses services à l'État. Il était à Angoulême, lorsque les événemens qui faisaient descendre Napoléon du trône et y replaçaient les Bourbons, vinrent à sa connaissance. Il envoya son adhésion au rétablissement de cette maison; mais il n'en reçut d'autre faveur que la croix de Saint-Louis, accordée presqu'indistinctement à cette époque à tous les généraux français qui pour la plupart considérèrent ce don, plutôt comme l'effet de la politique, ou la juste récompense de leurs anciens services, que comme un engagement pris pour l'avenir.

Oublié par la cour, le général Bonnaire, dans

son ressentiment, n'hésita point à se jeter dans le
parti de Napoléon, lorsque ce prince revint de
l'Ile d'Elbe, aux acclamations de l'armée, et des
villes qu'il traversa sur son passage. Le général
Bonnaire fut presqu'aussitôt nommé au commandement de Condé, et il était renfermé dans cette
place, lorsque les armées alliées poursuivaient
leurs avantages après la bataille de Waterloo.
Louis XVIII lui envoya en parlementaire le colonel Gordon (hollandais de naissance, mais
naturalisé français) pour sommer la place de se
rendre.

L'exaltation des troupes que commandait le général Bonnaire, était à son comble; se rendre sur
la sommation d'un prince en qui l'on ne voyait
que l'allié des ennemis de la France, leur paraissait être l'excès du déshonneur. Les officiers et les
habitans de la ville de Condé partageaient tous ces
sentimens. On regarda la mission du parlementaire comme l'effet d'un piège, l'on ne vit qu'un
espion dans le colonel Gordon. Cette opinion
acheva d'exaspérer les esprits, et l'on considéra
comme un acte de patriotisme, un crime en horreur à tous les peuples civilisés, et punissable du
dernier supplice. Entraîné hors des portes de la
ville, au milieu des malédictions et des cris de
mort des soldats et des habitans, le colonel Gordon reçut deux coups de fusils à peu de distance
des glacis. Le lieutenant Miéton, aide-de-camp
du général Bonnaire, fut accusé d'avoir donné
lui-même, après l'avoir reçu du général, l'ordre
de faire feu sur le parlementaire.

Arrêtés et conduits à Paris, le général Bonnaire et son aide-de-camp Miéton, furent traduits, pour ce fait, devant le premier conseil de guerre permanent de la première division militaire.

Avant de rendre compte des débats qui eurent lieu à ce sujet, nous croyons devoir rapporter ici quelques parties du mémoire justificatif de la conduite du général Bonnaire, publié par Mᵉ Chauveau-Lagarde, son défenseur, long-temps avant la mise en jugement des deux accusés. On y trouve des détails curieux et trop à la louange du général Bonnaire pour que nous les passions sous silence.

« Le cri de l'humanité souffrante agite et perce le cœur de l'homme sensible; mais la voix de l'innocence, injustement accusée, a, s'il est possible, quelque chose encore de plus touchant et de plus sacré; et l'homme de bien, assez malheureux pour être prévenu d'un grand crime, nous paraît devoir inspirer le plus grand intérêt. »

Telle est la pensée par laquelle Mᵉ Chauveau-Lagarde prélude à la défense du général Bonnaire, prévenu d'avoir ordonné le meurtre du colonel Gordon, et d'avoir participé à ce meurtre. Après avoir tracé le tableau de la conduite militaire de cet officier général pendant la révolution, conduite qu'il représente comme aussi honorable pour lui, sous le rapport du désintéressement que sous celui du courage et des talens, Mᵉ Chauveau-Lagarde arrive à l'époque du 20 mars.

« Forcé d'accepter le commandement militaire de Condé long-temps après cet événement, le général Bonnaire usa de la plus grande modération dans l'exercice des devoirs les plus rigoureux. Il sut maîtriser toutes les haines, concilier tous les partis, et s'attirer l'estime de tous les habitans de Condé, même de ceux qu'on avait signalés comme suspects au gouvernement de Bonaparte.

« Le 24 juillet, instruit directement par des émissaires qu'il avait envoyés à Paris, de l'heureuse révolution qui s'était opérée, le général Bonnaire s'empressa de faire arborer le drapeau blanc; il prit des mesures rigoureuses pour réprimer l'esprit de sédition qui faisait parmi les troupes des progrès effrayans. Dans les divers ordres du jour qu'il publia à cette occasion, il signala l'usurpateur comme l'auteur de tous nos désastres, et proclama cette vérité, trop tard reconnue, que la fin de nos discussions était dans l'union de tous les Français, et dans une entière soumission à Sa Majesté.

« Telle avait été la conduite du général Bonnaire, lorsque, le 5 août, il reçut du roi l'ordre de remettre le commandement supérieur de Condé au colonel Manfray. Sa soumission à S. M. avait été franche : il obéit sans murmurer et sans soupçonner aussi quelle pouvait être la cause de sa disgrâce.

« Bientôt après, une lettre de M. le maréchal Gouvion Saint-Cyr l'instruisit que la mort du colonel Gordon avait laissé sur sa conduite des nuages qu'il lui importait de dissiper. On lui conseilla de prendre la fuite, et il reçut même une autorisation officielle de se retirer dans sa famille.

« Si le général avait été coupable, il aurait profité des ouvertures et des facilités qu'on lui présentait pour s'éloigner.

« Il n'en fit rien : il resta toujours dans la même situation et dans la même sécurité.

« Il est impossible de ne pas donner des larmes à la mémoire du colonel Gordon ; et cependant ici il importe de le bien connaître, ainsi que la marche imprudente qu'il a tenue lors du malheureux événement qui lui a coûté la vie. »

Après avoir fait observer que le colonel Gordon était Hollandais d'origine, qu'il avait servi sous Napoléon, lorsque la Hollande était réunie à la France ; qu'il avait continué à le servir pendant les cent jours, au lieu de se rendre à l'appel que le roi des Pays-Bas avait fait à ses sujets, lors de son avènement au trône ; qu'enfin, à la bataille de mont Saint-Jean, il avait quitté l'armée française pour se présenter à l'état-major du prince d'Orange. Me Chauveau-Lagarde raconte en ces termes les circonstances de la mort de cet officier supérieur :

« Le 7 juillet 1815, il fut arrêté, vers les huit heures du matin, aux avant-postes, entre le village de Fresne et le corps de la place, un individu seul, dans un cabriolet à deux chevaux, conduit par un paysan, et cherchant à passer pour s'introduire dans la ville.

« Cet homme paraissait plutôt un bourgeois qu'un militaire, parce qu'il avait une redingote boutonnée de manière à ne laisser voir aucune marque

distinctive de son grade ; son chapeau se trouvait
alors, soit entre ses jambes, soit posé dans la voiture, de manière à ne pas être vu.

« En un mot, il n'était revêtu d'aucune des marques distinctives du caractère de parlementaire ;
il n'avait rempli aucune des formalités, et n'était
point accompagné de l'officier d'ordonnance,
comme il est d'usage en pareil cas.

« Il avait passé les premiers postes, et il fut arrêté aux seconds, à peu près à une portée de fusil
des glacis de la place, où il fut retenu.

« On en fit le rapport au général, qui se rendit
au poste : et déjà la tenue de cet homme, ses réponses au chef du poste, le défaut de justification
de son caractère ou de sa mission, l'avaient rendu
suspect, au point qu'à la vue de la cocarde blanche qu'il avait à son chapeau, et d'un ruban blanc
et rouge qu'il avait à sa redingote, la troupe était
devenue furieuse, et on les lui avait arrachés.

« Cependant, lorsqu'il fut en la présence du commandant, le général, après lui avoir fait quelques
questions, auxquelles il répondit mal, lui enjoignit
de se retirer sur-le-champ.

« Mais comme la fermentation était à son comble, il ordonna, pour satisfaire les soldats, que,
lorsqu'il serait dans le village de Fresne, on lui
tirât *un seul coup de canon ;* et l'on se mit en effet
à l'emmener.

« Enfin, chemin faisant, la garde, dont l'esprit
était extraordinairement exalté, criait à la trahison,

et diverses circonstances accrurent encore cette fureur.

« Le général, toujours fidèle à la parole qu'il avait donnée, fut sourd à toutes ces clameurs, et fit signe de le laisser partir, comme il l'avait d'abord ordonné. Il partit en effet; il s'écoula même beaucoup plus de temps qu'il n'en fallait pour qu'il arrivât au village de Fresne; et lorsque le général le croyait déjà à cette distance, on dit que deux coups de fusil, tirés par des soldats, le tuèrent, sans que pour cela le général eût donné aucun ordre, ni proféré aucune parole. On le déshabilla: l'on trouva dans ses bottes un ordre de s'emparer du commandement de la place; mais (chose remarquable) un ordre qui n'est point signé du ministre de la guerre, mais seulement de M. le baron Clouet, dont la signature n'était pas connue; et le général, qui n'apprit cette particularité que depuis la mort du malheureux colonel, fut alors si convaincu que celui-ci n'avait aucun caractère de parlementaire véritable, et surtout de parlementaire envoyé par le roi de France, que, presqu'à l'instant même du fatal événement, il fit connaître, par la voie de l'ordre du jour, que le nommé Gordon, adjudant-commandant hollandais, déserteur de l'armée française, ayant été arrêté aux avant-postes comme traître, espion et embaucheur, il venait de subir le châtiment qu'il s'était attiré.

« Voilà, dans la plus exacte vérité, de quelle manière les choses se sont passées. »

Ici se termine le récit des faits. Parmi les réflexions qui composent la seconde partie du mémoire, on remarque les passages suivans :

« A Dieu ne plaise que nous cherchions à justifier une telle action en elle-même ; par cela seul qu'elle a coûté la vie à un militaire, qui voulait se dévouer au service du roi, nous ne pouvons, ainsi que tous les bons Français, nous dispenser de gémir sur sa déplorable destinée.

« Mais enfin, en rendant avec douleur ce triste hommage à sa mémoire, nous dirons pourtant, avec la conviction que donne l'évidence de la vérité, qu'il est impossible de comparer sa mort à un *assassinat*, à moins de confondre toutes les notions les plus élémentaires de la justice distributive, et du droit des gens.

» Au reste, et quoi qu'il en puisse être du caractère de cette action en elle-même, dans tous les cas, le général Bonnaire ne peut en être puni comme coupable, parce qu'il est évident qu'en effet, non seulement il ne l'a point ordonnée, et n'y prit aucune part qu'on puisse lui imputer à crime, mais encore qu'il a fait tout ce qu'il a pu raisonnablement pour l'empêcher. »

Revenons au procès.

La première séance du conseil de guerre eut lieu le 5 juin 1816. Le duc de Maillé, maréchal-de-camp et premier gentilhomme de Monsieur, le présidait. Le commissaire du roi était Fleury de Villiers, capitaine dans la légion de l'Indre, et de Meulan, chef de bataillon d'état-major, en était le rapporteur.

Après la lecture des diverses lettres de nomination et de convocation des membres du conseil, Me Chauveau Lagarde s'exprima à peu près en ces termes.

« Je me suis présenté aujourd'hui pour donner au général Bonnaire une preuve de mon zèle, et pour offrir un hommage au conseil qui va prononcer sur son sort. L'état de ma santé ne me permet pas d'assister à cette première séance. Deux de mes confrères, Mes Lebon et d'Yrande d'Ilerville, voudront bien prendre des notes pour moi. J'aurai l'honneur de me rendre à la séance consacrée aux plaidoiries, et dans laquelle mon ministère peut être plus utile au général Bonnaire.

« Le président demande que cette circonstance ne puisse donner lieu à aucune nullité dans le procès, et que le général Bonnaire ne vienne pas prétendre plus tard que son défenseur n'a pas eu connaissance de toutes les pièces.

Le lieutenant-colonel Meulan, rapporteur, fait observer que toutes les pièces ont été communiqués à Me Chauveau Lagarde. Celui-ci déclare qu'en effet il connaît l'instruction, et que d'ailleurs les deux confrères qui le remplacent ont, comme lui, la confiance du général Bonnaire.

Me Chauveau Lagarde se retire.

Immédiatement le rapporteur commence la

lecture des pièces, dont nous n'indiquerons que les plus importantes.

La première est une lettre du commandant de Paris, dans laquelle le général Bonnaire est accusé d'avoir ordonné ou autorisé le meurtre du colonel Gordon, contrairement au droit des gens, et sans respect pour le caractère de parlementaire dont il était revêtu.

A l'égard du lieutenant Miéton, il est dit dans cette lettre que cet officier, d'abord indiqué comme témoin nécessaire, paraît coupable de complicité, soit à cause des fonctions qu'il remplissait auprès du général Bonnaire, soit à cause de sa fuite de Condé, avant d'avoir fait sa soumission au roi.

Le rapporteur donne lecture d'une lettre du frère du colonel Gordon au ministre de la guerre, donnant les détails les plus affreux sur la fin tragique de son frère, et annonçant qu'il emploiera tous ses efforts pour le venger par les voies légales, de ceux qu'il appelle ses assassins.

Une autre lettre d'un second frère du colonel Gordon, lieutenant de vaisseau en Hollande, a été aussi adressée au ministre de la guerre, sous la forme d'un acte d'accusation. « Un homme désarmé, y est il dit, qui vient comme un ambassadeur de paix, revêtu d'un caractère respectable, fut toujours sacré aux yeux des militaires qui connaissent les lois de l'honneur et le droit des gens. » Dans cette lettre, comme dans la précédente, le général Bonnaire est qualifié de *misérable*, *meurtrier*, *assassin*.

La pièce dont le rapporteur donne ensuite lecture, est une lettre du général Bonnaire au ministre de la guerre, dans laquelle, après avoir donné les détails de la fin tragique du colonel Gordon ; tels qu'ils sont présentés dans son mémoire, il s'exprime ainsi : « Il fallut calmer la soldatesque effrénée ; voilà la cause pour laquelle un homme qui se trouvait hors la loi a été fusillé. »

A une seconde lettre du général Bonnaire, sous la date du 5 août, dont le rapporteur donne lecture, se trouve jointe la copie d'un ordre du jour de ce général, à la même date, après son remplacement par le colonel Mainfroy. Il annonce à ses soldats la probabilité d'une paix prochaine. « En attendant, leur dit-il, ce moment qui ne peut tarder, S. M. Louis XVIII compte sur vous pour la défense de la place. »

Le lieutenant-colonel rapporteur annonce qu'il va faire lire par le greffier les dépositions écrites qui ne doivent être considérées que comme renseignemens par le conseil.

L'analyse de ces dépositions formerait ici un double emploi. Nous nous bornerons à faire observer qu'elles sont au nombre de sept, parmi lesquelles trois établissent d'une manière précise, non-seulement que le général Bonnaire aurait *autorisé*, mais même *ordonné* la mort du colonel Gordon. Deux témoins signalent le lieutenant Miéton comme l'instigateur de ce crime.

Un ordre du jour du général, sous la date du 6 juillet, dont le rapporteur donne lecture, est ainsi conçu : « Un de ces traîtres, ennemis de la patrie, déserteur de l'armée française, ayant été arrêté aux avant-postes, comme traître, espion et embaucheur, vient de subir le traitement *qu'il avait mérité.* » Le rapporteur fait observer que le général Bonnaire a reconnu cet ordre, en soutenant seulement, qu'au lieu de ces derniers mots, il y avait ceux-ci : *qu'il s'était attiré.*

Ensuite le rapporteur donne lecture d'une déclaration signée d'un sieur Adam, ne prenant aucune qualité, de laquelle il résulte en substance, que le colonel Gordon aurait été fusillé par les soldats à l'insu, et même contre l'ordre du général Bonnaire.

A l'occasion d'une autre déclaration écrite dont le rapporteur donne lecture, et qui est entièrement à la charge de l'accusé, un membre du conseil demande au rapporteur si cette déposition est une pièce de l'instruction.

Il résulte des explications données par le lieutenant-colonel Melon, que cette pièce, ainsi que toutes celles qui ont été lues, ne sont présentées que comme *renseignemens,* qu'elles se rattachent à une instruction préliminaire faite par le conseil d'enquête, et dont l'avis lui-même ne peut être considéré comme pièce du procès.

Parmi trois dépositions dont le rapporteur donne lecture, on remarque celle d'un ouvrier chargé de conduire le colonel Gordon à Condé, portant en substance que le général Bonnaire avait dit, après avoir vu le colonel et son conducteur : « Qu'on les renvoie de la place; on tirera deux coups de canon sur eux, et ils se sauveront s'ils le peuvent; » mais que les troupes qui le conduisaient l'excédèrent de mauvais traitemens, et le tuèrent de plusieurs coups de fusil.

La pièce suivante est l'interrogatoire subi par le lieutenant Miéton, lors de son arrestation à Moulins, et dans laquelle il parle aussi de la mort du colonel Gordon, comme étant l'effet de l'effervescence d'une soldatesque effrénée.

Le rapporteur donne ensuite lecture de l'avis du conseil d'enquête chargé d'examiner la conduite du général Bonnaire, et portant, 1° que le lieutenant Miéton avait d'abord maltraité le colonel Gordon; 2° que le général Bonnaire, après son entrevue, avait demandé s'il n'y avait pas une prison sûre dans la place, et que, sur la réponse négative, il avait donné l'ordre de le faire retirer pour qu'on lui tirât un coup de canon; 3° qu'ensuite son aide-de-camp aurait quitté le général, et serait venu donner l'ordre de fusiller ce colonel; 4° qu'un premier coup de crosse ayant renversé le colonel Gordon, deux coups de fusil furent ensuite tirés sur lui; 5° qu'ensuite le lieutenant Miéton aurait dépouillé cet officier supérieur et distribué aux soldats l'argent qu'il avait sur lui.

Les conclusions de l'avis du Conseil d'enquête portent que la mort du colonel Gordon ayant eu lieu sans aucune forme ni condamnation préalable, et le maréchal-de-camp Bonnaire paraissant, sinon avoir ordonné ou autorisé cet assassinat, du moins n'avoir pas fait ce qui dépendait de lui pour l'empêcher, il y a lieu de le renvoyer en état d'accusation devant un tribunal compétent.

La séance est suspendue pendant quelques minutes.

Le rapporteur a la parole pour continuer la lecture des pièces. Il annonce qu'il a voulu se procurer des renseignemens officiels sur la mission dont le colonel Gordon était chargé ; mais qu'il n'a pu y parvenir, parce que les registres de M. le comte de Rochechouart avaient été clos vers la fin de juin 1815, époque à laquelle le roi quitta Gand.

Immédiatement le rapporteur donne lecture de quelques extraits d'une lettre adressée par le prince d'Orange au ministre de la guerre, sous la date du 17 juillet 1815. Ce prince annonce que le ministre a dû être informé par le général Bourmont de ce qui était relatif au colonel Gordon. Il ajoute que cet officier supérieur *ne s'y était pas bien pris ;* qu'il lui avait donné une escorte et un trompette qu'il avait mal à propos laissés au village de Fresne. Le prince répète, d'ailleurs, que le colonel avait été fusillé sans qu'aucun conseil de guerre eût été convoqué pour le juger.

Une lettre du juge de paix du canton de Condé, chargé d'entendre les témoins désignés par le rapporteur, et tous ceux qui pourraient donner des renseignemens sur l'affaire, porte qu'il a reçu avec peine une telle mission, ayant eu à se plaindre personnellement du général Bonnaire pendant les cent jours.

Parmi les lettres assez nombreuses adressées par le général Bonnaire au rapporteur, plusieurs désignent des témoins que le général désire faire entendre, soit sur le fait même de l'accusation, soit sur la conduite sans reproche qu'il a tenue pendant toute sa vie. Dans une de ces lettres, il annonce que, si la maladie de son avocat ne lui permettait pas de se présenter au jour indiqué par le conseil, rassuré par sa conscience, il viendrait se défendre lui-même devant des juges dont l'intégrité doit le rassurer. Dans une autre, il envoie au rapporteur la copie de la lettre par lui adressée au duc de Feltre, le 16 mars 1815, pour offrir ses services au roi. On y remarque le passage suivant: « Je suis persuadé, quoique je ne sois plus qu'un soldat mutilé, que je dois, dans ces circonstances, sacrifier le reste de ma vie à ma patrie et à mon roi. »

Le capitaine Bastard de l'Étang, substitut du rapporteur, donne lecture d'une volumineuse correspondance entre le général Bonnaire et le général Authing, commandant les troupes du roi des Pays-Bas au siége de Condé, dans l'intervalle du 1er au 25 juillet 1815. On y voit, d'une part, l'insistance du général hollandais pour se faire livrer la place au nom de Louis XVIII; d'une autre part, l'hésitation du général Bonnaire à croire aux changemens qu'on lui disait s'être opérés en France, et sa déclaration formelle « qu'ayant juré de défendre au péril de sa vie la place dont il avait le commandement, il la conserverait pour le gouvernement *qui régnait alors, ou qui devait régner.* »

Dans ses dernières lettres, le général Bonnaire annonce qu'il attendra le retour des députés envoyés à Paris, pour prendre une détermination positive. Il se plaint d'ailleurs de ce qu'avant ce retour, le général Hollandais avait fait avancer quelques troupes et de l'artillerie à portée de la place; il le rend responsable du sang qui pourrait être versé par suite de ces dispositions. « Je ne me compare pas à Léonidas (dit-il dans une de ses lettres); Condé n'est pas le passage des Termopyles; mais la mort dont vous me menacez, est celle dont je serais le plus jaloux. » Enfin, le 24 juillet, d'après une note qui lui fut transmise par l'un des députés envoyés à Paris, le général Bonnaire publia un ordre du jour, annonçant le rétablissement du gouvernement royal, et le drapeau blanc fut bientôt arboré sur les remparts de Condé. Trois jours après, le général fut obligé de prendre des mesures sévères contre quelques soldats indisciplinés, qui s'étaient refusés à prendre la cocarde blanche.

Le rapporteur lit une lettre d'un général du roi des Pays-Bas, sous la date du 17 juin, annonçant que la veille, l'adjudant-commandant Gordon s'était porté aux avant-postes, abandonnant l'armée française, et déclarant qu'il voulait servir son souverain légitime. D'après cette déclaration, le colonel Gordon et un autre officier qui l'accompagnait, eurent ordre de se diriger sur Bruxelles.

Après la lecture de plusieurs pièces insignifiantes, le rapporteur fait observer au conseil que le ministre de la police lui a récemment indiqué un témoin dont la déposition pourrait être importante, mais qu'il n'a pu l'entendre, l'interrogatoire ayant été clos.

Sur sa réquisition, le conseil ordonne, en vertu du pouvoir discrétionnaire dont il est revêtu, que ce témoin et un autre qui a été désigné par un billet anonyme adressé au rapporteur, seront appelés et entendus aux débats.

Ensuite le rapporteur annonce qu'il va être procédé à la lecture des pièces légales qui appartiennent à l'instruction.

M. Boudin, greffier du conseil, lit d'abord les dépositions reçues par le juge de paix de Condé, en vertu de la commission rogatoire qui lui a été adressée par le rapporteur du conseil. Ces dépositions sont au nombre de quarante. Les plus importantes portent en substance que le lieutenant Miéton, auquel le colonel Gordon se présenta d'abord, lui arracha avec violence sa cocarde blanche et la décoration de Saint-Louis qu'il portait sur son uniforme ; que le général Bonnaire le renvoya, ayant trouvé insuffisans et sans aucun caractère officiel, les papiers dont il était porteur, après avoir menacé de le faire conduire au cachot, et avoir donné l'ordre de lui tirer un coup de canon, quand il serait à trente pas ; que dans le tra-

jet l'aide-de-camp Miéton donna l'ordre de le
fusiller, ce qui fut aussitôt exécuté par deux
vétérans et un militaire de la légion de Seine-et-
Marne ; le colonel ayant vainement invoqué les lois
de l'humanité et de l'honneur ; qu'ensuite le lieutenant Miéton distribua aux soldats l'argent que
le colonel avait sur lui, et vint rejoindre son général. Presque tous ces témoins s'accordent à déclarer qu'en arrivant aux avant-postes de la place
de Condé, le colonel Gordon avait annoncé que le
roi était rentré dans la capitale.

Un seul témoin déclare avoir entendu dire que
c'était par l'ordre du général Bonnaire, qu'on
allait fusiller le colonel Gordon.

M. Renard, maire de Fresne, dépose que le 5
juillet au soir, le colonel Gordon, avant de se
rendre à Condé, lui avait communiqué un ordre
en blanc pour nommer un commandant de cette
place, ainsi que plusieurs proclamations du roi ;
qu'il avait offert au colonel de remettre lui-même
ses dépêches au général Bonnaire ; mais que le
colonel avait refusé, déclarant qu'il devait remplir
personnellement cette mission importante.

M. Raze, premier adjoint du maire de Condé,
déclare qu'à une époque très-rapprochée de l'événement du 6 juillet, le général Bonnaire lui avait
témoigné ses regrets de cette fâcheuse catastrophe,
et lui avait donné l'assurance qu'il y était tout-à-
fait étranger.

Un autre témoin rend compte de la mission que
le général Bonnaire lui avait donnée le 12 juillet,

pour savoir si en effet le roi était rentré dans sa capitale.

Quelques témoins nomment les soldats qui ont tiré des coups de fusil sur le colonel Gordon.

M. Blasseau et huit autres membres du conseil municipal déposent que le général Bonnaire se rendit au conseil et y annonça qu'il venait de faire fusiller (plusieurs disent *qu'on venait de fusiller*) un traître, un espion, porteur de faux papiers, ce qui produisit une grande consternation dans l'assemblée et dans toute la ville. Le général ajoutait que le colonel Gordon avait déjà trahi l'armée française, qu'il venait sans doute aussi pour surprendre la place de Condé afin de la livrer aux Anglais, et qu'il était porteur de listes de proscription.

Un membre du conseil déclare qu'à la même séance, le général Bonnaire annonça au conseil qu'il avait donné l'ordre de conduire le colonel Gordon hors de la place, et de lui tirer un coup de canon à la volée, pour lui apprendre à ne plus se présenter devant Condé sans ordre, et qu'il venait d'être informé que les soldats qui l'accompagnaient l'avaient fusillé.

Trois autres membres du conseil ne se rappellent pas, ou n'ont pas entendu ce qui fut dit par le général dans la même séance.

Parmi ces nombreux témoins, le conseil a eu le soin de faire distinguer ceux qui avaient été indiqués par le général Bonnaire, de ceux qui avaient été appelés à la requête du rapporteur, ou d'office par le magistrat chargé de la commission rogatoire.

Sur ces quarante témoins, vingt-trois sont assignés pour déposer aux débats.

Le rapporteur lit une lettre de l'aide de camp Miéton, annonçant qu'il n'a aucun témoin à appeler dans son intérêt, et espérant, dit-il, qu'il s'en trouvera plusieurs parmi ceux déjà entendus qui pourront établir son innocence.

Il est six heures et demie. Le rapporteur annonce que la séance est suspendue pour quelques instans. Quand elle est reprise, il est donné lecture des dépositions reçues en vertu de commissions rogatoires, à Compiègne, Beauvais, Auch, Fontainebleau, Amiens et Angers. Parmi les dix-neuf témoins entendus dans les divers procès-verbaux d'information, figurent le général Bourmont et le colonel baron Clouet.

Séance du 6 juin.

La séance est ouverte à dix heures.

Le rapporteur donne lecture du procès-verbal d'audition des témoins qu'il a lui-même entendus dans le cours de l'instruction. Ils sont au nombre de 23 et viendront tous déposer aux débats.

Les trois interrogatoires subis par le général Bonnaire sont lus ensuite au conseil. Ils portent en substance que le colonel Gordon se présenta à lui, sans aucun signe extérieur qui annonçât sa mission ; qu'il l'informa qu'il venait de la part de

Louis XVIII, qu'il lui remit une lettre signée Gordon; que son embarras, lors de leur entrevue, indisposa les soldats contre lui; que lorsqu'il parla de le faire conduire en prison, plusieurs s'écrièrent qu'il fallait lui mettre du plomb dans la tête; que pour le sauver, sans exciter un mouvement dans la garnison, il donna l'ordre de le conduire hors de la place, et de lui tirer un coup de canon à boulet, lorsqu'il serait à la hauteur du village de Fresne; qu'un moment après, l'aide-de-camp Miéton vint lui annoncer que le colonel avait été atteint de deux coups de fusil, sans lui donner d'autres détails; qu'il ignore si l'aide-de-camp prit une part active à cet événement funeste, et même s'il se trouvait alors sur le lieu de la scène; mais qu'il pense que ses efforts pour l'empêcher eussent été inutiles, tant il y avait d'exaltation dans les têtes! qu'ensuite, et pour maintenir la tranquillité de la place, il crut devoir, dans son ordre du jour, en annonçant à la garnison la fin tragique du colonel Gordon, déguiser les sentimens pénibles que cet événement lui avaient causés.

Pour expliquer comment il avait dû accorder peu de confiance à des ordres signés du général Bourmont, le maréchal-de-camp Bonnaire s'était exprimé avec un peu d'aigreur sur le compte de cet officier-général, auquel il reprochait d'avoir abandonné ses drapeaux le 16 mars. Le rapporteur lui a fait observer qu'il ne devait pas oublier que le général Bourmont, honoré de la confiance du roi, commandait aujourd'hui une division de sa garde. N'attribuez à aucun ressentiment personnel, a répondu le général Bonnaire, le ton avec lequel je me suis exprimé dans cette circonstance ; mais la vérité n'en a pas deux.

Il résulte des trois interrogatoires du lieutenant Miéton, dont le rapporteur donne ensuite lecture, que le colonel Gordon se présenta à lui vêtu d'une redingote bleue, boutonnée, que la troupe lui arracha sa cocarde blanche et son ruban aux deux couleurs, sur le refus qu'il avait fait lui-même de s'en dépouiller ; que, lors de son entrevue avec le général, celui-ci lui demanda de qui étaient signés les papiers qu'il lui remettait ; que le colonel Gordon répondit qu'il les avait signés lui-même ; que le commandant le renvoya, en donnant l'ordre de tirer sur lui un coup de canon ; qu'en route, les soldats le fouillèrent, et trouvèrent sur lui des papiers constatant qu'il avait abandonné l'armée française, et que cette circonstance augmenta l'exaltation de la troupe, qui s'était déjà manifestée pendant la conversation du colonel avec le général Bonnaire ; qu'après avoir remis les papiers à ce dernier, l'aide-de-camp se rendit au fort pour faire exécuter son ordre de tirer un coup de canon sur le colonel Gordon, et qu'il y arrivait, lorsqu'il entendit deux coups de fusil que les soldats avaient tirés sur lui ; qu'ainsi, cet événement avait eu lieu, non-seulement sans son ordre, mais encore à son insu ; qu'il avait été également étranger à la distribution qu'on annonce avoir été faite entre les soldats, des fonds dont le colonel était porteur. Du reste, sur l'interpellation du rapporteur, le lieutenant Miéton affirme, en terminant son interrogatoire, qu'il n'a reçu aucun ordre du général Bonnaire pour faire amener le colonel Gordon.

Le rapporteur ayant annoncé que la lecture des pièces était terminée, le président dit que la séance était suspendue pendant une demi-heure, et qu'on allait conduire les accusés, pour procéder immédiatement à l'ouverture des débats.

La séance est reprise à une heure moins un quart.

Le général Bonnaire est introduit. Il est revêtu de son uniforme d'officier-général, et marche avec peine, appuyé sur une canne.

L'aide-de-camp Miéton l'accompagne, vêtu en bourgeois; mais le président le fait retirer, désirant interroger séparément les deux accusés.

Immédiatement l'interrogatoire du général Bonnaire commence.

Le Président. Quels sont vos noms, prénoms, âge, titres et qualités?

Le général Bonnaire. Jean-Gérard Bonnaire, chevalier de Saint-Louis, officier de la Légion-d'Honneur, maréchal-de-camp, âgé de 45 ans, natif de Propet, département de l'Aisne.

D. Avant que votre interrogatoire commence, avez-vous des moyens à présenter?

R. Des moyens préjudiciels, je n'en ai pas.

D. Avez-vous considéré le colonel Gordon comme parlementaire ?

R. Non, jamais ; je n'ai vu en lui qu'un émissaire des armées qui cernaient la place. Il était en quelque sorte déguisé ; s'il portait un frac militaire, il était entièrement caché par sa redingote.

D. S'était-il annoncé comme parlementaire?

R. Il n'en aurait pas eu besoin, s'il avait rempli les usages usités pour les parlementaires. D'ailleurs, il ne s'est pas annoncé comme tel.

D. Avez-vous su comment il avait été traité aux avant-postes ?

R. Je ne l'ai su qu'après.

D. Puisque vous le preniez pour un espion, pourquoi ne l'avez-vous pas fait juger par un conseil de guerre?

R. Quoique le colonel Gordon parût un grand coupable à mes yeux, je désirais le sauver. Je voulus d'abord le faire conduire en prison : plusieurs soldats s'écrièrent qu'il n'y arriverait pas. Je donnai ordre qu'on le fît sortir de la place.

D. Quel crime reprochiez-vous au colonel Gordon? est-ce d'avoir quitté les drapeaux de l'usurpateur, pour suivre la cause du roi?

R. J'avais à lui reprocher de ne justifier en aucune manière la mission dont il se disait chargé.

D. Un espion ne se présente pas ainsi.

R. Il prend toutes sortes de formes ; et l'on ne peut considérer comme espion qu'un homme qui s'introduit dans une place sans aucune mission légale.

D. J'admets que vous l'ayez regardé comme un espion : la loi fixe les formes dans lesquelles il doit être jugé.

R. Je le sais; mais je préférais plutôt le sauver que de le voir périr à mes yeux.

D. Vous espériez le sauver, et vous l'avez livré aux soldats qui s'étaient prononcés contre lui !

R. Je ne pouvais me conduire autrement à cause du mauvais esprit de la garnison, et j'avais fait une sorte de concession à ses dispositions qui m'étaient bien connues, en donnant l'ordre de lui tirer, à une certaine distance, un coup de canon... Si j'avais pu le sauver en l'envoyant chez moi, sans compromettre les intérêts de la place, je l'aurais fait.

D. Vous auriez donné satisfaction aux troupes, en le livrant à un conseil de guerre?

R. Si l'on pouvait se reporter à ces circonstances difficiles dans lesquelles un commandant de place éprouve de vives inquiétudes, non pour lui-même, car il ne s'appartient plus, mais pour le poste honorable qui lui est confié, on serait convaincu qu'il peut quelquefois se tromper dans ses moyens d'exécution; mais mon intention était bien de sauver un homme que je regardais comme coupable.

D. Il est un fait constant : c'est que le colonel Gordon a été jugé et condamné dans votre esprit avant qu'on eût légalement examiné sa conduite.

R. J'avais été trompé sur son caractère, et l'opinion que je m'étais formée sur son compte me semblait bien fondée.

D. Quand vous aviez donné l'ordre de tirer un coup de canon sur le colonel, pensiez-vous qu'il en serait atteint?

R. Moi, qui marche difficilement, je braverais cent coups de canon à cette distance.

D. Comment, vous qui avez manifesté dans plusieurs circonstances un sincère attachement au roi, n'avez-vous pas cherché à prendre des renseignemens sur la mission du colonel, ayant été averti, dès le 1er juillet, que le roi était rentré en France ?

R. J'en avais reçu l'avis du général Authing ; mais devais-je le croire? Ce n'est pas un général étranger que des souverains emploient pour des communications à faire avec les commandans des places.

D. Mais le colonel Gordon était attaché au service du roi lui-même.

R. Je l'ignorais; le colonel avait successivement servi plusieurs causes, et je voyais en lui, comme je l'ai dit, un émissaire des troupes qui nous assiégeaient.

D. Il avait des pièces signées du général Bourmont.

R. Oui, mais je ne connaissais pas la signature de ce général; d'ailleurs, je connaissais sa conduite à l'époque du 20 mars 1814 et de juin 1815, et je ne pouvais ajouter aucune confiance à des pièces signées de lui.

Le Rapporteur. Il est certain qu'il n'existe aucune pièce officielle attestant que M. de Bourmont eût donné une mission au colonel Gordon, au nom de son excellence le duc de Feltre. Mais vous connaissez la hiérarchie militaire : le chef d'état-major peut transmettre directement à ses subordonnés les instructions et les ordres du ministre de la guerre.

Un membre du conseil fait l'observation qu'il résulte des dépositions écrites du général Bourmont et du colonel Clouet, que le colonel Gordon était porteur de pièces signées du duc de Feltre.... Il est donné lecture de la première de ces dépositions, et il en résulte que la signature de ce ministre ne se trouvait sur aucune des pièces.

Le Président. Que dîtes-vous, lorsqu'on vous communiqua les pièces trouvées sur le colonel?

Le général Bonnaire. Je ne me le rappelle pas; mais je dus témoigner mon indignation, puisque j'y vis la preuve que le colonel était un traître qui avait abandonné ses drapeaux, et qui se disait Français, tandis qu'il était Hollandais d'origine.

D. Avez-vous fait punir ceux qui avaient fouillé le colonel Gordon sans votre ordre?

R. L'état de la place m'a mis dans la nécessité de laisser impunie cette faute, et le crime de ceux qui avaient attenté aux jours du colonel Gordon.

D. N'aviez-vous pas donné l'ordre de charger à mitraille le canon qu'on devait tirer sur le colonel?

R. Un honnête homme ne peut avoir fait une telle déclaration. .

D. Votre système de défense est donc que vous avez dû sacrifier le colonel à l'exaltation de la garnison?

R. Je n'établis pas ici de système de défense ; je réponds aux questions qui me sont faites. D'ailleurs, je n'ai jamais déclaré que j'avais voulu sacrifier le colonel Gordon : au contraire, mon désir était de le sauver ; c'est seulement après sa mort que j'ai donné une sorte de satisfaction aux soldats, en ayant l'air de l'approuver.

D. Avez-vous chargé quelqu'un de veiller sur le colonel Gordon, ayant à craindre les mauvaises dispositions des soldats, puisque vous aviez cru devoir les satisfaire par un subterfuge contraire aux lois et aux usages de la guerre ?

R. Les usages de la guerre varient selon les circonstances plus ou moins difficiles dans lesquelles on se trouve. J'avais confié le colonel à l'escorte qui l'avait conduit devant moi.

D. Vous avez dit que la garnison était dans le plus mauvais esprit, que le pouvoir du commandant avait disparu.

R. Non pas entièrement, M. le général, mais seulement dans quelques circonstances ; car si je n'avais pas pu en aucune manière compter sur les troupes, j'aurais perdu la place de Condé ; les Hollandais s'en seraient emparés, et aujourd'hui elle n'appartiendrait pas à S. M. Louis XVIII.

D. Le colonel avait-il pu arriver à Condé sans traverser le camp allié?

R. Non, sans doute, et c'est surtout cette circonstance qui avait dû me le faire considérer comme un émissaire des troupes qui nous assiégeaient.

Un membre du conseil résume en quelques mots les diverses circonstances résultant de cet interrogatoire.

Le général Bonnaire s'étant retiré, on introduisit le lieutenant Miéton.

Le président. Quels sont vos noms, prénoms, âge et qualité?

Le lieutenant Miéton. Jean Miéton, né à Lyon, âgé de 53 ans, lieutenant et aide-de-camp.

D. Par qui ont été arrachées la cocarde et les décorations que portait le colonel Gordon.

R. Par la troupe, en ma présence.

D. Avez-vous fait quelque tentative pour l'empêcher?

R. Non, général, je n'en ai pas eu le temps.

D. En admettant, qu'officier de l'usurpateur, vous n'eussiez pas dû reconnaître les couleurs dont le colonel était porteur, vous savez qu'on doit toujours respecter un parlementaire?

R. Il ne s'est pas présenté ainsi, et je n'ai vu en lui qu'un espion.

D. Comment avez-vous pu présager sa qualité, ne lui ayant fait aucune question?

R. Parce qu'il n'avait ni tambour ni trompette.

Je l'avais d'abord invité moi-même à quitter sa cocarde blanche et son ruban. .

D. Quand le général vous a donné l'ordre de le reconduire, comment ne lui avez-vous pas communiqué les inquiétudes que devaient vous donner les dispositions des troupes à son égard?

R. Il y avait du mécontentement dans les soldats, aussi je ne pensais pas qu'ils se portassent à un tel excès.

D. Que se passa-t-il dans le trajet?

R. Il fut fouillé par les soldats qui trouvèrent des papiers sur lui; je les apportai au général qui me confirma son premier ordre de le faire éloigner de la place, et de lui tirer un coup de canon quand il serait à 50 pas. Je le retrouvai à l'endroit où je l'avais laissé confié aux soldats, et alors je me rendis au fort pour faire exécuter l'ordre du général.

D. Est-ce vous qui avez donné l'ordre de faire fouiller le colonel?

R. Oui, mon général, j'entendis dire aux soldats qu'ils voulaient le fouiller, que c'était un espion, je pensai que s'ils le faisaient d'eux-mêmes ils pourraient se porter à d'autres excès; en conséquence, je crus devoir ordonner moi-même cette opération.

D. Étiez-vous présent quand le colonel Gordon a été fusillé?

R. Non, général, je me rendais au fort Mazis, quand j'entendis les deux coups de fusil dont il fut tué.

D. Menaçates-vous de quelque punition les soldats qui s'étaient portés à un acte d'insubordination aussi répréhensible ?

R. Non, général, le malheur était déjà arrivé, et je pensais qu'il était alors inutile d'exaspérer la garnison.

D. Avez-vous distribué aux soldats l'argent que le colonel avait sur lui ?

R. Non, général, je n'ai même pas su s'il en avait.

D. Pourquoi avez-vous quitté Condé clandestinement, même sans en prévenir votre général ?

R. Après la capitulation de la place, j'appris que les Hollandais allaient y entrer ; qu'on me signalait parmi eux comme l'auteur de la mort de leur compatriote, et je craignais leur ressentiment.

D. Plusieurs témoins ont déclaré que vous aviez vous-même distribué l'argent ?

R. Ces témoins se trompent.

D. Dans quel état se trouvait le colonel Gordon quand vous avez été rappelé par les deux coups de fusil ?

R. On lui avait déjà enlevé sa capote ; quelques soldats lui ôtaient son habit, et d'autres lui arrachaient ses bottes.

D. En faisant bander les yeux au colonel, vous le considériez comme un parlementaire ?

R. On prend cette précaution à l'égard de tout individu qui, sous un titre quelconque, s'introduit dans une place.

Le général Bonnaire est amené de nouveau devant le conseil, et l'on procède à l'audition des témoins. Leur grand nombre nous met dans la nécessité de ne rapporter que les dépositions les plus importantes.

Le sieur CORDA, tailleur à Condé, faisant partie des canonniers sédentaires, dépose qu'à la première apparition du colonel Gordon, l'aide-de-camp Miéton lui arracha avec violence sa cocarde blanche et son ruban, sur le refus qu'il avait fait de s'en dépouiller; que le général Bonnaire, devant lequel il fut conduit, donna ordre de le faire sortir de la place et de lui tirer un coup de canon à cinquante pas; que dans la traversée l'aide-de-camp donna l'ordre de fusiller le colonel, ce qui fut exécuté sur-le-champ; qu'ensuite il distribua lui-même aux soldats l'argent dont le colonel était porteur. Du reste, le témoin affirme que les militaires n'étaient indisposés en aucune manière contre ce dernier, et qu'ils auraient exécuté volontiers l'ordre du général de le faire sortir de la place.

Interpellé de déclarer s'il regardait le colonel Gordon comme un espion ou comme un parlementaire, il répond qu'il ne savait rien, *le soldat n'étant qu'une machine*, mais que du reste il le considérait comme un envoyé.

L'aide-de-camp persiste à soutenir que le témoin ne dit pas la vérité, et qu'il était près du fort Mazis quand le colonel fut fusillé.

Le sieur GODIN, a vu l'aide-de-camp Miéton,

après s'être rendu pour la seconde fois auprès du général Bonnaire, revenir aux postes avancés avec des fusiliers. S'étant rendu sur le lieu de la scène, après avoir entendu les coups de fusil, il vit l'aide-de-camp distribuer l'argent aux soldats ; mais on ne lui a pas dit s'il avait donné l'ordre de fusiller le colonel Gordon. Ce témoin confirme d'ailleurs la première partie de la précédente déposition.

Le sieur CRAUCK, sergent, dépose aussi des mêmes faits que le sieur Corda. Il a reçu cinquante sous dans la distribution qui a été faite des fonds trouvés sur le colonel Gordon ; c'est un soldat, et non l'aide-de-camp, qui était venu donner l'ordre de tirer un coup de canon du fort Mazis.

. Ce témoin ayant déclaré qu'il reconnaîtrait les hommes qui ont fusillé le colonel Gordon, le président donne l'ordre d'introduire le sieur Varlet, qui est en effet reconnu par le sieur Crauck et par le sieur Corda.

Le lieutenant Miéton soutient que le témoin se trompe. Un membre du conseil, le colonel marquis de Maleissye, rappelle au sieur Crauck qu'il est en présence de Dieu et de la justice ; que son devoir est de dire la vérité. *Je ne dis que ce que j'ai vu*, répond le témoin avec assurance.

Le sieur POSIÈRE dépose qu'il a vu un caporal, lors du retour du colonel Gordon, dire qu'il fallait le fusiller par ordre du gouverneur ; qu'alors l'aide-de-camp commanda six fusiliers pour cette exécution, qui eut lieu sur-le-champ ; que bientôt après il distribua l'argent qui se trouvait sur le colonel, et dont il reçut lui-même trois francs pour sa part.

Le premier témoin, rappelé, déclare n'avoir vu aucun sous-officier porteur d'un ordre du général Bonnaire. De son côté, l'aide-de-camp, interpellé sur cette circonstance, affirme que personne ne lui a apporté un tel ordre.

Le sieur Sorignès fils a entendu l'ordre donné par l'aide-de-camp de fusiller le colonel Gordon.

Le sieur Joly, employé des mines, dépose qu'il reçut l'ordre d'accompagner dans un cabriolet, un officier jusqu'à Condé ; qu'après son arrivée, un aide-de-camp lui arracha la cocarde blanche et le ruban qu'il portait ; qu'on les conduisit tous les deux, les yeux bandés, auprès du général ; qu'étant lui-même très-effrayé, il n'entendit pas tout ce qui fut dit par l'officier et par le général ; qu'il entendit seulement celui-ci dire qu'il fallait les renvoyer, et leur tirer un coup de canon à mitraille, qu'ils se sauveraient s'ils le pouvaient ; qu'ayant été conduits, toujours les yeux bandés, il entendit quelqu'un dire qu'il fallait fusiller le colonel par ordre du général.

Le colonel Maleissye, qui a donné dans le cours des débats, tant de preuves de son amour pour la justice et pour la vérité, fait observer au conseil que l'état de trouble dans lequel se trouvait ce témoin, ne permet pas d'attacher une grande importance à sa déposition.

Le sieur Blasseau, membre du conseil municipal, rend compte de la séance qui eut lieu le 6

juillet 1815. Il déclare ne pouvoir affirmer si le
général dit : *Je viens de faire fusiller*, ou bien:
on vient de fusiller un espion.

Le rapporteur fait la remarque que dans sa déclaration écrite, le témoin avait dit que le général
s'était servi de ces mots : *Je viens de faire fusiller*...... Mais le colonel Maleissye, fait observer au
conseil que, dans l'incertitude existant aujourd'hui
sur la déclaration du sieur Blasseau, on doit admettre l'interprétation la plus favorable à l'accusé.

A l'occasion d'un second témoin qui manifeste
la même hésitation sur cette circonstance, le rapporteur dit : « En admettant le principe de
loyauté qui doit être la règle de votre conduite et
de la nôtre, il doit nous sembler extraordinaire
qu'un témoin puisse laisser de l'incertitude sur
une circonstance aussi importante. Il serait d'un
malhonnête homme de signer la déclaration d'un
fait dont il ne serait pas certain. »

Sur cette observation, le témoin ayant déclaré
qu'il persistait dans sa déclaration écrite, le général Bonnaire fait remarquer au conseil que c'est
sans doute parce que son amour-propre s'est
trouvé blessé, que le témoin finit par affirmer une
circonstance sur laquelle il était d'abord incer-
tain.

L'audition des autres membres du conseil municipal laisse la plus grande obscurité sur cette
circonstance importante; car, parmi les six qui
ont été entendus après ceux dont nous venons de

recueillir les dépositions, deux (les sieurs Bourla et Dumont) déclarent qu'ils ont entendu le général dire : *J'ai fait fusiller*, etc. ; un autre (le sieur Thurens) ne peut affirmer de quelles expressions le général s'est servi ; et les trois derniers (les sieurs Souriez, Houzet et Abrastars) déposent que le général a dit: *La garde a fusillé ;* ou: *on a fusillé....* Deux d'entre eux ajoutent que le général manifesta le désir de conserver la place à S. M. Louis XVIII, et non de la livrer aux Anglais ou aux Hollandais.

Le sieur Desmoulins déclare que, quelques jours après la mort du colonel Gordon, le général Bonnaire lui dit : « Sans la précipitation de ce gaillard-là (l'aide-de-camp Miéton) nous ne sérions point dans le pas où nous sommes. »

Un incident s'élève sur la déposition d'un sieur Lebègue. Il avait déposé en ces termes devant le juge d'instruction de Beauvais, le 15 avril 1816 : « ..... L'aide-de-camp Miéton s'approcha du colonel Gordon, et lui demanda ce qu'il voulait. Sans attendre sa réponse, il lui dit d'ôter sa décoration et sa cocarde. Il avait une cocarde blanche à son chapeau, le lis suspendu par un ruban rouge. Sur le refus de l'officier supérieur, Miéton lui arracha ses décorations et sa cocarde et les foula aux pieds, en reprochant fortement à un officier qui se trouvait là de ne pas les lui avoir arrachées..... Conduit devant le général Bonnaire, l'officier supérieur dit qu'il était l'adjudant-général Gordon. Sur cette réponse, le général Bonnaire lui dit qu'il

était un traître à la patrie, qu'il avait déserté
à l'affaire du 16; qu'il ne serait pas surpris s'il allait le faire fusiller tout de suite; et donna l'ordre
au sieur Miéton de faire charger un canon, et de
faire tirer dessus. Un nommé Corda, simple soldat, le prit par le bras et le conduisit en le rail-
lant, et en lui disant : Ne cours pas si fort, afin
qu'on puisse t'attraper. Le général Bonnaire rappela son aide-de-camp Miéton, lui demanda s'il y
avait dans la ville une prison sûre; ce dernier lui
répondit que la prison la plus sûre était de lui la-
ver la tête avec du plomb. Le général Bonnaire
ordonna alors qu'il fût fusillé. Miéton commanda
deux hommes à qui l'ordre paraissait répugner.
Ils firent tomber la poudre du bassinet de leurs
fusils, qui ne partirent pas. Le sieur Miéton commanda deux autres hommes; il fut renversé à terre
d'un coup de crosse, reçut deux coups de fusil
dans les reins et expira. »

« Ce témoin a changé de langage devant le conseil; il n'a rien vu, rien entendu, et ce qu'il
raconte, par ouï-dire, ne ressemble pas à ce qu'il
avait déclaré. C'est d'après une conversation qu'il
aurait eue quelques jours après avec l'aide-de-camp
Miéton, que celui-ci lui aurait annoncé qu'il avait
donné lui-même l'ordre de fusiller le colonel
Gordon. Cette déclaration lui aurait été répétée
long-temps après, en présence de sa famille,
à Beauvais. Je prends tout sur mon compte, lui
avait dit alors l'aide-de-camp; et c'est pour ne pas

compromettre la sûreté du général Bonnaire que j'ai dû quitter Condé.

Le rapporteur fait remarquer la contradiction choquante qui existe entre la déposition écrite et la déposition orale du sieur Lebègue.

Le procureur du roi fait un réquisitoire pour demander sa mise en accusation comme faux témoin.

Mais le conseil prenant sans doute en considération qu'il n'y a pas de preuve matérielle que le témoin ait déclaré un fait faux, soit dans la première, soit dans la seconde déposition, s'est borné à déclarer qu'on ne s'arrêterait ni à l'une ni à l'autre, et que le sieur Lebègue n'assisterait pas aux débats, comme ne pouvant inspirer aucune confiance à la justice.

M. d'Yvrande d'Herville fait remarquer que les déclarations du sieur Lebègue, comme les plus graves de toutes, avaient dû influer sur la décision du conseil d'enquête, pour la mise en jugement du général Bonnaire.

Parmi les autres dépositions, on remarque celles du général Bourmont et du baron Clouet, qui ont parlé des pièces remises au colonel Gordon. Il en résulte, que le colonel n'était en effet porteur que de copies des ordres du duc de Feltre, qui n'étaient pas revêtues de la signature de ce ministre, mais seulement de celles de M. de Bourmont, gouverneur de la 16ᵉ division militaire, et du baron Clouet, son chef d'état-major. Il résulte aussi de la déposition que d'autres en-

voyés, porteurs de semblables pièces, n'avaient
pû réussir dans les missions qui leur avaient été
données pour d'autres places fortes, et que
M. Clouet lui-même, avait éprouvé de mauvais
traitemens à Lille.

Le sieur VARLET ex-caporal déclare que, sous
la redingote du colonel Gordon, il avait aperçu
un collet brodé ; que le lieutenant Miéton ayant
donné l'ordre de le fouiller, il se rendit sur-le-
champ auprès du général avec les papiers trouvés
sur lui, et sa bourse, *dans laquelle il n'y avait
pas mal d'argent* ; qu'ensuite il a tiré lui-même
sur le colonel, d'après l'ordre de l'aide-de-camp
Miéton ; que ni lui, ni aucun de ses camarades
n'avaient tiré sans ordre, et qu'ils étaient tous
disposés à obéir à leurs chefs. Ce témoin ajoute
qu'il n'a vu personne apporter un ordre nouveau
du général, de sorte que l'ordre de fusiller le
colonel Gordon émanait bien directement de
l'aide-de-camp Miéton.

Le sieur CARLIN, caporal, dépose que, sur le
cri de *qui vive?* qui lui fut adressé deux fois, le
colonel Gordon répondit toujours : *parlementaire*.
Il confirme d'ailleurs l'ordre donné par le général
Bonnaire de tirer un coup de canon sur le colonel Gordon, en disant : « s'il s'en échappe, tant
mieux pour lui. » Ainsi que le précédent témoin,
il déclare que c'est l'aide-de-camp Miéton qui
donna l'ordre de le fusiller.

Dans cette séance qui se prolongea jusqu'à 10
heures et demie, on entendit tous les témoins à

charge. L'audience du lendemain s'ouvrit à onze heures un quart.

Le rapporteur. Un témoin, appelé également à la requête du ministère public, et sur la demande du général Bonnaire, doit être entendu d'abord comme le dernier témoin à charge, et le premier à décharge.

Le sieur HORLOGER, clerc d'avoué, qui commandait le premier poste de Condé, dépose qu'à l'arrivée du colonel Gordon, il le prit pour un bourgeois, ayant sa redingote entièrement boutonnée; qu'il ne s'aperçut que lorsqu'il descendit de voiture, et à son chapeau, que c'était un officier supérieur; que l'aide-de-camp Miéton, arrivé au poste, lui arracha sa cocarde et ses décorations; que lorsqu'il revint après avoir vu le général. l'aide-de-camp le fouilla et prit ses papiers pour les apporter au général; qu'à son retour il dit aux soldats : *il ne faut pas le manquer*; que le colonel s'attacha fortement à un soldat, pour se soustraire à la mort dont on le menaçait; mais qu'il fut excédé de violences, terrassé, et qu'aussitôt il fut atteint de deux coups de fusils, que les soldats le dépouillèrent, trouvèrent plusieurs papiers dans ses bottes; notamment un ordre de nommer un commandant à la place de Condé; que l'aide-de-camp prit sa bourse, distribua une partie de la somme qui y était aux soldats présens, et fit partager le reste entre les divers postes.

L'aide-de-camp Miéton, invariable dans son

système de défense, soutient que le témoin est dans l'erreur sur tous les faits dont il rend compte.

Pour que l'instruction soit complète, le rapporteur dit : qu'il serait convenable de lire les dépositions écrites de quelques témoins qui n'ont pu se présenter, particulièrement celles qui sont favorables aux accusés, mais les défenseurs, jaloux de ménager les instans du conseil, déclarent qu'une seconde lecture de ces dépositions est inutile, se réservant d'en faire usage dans leurs plaidoiries.

L'audition des témoins à décharge commence.

Le sieur MÉLOT dépose de l'ordre donné par le général Bonnaire de tirer un coup de canon sur le colonel Gordon, quand il serait à la hauteur du village de Fresne.

Le sieur RENARD, *maire de Fresne*, dépose que le 5 juillet, le colonel Gordon s'était présenté chez lui, accompagné de douze chasseurs Hollandais, qu'il lui fit part de son projet de se rendre à Condé pour y faire arborer le drapeau blanc, ayant une lettre à remettre au commandant de cette place, ainsi que plusieurs pièces certifiées par le comte de Bourmont ; que le témoin lui représenta tous les dangers d'une telle entreprise, et lui offrit de remettre lui-même sa lettre au commandant ; que le colonel refusa ses offres de services, et persista dans son projet de se rendre sans escorte à Condé ; qu'il apprit le lendemain ce qui lui était arrivé, et qu'ayant fait part aussi le lendemain au général Bonnaire de son désir de précéder cet envoyé, il lui répondit : « *Vous m'auriez rendu un grand service.* »

Ce témoin affirme que les dispositions de la garnison étaient très-mauvaises, et qu'on avait craint plusieurs fois qu'elle ne se portât à piller la ville.

M. le comte RICARD, *pair de France*, rend le témoignage le plus éclatant aux principes et aux sentimens du général Bonnaire.

Le sieur RAZET, *premier adjoint de la mairie de Condé*, déclare qu'à l'assemblée du conseil municipal, le 6 juillet, le général Bonnaire avait dit : « *On vient de* fusiller un espion; que, dans plusieurs circonstances postérieures, il lui avait donné l'assurance qu'il n'avait pris aucune part à la mort du colonel Gordon, ayant seulement donné l'ordre de le conduire hors de la place pour lui tirer un coup de canon.

Ce témoin, rédacteur d'un certificat extrême-ment honorable pour le général Bonnaire, con-signé dans son mémoire imprimé, déclare qu'il avait d'abord été délibéré en conseil, qu'il en a même la minute en sa possession, corrigée de la main de M. de Gueugny, maire de la ville, que ce certificat n'a nullement été sollicité par le géné-ral Bonnaire, mais qu'il lui a été spontanément offert par le conseil municipal.

Sur l'observation du rapporteur, que deux membres du conseil avaient déclaré qu'ils n'a-vaient pas pris lecture du certificat en le signant,

M^e d'Yvrande d'Herville demande une confrontation de ces deux témoins avec le sieur Razet.

Ils persistent à déclarer qu'ils n'ont pas lu, ou ne se souviennent pas d'avoir lu ce certificat.

Du reste, l'un et l'autre s'accordent à dire que la conduite du commandant a été pleine de sagesse dans les momens les plus difficiles, et qu'ils n'auraient pas hésité à signer le certificat quand même ils l'auraient lu.

« On m'a accusé avec perfidie, dit le général Bonnaire, d'avoir accablé la ville d'impôts et de réquisitions extraordinaires. Je demande que les témoins s'expliquent sur ce fait.

Le rapporteur fait observer qu'il n'a trouvé dans les pièces aucune trace de cette accusation, et qu'il n'en dira pas un seul mot dans son rapport.

Le sieur Razet, sur l'interpellation qui lui est faite à ce sujet par le président, déclare que l'esprit de la garnison était très-mauvais, et que même après l'entrée du roi à Paris, le général Bonnaire eut besoin de déployer beaucoup de fermeté pour faire arborer le drapeau blanc.

Le président dit que ce n'est pas à cette époque, mais lors du malheureux événement du 6 juillet, qu'il importe de connaître les dispositions de la garnison de Condé.

« Pardonnez-moi, répond le général Bonnaire, car si j'avais dû employer beaucoup d'efforts pour maintenir les troupes dans la ligne du devoir quand S. M. était remontée sur le trône de ses pères, leurs dispositions devaient être plus alarmantes encore quand la chute de l'usurpateur ne leur était pas encore connue; les désertions, dont elles avaient vu beaucoup d'exemples dans les campagnes de 1814 et dans celle de 1815, les rendaient pleines de défiances à l'égard de leurs chefs; il m'eût été peut-être impossible de répondre de leur soumission si j'avais tenu une conduite différente à l'égard du colonel Gordon.

Le sieur DAUDEL donne les détails les plus circonstanciés sur la mission que le général Bonnaire lui avait conférée de se rendre à Paris, pour s'assurer si le roi y était rentré; sur les bons sentimens que manifesta le général lorsqu'à son retour il lui apprit qu'en effet S. M. était rentrée dans sa capitale, et sur les promptes mesures qu'il avait prises pour faire reconnaître aussitôt son autorité dans la ville et parmi les troupes de la garnison.

Ce témoin déclare, relativement au fait de l'accusation, qu'un caporal boiteux (le sieur Carlin, qui a déposé la veille) s'était vanté d'avoir *donné un coup de fusil au colonel Gordon*, en vomissant les injures les plus grossières contre lui et contre tous les partisans du roi.

Carlin nie ce fait avec d'autant plus d'assurance, dit-il, qu'il n'avait pas alors de fusil.

Trois témoins rappelés confirment à cet égard sa déclaration.

Un membre du conseil fait la remarque que ces dépositions contraires peuvent se concilier; qu'il est possible, en effet, que Carlin n'ait porté aucun coup, et que cependant, il l'ait dit le lendemain, pour faire parade des sentimens qu'on lui prête.

Cette réflexion est d'autant plus juste, dit le rapporteur, qu'on a vu plus d'une fois, dans la révolution, des misérables se vanter des crimes qu'ils n'avaient pas commis.

Le capitaine du génie, VIARD, dépose en ces termes : « Le général Authing, après avoir blâmé la conduite politique du colonel Gordon, dit qu'il lui avait refusé le trompette qu'il lui avait demandé pour s'avancer comme parlementaire ; il a ajouté, en se séparant du général Bonnaire, que, s'il avait besoin de son témoignage, il pouvait le réclamer. Quelques jours après, le général Bonnaire m'ayant désigné avec un autre officier pour conclure un armistice avec le corps investissant, me chargea de demander par écrit au lieutenant-général Authing le témoignage qu'il avait bien voulu lui offrir ; nous ne le trouvâmes pas à son quartier-général. Nous ne revîmes plus le général Authing, et le général Bonnaire ne songea plus à son certificat.

Le capitaine du génie CHOUMARA dépose que le lieutenant-général Bourmont l'avait chargé d'engager le général Bonnaire à se sauver, s'il était coupable du meurtre du colonel Gordon, en lui donnant l'assurance qu'il ne mettrait aucun obstacle à son départ ; qu'ayant communiqué cet avis au général Bonnaire, celui-ci lui dit qu'il était étranger à cet événement malheureux ; que sa conscience ne lui faisant aucun reproche, et que sa conduite ayant toujours été franche et loyale, il n'avait rien à craindre des juges éclairés qui prononceraient sur son sort.

Le sieur *Adam*, répète dans sa déposition les faits recueillis dans le certificat signé de lui et qui a été lu à la première séance.

Le sieur CHABERT, *adjoint aux commissaires des guerres*, dépose en ces termes : « Ce ne fut que quelques heures après que j'appris le malheureux événement qui avait eu lieu, par des militaires qui vinrent faire viser leur bon. Leurs propos faisaient connaître le plaisir qu'ils en éprouvaient et la part qu'ils y avaient prise. Au même instant j'en vis passer plusieurs qui étaient porteurs de l'habit du colonel Gordon. Quand, par suite de l'ordre du jour qui parlait de cet événement, j'eus occasion de m'en entretenir avec M. le général Bonnaire, il m'en parut vivement affecté, et me dit : Il est bien malheureux pour moi de commander des hommes qui se sont portés à une pareille scélératesse. L'affliction qu'il éprouvait me détermina à cesser de lui parler de cet événement. »

Le sieur VANDERSEN déclare aussi que le général Bonnaire lui avait paru vivement affecté de la mort du colonel Gordon. Il ajoute qu'après le départ de l'aide-de-camp Miéton, le général Bonnaire lui avait dit qu'il croyait que cet officier avait eu des torts dans cette circonstance.

Sur cette dernière partie de la déposition, le général Bonnaire croit pouvoir affirmer que ce témoin est dans l'erreur, et que, jamais, surtout après le départ de son aide-de-camp, il n'a fait à personne des plaintes contre lui.

Le sieur JACQUES parle de l'opinion publique, qui attribuait à une soldatesque effrénée la mort du colonel Gordon; il ajoute qu'après la mort de ce dernier, il vit les troupes dans un véritable état de délire, vomissans des injures contre les partisans de la cause du roi.

J'ai su, ajoute le témoin, qu'on avait engagé le général Bonnaire à sévir contre des villages qui avaient arboré le pavillon blanc; mais invariable dans les principes de modération dont il avait donné tant de preuves, il n'adopta aucune des mesures sévères qui lui furent proposées. »

L'audition des témoins est terminée, et la séance suspendue pendant une heure.

On reprend l'audience à cinq heures.

Mᶜ Lebon supplie le conseil de vouloir bien continuer la séance au lendemain, après avoir entendu le résumé du rapporteur. Il parle de l'état de santé de Mᶜ Chauveau Lagarde, qui ne lui permet pas de se livrer à la défense de son client. L'humanité dont vous entendez si bien la voix, dit-il, ne vous permet pas de lui refuser cette faveur qu'il sollicite par mon faible organe.

Ensuite l'avocat cherche à établir que, d'après l'article 25 de la loi de brumaire an v, et l'article 353 du Code d'instruction criminelle, il n'y avait aucun obstacle à accorder la remise demandée.

Le Rapporteur. On vous parle d'humanité, on

est sûr que vous entrendrez ce langage, s'il peut se concilier avec vos devoirs ; sans pressentir ce que le conseil va juger, je crois devoir déclarer que je ne puis faire mon rapport qu'autant qu'on y repondra sur-le-champ.

Le président fait observer que le mot repos indiqué par l'article 353 du Code d'instruction criminelle, suppose que le défenseur de la cause s'est déjà livré à la fatigue des débats ; mais que Mᵉ Chauveau Lagarde, arrivant actuellement à l'audience, ne peut avoir besoin de repos.

Deux membres du conseil confirment ces observations ; sans doute, disent-ils, nous désirerions céder au vœu du défenseur, puisque l'état de sa santé ne lui permet pas de plaider en ce moment ; mais il faut que la loi nous le permette. D'ailleurs Mᵉ Chauveau Lagarde a bien consulté ses forces, puisqu'il s'est adjoint deux défenseurs pour le seconder.

Mᵉ Chauveau Lagarde, avec une vive émotion. — Oui, messieurs, j'ai calculé mes forces morales, et je me sens disposé à mourir s'il le faut, sur le champ d'honneur ; mais je n'ai pu calculer les forces physiques qui me trompent en ce moment. Je déclare sur mon honneur, qu'il m'est absolument impossible de commencer aujourd'hui la défense de mon client ; et, certes, personne ne souffre plus que moi du retard que je sollicite ; personne ne peut être plus impatient que moi de voir proclamer l'innocence d'un homme auquel je me suis dévoué tout entier.

Je dois rendre hommage au scrupule qui semble arrêter le conseil. Il se croit lié par la loi : il veut l'observer, et ce respect religieux honore des militaires qui savent remplir tous leurs devoirs.

Mais si la loi vous permet de m'accorder une faveur que votre humanité souffrait trop à me refuser, je crois avoir la certitude de l'obtenir de votre bienveillance. Eh bien, messieurs, la loi ne vous défend impérieusement qu'une chose, c'est de retarder la convocation du conseil. A cet égard, je me suis soumis à la décision qui a été rendue, quoique l'état déplorable de ma santé me fît vivement désirer de voir retarder cette convocation; mais la loi spéciale des conseils de guerre, aussi bien que la loi générale pour les tribunaux criminels, ne peuvent contrarier à tel point le vœu de la nature, que de refuser une suspension que ma situation rend indispensable. »

Un membre du conseil demande qu'avant de prendre sa délibération, le conseil reçoive des avocats une déclaration écrite et signée, portant que c'est à leur instante sollicitation, et sans contrevenir au vœu de la loi, que la remise leur a été accordée. Les avocats remettent aussitôt une déclaration ainsi conçue :

« Nous, avocats des prévenus, vu l'état de souf-
« france de Me Chauveau Lagarde, notre confrère,
« en suppliant le conseil de consentir à demain la
« remise de la cause pour les plaidoiries, attestons
« que d'après la loi, l'usage et l'expérience jour-
« nalière, rien ne s'oppose à cette remise de la

« cause. Déclarons que, dans le cas où cet état de
« souffrance durerait demain et empêcherait
« Me Chauveau Lagarde de défendre le général
« Bonnaire, nous essaierions de le remplacer, afin
« que la cause n'éprouve aucun retard ; déclarant
« en outre que dans le cas où il y aurait pourvoi
« en révision, nous renonçons à faire résulter un
« moyen de nullité de cette remise, que nous
« avons sollicitée. »

Signé, CHAUVEAU LAGARDE, LEBON, BEXON,
D'YVRANDE-D'HERVILLE.

Immédiatement après la rédaction de cette déclaration, le président annonce que la remise est
accordée, et que la séance est continuée au lendemain sans désemparer.

La séance du 8 juin commença à dix heures et
demie.

Nommé d'office pour défendre le lieutenant
Miéton, Me Bexon prie le conseil de faire rappeler
le témoin Varlet pour lui adresser une question
importante.

Le témoin étant introduit, le défenseur lui demande de déclarer si, lorsque l'aide-de-camp
Miéton fut revenu auprès du colonel, après avoir
remis les papiers au général Bonnaire, le colonel
n'était pas déjà renversé ?

Le témoin explique que le lieutenant Miéton fit
fouiller deux fois le colonel Gordon, et se rendit
deux fois auprès du général ; que, lorsqu'il revint

pour la première fois, le colonel était encore debout, mais qu'il était déjà renversé lors de son second retour, et que ce fut alors seulement qu'on le fouilla.

Le président donne l'ordre de placer ce témoin sous la surveillance d'un gendarme, jusqu'à la fin des débats. Il fait rappeler de nouveau les sieurs Corda, Horloger et Sougnies fils.

Le premier de ces témoins déclare que le colonel avait été fouillé au moment de son arrivée; qu'il le fut ensuite une seconde fois lorsqu'il était reconduit, après avoir vu le général; que le colonel était encore debout quand l'aide-de-camp fut de retour; et que c'est alors que sur son ordre il fut fusillé après avoir été renversé.

Les deux autres témoins confirment cette déposition, et le général Bonnaire déclare également que l'aide-de-camp ne se rendit qu'une fois auprès de lui pour lui remettre les papiers du colonel Gordon.

Sur l'invitation du président, le rapporteur donne lecture de la première déposition écrite de Varlet, qui est conduit sur le banc des témoins, accompagné d'un gendarme.

Le rapporteur prend la parole.

Après avoir caractérisé l'accusation, et retracé les nobles fonctions de son ministère, le lieutenant Melon entre dans les détails de la cause. Nous allons donner une rapide analyse de son plaidoyer, en conservant autant qu'il nous sera possible, ses propres expressions.

« Le roi de France avait traversé les provinces du nord ; il s'avançait comme un ange consolateur, tenant en main cette proclamation qui était le gage d'une réconciliation universelle. Déjà il s'approchait des portes de la capitale, rappelé par les vœux, accueilli par les acclamations de ses fidèles sujets, lorsqu'un officier distingué, revêtu du titre sacré de parlementaire, payait de sa vie son noble dévouement pour S. M.

« On a dit, on a imprimé que le colonel Gordon avait pu être considéré comme un espion, un traître, un embaucheur ; ainsi la mise en jugement de ceux qui ont ordonné sa mort, serait déjà une injustice, hâtons-nous de rétablir les faits jusqu'à présent si étrangement défigurés.

« Le colonel Gordon, porteur d'ordres du ministre de la guerre, ou d'ordres émanés d'officiers généraux qui avaient qualité pour lui ordonner, se rend d'abord à Fresne, et ensuite à Condé ; porteur des couleurs que nous devons appeler *Nationales*. Auprès du maire de Fresne, et des premiers militaires de la garnison qu'il rencontre, il ne déguise pas l'objet de son honorable mission. Il parle des heureux événemens qui venaient de changer la face de la France, il veut rendre à son roi une place trop long-temps défendues au nom de l'usurpateur.

« Mais quel est le dénouement d'une si belle mission ? Insulté, dépouillé de ses décorations par l'un des accusés, il est conduit devant le commandant de la place, qui donne l'ordre de le renvoyer, en lui tirant un coup de canon ; il est reconduit en effet, et cependant le lieutenant Miéton n'est pas satisfait des insultes qu'il lui a prodiguées, il donne l'ordre de le fusiller ; vainement le colonel invoque le droit des gens, les principes sacrés de l'honneur. Il succombe, et pour rendre à sa mémoire un hommage digne d'elle, pour la venger des affronts qui lui furent alors prodigués, disons qu'il eut l'honneur de mourir pour son roi.

« Il est impossible d'admettre que le colonel Gordon n'était pas porteur de pièces établissant sa mission ; elles étaient revêtues de la signature d'officiers-généraux ou supérieurs exerçant leurs fonctions au nom du roi ; cela devait suffire.

« S'était-il présenté comme espion ? Non, sans doute. On emploie comme espion un homme de la classe du peuple, qui pénètre dans une place sous un déguisement quelconque. Ici il s'agit d'un officier supérieur, revêtu de son costume, porteur des décorations et des couleurs du roi légitime. Le défaut de précautions prises habituellement par un parlementaire, n'empêche pas qu'un tel caractère appartienne au colonel Gordon ; elles ne sont observées que pour la sûreté personnelle ; et l'espèce d'imprudence qu'on lui reproche honore seulement sa confiance et sa loyauté. »

Examinant ensuite qui a ordonné le meurtre du colonel Gordon, le rapporteur réunit le faisceau de preuves qui accablent l'aide-de-camp Miéton.

Relativement au général Bonnaire, le rapporteur fait la remarque qu'un aide-de-camp est réputé agir par l'ordre de son général, quand celui-ci ne l'a pas désavoué. Il rappelle le discours tenu par le général Bonnaire aux membres du conseil municipal, le 6 juillet, et fait observer que le caractère du général devait lui rendre en quelque sorte personnel ce qui avait été fait par les troupes sous ses ordres.

« En admettant cependant, contre notre iné-branlable conviction, ajoute-t-il, que le colonel Gordon pût être considéré comme un espion ou comme un traître, les réglemens militaires impo-saient au commandant de la place l'obligation de le livrer à un conseil de guerre.

« Le général Bonnaire a-t-il ordonné la mort du colonel Gordon ? Telle est la question à résou-dre. Nous n'en trouvons pas la solution dans la procédure, soit parce que l'ordre a pu n'être que verbal, soit parce qu'il a pu être anéanti par ceux qui y avaient intérêt.

« Mais vous aurez à examiner si une telle preuve ne résulte pas, soit de l'ordre du jour du général Bonnaire, du 6 juillet, soit de son rapport au mi-nistre de la guerre, sous la date du 4 août.

« Dans le premier de ces actes, il approuve, il s'approprie en quelque sorte le meurtre du colo-nel Gordon ; il le signale comme un acte de jus-tice : et n'est-ce pas en prendre sur lui toute la responsabilité ?

« Dans le rapport du 4 août, on trouve ce pas-sage remarquable :

« On vint me faire un second, un troisième

rapport : la troupe était indignée, et faisait solliciter l'ordre de le fusiller. Il fallait calmer l'effervescence et l'exaltation des esprits de la soldatesque
exaspérée contre cet homme justement alors
considéré comme un traître. Voilà les raisons
pour lesquelles cet homme qui s'était mis hors de
la loi a été fusillé. »

« Ne résulte-t-il pas de ce récit émané du général Bonnaire, que c'est lui-même qui a donné
cet ordre fatal, à la suite des divers rapports ?
Nous ne pouvons du moins entendre autrement
ce passage, et nous désirons qu'il puisse lui donner
une interprétation plus favorable à sa défense.

Cependant le rapporteur examine si la circonstance aggravante du crime, la préméditation se
rencontre ici, et il n'hésite pas à se prononcer
pour la négative.

A l'égard de l'aide-de-camp Miéton, il est trop
certain que c'est lui seul qui a insulté et fait insul-
ter l'officier supérieur qui était sous la sauvegarde
de sa loyauté ; il est trop certain aussi qu'il a ordonné le meurtre du colonel Gordon.

« Si nous avons été forcé, s'écrie ensuite le
rapporteur, de peindre le général Bonnaire sous
des couleurs bien criminelles dans tous les faits
relatifs à sa culpabilité, il nous est permis de
rendre hommage à la belle conduite qu'il a tenue
dans les circonstances difficiles. On voit avec peine
qu'un tel homme, couvert d'honorables cicatrices,
ait pu se porter à un crime de la nature de celui
dont il est accusé ; et si la moralité d'un prévenu

ne peut effacer les preuves matérielles qui existent contre lui, du moins elle donne à chacun de nous le désir d'admettre, avec toute la faveur possible, les moyens justificatifs qu'il peut présenter.

« Nous éprouvons le regret de n'avoir pas à vous présenter cette sorte de compensation à l'égard de son co-accusé, et nous désirons que vous trouviez vous-mêmes, Messieurs, ce que nous avons vainement cherché, quelques témoignages honorables pour lui dans les pièces de la procédure.

« Il nous reste maintenant une tâche difficile à remplir; mais, rassurés par notre conscience, plus rassurés encore par la sagesse des membres du conseil, qui n'auront qu'à suivre leur conviction personnelle, nous ne devons pas craindre de remplir le devoir pénible de notre ministère.

« En conséquence, d'après les dépositions des témoins, l'ordre du jour du 6 juillet, le rapport du 4 août, et l'impunité de ceux qui ont exécuté le meurtre du colonel Gordon, nous estimons qu'il y a lieu de déclarer le général Bonnaire coupable d'avoir ordonné ce meurtre.

« Quant au lieutenant Miéton, nous estimons aussi qu'il y a lieu de le déclarer coupable d'avoir provoqué le meurtre du colonel Gordon, et d'y avoir pris une part active. »

Me Chauveau Lagarde, après avoir obtenu du conseil la permission de plaider assis, à cause de son état de maladie, prend la parole en ces termes :

« Messieurs, comme un soldat mutilé qui oublie ses blessures pour se rendre au champ d'honneur où son devoir l'appelle, je viens défendre aujourd'hui le général Bonnaire, n'ayant presque d'autre force que celle que me donne le sentiment de son innocence.... Mais il me siérait mal de songer à moi, dans la défense d'un homme qui s'est oublié toute sa vie pour la défense de son pays.... D'ailleurs je parle à des juges l'élite de la noblesse et de la bravoure françaises; il me suffira de parler pour eux le langage de la vérité et de l'amour de mon pays, que je parlerai jusqu'aux derniers instans de ma vie.

« Oui, Messieurs (s'écrie Mᶜ Chauvau Lagarde en quittant son siége), je retrouve ma force quand il s'agit de parler du roi. Une main sur mon cœur qui tressaille d'amour pour S. M., une autre sur le livre de la loi, je ne crains pas de vous affirmer que c'est avec la conviction la plus entière de l'innocence du général Bonnaire, que je viens le défendre devant vous. »

L'avocat cherche à établir successivement qu'aux yeux du soldat et du commandant de la place, quelque respectable que fût sa mission, le colonel Gordon n'avait pas le caractère d'un parlementaire; que, d'après tous les publicistes, les signes extérieurs qui l'accompagnent garantissent seuls son inviolabilité; qu'envoyé du roi de France, le colonel devait être porteur des ordres d'un ministre de S. M.; qu'ainsi il avait pu être considéré par la garnison et par le commandant

comme un inconnu , un homme sans qualité pour s'introduire dans la place , comme un ennemi tombé en puissance de la troupe assiégée.

Malgré les fréquentes objections qui lui sont successivement adressées par le rapporteur, le procureur du roi, ainsi que par plusieurs membres du conseil, et auxquelles Me Chauveau Lagarde répond en improvisant dans le cours de sa plaidoirie, chacun applaudit aux efforts de son talent et de son zèle.

Me Lebon, chargé de compléter la défense du général Bonnaire, commence par témoigner ses regrets de ce qu'il se trouve chargé d'achever une tâche que son estimable collègue a si dignement commencée.

Ce défenseur s'attache exclusivement au fait matériel de l'accusation : *Le général Bonnaire a-t-il ordonné la mort du colonel Gordon ?* Le général nie avoir donné un tel ordre, et cette seule dénégation est de quelque poids dans la bouche d'un homme d'honneur et auprès de juges tels que vous. L'ordre par lui donné de le faire sortir de la ville, et de lui tirer un coup de canon à la volée, est exclusif de l'ordre de fusiller le colonel. Personne (et il y avait beaucoup de témoins de l'entrevue) n'a parlé d'un ordre de cette espèce, si l'on en excepte le misérable dont vous avez écarté la déposition. L'aide-de-camp Miéton ne parle pas lui-même de l'existence d'un tel ordre qui le justifierait.

« La majorité des membres du conseil municipal a déclaré que le général avait dit, à la séance du 6 juillet : *On vient de fusiller*. Songez à ce mot échappé au général, et que sa générosité seule désavoue : *La précipitation de ce jeune homme nous a perdus*. D'après l'avis du conseil d'enquête, il n'y aurait eu de sa part qu'un *consentement tacite*. Il faudrait que ce consentement eût précédé l'action ; les actes qu'il a faits depuis ne sont qu'une suite de l'erreur excusable dans laquelle il se trouvait sur le véritable caractère du colonel Gordon. Ces actes étaient d'ailleurs commandés par les circonstances difficiles où il était placé. La mort du colonel Gordon est un malheur ; elle est le résultat funeste, mais imprévu, de la mesure que le commandant avait prise, de la seule qu'il pouvait prendre pour le sauver. »

C'est à la démonstration successive de ces diverses propositions que Mᵉ Lebon rattache avec un grand talent la défense du général Bonnaire.

Le rapporteur, dans une courte réplique, ne croit pas devoir reproduire les circonstances de la cause. Il se borne à cette seule observation, que la garnison et le commandant n'avaient pu voir dans le colonel Gordon qu'un envoyé du roi.

En vertu de son pouvoir discrétionnaire, le président fait appeler un témoin dont la déclaration ne doit être reçue que comme renseignement, et qu'on avait désigné comme un de ceux qui avaient tiré sur le colonel Gordon ; mais il dépose, et tous les témoins de la scène confirment qu'il a été étranger à cet événement.

Mᵉ Chauveau Lagarde demande la permission de présenter quelques observations nouvelles dans l'intérêt de son client. Il s'attache particulièrement à établir que l'existence d'un crime ne peut jamais être prouvée par des inductions, et qu'ici le système de l'accusation repose tout entier sur des inductions forcées qu'on prétend tirer des actes postérieurs à la mort du colonel Gordon : « Quoique coupable aux yeux de la sévère morale, dit-il, l'approbation expresse ou tacite d'un crime ne peut caractériser ni la culpabilité ni la complicité.

« Le fatal ordre du jour du 6 juillet a bien pu donner l'idée de rechercher s'il existait des preuves du crime dont on accusait le général Bonnaire ; mais il n'a pu lui-même, lui tout seul, fournir une telle preuve : d'ailleurs, la preuve contraire existe au procès, lorsque tous les témoins déclarent que le général Bonnaire n'a pas donné l'ordre qu'on veut lui attribuer..... Les sentimens du général Bonnaire ont été ceux d'un bon Français, dans les momens les plus difficiles de son commandement..... Il a servi la cause du roi.

M. de Maleissye. Je fais observer au défenseur qu'il ne peut faire une telle apologie des sentimens du général Bonnaire ; qu'il ne peut dire que ce général ait servi la cause du roi en acceptant un commandement de l'usurpateur. Je veux bien reconnaître sa bravoure, sa loyauté ; mais il a reçu cette croix de Saint-Louis que j'ai aussi l'honneur

de porter sur mon cœur; il a prêté le serment de
fidélité au roi jusqu'à la mort, et il a trahi ce serment en acceptant un commandement de l'usurpateur.

Le général Bonnaire. J'ai eu l'honneur, peu
de temps avant les funestes événemens de mars,
de recevoir la croix de Saint-Louis; j'ai renouvelé
mon serment de fidélité au roi à cette époque où
la trahison et la félonie avaient infecté la France;
j'ai sollicité l'honneur, que je n'ai pu obtenir, de
mourir pour la défense de son trône, et la fatale
révolution était consommée quand j'ai été nommé
commandant de la place de Condé. J'ai cru qu'il
était du devoir d'un honnête homme, et surtout
d'un militaire, de servir le gouvernement existant
dans son pays; et je crois que ce principe n'est pas
contraire à l'ordre social.

M. de Maleissye (avec énergie). Il ne s'agit
pas ici de l'ordre social, mais d'un serment prêté
au nom de l'honneur, d'un serment prêté au souverain légitime, et auquel je ne connais rien qui
pût me faire manquer, si ce n'est la volonté de
mon roi.

Le général Bonnaire. Si l'on croit devoir gêner
ma défense, si mon avocat a le malheur d'être
obligé de présenter des principes que le conseil
désavoue, je dois le remercier de son zèle, et le
prier de terminer ici ma défense.

M. de Maleissye. Nous rendons justice aux sentimens de Me Chauveau Lagarde. Il a montré son
dévouement à l'auguste famille des Bourbons dans

des circonstances assez solennelles, pour que ses
sentimens ne soient pas douteux pour nous ; mais
le plus honnête homme peut se tromper ; et le
conseil ne peut souffrir qu'on professe ici des
principes contraires à la dignité du trône. Il ac-
cueillera toujours les moyens qui se rattachent
à la défense. Me Chauveau-Lagarde peut continuer.

Me Chauveau-Lagarde. Je me sens encore des
forces pour défendre mon client, mais non pas
pour lutter contre ses juges.

Le Président. Voulez-vous bien continuer : ce
n'est qu'un mal entendu.

Me Chauveau-Lagarde. Monsieur le président
veut bien me rendre justice : puisqu'il le désire,
je termine en quelques mots. Je n'ai pas dit que le
général Bonnaire eût servi la cause du roi, en acceptant un commandement de l'usurpateur : ce
serait une absurdité; mais j'ai dit, et je le répète,
que, même dans le cours de ce commandement il-
légitime, il n'a jamais manifesté des sentimens
contraires à la personne sacrée du roi ; et moi,
qui ai lu dans le fond de son âme, je puis vous attester devant le ciel qu'il est aussi bon Français que moi. »

Me Bexon parvient à attacher quelque intérêt à
la cause de l'aide-de-camp Miéton. Il fait ressortir
sa générosité de prendre sur lui tout le poids de
l'accusation, lorsqu'un mot, un seul mot pouvait
assurer son salut. Il cherche à établir que, s'agissant de *complicité* à son égard, il fallait d'abord

signaler un principal coupable. Si la justification du général Bonnaire est aussi complète qu'on peut le désirer, jamais, ajoute-t-il, avant son départ de Condé, l'opinion publique n'avait désigné Miéton comme l'auteur du meurtre du colonel Gordon; et ceux qui parlent du prétendu ordre donné par Miéton ont besoin qu'on croie à son existence pour s'affranchir eux-mêmes de la responsabilité de ce malheureux événement.

D'après la suspicion et la contradiction de la plupart des témoignages, l'avocat conclut qu'il faut admettre comme constant que le meurtre du colonel Gordon est le résultat funeste de l'exaspération des soldats auxquels il était confié; enfin, il cherche à écarter la circonstance de la préméditation, dans le cas où l'on admettrait comme constant le fait de l'accusation portée contre son client.

Le Rapporteur. Nous ambitionnons l'honneur d'avoir rempli avec loyauté nos fonctions; les défenseurs et les accusés, quel que soit leur sort, nous rendront cette justice. Toujours nous répéterons avec nos chefs : Honneur et respect au malheur! Vous surtout, Messieurs, vous avez donné dans cette cause les plus beaux exemples d'impartialité et de modération. Les vertus du trône se communiquent à ceux qui les approchent : ce n'est pas un faible éloge que je vous offre, Messieurs, mais c'est la meilleure sauvegarde que nous puissions présenter aux accusés.

Me Bexon invoque pour son client la disposition

des articles 8 et 10 d'un décret du 1er mai 1812 qui permettent aux conseils de guerre de commuer la peine de mort en celle de la déportation ou de l'emprisonnement, lorsqu'il se présente des circonstances atténuantes.

Le général Bonnaire prononce, avec décence et fermeté, un discours qui est entendu avec le plus vif intérêt. La défense du général se rattache à cette idée principale que, dans toute sa carrière politique, il n'a en vue que l'intérêt de sa patrie, et que désormais cet intérêt ne peut plus être séparé de celui du souverain légitime.

A huit heures et demie, le président annonce la clôture des débats, et le conseil se retire pour délibérer.

Ce ne fut que le lendemain matin 9 juin, à huit heures, et après onze heures et demie de délibération, que les membres du conseil rentrèrent dans la salle d'audience.

Le président prononça le jugement suivant :

De par le Roi, etc., etc.

Le Conseil délibérant à huis-clos, en présence seulement de M. le procureur du roi, les questions ont été posées ainsi qu'il suit :

1o Le maréchal de camp Jean-Gérard Bonnaire est-il coupable d'avoir ordonné le meurtre du colonel Gordon ?

Réponse à l'unanimité : *Non.*

2o Est-il coupable de l'avoir ordonné avec préméditation ?

. Réponse à l'unanimité : *Non.*

3° Est-il coupable d'avoir participé au meurtre du colonel Gordon, que son devoir l'obligeait de réprimer ?

Réponse, au nombre suffisant de trois voix contre quatre : *Non.*

4° Est-il coupable de n'avoir pas réprimé le meurtre du colonel Gordon, ainsi que son devoir l'y obligeait ?

Réponse à l'unanimité : *Oui.*

5° Est-il coupable d'avoir violé le droit des gens dans la personne du colonel Gordon, parlementaire de S. M. le roi de France, en méconnaissant ce caractère sacré, et en souffrant impunément qu'on l'insultât en sa présence ?

Réponse à l'unanimité : *Oui.*

Le conseil, délibérant dans la même forme, a répondu ainsi aux questions relatives au lieutenant aide-de-camp Miéton.

1° Le sieur Antoine Miéton, ci-dessus qualifié, est-il coupable d'avoir exercé des violences et voies de fait envers le colonel Gordon, en lui arrachant sa cocarde et ses décorations ?

Réponse à l'unanimité : *Oui.*

2° Est-il coupable d'avoir ordonné le meurtre du colonel Gordon de sa propre autorité ?

Réponse à l'unanimité : *Oui.*

3° Est-il coupable d'avoir ordonné ce meurtre de sa propre autorité et avec préméditation ?

Réponse à la majorité de six voix contre une : *Oui*.

Le Conseil, faisant droit au réquisitoire de M. le procureur du roi, pour l'application de la peine, attendu que le crime dont le maréchal-de-camp Bonnaire s'est rendu coupable, n'est prévu par aucune des lois pénales existantes, soit militaires, soit civiles ;

Usant du droit qui lui est accordé par les articles 8 et 10 du décret du 1er mai 1812, ainsi que par les dispositions de l'avis interprétatif du Conseil-d'Etat, en date du 14 août 1812, converti en décret le 22 septembre suivant :

En considérant que ledit maréchal-de-camp a commis l'acte de violation le plus inouï du droit des gens, en méconnaissant dans le colonel Gordon le caractère sacré de parlementaire de S. M. le roi de France (crime que toutes les nations anciennes ont puni de mort, même de populations entières) et en laissant impuni le meurtre commis sur sa personne au mépris des devoirs les plus sacrés de sa place,

Condamne, à l'unanimité, le maréchal-de-camp Jean-Gérard Bonnaire à la déportation hors du territoire continental du royaume.

Suppliant très-humblement S. M., vu le rang élevé que le condamné a occupé dans les armées françaises, de commuer la peine prononcée contre lui en celle de la prison dans une forteresse (1).

_____

(1) D'après nos lois la déportation est une peine infamante.

Et faisant également droit au réquisitoire de M. le procureur du roi, condamne, à la majorité de six voix contre une (un membre ayant voté pour les travaux forcés à perpétuité), le nommé Antoine Miéton, ex-lieutenant aide-de-camp, en réparation du crime d'assassinat dont il demeure convaincu, à la peine de mort.

Condamne en outre le maréchal-de-camp Bonnaire et l'ex-lieutenant Miéton solidairement aux frais du procès, et, en cas de non-pourvoi ou du rejet du pourvoi, ordonne qu'immédiatement après le délai fixé par la loi, ou le renvoi des pièces de la procédure, M. le président prononcera au condamné Jean-Gérard Bonnaire la formule de dégradation déterminée par l'arrêté du 24 ventôse an 12, laquelle est ainsi conçue :

« Vous avez manqué à l'honneur ; je déclare « au nom de la Légion, que vous avez cessé d'en « être membre. »

Le même jour, à neuf heures et demie du matin, le rapporteur et le greffier du conseil de guerre se transportèrent à la prison de l'Abbaye pour faire lecture de ce jugement aux deux condamnés.

Après cette lecture, le général Bonnaire dit d'une voix altérée et presque les larmes aux yeux . « J'avais prié hier le conseil, s'il croyait que le peu de vie qui me reste fût utile à mon pays, d'en disposer ; je supplie aujourd'hui, et c'est la seule faveur que je demande, qu'on me donne la mort, plutôt que de me condamner à la dégradation.

L'aide-de-camp Miéton entendit la lecture de son arrêt de mort dans le plus morne silence ; il ne l'interrompit que pour s'écrier : « Je jure sur l'honneur que le général n'a rien à se reprocher. »

Le général Bonnaire et le lieutenant Miéton se pourvurent tous deux en révision ; leur pourvoi ayant été rejeté, le jugement prononcé contre eux le 9 juin fut mis à exécution le 29 du même mois.

A trois heures et demie, on conduisit le lieutenant Miéton à la plaine de Grenelle, où il fut fusillé par un détachement de vétérans. Le même jour, à une heure après midi, sur la place Vendôme, et en présence des divers détachemens des troupes de la garnison de Paris, le maréchal-de-camp Bonnaire fut dégradé des ordres dont il était décoré.

Voici comment s'exprime, à l'égard de cet officier général, *la galerie historique des contemporains.*

« Lorsqu'il s'est agi de mettre à exécution sur la place Vendôme le jugement qui prononçait la dégradation du général Bonnaire, tous ceux qui assistaient, par devoir ou par hasard à cet horrible spectacle, et qui conservaient un cœur français, ont été saisis d'horreur et de pitié, en voyant cet infortuné, couvert des plus honorables cicatrices, et auquel une blessure récente ne permettait pas de fléchir le genou, obligé d'implorer le secours de quelques-uns des anciens compagnons de sa gloire, pour se placer dans l'humiliante posture des criminels. Ce qu'on était convenu d'appeler alors la clémence royale a commué la peine de déportation provisoire, prononcée contre le maréchal-de-camp Bonnaire, en celle d'une détention perpétuelle, au même instant où les assassins des généraux Ramel et Lagarde, insultaient, par leur impunité, au trône et à la justice. Au reste, ceux qui, en lisant cette notice, se seront attendris sur la funeste destinée de ces deux hommes, n'apprendront pas, sans une douloureuse satisfaction, que le supplice et la vie du général Bonnaire viennent de finir il y a quelques mois. Me Chauveau Lagarde, avocat distingué du barreau de Paris, et chargé de la cause de cet officier général, a honoré son ministère par le courage et la persévérance avec lesquels il a défendu son infortuné client. Personne plus que son avocat n'eut la conviction intime de son innocence, et tout le monde sait cependant à quel point M. Chauveau est attaché à la maison de Bourbon. Néanmoins, son opinion ne fut comptée pour rien par les juges révolutionnaires que le duc de Feltre, ministre de la guerre de ce temps-là, avait chargés de décimer l'armée.

PATRIOTES DE 1816.

Le bruit courait, en 1816, et depuis plusieurs mois, que la police était instruite, dès le commencement de l'année, qu'un complot se tramait contre le gouvernement de Louis XVIII.

Mais le ministre dirigeant (Decazes) paraissait connaître les auteurs du complot; après deux mois d'attente, le ministre crut pouvoir les faire arrêter tous.

Le 27 juin suivant, ils comparurent au nombre de vingt-huit devant la Cour d'assises du département de la Seine.

Les deux bancs destinés aux accusés ne pouvant suffire à ceux qui se trouvaient impliqués dans le procès, et aux gendarmes préposés à leur garde, on en disposa un troisième prolongé au-dessous des bancs ordinaires.

La cour se composait de MM. Romain Desèze, président; Plaisant-du-Château, Dupaty, Dumetz, de Ferry, de Berny et de La Salle, conseillers. L'avocat général était M. Vandœuvre.

Le jury se trouva formé de la manière suivante :

MM. Delavie, Flacon-Rochelle, Duparc, Launoy de la Creuse, Combal, Martin, Roger (secrétaire-général des postes), Egron, de Solirene, Carrette, Caccia, Bausse et Bouilery. (Ces deux derniers étaient jurés suppléans.)

Le président procède à l'interrogatoire des accusés. En voici la liste :

1° *Jacques* PLEIGNIER, corroyeur, âgé de trente-cinq ans, demeurant à Paris rue du Petit-Lion-St-Sauveur, n. 9.

2° *Nicolas-Charles-Léonard* CARBONNEAU, âgé de trente-quatre ans, maître d'écriture.

3° *Edme-Henry-Charles* TOLLERON, âgé de trente ans, ciseleur.

4° *Jean* CHARLES, imprimeur.

5° *Jean-Batiste-Antoine* LEFRANC, architecte.

6° *Victoire-Mayelle*, femme de *René* PICARD, bottier.

7° *Louis-François* DESPOMMIERS-DESBAUNES, officier de cavalerie à la demi-solde, ex-garde-du-corps de *Monsieur*.

8° *Jean-Louis* DERVIN, militaire retraité.

9° *Emmanuel* OZERÉ.

10° *Jacques* OZERÉ.

11° *Henri* OZERÉ.

· Tous trois écrivains publics.

12° *François* BONNASSIER père, coiffeur.

13° *François* BONNASSIER fils, bottier.

14° *François-Xavier* DIETRICH, tailleur.

15° *Armand-Louis* LEBRUN, marchand de châles.

16° *Denis-Louis* SOURDON, ancien huissier, poète et chanteur du café Montansier.

17° *Jean-Justin* DESEUBES DELASEAUX, ex-chef d'escadron d'état-major.

18° *Jean-Jacques-Benoît* GONNEAU, ex-représentant de la Chambre des Députés pendant les cent jours.

19° *Edme* BELLAGUET, ex-employé à l'administration de la guerre.

20° *Louis-François* PHILIPPE, commissionnaire en vin et en eau-de-vie.

21° *Jules François* VARIN, ex-employé dans une maison de commerce.

22° *Étienne-Firmin* LASEAUX, étudiant en médecine.

23° *Martin-Charles* LEJEUNE, adjudant de l'ex-garde impériale.

24° *Laurent* DROUOT, marchand de vin.

25° *Louis-François* DOUZEAU, dit *Ferdinand*, jardinier-fleuriste.

26° *Jean-Louis-Prosper* CARTIER, chasseur de l'ex-garde impériale.

27° *Jean-Baptiste-François* GARNIER, marchand de coton.

28° Et *Edme* PLANSON, bijoutier.

Après cet interrogatoire, l'appel et le serment des membres du jury ont lieu. Le président fait lire ensuite par le greffier de la cour l'acte d'accusation.

Cet acte est conçu ainsi :

« Dès le mois de février dernier, des hommes déjà connus par leur esprit séditieux, des chefs de la fédération de 1815, conçurent l'horrible projet de faire périr le roi et la famille royale, et de renverser le gouvernement.

» Quelle que fût l'extravagance d'une pareille entreprise, ils se flattaient de réussir par quelques-uns de ces moyens qui ne sont pas sans danger entre les mains de gens audacieux qui n'ont rien à perdre; et, dans l'impatience de réaliser ce projet qui ouvrait un vaste champ à leurs espérances, ils ne tardèrent pas à en venir aux moyens d'exécution.

« Dans leur système, il fallait d'abord faire un appel à tout ce qu'il y avait en France d'ennemis de la paix publique, remuer ces élémens d'insurrection que l'on a vus fermenter à toutes les époques de nos troubles civils, en concentrer les mouvemens, en calculer, en diriger la masse, établir un point de communication entre les moteurs, et un signe de reconnaissance entre ces agens, et pourvoir à ces premières dispositions d'une manière assez mystérieuse pour mettre en défaut la vigilance d'une police active et éclairée.

» Deux hommes que l'obscurité de leur condition semblait devoir dérober aux regards les plus pénétrans, les nommés *Pleignier*, corroyeur, et *Carbonneau*, maître d'écriture, prirent sur eux cette partie de l'exécution.

» Les affaires de Pleignier étaient désespérées, et Carbonneau se trouvait réduit à la plus profonde misère.

» Pleignier alla trouver Carbonneau, l'invita à

se rapprocher de lui , paya son loyer dans la rue
du Faubourg-St.-Martin , lui choisit un nouveau
logement , rue Pavée-St.-Sauveur, avança un
demi-terme sur ce logement , et à différentes fois ,
mais dans un court intervalle , compta à Carbonneau jusqu'à la somme de 200 francs. Pleignier
demeurait rue du Petit-Lion-St.-Sauveur. Placés
ainsi l'un près de l'autre , ces deux hommes s'animaient réciproquement à la poursuite de leur dessein, s'exaltaient l'imagination, et consacraient les
jours et les nuits à leur machination exécrable.

« Ils convinrent de faire des cartes d'une forme
particulière , qui seraient distribuées aux associés ,
comme signe de reconnaissance et moyen de dénombrement, et d'imprimer une espèce d'adresse
et de proclamation qui disposerait les esprits à un
mouvement, indiquerait l'existence et le but de
la conspiration, et provoquerait la coopération
de tous les ennemis de la royauté et de l'ordre social.

« Les cartes et les exemplaires devaient être
frappés d'un timbre sec portant pour inscription :
Union , honneur, patrie; et il fut décidé que les
associés prendraient le nom de *Patriotes de* 1816.
(Comme autrefois ils prenaient celui de *Patriotes
de* 1793.)

« Pleignier acheta chez un serrurier de son voisinage un morceau de fer de dimension, et essaya de graver ce timbre. Il ne put y réussir. Carbonneau, pour lever cet obstacle, indiqua à son
complice un ciseleur nommé Tolleron , qu'il avait

connu, en sa qualité de secrétaire de la fédération, pour un des promoteurs les plus ardens de cette société, et qui avait été mis en arrestation au mois d'août 1815, comme un des hommes les plus séditieux de la capitale. Ils allèrent le trouver ensemble : ils lui dirent qu'il s'agissait de fabriquer le type d'un signe de reconnaissance de personnages très-marquans. Pleignier engagea Tolleron à initier ses amis dans la connaissance de cette association, et le pressa de graver à l'instant même le timbre dont on avait besoin. Tolleron y consentit. Il fit aussitôt un dessin d'après les idées de Pleignier. Ce dernier et Carbonneau y donnèrent leur approbation, et Tolleron ayant pris le moreeau de fer que Pleignier avait apporté, y grava ces mots : *Union, honneur, patrie* et le millésime de 1816, et, au bout d'une heure donna le timbre ainsi confectionné à Pleignier et à Carbonneau, qui l'emportèrent.

- «Dès que Pleignier fut en possession du timbre, il se procura du carton et se mit à faire des cartes. On avait arrêté qu'elles seraient numérotées : elles le furent par Pleignier, par Carbonneau et par Tolleron. On eut besoin d'ouvrir la première série des numéros par le numéro 2001, pour donner plus de crédit à l'association, et faciliter le recrutement des initiés. Dix mille cartes environ reçurent un numéro, et plus de cinq mille furent distribuées avec un zèle et des précautions incroyables.

« Le Palais-Royal, la Bourse, les cafés, les cabarets, les lieux de débauche et de prostitution, tous les points de réunion des séditieux, des mécontens et des oisifs, et plusieurs maisons particulières, devinrent autant de dépôts où ces cartes affluaient secrètement, et où elles passaient dans les mains de tout ce que la capitale a de plus dangereux et de plus impur.

«Cependant on avait promis une proclamation ; elle était attendue avec impatience ; et les conjurés brûlaient du désir de la faire connaître. La rédaction en avait été concertée et arrêtée entre Pleignier et Carbonneau. Si l'on en croit Pleignier, cette pièce lui fut apportée tout écrite par Carbonneau. Il voulait faire quelques observations sur la rédaction ; Carbonneau refusa de les entendre, fit deux copies de la proclamation, lui en laissa une et remporta l'autre. Si l'on en croit Carbonneau, c'est bien lui qui a rédigé la proclamation, mais il l'a rédigée *d'après les idées de Pleignier, et pour ainsi dire sous sa dictée.* Ce qu'il y a d'incontestable, et ce qu'il ne désavoue point, c'est qu'ils en avaient l'un et l'autre médité la rédaction ; que cet ouvrage est l'expression des sentimens qu'ils éprouvaient, et le produit de leurs communs efforts. On trouve dans cette proclamation, ayant pour titre : *Organisation secrète des Patriotes de* 1816, les phrases suivantes :

« FRANÇAIS,

« Nous sommes arrivés au terme des malheurs : amis du peuple dont nous faisons partie, nous

avons lu dans l'âme de nos frères. Nous nous
sommes empressés de prendre les mesures les plus
sages et les plus certaines pour la chute entière des
Bourbons......

« Que les patriotes de l'intérieur se tranquilli-
sent, nous veillons au salut de tous. Notre succès
est certain : nous sommes *impénétrables;* on ne
nous trouvera nulle part, et nous serons partout.
Nous pourrions même défier les satellites de la
plus odieuse tyrannie ; nous ne supposerons jamais
de traîtres parmi les compagnons de nos glorieux
travaux. S'il s'en trouvait un, malheur à lui ! son
jugement est prononcé ; l'exécution en serait aussi
prompte que la foudre : il serait atteint et puni
dans quelque lieu que ce fût.

« Bientôt les moyens de connaître les véritables
amis seront établis d'une manière irrécusable......

« Le jour qui se prépare est notre véritable jour
de triomphe. Tenez-vous prêts, dans peu vos bras
nous seront nécessaires ; songez que rien ne doit manquer : armes, munitions, il n'est point de sacrifices
dont on puisse se dispenser pour en avoir. Déjà la
majeure partie des braves est munie de ce qui lui
est nécessaire. Quant à l'artillerie, nous saurons
nous-mêmes nous en procurer, et le coup qui
doit rendre à la France sa splendeur et ses droits
est déjà à moitié porté. Les provinces nous attendent ; notre conduite réglera la leur. Plusieurs
même, dans leur noble impatience, nous ont
donné l'exemple. Redoublez donc de zèle et d'activité, tant pour grossir le nombre de nos frères,

que pour faciliter les moyens de pourvoir d'armes
ceux qui n'ont pas les moyens de s'en procurer , et
qui désirent cependant se signaler comme nous. »

« Cependant il s'agissait de faire imprimer cette
proclamation. Cela présentait quelques difficultés.
Pleignier et Carbonneau eurent encore une fois recours à Tolleron.

« Tolleron jeta les yeux sur un nommé Charles,
imprimeur de la fédération, et l'un de ses compagnons à la Force, au mois d'août 1815. Il envoya
Carbonneau le voir de sa part. Carbonneau fit
cette démarche, trouva Charles retenu au lit par
un accès de goutte, lui montra le manuscrit de la
proclamation, et lui demanda s'il pouvait se charger de l'imprimer. Charles parcourut le manuscrit, et le rendit à Carbonneau en lui disant : En-
voyez-moi Tolleron.

. ...« Au bout de quelques jours, Carbonneau
retourna chez Charles avec Tolleron. Charles les
invita à boire une bouteille de vin avec lui, et les
conduisit chez un marchand de vin nommé Dela-
suse, qui demeure au coin de la rue Christine, en
face de la maison de Charles. A peine y étaient-ils
entrés, qu'un nommé Lefranc s'étant présenté au
domicile de Charles , et ayant su de sa femme
qu'il était chez ce marchand de vin, alla l'y demander. On le fit monter dans un cabinet où il
trouva Charles buvant avec Carbonneau et Tolleron; on l'invita à boire un coup ; il accepta , et la
confiance établie entre les convives, Charles dit,
en adressant la parole à Lefranc : *Voilà un écrit*

que ces Messieurs me proposent d'imprimer : c'é-
tait le manuscrit de la proclamation. On en fit
lecture. Lefranc, homme de sens, fit plusieurs
observations contre ce projet. Il dit « qu'une
« telle entreprise demandait de grands moyens,
« de vastes ressources, des chefs plus habiles, et
« surtout plus puissans, et il finit en disant à
« Charles qu'il y aurait imprudence à lui d'im-
« primer cet écrit, et de se compromettre sur la
« foi d'aventuriers qui n'étaient faits pour inspirer
« aucune confiance. » Carbonneau prenant la parole, réfuta ces objections, soutint que le projet
n'offrait rien qui ne pût s'exécuter, que les
moyens ne manqueraient pas, et que la réussite
était infaillible. On se leva, Lefranc sortit le premier. Avant son arrivée, Charles avait annoncé
à Carbonneau qu'il lui enverrait la planche par
Lefranc dès qu'elle serait composée. Après le départ de Lefranc, Charles renouvela à Carbonneau
la promesse de faire composer cette planche, et de
la lui envoyer; et, en effet, huit jours après cette
conférence, Lefranc apporta chez Carbonneau,
de la part de Charles, un paquet enveloppé de
linges et de papier ficelé, de forme carrée et plate,
du poids d'environ dix à douze livres, et qui portait l'adresse de Carbonneau.

« En recevant la planche des mains de Lefranc,
Carbonneau l'avait portée chez Pleignier. Ils s'occupèrent aussitôt de réunir les choses nécessaires à
l'impression : le papier fut acheté dans la rue
Montmorenci, et payé avec l'argent de Pleignier.

Pleignier remit aussi de l'argent à Carbonneau, pour qu'il achetât l'encre d'impression, et les balles ou tampons. Il en trouva au faubourg Saint-Germain. Il s'était encore adressé à Tolleron pour avoir une presse. Tolleron ne réussit pas à se la procurer. Pleignier et Carbonneau y suppléèrent par deux ais de bois disposés de façon qu'en les serrant l'un sur l'autre, après y avoir interposé la planche et le papier, ils faisaient l'office d'une presse; par ce moyen, ils parvinrent à tirer la proclamation à mille exemplaires, dont plus de cinq cents furent distribués. Le tirage eut lieu la nuit, et dans la maison de Pleignier.

« Ce manifeste incendiaire fut bientôt répandu à Paris, et propagé dans les provinces avec l'art, le secret et l'ardeur que l'on connaît à ces boutefeux de la révolution. Devancé ou suivi par des écrits infâmes, et par les bruits les plus absurdes, il excitait dans l'esprit de la multitude une fermentation dangereuse, et réveillait dans le cœur des séditieux les plus coupables espérances; mais, parmi ces derniers, plusieurs trouvèrent que cette proclamation, toute significative qu'elle fût, en ce qui touchait la guerre civile et la destruction de la famille royale, laissait à désirer une explication plus formelle sur le but ultérieur de l'entreprise, et sur la personne qu'on voulait porter au trône. Cela devint la matière de plusieurs objections adressées à la femme Picard par un officier à la demi-solde, nommé Desbaunes, et de communications orales et écrites ménagées par cette femme, entre Desbaunes et Pleignier.

« La maison de la femme Picard était devenue un dépôt de proclamations et de cartes, et un des foyers de la conspiration. Pleignier y venait souvent; il y avait même présenté Carbonneau, dont l'extérieur négligé, et la figure sinistre, avaient effrayé la femme Picard. Cette femme, qui paraît avoir été initiée très-avant dans le complot, se faisait remarquer par un zèle ardent, et Pleignier disait, en parlant d'elle : que n'ai-je une femme aussi décidée et aussi courageuse que celle-là ! J'aurais entrepris au-delà de ce que nous avons conçu, et les choses en iraient mieux.

« Desbaunes, qui s'était chargé de distribuer une partie des proclamations et des cartes déposées chez la femme Picard, lui montra un jour de l'irrésolution; elle le taxa de faiblesse et de lâcheté. Il insista pour connaître les chefs et le vrai but du complot. Elle lui désigna Pleignier comme un des principaux agens, et lui proposa, pour lever tous ses doutes, un rendez-vous prochain, où elle le mettrait en rapport avec Pleignier. Ce rendez-vous fut accepté, et eut lieu dans l'arrière-boutique de Picard. On s'expliqua. Pleignier donna son adresse; et le lendemain Desbaunes alla le trouver. Il y eut une nouvelle explication; mais Pleignier refusa toujours de nommer les chefs, et dit que *c'était son secret*. Il remit à Desbaunes des proclamations et des cartes.

« Il paraît que ces deux explications ne satisfirent pas Desbaunes, et qu'il exigea quelque chose de plus positif; car, huit jours après sa première conférence avec Pleignier, il lui fut remis par la femme Picard une note émanée de Pleignier et de Carbonneau, qui ne laisse aucune incertitude sur le but de la conspiration.

« Cette note, trouvée dans les papiers de Desbaunes, porte en marge ces mots : *Organisation secrète des patriotes de* 1816.

« Elle n'est que le développement des sinistres projets indiqués dans la proclamation. Les conspirateurs signalent le meurtre de tous les membres de la famille royale comme l'un des moyens de consommer leur révolution ; mais ils s'expriment dans les termes les plus vagues lorsqu'ils sont obligés de parler de leurs ressources et de leurs moyens d'exécution.

« Les cartes circulèrent et vinrent s'arrêter dans des mains pures et approuvées. Desbaunes apprit cette communication, revint encore une fois chez Pleignier, lui demanda de nouveaux renseignemens, et en reçut des proclamations et des cartes. Le noyau des conjurés se grossit, et, dès qu'on se crut en force pour agir, on ne songea plus qu'à mettre la dernière main à l'exécution.

« Dès la fin de février, Pleignier et Carbonneau, en annonçant à Tolleron que les chefs de la conspiration étaient des personnages marquans, l'avaient déterminé à s'y associer par l'appât d'une grande récompense. Depuis, ils lui exagérèrent encore le prix qui l'attendait en cas de réussite : *Quoi que tu puisses désirer,* lui disaient-ils, *tu recevras au-delà.* Enflammé par ces promesses, il se dévoua tout entier à l'association. Il recevait dans un atelier que lui avait prêté un nommé Leroi, et où il ne travaillait plus qu'à de longs intervalles, une foule de gens dont l'extérieur et les démarches attirèrent l'attention de Leroi, et lui devinrent suspects. Il en parla à Tolleron dans les termes de l'amitié; il lui représenta que de tels hommes finiraient par le compromettre, qu'il ferait mieux de travailler que de s'occuper de politique. *Tant pis pour eux*, répondit Tolleron, en parlant de ceux qui venaient le voir, *la plaine de Grenelle n'est pas morte.* Dans une autre occasion, il dit à Leroi, en parlant des mêmes individus : Ils sont toujours à me harceler pour avoir une presse ; mais cela ne se trouve pas tout de suite. Ils sont impatiens d'avoir ce qu'ils m'ont chargé d'imprimer. Enfin, dans un dernier entretien, il s'excusa de n'être pas venu à l'atelier pendant trois semaines, parce que, disait-il à Leroi, pendant ce temps-là, il était porteur de quelque chose qui aurait pu compromettre sa maison. Tolleron était donc devenu une des chevilles ouvrières de l'association. Dans les premiers jours de mars, il y avait initié Dervin, ancien capitaine de cavalerie, depuis aubergiste à Paris, actuellement dépourvu de tout moyen d'existence, ex-commissaire de la fédération, qui s'était trouvé à la Force détenu en même temps que Tolleron, et pour la même cause. Dervin initia Scheltien, autrefois agent de police, depuis militaire, son ami particulier et son hôte. »

Nous ne suivrons pas l'acte d'accusation dans

tous les détails qu'on y trouve sur les divers individus associés aux projets des conspirateurs. On voit figurer au premier rang le nommé Sourdon, poète et chanteur de l'ancien café de Montansier, qui, pendant les cent jours, avait acquis une grande réputation parmi les fédérés.

.Voici comment l'acte d'accusation rend compte de quelques-unes de leurs assemblées :

« Plusieurs jours après, Dervin et Tolleron s'étant rencontrés dans le bureau de Jacques Ozeré, Tolleron promit à Dervin de lui faire connaître la proclamation qui était encore en manuscrit. Le lendemain, Dervin alla chercher Tolleron chez lui; ils se rendirent ensemble dans un cabaret, boulevart du Temple, que fréquentait habituellement Carbonneau; ils l'y trouvèrent; on s'aborda, on but quelques verres de vin, mais on était gêné par la foule. Tolleron proposa à ses deux amis un endroit plus commode, et ils le suivirent dans un cabaret de la rue Chapon. Là on s'entretint de l'association, on lut la proclamation: on parla des difficultés que Charles faisait pour l'imprimer; on blâma la cupidité de cet imprimeur, qui n'hésitait que par la crainte de n'être pas bien payé. On observa que la certitude d'une récompense en cas de succès devait lui suffire. On convint d'insister auprès de lui, et qu'on parviendrait à le déterminer. On parla aussi d'attaquer le château des Tuileries. Dervin voulait connaître les chefs de l'entreprise, et demanda si l'on aurait de l'artillerie. Carbonneau répondit que ces messieurs auraient de l'artillerie quand il en serait temps, et qu'alors aussi l'on connaîtrait les chefs de l'association.

« A quelque temps de là, Dervin et Scheltien se réunirent chez un marchand de vin, rue Neuve-du-Luxembourg. On adressa plusieurs questions à Tolleron sur le projet des conjurés et les chefs du complot. Tolleron répondit en substance qu'il ferait connaître les chefs en temps utile ; que beaucoup de gens qu'on croyait en Allemagne se tenaient à Paris ; que le but de l'association était de s'emparer des Tuileries, de se défaire de la famille royale, d'établir un gouvernement provisoire, dont les chefs étaient désignés et prêts à se montrer ; de faire ensuite un appel au peuple pour savoir s'il voulait la république ou la royauté sous Napoléon II, et que le succès de l'entreprise était d'autant plus certain, que les trois partis connus parmi les patriotes semblaient se réunir en faveur de Napoléon II.

« Le bureau de Jacques Ozeré, situé au rez-de-chaussée dans la cour de la Sainte-Chapelle, devint bientôt le rendez-vous ordinaire des conjurés. Jacques Ozeré a trois frères qui ont quitté le service : l'un d'eux, Charles Ozeré, a sa retraite de capitaine ; les deux autres, Emmanuel et Henri, ne reçoivent pas de pension. Henri a été sergent-major dans les fédérés, et au mois d'août 1815, il a été, ainsi que Jacques, détenu à la Force, en même temps et pour la même cause que Tolleron. Emmanuel et Henri fréquentent habituellement le bureau de Jacques et l'assistent dans son travail.

Dès le mois de mars, Emmanuel et Henri furent
instruits par Tolleron de l'association des patriotes de 1816 : ils reçurent de lui chacun une carte.
Le lendemain, soit par défiance, soit par tout autre
motif, Tolleron leur redemanda ses cartes : ils les lui
rendirent; mais tout annonce qu'ils n'en restèrent
pas moins dévoués à l'association. Ils se rencon-
traient souvent dans le bureau de Jacques avec les
conjurés, assistaient à leurs conciliabules et propa-
geaient leurs principes.

« ...... Dans une autre conférence, on se livre à
une discussion approfondie sur le moyens d'arriver à l'exécution du complot, et sur le but définitif
de la conspiration.

« On se partage sur le mode d'attaque du château des Tuileries et sur le moment où l'on fera
cette attaque; mais on convient que le château sera
attaqué, qu'il le sera le plus tôt possible, et que l'attaque aura lieu la nuit. On fait le dénombrement
des forces qui doivent concourir à l'exécution : les
fédérés, dont on suppose que la majeure partie a
conservé ses armes; les militaires qu'on pourra
séduire; les secours qui viendront de certains
points de la capitale; cinq cents cavaliers qui seront prêts pour le moment de l'action; les chefs
qui se montreront alors ; un officier supérieur de
la gendarmerie qui doit prendre le commandement de la garde nationale, etc.

« Deseubes témoigne quelques doutes sur la ca-
pacité et le dévouement des chefs, et se propose
lui-même pour le commandement d'un escadron

ou d'un bataillon, et même d'un régiment; mais il
tient à être employé selon son grade.

« Dervin fait observer que, d'après le plan qu'il
a levé des Tuileries, il y a plus de soixante issues, et
qu'il faudra beaucoup de monde pour bloquer le
château, et faire obstacle à la sortie des princes et
à l'arrivée des secours. On reconnaît qu'il faudra
placer du canon sur le Pont-Royal, sur le Pont-
Neuf, et le pont Louis XVI, afin d'isoler le château.
Mais où se procurera-t-on de l'artillerie? Henri
Ozeré répond qu'on ne sera pas embarrassé de
s'en procurer, et que d'ailleurs la proclamation
annonce qu'il y sera pourvu.

« Scheltien propose un moyen qui tranche toute
difficulté : son avis est de commencer l'attaque par
l'explosion d'une mine pratiquée sous les Tuileries
à l'aide de 18 à 20 barils de poudre que l'on in-
troduirait dans l'aqueduc aboutissant au bas du
Pont-Royal; il démontre les avantages de ce moyen
et la facilité de l'exécution ; que c'est une voie
prompte et sûre, et qui coûtera moins de sang
qu'une attaque commencée de vive force; que
l'aqueduc se prolongeant sous la terrasse du jardin à une très-petite distance du château, et dans
une ligne parallèle à la façade principale, l'effet
de la mine est infaillible; que la grille qui ferme
l'issue du souterrain sera facilement ouverte; que
le cadenas en est vieux et rouillé, et peut être
forcé avec une pierre. Alors, par une nuit sombre,
et à l'aide d'un bateau, on parviendra sans peine
à transporter et à introduire dans cet aqueduc

une quantité de barils de poudre, entre lesquels on introduira une communication au moyen de mèches préparées à cet effet.... Cet avis obtint l'assentiment général.

« Le rendez-vous, indiqué au 2 mai, ne put avoir lieu, car la police, qui depuis quelque temps tenait tous les fils palpables de la conspiration, et suivait tous les pas des conjurés, jugea que le moment était venu de rompre cette trame criminelle.

« Tout ce que l'on connaissait et que l'on put saisir des chefs ou agens principaux de l'association fut arrêté le 1er mai ; et les jours suivans, les perquisitions eurent lieu.

« On trouva au domicile de Desbaunes, vingt-quatre cartes de l'association, trois exemplaires de la proclamation, dont l'une fut découverte dans son lit, et les deux autres dans ses bottes. On y saisit aussi la pièce manuscrite commençant par ces mots : *En réponse aux observations de plusieurs de nos frères.* On y saisit encore un sabre, une épée, une paire de pistolets, et une giberne garnie de cartouches.

« On trouva chez Dervin le plan détaillé qu'il avait levé des Tuileries, et une carte de l'association sous le numéro 9559.

« On saisit au domicile d'Emmanuel Ozeré un sabre, un baudrier et une banderole de fusil, et il convint que, peu de jours auparavant, il avait porté le fusil chez l'armurier pour le faire remettre en état, quoiqu'il eût négligé cette arme

depuis long-temps, et qu'il ne fît pas partie de la
garde nationale. Ce fusil fut trouvé dans le
cabinet qui touche au bureau de Jacques Ozeré.

« On découvrit dans la chambre occupée par
Sourdon une carte qu'il avait cachée derrière un
bois de lit.

« Enfin on trouva sur Dietrich, quatorze cartes
et une proclamation.

« On n'avait rien découvert chez Pleignier, et
il se tenait, ainsi que les autres prévenus, dans
une dénégation absolue.

« Le jour même de sa sortie, Pleignier se rendit chez le nommé Quinier, bottier, rue Croix-
des-Petits-Champs, et lui dit qu'il venait d'être
mis en liberté, après avoir subi un interrogatoire ;
que la police ne savait rien ; qu'en dépit de ses
efforts, l'affaire irait son train ; qu'il était sûr
qu'on avait les clefs du château des Tuileries, et
qu'on y pénétrerait sans obstacle ; et il ajouta
qu'on avait aussi des canons que l'on tenait cachés dans les maisons, et qui étaient tout disposés
pour le coup de main qui se préparait.

« Cependant Pleignier est arrêté de nouveau :
il fait des aveux, et s'attribue l'honneur d'avoir
fondé l'association des patriotes de 1816. Il n'a
point agi, dit-il, par l'effet d'inspirations étrangères ; son état consistait principalement à fabriquer des tiges de bottes à plis pour l'usage de
la cavalerie légère. Une ordonnance du roi est
venue changer la forme des bottes ; son commerce
n'allait plus ; il a voulu mettre fin à cet état de

choses; et, pour l'intérêt de son pays et la réforme des nombreux abus qu'il entrevoyait dans la conduite du gouvernement, il a conçu le projet de le renverser. »

Ici l'acte d'accusation présente quelques détails que leur étendue nous empêche de recueillir, sur la découverte faite par la police dans la fosse d'aisance de la maison habitée par Pleignier, d'une partie des caractères qui avaient servi à imprimer la proclamation, et sur la comparaison faite de ces caractères avec ceux de l'imprimerie de Charles. Cette découverte et cette comparaison fournissent une double preuve matérielle, que la planche de cette proclamation se trouvait en la possession de Pleignier.

« Dans ces circonstances, dit l'acte d'accusation, les individus ci-après dénommés (suivent les noms des vingt-huit conspirateurs) sont accusés : les uns, de s'être rendus coupables d'un complot et d'un attentat contre la personne et la vie du roi, contre la personne et la vie des membres de la famille royale, lesquels complot et attentat avaient aussi pour but de détruire le gouvernement, de changer l'ordre de successibilité au trône, et d'exciter les citoyens à s'armer contre l'autorité royale; d'avoir commis et commencé des actes pour parvenir à l'exécution de ces crimes, et d'avoir composé ou livré à l'impression, et distribué un écrit contenant des provocations directes au renversement du gouvernement; les autres, de s'être rendus complices desdits atten-

tat et complot, en participant avec connaissance
aux actes qui ont été commis ou commencés,
pour en faciliter l'exécution ; de n'avoir pas révélé le complot au gouvernement, après en avoir
acquis la connaissance, et d'avoir imprimé et
livré à l'impression un écrit contenant des provocations directes au renversement du gouvernement ; quelques-uns, d'avoir, en outre, distribué
un signe de ralliement non autorisé par le roi ;
Varni et Etienne Lascaux, en particulier, d'avoir,
de complicité, soustrait frauduleusement, dans
un cabaret où ils étaient reçus, des bouteilles de
vin appartenant au sieur Bertrand ; et encore ledit Laseaux, d'avoir porté publiquement la décoration de la Légion-d'Honneur, qui ne lui appartenait pas.

» Crimes et délits prévus par les articles 86, 87,
88, 89, 59, 60, 103, 104, 105, 386 et 259 du Code
pénal, et par les articles 1, 7 et 10 de la loi du
9 novembre 1815. »

Après la lecture de l'acte d'accusation dont
nous venons de donner l'extrait, lecture qui dura
plus de deux heures, le président résume pour
chacun des accusés les faits caractéristiques de sa
culpabilité ou de sa complicité. Puis l'avocat-général prend la parole et s'exprime en ces termes :

« Après une longue révolution, les mœurs se
trouvent dépravées comme les humeurs après une
longue maladie. Notre siècle a vu des hommes qui
ne respirent que la ruine de leur patrie. Vengeurs
d'une prétendue liberté qu'ils ont prostituée à la

tyrannie la plus odieuse, ces soi-disant patriotes ne veulent sacrifier qu'à leur intérêt personnel. Mais à de grands excès succéderont de grands exemples, et vos jugemens sévères produiront l'effet que la clémence du souverain n'a pu obtenir.

« Qui peut avoir ourdi les nœuds de cette trame détestable? On a peine à croire que des hommes de la lie du peuple aient été les seuls artisans d'une conspiration de cette nature : ce ne sont peut-être que des instrumens vils entre les mains d'hommes plus importans. La funeste manie des discussions politiques, après avoir fait de l'homme le plus obscur orateur des tavernes, métamorphosé un atelier, une boutique, en un rendez-vous de conspirateurs.

« Et cependant que peut gagner le peuple à ces commotions dans lesquelles on le met en œuvre sous le prétexte de son intérêt? Ne sait-il pas qu'en cas de succès les faveurs ne tombent que sur les chefs, et que le défaut de réussite ne place ordinairement sous le glaive des lois que les gens subalternes ?

« Plusieurs des hommes que nous voyons ici, vieillis dans la tactique des révolutions ont cependant peut-être assez de moyens et d'énergie pour diriger une conspiration dont le but était le trouble et le pillage. Sans doute leur projet est insensé; mais raisonne-t-on dans le délire? Et parce que l'amour de la nation pour son souve-

rain le défendait assez de la rage homicide de ces
factieux, cette rage devra-t-elle être impunie? »

Le président ayant cessé de parler, l'avocat-général résume tous les faits matériels de l'accusation. Il paye un tribut d'éloges au zèle de la police qui a saisi les fils de ce complot, et aux magistrats qui ont suivi les détails de cette pénible
instruction.

Ce magistrat dit que si dans les matières ordinaires on exige le commencement d'exécution,
il ne peut en être de même en ce qui concerne les
crimes politiques, dont les suites peuvent compromettre l'existence de la société tout entière.
Il ajoute : « Ici la seule proposition du complot
caractérise un crime; ce crime s'aggrave par le
concert formé entre plusieurs individus qui doivent y participer; et dès-lors qu'un acte quelconque a été commis ou commencé pour arriver à
l'exécution, le crime a acquis son dernier degré
de gravité. Il est caractérisé crime de *lèse-majesté,*
si le complot est dirigé contre la personne même
du souverain. »

Puis l'avocat - général caractérise les divers
genres de complicité provenant d'une participation plus ou moins directe ainsi que le délit provenant du seul fait de la non-révélation.

« Ainsi la justice, continue-t-il, qui dans ces
sortes d'affaires est ordinairement réduite à des
données vagues et à des présomptions incertaines,
trouvera dans celle-ci la conviction la plus écla-

tante ; et vous éprouverez , Messieurs , dans les
débats qui vont s'ouvrir , et dans vos délibérations , ce que nous avons ressenti nous-mêmes
lorsqu'il nous a fallu coordonner dans un même
plan les charges nombreuses de cette cause : non
la peine de trouver , mais l'embarras de choisir ;
car l'esprit qui vous dirigera dans le sanctuaire de
vos délibérations nous a inspiré aussi dans l'examen de cette affaire. Comme vous nous avions à
cœur de remplir notre tâche , et de la remplir
avec l'équité qui est le premier devoir de notre
ministère , et le premier mérite du magistrat sous
un gouvernement juste et ami des hommes. Ce
serait manquer à la justice que d'excéder la mesure , même dans la meilleure cause. Si la loi
nous a donné un flambeau , c'est pour éclairer et
non pour éblouir ; si elle nous a confié un glaive ,
elle nous a aussi remis une balance.

« Nous vous avons donc présenté dans l'acte
d'accusation un exposé fidèle et scrupuleux des
faits et des circonstances ; et nous nous sommes
attaché à les classer avec assez d'ordre pour que
la filiation puisse en être facilement saisie. Ce
serait fatiguer inutilement votre attention que de
les reproduire ici. Le débat vous les rendra
présens. »

L'avocat-général termine par cette allocution :
« Le résumé de l'acte d'accusation et les questions qui vous seront soumises laisseront un libre
champ à votre conscience. Le système de l'accusation vous étant connu, vous en tiendrez facilement

le fil durant les débats. Vous y rattacherez tous les élémens de conviction qui viendront frapper votre jugement, et, après avoir formé votre opinion, d'abord sur la nature et la gravité des faits, ensuite sur le degré de participation de chacun des accusés, vous vous trouverez en état de faire une exacte justice : car la loi qui, dans tout ce qu'elle a prévu pour la conservation de la société, n'a jamais perdu de vue l'intérêt des individus ; la loi ne veut que des peines justes et nécessaires. Elle punit et ne venge pas. Organe de cette loi impassible et tutélaire, c'est dans ses nobles inspirations, et dans la conviction d'une conscience impartiale et éclairée, que vous préciserez vos jugemens. Vous avez promis de ne trahir ni la société qui réclame votre appui, ni les accusés qui implorent votre protection ; vous remplirez vos sermens : inflexibles pour le crime, et compatissans pour la faiblesse, vous ferez la part des hommes et des temps, et vous sortirez de cette pénible cause avec la vénération et la reconnaissance publiques, et ce qui est plus cher encore à l'homme de bien, avec votre propre estime et le calme d'une conscience pure. »

M. de Vandœuvre ayant cessé de parler, le greffier lit la liste des témoins à charge, ils sont au nombre de trente-un, et celle des témoins à décharge, au nombre de vingt-huit. Scheltien ne figure pas parmi les premiers. On les fait tous sortir de l'audience.

Le président donne ensuite l'ordre de conduire

hors de la salle tous les accusés, à l'exception
de Pleignier, à l'interrogatoire duquel il va procéder.

Le Président. Vous vous êtes donné pour l'auteur du plan d'organisation secrète des patriotes
de 1816. Dans vos interrogatoires, vous déclarez
que vous en êtes le *fondateur.* Dites-nous quels
étaient vos projets, vos idées, votre espoir.

Pleignier. Je n'ai rien à répondre. Je ne peux
pas m'expliquer... d'autant mieux que je ne sais
pas tout ce qui s'est fait dans les temps.

Le Président. Y a-t-il quelques personnes qui
aient cherché à vous inspirer des desseins ?

Pleignier. Je n'en sais rien.

Le Président. Je sais que vous êtes délié, que
vous avez de la facilité à écrire et à vous exprimer.... Peut-être êtes-vous ému dans ce moment,
ou voulez-vous feindre une émotion qui explique
votre silence ?

Pleignier. Je ne sais pas ce que c'est que de
feindre ; je ne me souviens de rien.

Le Président. Vous rappelez-vous la proclamation signalée au procès ?

Pleignier. Carbonneau me l'a rappelée encore
hier....

Je ne sais, je ne m'en souviens pas, sont
toutes les réponses que le président peut obtenir
aux questions les plus pressantes.

Pleignier. Voici des notes que j'ai écrites ; je

n'ai pas de mémoire du tout, et en lisant ceci, c'est moi qui parle.

Pleignier ajoute qu'il ne lira pas bien.... *Je suis gêné*, dit-il, et il s'assied. Le président lui demande s'il désire prendre quelque chose.

Pleignier le remercie. Il se lève et lit une note commençant comme un véritable plaidoyer. La Cour lui en fait l'observation, en lui annonçant qu'il sera entendu plus tard dans ses moyens de défense, et qu'il n'a maintenant qu'à donner les explications qui lui sont demandées.

Pressé par de nouvelles questions l'accusé déclare encore qu'il ne se souvient de rien, mais que personne ne lui avait rien communiqué.

Le Président. Convenez-vous que vous avez conçu le désir de changer les destinées de la France ?

Pleignier. Je conviens que j'ai rédigé la proclamation.

Le Président. Pourquoi ? Dans quel but ?

Pleignier. Ma foi, je n'en sais rien.... Je suis dans l'impossibilité de vous répondre malgré ma bonne volonté : je n'ai pas une idée.... rien du tout.

Le Président. Vous y dites que les Français doivent se souiller d'un crime infâme, du meurtre de leur roi.... vous vouliez changer la forme du gouvernement ?

Pleignier. Je ne voulais rien du tout. Mais je vous ai dit que je ne pouvais pas vous répondre ;

que je vous dirais des choses qui n'auraient pas le sens commun. Je ne suis pas maître de moi.

Sur l'observation d'un juré, un exemplaire de la proclamation est présenté à l'accusé. Il la reconnaît.

Le Président. Il est possible que cette proclamation ne soit pas votre ouvrage.... Cette phrase, *Amis intimes du peuple dont nous faisons partie,* semble indiquer que cet écrit est l'ouvrage d'un homme occupant dans la société un rang plus élevé que le vôtre.

Pleignier. Non, monsieur, c'est moi qui l'ai fait.

Malgré ses nombreuses réticences, Pleignier finit par avouer qu'il a composé et répandu un signe de ralliement pour ses complices, qu'il a imprimé la proclamation à un très-grand nombre d'exemplaires, mais qu'il ne sait pas qui a composé la planche; qu'il a remis à la femme Picard plusieurs centaines de cartes et environ douze proclamations; qu'il a eu des conversations politiques chez elle avec l'accusé Desbaunes, qui lui a remis, par l'intermédiaire de cette femme, une note par lui rédigée, qui commence par ces mots : *En réponse aux observations de plusieurs de nos frères....*

Le Président. Comment! c'est vous qui auriez rédigé cette note? Mais ne seriez-vous pas un instrument subalterne? car vos moyens pécuniaires et vos relations dans le monde ne pouvaient vous donner l'espoir d'*élever sur le pavois un nouveau souverain*.

Pleignier. Oui, monsieur, c'est moi qui ai tout rédigé.

Le Président. Mais souvenez-vous que Carbonneau vous témoignant des inquiétudes, et vous demandant s'il n'existait pas quelques grands personnages qui vous eussent lancé dans un plan aussi vaste, vous lui répondîtes que vous voudriez bien que Carnot et Gourrié, rédacteur du *Nain-Jaune* à Bruxelles, fussent ici ?

Pleignier. Je n'avais aucune relation avec personne.

Le Président. Ainsi, c'étaient sans doute Carbonneau, Tolleron et vous qui deviez composer le gouvernement provisoire ?

Pleignier garde le silence.

Convaincu qu'il ne peut rien obtenir de positif de cet accusé, le président ordonne de le conduire hors de la salle et d'amener Carbonneau.

On procède immédiatement à l'interrogatiore de celui-ci.

Le Président. Y avait-il long-temps que vous connaissiez Pleignier quand il est allé chez vous ?

Carbonneau. Je ne l'avais jamais vu ; il s'était présenté chez moi de la part d'un nommé Delalonde, sous le prétexte de me procurer des écoliers, et de me faire même donner des leçons d'écriture à sa femme.

Le Président. Cette version est assez invraisemblable. Mais Pleignier vous a rendu des services d'un autre genre. Malgré vos talens, vous étiez dans la misère : il vous a avancé de l'argent.

Carbonneau. Oui, monsieur, et c'est par reconnaissance que j'ai consenti à travailler avec lui à copier sa proclamation.

Le Président. Pleignier a dit que vous lui aviez apporté la proclamation toute rédigée, et que c'est vous qui l'aviez précipité dans cette malheureuse affaire.

Carbonneau. J'en pourrais dire autant de lui. Pleignier était peut-être *désorganisé* quand il a paru devant le juge d'instruction ; mais s'il veut rendre hommage à la vérité, il dira que c'est lui qui m'a remis le brouillon. J'avoue que j'ai ajouté dans la proclamation une phrase relative à la religion ; mais je ne puis affirmer si le projet était écrit de la main de Pleignier.

Le Président. Comment expliquer que Pleignier qui annonce tant d'incohérence dans ses idées ait pu rédiger une telle proclamation ?

Carbonneau. Je n'ai pas assez de *connaissances métaphysiques* pour répondre à cette question.

Après une première dénégation, Carbonneau avoue la conversation dans laquelle Pleignier lui parla de Carnot et de Gourrié. Il convient que c'est lui qui désigna Tolleron pour graver le timbre, sur les instances pressantes qui lui furent faites par Pleignier, et qu'il le conduisit ensuite chez l'imprimeur Charles, auquel Tolleron l'adressa.

Carbonneau reconnaît les diverses circonstances recueillies dans l'acte d'accusation, relativement aux deux entrevues avec Charles, à la lecture de la proclamation qui fut faite à Dervin dans un cabaret, à l'envoi de la planche par Lefranc, à l'achat des tampons et de l'encre pour imprimer la proclamation.

Carbonneau explique que Pleignier fixa par un clou un bout de manche à balai sur une planche, et que c'est de cette manière qu'il opéra la pression nécessaire pour imprimer la proclamation ; il dit que Lefranc avait cherché à détourner Charles d'imprimer cet écrit, en ajoutant qu'il ne devait pas s'en rapporter aux *deux aventuriers* qui s'étaient adressés à lui.

Le Président. C'est vous, sans doute, qui aviez persuadé Charles, et Lefranc surtout, que l'école du malheur avait dû instruire du danger des révolutions, puisqu'il avait été déporté avec des septembriseurs.

Carbonneau. Non, monsieur, et je fus même étonné quand on apporta la planche.

Sur l'interpellation du président, l'accusé déclare que la proclamation fut tirée à six ou sept cents exemplaires, et que l'on distribua environ huit mille cartes.

Le Président. Vous qui aviez une femme et des enfans, comment aviez-vous pu vous engager dans une entreprise de cette espèce, sans que Pleignier vous eût donné aucune garantie sur les grands personnages qui pouvaient l'appuyer ?

Carbonneau. Je me disais : les proclamations

on en rira, les cartes on s'en lassera, et tout sera fini. Cependant, plus tard, voyant que les cartes se distribuaient avec profusion, et que je pouvais être compromis, j'avais pris des engagemens avec un directeur de spectacle de province, pour quitter Paris.

Le Président. Vous parlez dans la proclamation des mouvemens qui devaient s'opérer dans les départemens ; ne serait-il pas possible, en effet, que les mouvemens de Grenoble se rattachassent à votre plan ?

Carbonneau. Je ne le crois pas. Je voulais me retirer *de l'affaire*; et si je n'ai rien déclaré, c'est parce que je craignais de compromettre Pleignier.

Le Président. Mais pouviez-vous mettre en balance le salut de Pleignier avec celui de la France entière ?.... D'ailleurs votre intention de partir comme comédien, peut annoncer que vous vouliez seconder le plan de vos chefs réels ou apparens, en portant vos principes dans la province, ainsi que le faisait la dame Picard dans la Bretagne.

Carbonneau. Non, monsieur, c'était une ressource pour moi ; car, n'ayant pas d'écoliers, j'avais quelquefois joué la comédie.

L'avocat-général fait observer que, dans le cours de l'instruction, Carbonneau avait déclaré *qu'il avait mis en ordre* le projet de proclamation que lui avait remis Pleignier.

Carbonneau. J'ai voulu dire, seulement, que j'avais transposé certaines phrases qui me paraissaient mal liées l'une à l'autre. Quant à la note

explicative de la proclamation, je l'ai aussi trans-
crite, mais sans y faire aucun changement ni aucune transposition.

Le président donne lecture de cette note et fait
observer que *la France* dont on annonce y émettre
le vœu, c'est Pleignier, rédacteur de cette note,
ou qui du moins s'en approprie l'honneur.

Le Président. Que signifie le C. mis au bas de
cette note?

Carbonneau. C'est une lettre initiale que Pleignier m'engagea à y mettre, et à laquelle je n'attachais aucun sens... *Le post-scriptum* qui suit cette
lettre initiale m'est inconnu; je ne l'ai jamais écrit,
et il a sans doute été ajouté à la copie qu'on me
présente.

Le président fait rappeler Pleignier, et lui demande s'il est remis de son émotion.

Pleignier. Ce n'est pas seulement de l'émotion,
monsieur, je suis malade; les médecins pourraient
vous l'attester.

On lui représente la note, et on lui demande si
c'est Carbonneau qui l'a écrite.

Pleignier. Je n'en sais rien.

L'audience est continuée au lendemain.

Le 28 juin elle est reprise à dix heures et demie.

Tous les accusés sont reconduits sur leurs bancs;
mais le président donne l'ordre de les faire
retirer tous à l'exception de Pleignier. Il donne
ensuite lecture d'un certificat du médecin de la
Conciergerie, attestant que l'état de santé de Pleignier lui permet de répondre aux questions qui

peuvent lui être adressées dans les débats. En
conséquence, ce magistrat lui réitère les questions
suivantes :

Le Président. Quel était votre plan?

Pleignier. Je n'en ai point. Je demande à lire
mes notes écrites. Après cela, je n'ai plus rien à
dire.

Le Président. Lisez.....(Le président interrompt
encore cette lecture, en faisant observer qu'elle ne
peut donner aucun éclaircissement sur les faits à
établir dans les débats.)

Un juré. L'accusé s'obstine à ne pas déclarer
quel était son plan, mais son plan bien arrêté paraît être de ne répondre à aucune des questions
qui lui sont faites, je prierai M. le président de
vouloir bien lire la note de Pleignier.

Déférant à cette invitation, le président lit la
note en question, par laquelle l'accusé se déclare
l'auteur de la proclamation, *mais sans autre complot que celui d'écrire cette proclamation.* Il termine en ces termes : Je conclus à ce qu'il plaise à
MM. les jurés de m'accorder la liberté de quitter
la France avec ma femme. Puissé-je, par ce sacrifice, prouver au roi que je n'ai jamais eu l'intention de lui nuire.

L'avocat-géneral donne ensuite lecture d'un
placet rédigé par Pleignier, le 4 juin, dans lequel
il annonce avoir à faire des révélations importantes.

Pleignier. Je ne puis m'expliquer là-dessus : je
ne veux m'expliquer que devant le roi.

Le président adresse ensuite la question suivante à Tolleron, qu'il a ordonné de conduire
dans la salle : « Est-ce vous qui avez gravé le timbre employé par les conjurés?

Tolleron. Oui, monsieur, sur l'invitation de
Pleignier. Je l'ai fait en voyant la devise *Union,
Honneur, Patrie,* qui est celle des honnêtes gens.
Pleignier a emporté le timbre; et quelques jours
après, un inconnu m'a apporté 65 francs.

Le Président. Vous a-t-on lu la proclamation
dans un cabaret de la rue Chapon?

Tolleron. Oui, Monsieur; Carbonneau me l'a
lue en manuscrit, et me demanda un imprimeur.
J'eus d'abord l'idée de lui nommer Renaudière,
qui avait imprimé nos chansons dans le temps. Je
pensai ensuite à Charles; mais comme dans ces
sortes d'affaires *tout est personnel,* je voulus auparavant sonder cet imprimeur. Je lui dis qu'il
circulait des proclamations manuscrites, qu'on
désirait livrer à l'impression. « Oh! pour moi, me
répondit Charles, je sais, à mes dépens, ce qu'il
en coûte pour avoir affaire avec la police. Je ne
veux me mêler de rien. » Je n'insistai plus, ne
voulant pas entraîner Charles malgré lui, et qu'il
pût me reprocher son malheur.

Tolleron déclare ensuite qu'il a reçu sept à huit
proclamations; qu'il en a donné à Scheltein, et
qu'il a aussi numéroté des cartes, mais sans savoir
à quel usage.

Le Président. Quels étaient les projets de Pleignier?

Tolleron. Carbonneau m'avait dit que Pleignier était en rapport avec des gens de *la première volée* et des exilés, et qu'une révolution se préparait.

Le Président. Vous a-t-on nommé ces personnages?

Tolleron. Non, Monsieur; on disait seulement que M. Carnot pouvait bien être un des chefs.

Le Président. Savez-vous quel était le but de la conspiration?

Tolleron. Je me suis d'abord fait une première idée, celle d'une espèce de *franc-maçonnerie ;* une seconde idée, en voyant la proclamation, a été que quelque puissance de l'Europe était à la tête du mouvement; mais quand on m'a dit que Pleignier était le seul chef, je me suis persuadé que cet homme *était un fou, un illuminé.*

Le Président. Vous avez, cependant, suivi ce projet?

Tolleron. J'ai été élevé dans la révolution; je ne connais qu'elle. Dans mon premier âge, on m'avait appris à détester ce gouvernement; mais ces premières impressions se sont effacées dans mon esprit. On m'a exaspéré en me désignant comme un brigand dans mon voisinage. On a même cassé mes vitres, parce que je n'avais pas illuminé. Au reste, je croyais que le renversement du gouvernement se *ferait tout tranquillement,* comme au 20 mars.

Le Président. Connaissez-vous la note en réponse aux frères?

Tolleron. Je ne savais rien que par conjecture,

je ne savais pas si on voulait la république, Napoléon II, ou bien quelque autre.

On introduit l'imprimeur Charles.

Le Président. Qui a composé la planche de la proclamation?

Charles. Personne. Je n'avais point d'ouvriers. On m'a envoyé un paquet enveloppé avec une lettre; j'ai vu la planche, on me disait de la renvoyer à Carbonneau, je l'ai fait, et depuis ce temps je n'ai entendu rien dire. C'est Lefranc qui l'a rapportée à Carbonneau.

Le président fait rentrer Carbonneau pour le confronter avec Charles, et lui adresse les questions suivantes:

Avez-vous laissé la proclamation à Charles?

Carbonneau. Je le crois... Oui, sur une petite table.

Le Président. Précisez mieux votre réponse.

Carbonneau. Je ne puis mieux le faire. Tout ce que je puis dire, c'est *Je le crois.*

Le Président. Charles, avez-vous été imprimeur de la Fédération?

Charles. M. le préfet de police m'envoya, par M. Quinette, secrétaire de la Fédération, des pièces à imprimer; on ne peut m'en faire un crime.

Lefranc est introduit à son tour, et les débats continuent avec les cinq accusés.

Le Président à Lefranc. Vous avez été déporté et mis ensuite en surveillance à Lunel; précédemment vous aviez été impliqué dans l'affaire de Babeuf, comment vous trouvez-vous encore dans une aussi abominable affaire?

Lefranc. C'est par un excès de confiance, j'ai donné les plus sages conseils à Charles, et, si j'ai porté la planche, j'ignorais absolument ce que c'était.

Le Président. Vous avez dit à Carbonneau de briser la planche.

Lefranc. Cela est faux.

Carbonneau interpellé ne se rappelle pas cette circonstance, cependant l'avocat-général fait observer que l'accusé l'avait reconnue d'une manière positive dans ses interrogatoires écrits.

Un juré demande à Charles quel était l'individu qui lui avait remis la planche; celui-ci répond qu'il lui est inconnu.

Après un long débat qui n'amène aucun éclaircissement sur ce fait, la séance est suspendue pendant un quart d'heure. Quand on la reprend, la femme Picard est seule amenée sur le banc des accusés.

Interrogée sur ses relations avec Pleignier, elle répond : Je le connaissais depuis plusieurs années. Lors de la première invasion des alliés, il m'avait entendue proférer quelques plaintes : il savait aussi que j'avais éprouvé des pertes dans le commerce, il crut que je partageais ses sentimens, et c'est ce qui fait sans doute qu'il *avait voulu m'induire en erreur.*

Le Président. Votre mari n'approuvait pas vos relations avec Pleignier?

L'accusée répond qu'il ne les connaissait pas; puis elle fait un brillant éloge du talent de Pleignier pour *les tiges de bottes*; mais elle dit qu'il était gêné dans ses affaires, sans doute à cause de sa mauvaise conduite, ou parce qu'il avait fait de mauvaises spéculations.

Le Président. Ce n'est donc pas l'ordonnance du roi qui a changé les formes des bottes, qui a causé le dérangement de ses affaires comme il l'avait annoncé.

La femme Picard. Je n'en sais rien, Monsieur, j'ai appris seulement qu'il avait été fou.

Le Président. Mais il ne l'était plus, car sans cela vous ne vous seriez pas laissé séduire par ses projets.

La femme Picard. Je ne sais pas comment ce malheur m'est arrivé. (*Pleurant*) Si mon mari l'avait su, je ne me trouverais pas devant le tribunal: j'ai reçu des cartes, mais je ne savais pas ce que c'était qu'une conspiration. Pleignier me dit : « Savez-vous les bruits qui courent? Marie-Louise et Napoléon II sont à Strasbourg et se rendent à Paris; voilà des cartes qui ne sont pas faites à Paris, mais qui viennent de l'étranger. « Que deviendra la famille royale, lui demandai-je, je perdrai donc encore mes pratiques?.. Il m'assura que tout se passerait tranquillement. J'avais déjà vu deux révolutions, j'eus la faiblesse de croire qu'il pourrait en arriver une troisième; je reçus les cartes qu'il me remit, et le même jour, M. Desbaunes étant venu me voir, me confirma les propos que

Pleignier m'avait tenus. Je lui fis voir les cartes, il en prit plusieurs en me disant que cela appartenait aux militaires.

Un Conseiller. Mais vous deviez penser qu'un tel changement ne pouvait se faire sans de grands malheurs?

La femme Picard. Certes, si M. Pleignier m'avait fait entrevoir quelque chose de tout cela, *je l'aurais envoyé promener.*

Le Président. Desbaunes a déclaré que lorsqu'il avait l'air de se refroidir, c'est vous qui le remontiez; que vous taxiez son hésitation de faiblesse ou de lâcheté.

La femme Picard. Il en a imposé. Ce n'est pas à une femme d'exciter un militaire. Voici ce qui se passa : M. Pleignier vint dans la boutique le jour où je remis les cartes à Desbaunes. Je lui dis tout bas : voilà un jeune homme auquel j'ai remis des cartes. Pleignier témoigna le désir de s'entretenir avec lui. Ils passèrent tous deux dans l'arrière-boutique où ils parlèrent en mon absence; et, quand je m'aperçus que leur conversation paraissait suspecte à mon mari, je les engageai à se retirer.

Le Président. Vous avez remis depuis d'autres cartes à Bonnassier, qui l'a déclaré.

L'accusée nie ce fait; le président continue : Vous avez été à Sablé, où vous avez emporté des cartes. — Non, monsieur, c'est un *trop bon pays*, et je m'en serais bien gardée. — Il paraît que vous avez voulu quitter Paris, comme Carbonneau, et sans doute pour les mêmes motifs. — Qu'est-ce que Carbonneau ?.... c'est sans doute ce scélérat dont la figure me fit horreur. — Vous m'invitez vous-même à vous demander compte de ce qui s'est passé avec Carbonneau.

L'accusée ne répond point à cette question, mais elle raconte que lorsqu'elle venait d'engager Pleignier et Desbaunes à sortir de l'arrière-boutique, son mari, qui la vit très-agitée, lui dit que, si elle s'avisait de causer mystérieusement avec de tels personnages, il lui donnerait de *sa botte dans le derrière*.

Ramenée à la circonstance sur laquelle le président l'interrogeait, la femme Picard raconte ce qui est consigné dans l'acte d'accusation.

Après qu'elle s'est retirée, Desbaunes est introduit.

Le président lui dit : « Il est pénible pour moi de voir un officier qui a eu l'honneur de servir un prince de la famille royale, compromis dans un complot affreux, avec des gens de la dernière classe du peuple ; mais mon ministère m'oblige à chercher dans vos aveux les éclaircissemens dont la justice a besoin. Quelles conférences eûtes-vous avec la dame Picard?

Desbaunes. Je lui dis comme un bruit de ville, que l'archiduchesse Marie-Louise venait en France avec son fils et le prince Charles. Elle parut satisfaite de cette nouvelle, me disant que les affaires allaient mal. Alors elle me remit assez mystérieusement une proclamation et des cartes. Je remis le

lendemain la proclamation à M. de Verneuil qui
me témoigna le désir d'en avoir d'autres, la dame
Picard m'en donna de nouvelles que je remis encore à M. de Verneuil, pour les distribuer à ses
amis.

Peu de jours après, M. de Verneuil me dit qu'on
était généralement content du contenu de la proclamation, mais qu'on désirait avoir des explications sur le but ultérieur de l'entreprise. Je ne
suis pas l'un des chefs du complot, lui dis-je;
mais je tâcherai de vous procurer les explications
que vous demandez. En effet, je me rendis chez
la femme Picard, où je vis Pleignier; la femme
Picard me remit la note adressée *aux frères des
patriotes*. On n'en fut pas encore très-satisfait,
parce qu'on n'y voyait aucune garantie, et que la
rédaction des notes présentait quelques fautes de
français... J'ai agi par les instigations de M. de
Verneuil, et c'est lui qui m'a dénoncé à la police.

On présente la note à l'accusé, qui la reconnaît
pour la note originale qui lui fut remise. Elle est
suivie du *post-scriptum*. Il ajoute que Pleignier lui
avait donné la certitude que la note était rédigée
par des hommes importans, et que la femme
Picard l'avait engagé à y avoir confiance. Du reste,
il affirme que si la femme Picard n'avait pas été
présente à la première lecture de la proclamation,
c'est parce qu'elle lui avait dit qu'elle la connaissait.

Sur ces points importans, l'accusé ne se trouvant
pas d'accord avec la femme Picard, celle-ci est
amenée de nouveau, sur l'ordre du président.

Elle affirme d'une manière positive qu'elle n'a pas remis à Desbaunes la note explicative, et qu'elle n'a jamais lu la proclamation ni cherché à exciter Desbaunes. Un juré demande à ce dernier de quelle manière étaient les explications demandées par M. de Verneuil, *d'avance*.

Desbaunes. Il désirait savoir si ce serait Napoléon II ou un autre qu'on placerait à la tête du gouvernement, et à qui on remettrait les rênes du gouvernement provisoire.

Pleignier est amené de nouveau. Il ne se rappelle pas ce que Desbaunes lui a dit, et ajoute qu'on peut s'en rapporter à Desbaunes lui-même... Je n'ai aucune conviction, ajoute-t-il, ni aucune certitude.... je ne sais pas si j'ai remis la note à madame Picard ou à M. Desbaunes. La note qu'on me présente n'est pas écrite par Carbonneau....... Pleignier se reconnaît le rédacteur de la note, mais il affirme que ces mots : *les Bourbons une fois détruits*, ne sont pas de lui.

Le Président. Maintenant que vous paraissez plus calme, dites-nous quel était votre projet?

Pleignier. Je n'en avais pas d'autre que de faire une proclamation.

Le Président. Faites-nous connaître ce que vous avez annoncé ce matin vouloir déclarer au roi? Profitez de ce moment, car le débat vous deviendra bientôt étranger.

Cette nouvelle interpellation est inutile comme les autres.

Carbonneau, rappelé, déclare ne pas connaître l'écriture de la note.

Le président dit qu'il serait possible que Pleignier eût fait faire et distribuer plusieurs notes; mais Pleignier répond qu'il n'en a fait qu'une. Une discussion s'engage à ce sujet entre les accusés qui sont présens. On ne peut parvenir à savoir qui a écrit cette note, ni qui a numéroté une carte que le président a sous les yeux.

Carbonneau demande à rendre compte de nouveau de ses premiers rapports avec Pleignier. Il improvise un long récit dans lequel il donne la preuve d'une grande présence d'esprit et d'une extrême facilité d'élocution. Son but a été de se montrer comme uniquement entraîné par un sentiment de reconnaissance. Le projet de Pleignier se bornait, disait-il, à connaître le nombre des patriotes qui se trouvaient à Paris. Il lui a paru souvent un peu fou, mais toujours franc et généreux.

Le Président. Pleignier, citoyen obscur, et qui n'avait fait que *cambrer des cuirs*, avait-il quelque mission pour faire des proclamations aussi extraordinaires?

Carbonneau. Cela m'étonnait; mais il me disait que cela ne me regardait pas.

Le président et plusieurs membres de la Cour font des observations sévères à Desbaunes sur la part qu'il a prise à ce complot; « lui qui avait reçu du roi la décoration de la Légion-d'Honneur. » L'accusé avoue qu'il est coupable d'une grande légèreté, et que déjà il avait reçu une grande leçon de ses frères d'armes qui le firent prisonnier dans la dernière campagne, lorsqu'il défendait la cause de Napoléon.

La séance est levée à quatre heures un quart, et reprise le lendemain, 29 juin, à dix heures.

Placés seuls sur le banc des accusés, Carbonneau et Tolleron déclarent, sur l'interpellation du président, qu'ils se sont connus à la Force, au mois d'août 1815.

On amène Dervin. Il a connu Tolleron à la préfecture de police, quand il a été arrêté.

Jacques Ozeré, amené ensuite, déclare qu'il a connu Dervin à la police, y ayant été lui-même conduit, pour avoir porté un œillet rouge à la boutonnière.

Le président demande à Dervin s'il a eu connaissance de la proclamation.

Dervin. Oui, monsieur, au cabaret de Souchon. Tolleron me dit qu'il se formait une association de patriotes; il me dit qu'on distribuait des cartes : je lui en demandai une, et voilà tout.

Dervin rend compte de cette conférence, à laquelle assistèrent Deseubes, Gonneau, Sourdon, Henri et Jacques Ozeré, et Scheltein. Il ne peut affirmer qu'il ait lu lui-même la proclamation. Il est surpris de ne pas voir figurer dans la procédure Scheltein, qui pourrait le justifier, et qu'on lui a dit être absent. C'est Scheltein qui fit la proposition de miner le château des Tuileries. Cette proposition fut repoussée par tous ceux qui étaient présens, et particulièrement par Dervin.

Le président demande à ce dernier ce qui se passa au *Sacrifice d'Abraham*, lorsqu'il y alla prendre un petit verre d'eau-de-vie.

Dervin. Je me suis retiré avec Sourdon, Ozcré est rentré chez lui. Du reste, c'est Scheltein qui m'avait fait entrer dans cette affaire, en me disant que je pourrais obtenir une bonne place par des révélations utiles; je ne faisais rien que d'après ses inspirations; et, ensuite, il a trouvé sans doute plus conforme à ses intérêts de s'attribuer seul l'honneur de la révélation, sans s'occuper de moi.

L'avocat-général lit les interrogatoires écrits de Dervin, en faisant observer que l'accusé paraît avoir changé aujourd'hui de système; mais celui-ci prétend que le magistrat qui a reçu son interrogatoire a dû se tromper. Le président dit que cette allégation est inadmissible par la Cour, et interpelle Dervin de s'expliquer sur le plan du château des Tuileries qu'on a trouvé chez lui.

Dervin. Ce plan n'a été communiqué à personne; ce n'est pas moi qui l'ai fait... c'est dans la poche de Scheltein que se trouvait ce plan au moment de notre arrestation. Scheltein couchait chez moi. Quand les agens de la police s'y présentèrent, à la pointe du jour, on me demanda mes papiers. Je vidai mon portefeuille; il n'y avait rien de suspect, et Scheltein lui-même y glissa le plan pour me présenter comme coupable. Je pen-

sai d'abord qu'on voulait saisir ses papiers avec les
miens, et je ne pouvais me douter d'une telle perfidie de sa part.

Le Président. Qui a écrit sur ce plan le nom
des rues aboutissant aux diverses issues des Tuileries ?

Dervin. C'est moi, monsieur, sous la dictée de
Scheltein, qui avait dressé le plan, et qui avait
cru ce moyen nécessaire pour pénétrer dans le secret des chefs du complot.

Le Président. Vous vouliez donc tromper Tolleron et Carbonneau ?

Dervin. Si, par leur intermédiaire, j'étais parvenu
à découvrir les chefs et à les faire connaître, je ne
pense pas que le gouvernement m'eût trouvé coupable. A moins qu'on n'ait quelque raison de s'y
refuser, je ne vois pas pourquoi on n'appelle pas
Scheltein, qui peut me justifier. Scheltein est
à Paris sous le nom de *Duval*; il est aujourd'hui
inspecteur des boues et lanternes.

Le Président. Si, malgré toutes les explications
qui viennent d'avoir lieu, vous insistez pour qu'il
soit appelé, il se présentera aux débats.

Me *Gouin*, défenseur de Dervin. Les déclarations de Scheltein peuvent être très-utiles à mon
client. Il peut en résulter la preuve que l'accusé
agissait dans le même sens que lui pour éclairer le
gouvernement sur la conspiration dans laquelle ils
cherchaient à s'insinuer..

D'après cette observation, le président ordonne
que Scheltein, dit *Duval*, sera appelé aux débats,

en vertu du pouvoir discrétionnaire dont la loi l'investit. Ce magistrat demande ensuite de nouvelles explications sur les propos qui furent tenus par les divers accusés, lors de leur dernière réunion.

Dervin. Gonneau ne disait rien. Sourdon faisait observer que ce serait dommage de faire sauter un si bel édifice que les Tuileries....

Le Président. Ainsi donc, c'était le château, et non la famille royale, dont l'existence allait être compromise, qui intéressait l'accusé Sourdon ? Mais pourquoi vous-même avez-vous caché dans vos guêtres la proclamation dont vous étiez porteur ?

Dervin. Ce fait n'est pas exact; ma proclamation et ma carte sont encore cachées chez moi. Je n'en ai donné à personne.

Le Président. Vous prétendez avoir eu l'intention de révéler vos secrets à la police, et cependant vous êtes resté cinq jours sans parler.

Dervin. Il n'y a pas de ma faute ; je fus mis au secret, sans le sou; il me fut impossible d'avoir du papier et de l'encre; car lorsqu'on n'a pas là de l'argent, on ne peut point parler. Quand l'inspecteur de police m'arrêta, je me récriai contre les procédés d'un homme que je nourrissais depuis long-temps. Bah ! dit-il, c'est une montagne qui enfantera une souris. Elle sera peut-être un peu grosse, lui dis-je. Dès que je fus interrogé, je fis mes déclarations.

Le Président. Comment étiez-vous sans argent.

Dervin. Scheltein avait disposé du peu de fonds qui me restaient. Je l'avais même autorisé à vendre mon lit pour qu'il ne manquât de rien. J'avais beaucoup de peine à vivre ; car je n'avais pu me faire admettre soldat, à cause d'une blessure que j'ai *obtenue* au bras.

Sourdon est introduit. Il répète les détails déjà connus, relativement à la réunion chez le marchand de vin. Deseubes y présenta Gonneau, *disant qu'il le donnait comme bon.*

Introduit à son tour, Henri Ozeré dit qu'on a peu parlé d'*affaires politiques* dans cette réunion. Il nie la plupart des propos qu'on y a tenus ; il n'a parlé de Bellaguet à Sourdon que comme pouvant lui procurer de l'emploi chez son frère, huissier.

On amène Gonneau.

Le président lui demande comment il a connu l'écrivain public Jacques Ozeré, tenant une échoppe dans la cour du palais.

Gonneau. Le 26 avril dernier, Deseubes vint me voir et me demanda si je voulais l'accompagner ; il me conduisit dans la cour de la Sainte-Chapelle, et me laissa là. Je n'ai pas trouvé, dit-il, la personne que j'attendais ; mais je vous engage à venir vous rafraîchir avec Henri Ozeré dans le cabaret voisin. J'acceptai, quoique je ne connusse pas cet individu. Quelques instans après, arrivèrent plusieurs personnes qui m'étaient également inconnues. Deseubes les engagea à s'expliquer sans crainte devant moi. J'entendis plusieurs propos qui n'étaient pas *très catholiques* et auxquels je ne pris aucune part. On débita plusieurs *extravagances* auxquelles je ne fis pas une très-grande attention, ayant appuyé ma tête sur la table, je fus *réveillé* par un de ces discours assez étrange d'un de ces individus que je ne vois pas figurer dans le procès, et qui ne parlait de rien moins que de faire sauter les Tuileries. Je le regardai avec une sorte d'étonnement et de mépris, ce qui lui donna l'occasion de me dire : Quoique vous me voyez en veste, je ne suis pas... Je ne lui laissai pas achever la phrase. On sortit, et j'hésitai à accompagner ces diverses personnes au *sacrifice d'Abraham*. Cependant j'entendis alors le même individu s'écrier : *Il faut tout tuer, hors deux.* C'était un grand homme à nez rouge.

Sourdon. Vous voulez dire sans doute un *homme grand !*

Le Président. Quels sont ces propos *peu catholiques*, et qu'on ne craignait pas de tenir devant vous?

Gonneau. Ma mémoire ne me rappelle que ce que je viens de vous dire.... On parlait d'ailleurs très-bas et mystérieusement, la porte étant ouverte. J'ai su après que la personne qu'on disait être absente était Bellaguet; je crois que c'est Henri Ozeré qui en parla....

Henri Ozeré persiste à le nier, disant qu'il n'avait donné aucun rendez-vous pour ce jour-là à Bellaguet.

Gonneau ne se rappelle pas que la proclamation ait été lue dans cette réunion ; mais cette circonstance est avouée par tous les accusés présens.

Sourdon prie Gonneau de déclarer s'il avait pris une part quelconque aux propos qui s'étaient tenus dans la réunion du 26 avril. Gonneau affirme qu'il ne lui a rien entendu dire.

Le Président. Accusé Sourdon, n'avez-vous pas été prendre des mesures auprès du château des Tuileries, sans doute pour mieux diriger l'attaque ?

Sourdon. Je vous prie de ne voir dans cette démarche que la sollicitude d'un fidèle serviteur du roi.

Le Président. Etes-vous l'auteur de plusieurs chansons atroces chantées au café Montansier pendant l'interrègne ?

Sourdon. J'ai chanté la gloire des soldats français, j'ai fait des chansons pour Bonaparte lui-même, parce que je l'ai longtemps aimé et admiré. Si j'en ai fait quelques-unes contre le roi, c'est quand il n'y était pas, et dans l'espoir d'obtenir une place au ministère de la justice. Du reste, on pense aujourd'hui ce qu'on ne pense pas demain ; et depuis le retour de Sa Majesté, je me suis toujours conduit comme un sujet fidèle.

Le Président. Quels chefs du complot désigna-t-on dans la conférence ?

Sourdon. Tolleron, Bellaguet et Manissier.

Quand on reprend la séance, interrompue pendant un quart d'heure, le président annonce que

Scheltein, au domicile duquel on s'est présenté, a quitté Paris depuis près de trois semaines ; s'adressant ensuite à Deseubes, qui occupe la première place sur le banc des accusés, il lui fait déclarer qu'il tient du roi le grade de chef de bataillon, puis il lui demande quels ont été ses rapports avec la famille Ozeré.

Deseubes n'a connu particulièrement que le capitaine Ozeré qui lui avait recommandé ses frères pour leur procurer de l'ouvrage.

Le Président. Comment avez-vous pu oublier votre caractère au point de vous rendre dans un café avec des personnages de cette espèce ?

Deseubes. J'engageai Henri Ozeré à venir se rafraîchir. J'étais en bourgeois et je ne crus pas compromettre mon grade, en me rendant avec lui dans un cabaret, sur le refus qu'il me fit de venir au café qui était trop éloigné.

Le Président. Quels propos avez-vous entendus dans cette réunion ?

Deseubes. J'affirme sur l'honneur que je n'ai entendu des propos inconvenans que de la part d'un nommé Scheltein qui ne figure pas au procès.

Le Président. Comment avez-vous présenté Gonneau à la société.

Deseubes. Comme mon compatriote devant lequel on pouvait s'expliquer sans crainte.

Cette déclaration est confirmée par Gonneau ; mais Sourdon répète que Deseubes a employé à son sujet, ces expressions : *C'est un bon*, ou *un des bons*.

Le Président. Dervin ne vous remit-il pas un écrit?

Deseubes. Non, monsieur, ce fut Scheltein qui me remit un papier plié que je brûlai en rentrant chez moi.

Le Président. Avez-vous entendu lire la proclamation?

Deseubes. Non, monsieur, et je ne pense même pas qu'elle ait été lue. J'en parcourus une ou deux lignes, quand elle me fut remise par Scheltein.

Le Président. De quoi a-t-on parlé dans cette réunion?

Deseubes. Des mécontentemens, de conspiration, mais d'une manière si vague et si bizarre, qu'il ne pouvait en résulter aucune inquiétude pour le gouvernement. On rejeta à l'unanimité le moyen présenté par Scheltein de faire sauter les Tuileries.

Le Président. Il y avait donc une discussion, une délibération entre les personnes avec lesquelles vous vous trouviez?... Vous parlâtes même d'un commandement dont vous aviez offert de vous charger.

Deseubes. Non, monsieur; à qui d'ailleurs aurais-je offert mes services?

Dervin et Sourdon persistent à déclarer que Deseubes avait offert l'alternative de commander un bataillon ou un escadron dans l'attaque des Tuileries. Deseubes affirme sur l'honneur qu'il n'a

pas tenu ce propos. Le président lui demande s'il
n'a pas indiqué aux conjurés un signe de ralliement, en se donnant la main de manière à former
un N avec les doigts. Deseubes répond que ce
signe était connu depuis long-temps.

Le Président. Quelle conférence eûtes-vous
avec Bellaguet?

Deseubes. Je le vis de la part de Gonneau, en
qui j'avais beaucoup de confiance, et qui voulait
faire des révélations à un magistrat de ses amis,
afin d'avoir des renseignemens sur l'objet et le
plan de la conspiration; mais il ne me dit rien.

Le Président. Nous savons bien que dans la proclamation, vous vous êtes dits *impénétrables*, cependant la police vous a pénétrés : comment pré-
tendez-vous faire croire qu'il n'y avait eu aucune
explication entre Bellaguet et vous, lors de votre
entrevue?

Deseubes. Ces explications devaient nous être
données au rendez-vous du jeudi chez Gonneau.

Le Président. Comment put-il vous offrir d'aller chez Gonneau qui lui était également inconnu?

Deseubes. Je l'ignore; mais c'est la vérité; il me
dit que s'il avait *des nouvelles* à me donner, il me
les donnerait ce jour là.

Gonneau déclare qu'en effet c'est lui qui avait
engagé Deseubes à aller chez Bellaguet, qu'on avait
désigné comme *très-instruit* pour savoir ce qui
se passait.

Bellaguet est introduit. Après avoir dit son nom,
il déclare qu'il s'occupe de *littérature administra-*

tive ; quelquefois, aussi il se présente comme défenseur devant le bureau de paix. Il a été employé autrefois aux Invalides, et en 1815 au château de Vincennes, pendant l'organisation des volontaires royaux.

Le Président. Vous alliez souvent chez les frères Ozeré.

Bellaguet. Très-rarement, monsieur, et sans autre motif, que de savoir des nouvelles du capitaine avec lequel j'étais très-lié.

Le Président. Dans ses interrogatoires, le capitaine a démenti ces liaisons intimes.

Bellaguet. Il n'a pu que mentir *impudemment* s'il a dit.....

Le Président. Accusé, changez de langage.... Il s'agit ici d'un absent dont je dois prendre la défense, et à l'égard duquel vous ne pouvez vous servir de semblables expressions.

Bellaguet. Je dirai donc qu'il s'est trompé : du reste confronté avec moi le lendemain, il s'est retracté.

Il résulte de la vérification du procès-verbal d'instruction que le capitaine Ozeré a persisté dans sa première déclaration. Le président en conclut que ce n'était pas pour demander de ses nouvelles à ses frères, mais pour entrer dans le complot auquel Jacques et Henri Ozeré étaient initiés, qu'il fréquentait ceux-ci habituellement.

Le Président. Qu'est-ce que Deseubes est venu vous dire lorsqu'il est allé chez vous le 26 avril, à huit heures du soir ?

Bellaguet. Il s'annonça comme l'ami du capitaine Ozeré et me demanda de ses nouvelles. Je lui appris son départ pour Villenoxe où je l'avais engagé d'aller... Je suis bien fâché, me répondit-il, que ce soit à cause de sa détresse... Savez-vous que les anciens militaires sont bien à plaindre.... Je l'interrompis à ce sujet, et il se retira.

Le président. Pourquoi dans cette disposition d'esprit avez-vous donné un rendez-vous à Deseubes?

Bellaguet. Je ne lui en ai donné aucun. Je ne sais ce que c'est qu'une lettre qu'on m'a montrée de loin.

Deseubes répète sa déclaration, en ajoutant, toutefois, que la première partie de la conversation avait été en effet relative au capitaine Ozeré.

Bellaguet. Si j'avais été fin, j'aurais pu détruire d'un mot toutes les charges qui s'élèvent contre moi, en niant la visite de Deseubes. La déclaration de cet accusé ne m'engage pas. D'ailleurs, je ne sais pas de quel droit on affirme que je suis *l'homme en question*, désigné dans la lettre; ce n'est pas là un de mes titres; car je m'appelle Bellaguet, il sera dit que j'aurai été mis en jugement, condamné peut-être, comme complice d'une conspiration, lorsque je n'ai eu ni cartes, ni proclamations. Au surplus, la version de Deseubes est invraisemblable. Il est difficile d'admettre comment, n'ayant pas voulu m'expliquer avec lui, je lui aurais donné un rendez-vous pour la semaine suivante.

Un juré. Puisque vous alliez demander vous-même à Jacques et Henri Ozeré des nouvelles de leur frère, comment ceux-ci auraient-ils envoyé Deseubes chez vous pour en avoir ?

Bellaguet répond que le capitaine Ozeré avait eu des relations avec lui depuis son départ, et qu'il a même entre les mains une lettre du 10 mai, qui prouve que leur liaison ne s'est point refroidie.

On procède à l'interrogatoire de Bonnassier fils, ancien membre de la fédération, de la rue de Grenelle.

Il déclare qu'il voyait souvent la femme Picard, qui est sa parente ; que si l'on a trouvé chez lui beaucoup de *saloperies* (mauvais libelles), il n'y attachait aucune importance ; qu'il n'a distribué ni vu des cartes ; mais Sourdon déclare à son tour, qu'au contraire, en lui montrant des cartes, il lui dit un jour, que le gouvernement ne pouvait pas tenir.

Sur cette assertion, Bonnassier ajoute que si son co-accusé l'a signalé ainsi dans le procès, c'est avec l'espoir d'obtenir sa liberté à ses dépens. Il dirige le même reproche contre le témoin, qui le charge sur ce fait. Il allègue que ce dernier a reçu 25 francs pour des dénonciations.

Sourdon se lève aussitôt, s'écrie : Avant d'être accusé, j'avais l'intention de tout révéler à la police, mais ayant été arrêté, j'ai écrit à M. le préfet, il m'a fait venir. Je me suis expliqué ; il a vu toute mon innocence ; il a eu pitié de ma position, et m'a remis...., m'a fait remettre 25 francs.

Carbonneau. Je dois, à la vérité, de dire que le bruit s'en est répandu à la Conciergerie ; mais

M. le préfet a envoyé 60 francs à ma femme, qui se trouvait dans un grand dénuement ; et moi, je ne suis point un délateur.

Bonnassier père est introduit.

Le président. Vous avez toujours répandu dans Paris de mauvaises nouvelles ; vous avez levé des armées de 150 mille hommes, fait marcher toute l'Europe contre la France, demandé souvent des nouvelles de l'*enfant.*

Bonnassier père. Jamais je n'ai parlé politique ; et l'*enfant* n'était autre chose qu'un coiffeur de mes amis. Tous ceux qui me connaissent, pourront rendre compte de mes bons sentimens.

Le président. Vous avez distribué des cartes et des proclamations ?

Bonnassier répond qu'il n'en a jamais vu ; mais le président lui montre sa déclaration écrite, qui donne un démenti à sa réponse. « J'ai cédé, réplique l'accusé, aux menaces qui m'ont été faites, en signant une telle déclaration. » Le juge d'instruction m'a menacé de me faire enfermer dans un cul-de-basse-fosse.

Le président. Vous vous avilissez sans utilité. Comment pouvez-vous présenter comme n'étant pas libre, un aveu fait sans autre appareil que la présence d'un magistrat intègre, dont tout le monde connaît les formes honnêtes, d'un huissier et du greffier de la cour.

Bonnassier père. J'étais malade, et j'aurais déclaré tout ce qu'on aurait voulu pour parvenir à me faire juger.

Le président. Ainsi vous vous déclariez coupable, pour vous faire juger, et aujourd'hui vous voulez paraître innocent en rétractant vos déclarations.

Le président annonce que la séance est levée. Celle du lendemain, 30 juin, est reprise à onze heures moins un quart. Pleignier, Desbaunes et Bellaguet figurent seuls sur le banc des accusés.

Le président fait présenter à Pleignier un registre apporté de chez lui, et que celui-ci reconnaît.

Le président. Qui a écrit cette page?

Pleignier. Il y a de mon écriture et de celle de ma femme.

Le président. Eh! bien, qui est-ce qui a écrit la fameuse note qui a été remise à Desbaunes?

Pleignier. Ce n'est pas moi.

Le président. Desbaunes, par qui cette note vous a-t-elle été remise?

Desbaunes. Par la femme Picard.

Le président. Desbaunes, à l'audience d'avant-hier, vous vous êtes représenté comme n'ayant agi dans cette affaire, que par les instigations d'une personne que vous avez nommée. Cette personne réclame contre cette imputation, qu'elle traite de calomnieuse. Y persistez-vous?

Desbaunes. Je persiste à dire que j'ai été excité par les instigations de la police, et que je n'ai demandé la note à la femme Picard, que sur la demande qui m'en a été faite à moi-même, par la personne à qui je l'ai remise.

Le président fait passer une lettre à Desbaunes, qui dit, après l'avoir lue : *Je soutiendrai à la face de Dieu et des hommes, que je n'ai agi que d'après les instigations de la personne dont il est question.*

Un juré demande que Desbaunes écrive sous la dictée du greffier, la phrase suivante : *Quand le roi entrait à Paris, les bons Français se réjouissaient, et se portaient en foule où il passait*

. On fait écrire la même phrase à l'accusé Bellaguet.

Ces deux notes sont remises aux jurés qui les examinent avec soin.

Le Président à Desbaunes. Je crois qu'il doit rester dans le cœur d'un homme qui a porté les armes plus de loyauté que chez Pleignier, qui se renferme dans un système de dénégation absolue ; je vous invite donc à déclarer comment était la note qui vous a été remise. Portait-elle le timbre sec de l'association ?

. *Desbaunes.* Je vous atteste que je n'ai fait aucune remarque sur cette pièce, n'y attachant point d'importance, et désirant seulement me la procurer pour la personne qui l'avait demandée. Tout ce que je puis affirmer, c'est que la note produite au procès est celle que m'a rendue la personne à laquelle j'avais remis celle de la femme Picard. J'ignore si c'est l'original ou une copie que cette personne en avait fait prendre.

Un juré. La femme Picard vous avait-elle recommandé de détruire la note originale ou de la lui rendre ? Desbaunes répond qu'il ne s'en souvient pas.

A la demandé de Me Poultier, avocat de la femme Picard, le président donne lecture d'un interrogatoire dans lequel Pleignier a déclaré que c'était lui-même qui avait remis la note à Desbaunes. Interrogé sur cette circonstance, Pleignier répond qu'il ne se la rappelle pas. Le président insiste : « Pouvez-vous, lui dit-il, refuser les renseignemens que la justice vous demande, lorsqu'il est possible qu'ils soient utiles à quelqu'un de vos co-accusés?

Pleignier. Voulez-vous que je me fasse de la mémoire quand je n'en ai pas?

Un juré demande que Desbaunes déclare positivement si la note n'est pas de son écriture. L'accusé l'examine avec soin et dit : oui, monsieur, c'est moi qui l'ai écrite, je m'en souviens maintenant. Je l'ai copiée exactement sous les yeux de M. de Verneuil, qui a emporté l'original. J'ignore s'il me l'a rendu.

La femme Picard est introduite de nouveau et déclare sur *les cendres de son père et de sa mère*, par lesquelles jamais elle n'a juré, qu'elle n'a ni reçu ni remis cette note, et que Desbaunes en impose.

Le président demande à la femme Picard si elle n'a pas été arrêtée en 1807 comme accusée de vol. Elle répond affirmativement, mais elle ajoute que l'accusation n'était pas fondée, car elle fut mise en liberté.

Un juré. Le silence obstiné de Pleignier serait-il la suite de quelque serment qu'il aurait fait de ne rien dévoiler et de taire les noms des chefs de l'entreprise.

Pleignier. Je parlerai au roi.

Un autre juré. Les révélations que Pleignier prétend avoir à faire seraient-elles de nature à le disculper?

Pleignier. J'ai dit que je parlerai au roi.

Le Président. Pendant le cours de l'instruction vous avez déjà annoncé que vous feriez des révélations au roi. Je vous ai représenté que vous n'auriez probablement pas l'honneur d'être admis en sa présence; je vous ai invité à faire vos révélations à la justice; M. le procureur-général a réuni ses efforts aux miens; nous n'avons pu obtenir de vous que cette réponse : *Je parlerai au roi*; vous êtes maintenant devant la cour d'assises, son président qui représente le roi, de qui émane toute justice, vous adjure, dans l'intérêt de votre patrie et dans votre propre intérêt, de faire les révélations que vous avez annoncées.

Pleignier. Je parlerai au roi et je sauverai la France.

Le Président. Voulez-vous que vos déclarations soient reçues par un magistrat en secret?

Pleignier. Je parlerai au roi.

Le Président. Votre désir sera connu; c'est tout ce que me permet mon ministère.

Un juré. Votre devoir est de nous éclairer,

nous qui devons prononcer sur votre sort et sur celui des autres accusés.

Pleignier. Je parlerai au roi et je sauverai la France : c'est tout ce que je puis dire.

Le Président. Vous avez dit dans votre défense écrite, que vous avez eu des torts plus graves que ceux dont il s'agit au procès..... que signifient ces mots?

Pleignier garde le silence.

Le Président. Ainsi, le sanctuaire de la justice n'est pas assez imposant pour un homme tel que vous; vous voulez porter vos déclarations dans un sanctuaire plus auguste. Est-il quelque chose au-dessus de la justice?

Pleignier. Vous n'êtes pas plus que le roi.

Le Président. Ignorez-vous que le roi n'intervient dans la justice que pour faire grâce.

Pleignier répète son éternel refrain : Je parlerai au roi.

Voyant qu'il est impossible de vaincre son obstination, le président le fait retirer ainsi que les autres accusés, et donne l'ordre d'amener Lebrun.

Cet accusé a connu Carbonneau à la fédération de la rue de Grenelle. Il a reçu de lui des cartes et des proclamations. Il se proposait de s'instruire de tous les secrets de l'association pour les découvrir ensuite au gouvernement. N'ayant pu y parvenir il a brûlé les proclamations et les cartes. Le président lui fait observer que puisqu'il voulait éclairer la justice, il était plus naturel de les lui remettre. Lebrun répond qu'il voulait connaître auparavant les chefs.

On introduit l'accusé Dietrich.

Le Président. Quelle est votre profession ?

Dietrich. Tailleur d'habits.

Le Président. Vous vous occupez beaucoup de politique ?

Dietrich. Plaît-il?

Le Président. Il paraît que vous êtes sourd?

M⁰ Legouix, défenseur de l'accusé. Oui, monsieur, et de plus, allemand.

Le Président. Vous vous occupez beaucoup des affaires d'Etat?

Dietrich. Oui, monsieur, je m'occupe beaucoup de mon état.

Le Président. Vous vous occupiez beaucoup de politique avec Bonnassier ?

Dietrich. Nous ne parlions pas politiquement.

Le Président. Vous alliez souvent à la Bourse?

Dietrich. Oui, monsieur, pour voir le cours des effets.

Le Président. Vous aviez chez vous 27,000 fr. Cette somme n'appartenait-elle pas aux *patriotes de* 1816?

Dietrich. Oh ! non, monsieur ; c'était le fruit de mon travail, le fruit de trente années d'épargnes. Je me privais de tout plaisir.

Le Président. Vous avez eu des cartes de l'association ?

Dietrich. Un nommé Castel, que je vis au pont Saint-Michel, m'en donna un vingtaine avec une

proclamation. J'en distribuai à la Bourse sans en
savoir la conséquence. Le lendemain je trouvai à la
Bourse les personnes à qui j'en avais donné. Nous
entrâmes chez un boulanger ; je lûs la proclamation que j'avais dans ma poche et que je ne
connaissais pas encore. Les choses qu'elle contenait me firent horreur. J'allais sortir pour faire
ma déclaration à la police, mais les personnes qui
m'avaient accompagné étaient sorties avant moi ;
la garde nationale arriva, et je fus arrêté.

On fait entrer Philippe.

Le Président. En 1814, vous avez fait partie
du corps franc de Simon ?

Philippe. J'étais attaché à l'équipement de ce
corps, avec le titre de lieutenant, mais je n'en faisais pas partie.

Le Président. Vous avez recueilli un grand
nombre de pièces faites contre le gouvernement,
et l'on a vu beaucoup de cartes de l'association
dans votre portefeuille, que vous avez oublié dans
la maison d'une personne de votre connaissance ?

Philippe. L'on n'a pu voir aucune carte dans
mon portefeuille.

Le Président. C'est ce que les témoins expli-
queront. N'avez-vous pas voulu qu'un sieur Pel-
loine prêtât serment de tout sacrifier à la cause
des patriotes ?

Philippe répond négativement et réclame la
présence d'un témoin qu'il indique. Le président
ordonne que ce témoin sera entendu.

La séance, suspendue à une heure, est reprise une demi-heure après.

Laseaux et Varin entrent.

Le Président. Comment, Laseaux, vous qui êtes étudiant en médecine, pouvez-vous vous oublier au point de passer des journées au cabaret, et d'exciter des soldats à la désertion?

Laseaux. Un jour, j'ai dit à un soldat nommé Beaupuis, qu'il ferait bien mieux d'aller vivre tranquillement dans son pays, que de s'engager à servir une cause qu'il ne connaissait pas.

Le Président. Vous n'avez jamais eu la croix-d'honneur, et cependant vous vous êtes permis de porter cet ordre respectable.

Laseaux. Varin m'avait donné un ruban rouge et blanc. Il était sale, j'en ai acheté un autre. Je n'en prévoyais pas les suites.

Le Président. Vous teniez des propos dans les cabarets, vous chantiez des chansons séditieuses, vous traciez des monogrames qui annonçaient que vous appeliez par vos vœux, un autre maître.

Laseaux. Non, monsieur.

Le Président. N'avez-vous pas volé six bouteilles de vin?

Laseaux. C'est Varin.

Le Président. Un soldat de la garde vous a vu les tirer du buisson.

Laseaux. Ce n'est pas moi qui les y avais mises.

Le Président. Vous étiez complice du vol.

Laseaux. Je ne l'aurais pas été si Varin n'avait pas dit qu'il les paierait le lendemain.

Le Président à Varin. Il paraît que vous alliez dans les cabarets tenir des propos et chanter des chansons séditieuses ? Vous avez maltraité un invalide qui parlait avec respect de la famille royale.

Varin répond que non. Le président lui demande ce qu'il faisait. — Je cherchais du service ; je voulais entrer dans les légions départementales. — Et vous vous présentiez chez Lejeune comme bonapartiste, car vous avez fait de cette expression un mot de la langue française. — Je suis allé chez Lejeune avec Laseaux; j'y ai copié une proclamation. Nous avions le dessein de la remettre à la police. — Tous les accusés disent qu'ils avaient dessein de faire des déclarations à la police. Il paraît que c'est un système formé à la conciergerie pour éluder l'accusation.

L'avocat-général lit une lettre que Varin a écrite à un de ses amis depuis son arrestation, et qu'il ne savait pas être dans les mains de la police. Il parle de la présence d'esprit qu'il a eue d'avaler une carte qu'il portait, au moment où il a été arrêté. Il ajoute qu'il croit qu'il aura à choisir entre la prison, la déportation ou l'exil; mais cela ne l'effraie guère; il regardera comme un bonheur de quitter la France. Il espère y rentrer dans un moment plus heureux. Il finit par cette phrase, en parlant des conspirateurs dont on s'est emparé : on aura bien une partie, mais on n'aura jamais la souche.

Le Président. Quand avez-vous copié la proclamation ?

_*Varin.* Le 18 mai, et je l'ai remise du 23 au 24
à M. de Mathis.

Lejeune est amené.

Il a copié la proclamation chez Drouot, et l'a
communiquée à Laseaux et à Varin, qui s'étaient
donnés pour Bonapartistes. Il leur avait annoncé
qu'il voulait envoyer la proclamation à la police,
et leur avait dit : « Donnez-moi votre parole
d'honneur que vous la remettrez à M. Mathis. »
S'il ne l'a pas remise lui-même, c'est qu'il ne savait
pas son adresse.

Un Juré. Qui a adressé Laseaux à Lejeune?

Laseaux. Des personnes qui étaient chez Laurent, et que je ne connais pas.

Lejeune. On ne peut pas me soupçonner d'être
Bonapartiste; je donnerai des témoignages auxi-
liaires qui prouveront que j'ai toujours été royaliste
dans le fond de l'âme, et cela est bien prouvé par
ma conduite. Il lit ensuite avec force un écrit
dans lequel il expose son dévouement pour la famille des Bourbons, et finit par demander à Laseaux qui l'a envoyé chez lui. Celui-ci persiste à
dire qu'il ne connaît pas les personnes.

Le président demande à Drouot quel est cet
habit d'un soldat de la garde impériale trouvé chez
lui.

Drouot. Je l'ai acheté cent sous d'un marchand
d'habits, pour me faire habiller, en faire retourner
les paremens et les revers; mais ma femme m'a

dit que cela me coûterait plus cher qu'un neuf, et j'allai en acheter un aux piliers.

Le Président. On a trouvé de la poudre chez vous.

Drouot. C'est un garçon charpentier qui me l'a donnée à l'entrée des alliés. Dans ce temps-là, je fis un trou dans une cave pour cacher ce que je pouvais avoir. Au bout de six semaines, quand je vis que la tranquillité revenait un peu, *je déterris* ce paquet.

On fait entrer Douzeau.

Le président lui demande d'où lui venait la proclamation. Il l'a trouvée, dit-il, dans sa poche avec d'autres papiers sales et chiffonés.

Le Président. On ne met pas ces choses-là dans la poche d'un homme, on les lui met plutôt dans la main. Il paraît que vous l'avez copiée sur l'imprimé.

Cartier entre.

Il déclare qu'il est au service depuis 1790, comme simple chasseur.

Le président lui demande comment il a pu répandre des cartes dans Paris? Il répond qu'il ne sait ni lire ni écrire.

Le Président. Je sais, Cartier, que vous êtes un brave soldat, mais j'ignore si vous êtes un bon citoyen.

Cartier. En me donnant les cartes, on m'a dit que s'il y avait du bruit dans Paris, avec cela on passerait partout.

Le Président. Vous avez la croix de la Légion-d'Honneur, et lorsqu'on porte une décoration comme celle-là, on ne court aucun risque. Vous devriez savoir que c'est à la police qu'on délivre des cartes.

Cartier. Il n'y a pas long-temps que je suis dans le civil; je ne connais pas l'usage du civil.

Le Président. En vous donnant des cartes, on vous a parlé sans doute de l'attaque du château des Tuileries ?

Cartier. Je ne m'y serais pas prêté, aussi vrai que je suis borgne et sourd d'une oreille.

Le Président. Qui vous a donné les cartes ?

Cartier. C'est Garnier.

Ce dernier est introduit.

Il déclare que c'est Plauson qui lui a remis les cartes. Il le connaît depuis quinze ou dix-huit ans.

Le Président. Je crois que Plauson a été membre d'un comité révolutionnaire, qu'il a porté le bonnet rouge, qu'il a fait beaucoup parler de lui dans la section des Gravilliers. — Que vous a-t-il dit en vous donnant les cartes?

Garnier. Comme c'était la conversation de tout le monde qu'il y aurait du bouleversement, on m'a dit que les cartes serviraient à ce qu'on ne vous fasse rien. Moi je les ai données comme je les ai reçues. Plauson m'a dit que Bonaparte revenait et le prince Charles; je l'ai dit de même dans le quartier.

On fait entrer Plauson.

Le Président. Plauson, vous avez marqué pendant la révolution et dans un comité révolutionnaire.

Plauson. En 1793 et 94, j'étais employé du département. En 94, un membre meurt, et l'on me nomme à sa place. Je veux donner ma démission; j'obtiens du directoire du département un certificat avec lequel je me présente au comité de salut public, où l'on m'e dit qu'un refus me ferait passer pour suspect; que cela ne m'empêcherait pas de continuer mes travaux, et que cela durerait cinq ou six mois. J'ai siégé quelquefois au comité, et j'ose me flatter que j'y ai rendu quelques services.

Le Président. Mais les cartes que vous avez distribuées à Garnier ?

Plauson nie avoir jamais reçu ni donné des cartes. Il dit, en parlant de Garnier, qui affirme en avoir reçu de lui : Cet homme n'a pas la tête à lui.

Garnier. Il est sûr que lorsque je parus chez M. Bertin d'Aubigny je n'avais pas la tête à moi. Je fus trois jours sans manger. On fut obligé de m'attacher. On est venu me chercher pour me mener à Bicêtre. Je fus attaché les bras en haut avec la camisole. M. Bretin d'Aubigny me fit revenir, et... j'ai été interrogé, j'ai répondu.

L'avocat-général fait observer que ce sont les co-accusés qui ont voulu faire passer Garnier pour fou; mais que l'on a fini par s'apercevoir que sa tête n'était dérangée que par la peur; et que M. Bertin d'Aubigny ayant bien expliqué à Garnier la position dans laquelle il se trouvait, il avait rassemblé ses idées.

Le Président. A présent, Garnier, que vous n'êtes pas pris de vin, et que vous avez votre tête à vous, persistez-vous à déclarer que Plauson vous a donné des cartes ?

Garnier. Oui, monsieur, je persiste.

On fait rentrer Dietrich et Bonnassier père.

Le président demande à ce dernier le nom de l'agent de change qu'il a employé pour acheter les rentes dont il a dit avoir fait l'acquisition.

Bonnassier. J'ai employé Cordier, Caron jeune, Leroi et M. Tibou, ex-directeur de la Banque.

Le Président. Quel propos avez-vous tenu à l'accusé Dietrich ?

Bonnassier. Aucun.

Il est trois heures et demie. Tous les accusés sont interrogés. La séance est remise au lendemain.

Dans l'audience du 1er juillet, l'audition des témoins commence. Nous passerons sous silence les dépositions d'un mince intérêt.

DESCOLIS, serrurier, dépose que Pleignier a fait forger, par un de ses ouvriers, un piton en fer qui ne lui a pas convenu. Il en a demandé un autre en acier, qu'il a emporté lorsqu'il a été fabriqué.

LEROI, ciseleur. « Tolleron travailla pendant quelque temps chez moi. Il m'avait parlé d'une presse qu'il cherchait, sans m'entretenir aucunement de *cette affaire-là*. Je n'ai vu ni cartes ni proclamations ». Parmi les co-accusés le témoin ne reconnaît que Carbonneau pour avoir été souvent chez Tolleron.

M. DE VERNEUIL, chef d'escadron d'état-major, chevalier de Saint-Louis et de la Légion-d'Honneur. La note injurieuse, consignée dans les débats, m'a obligé de demander à M. le président la faveur d'être entendu. Comme chevalier de Saint-Louis, j'ai dû préter à S. M. le serment de révéler les complots dont je pourrais avoir connaissance, et qui seraient dirigés contre sa personne ou sa famille : j'ai rempli cette obligation, voici dans quelle circonstance. J'avais perdu de vue M. Desbaunes depuis plusieurs mois ; je le rencontrai, nous parlâmes de nouvelles ; il me montra des cartes et des proclamations, il m'en offrit, je les reçus, j'en pris connaissance. Trois jours après je me rendis chez le sieur Desbaunes ; il me demanda ce que j'avais fait des cartes et des proclamations ; je lui répondis que je les avais distribuées à mes amis. Il m'en offrit d'autres que je pris encore. Je lui fis des objections, je lui dis que les cartes et les proclamations étaient probablement l'ouvrage de quelque régicide exilé. Il m'assura que tout venait de personnages marquans, et qu'une seconde proclamation était sous presse. Quelques jours après il me remit la note, en me faisant engager ma parole d'honneur que je la lui rendrais, je cherchai à le détourner de s'occuper davantage de l'objet des cartes et de la proclamation. Je dois dire que je le vis balancer ; qu'il me parut plu-

sieurs fois indécis. Quant à moi, je révélai ce qui
était parvenu à ma connaissance ; j'en parlai à des
personnages de distinction, et le fis savoir aux
ministres et aux princes. Je ne prononçai pas
toutefois le nom de M. Desbaunes ; je dénonçai la
chose et non pas la personne.

Desbaunes. M. de Verneuil ne m'engagea point
à ne plus m'occuper de la chose. Il lut au contraire
la proclamation avec enthousiasme. Je ne lui ai
pas donné de cartes toutes les fois qu'il m'en a
demandé ; et, d'après ce qui m'a été dit à la préfecture de police, j'ai la conviction qu'il m'a dénoncé nommément.

M. de Verneuil. Je n'ai dénoncé que la chose,
et j'avais donné à entendre à M. Desbaunes que je
le ferais.

Desbaunes. Qu'on lui demande quel rôle il a
joué à l'Abbaye et à la Force ?

Le Président. Chevalier de Verneuil, vous êtes
au-dessus de pareilles imputations.

Desbaunes refuse de faire connaître les autres
personnes auxquelles il a donné des cartes et des
proclamations. L'avocat-général lui fait observer
à cet égard qu'il n'a pas craint cependant de nommer M. de Verneuil.

Desbaunes. C'est parce que j'avais appris à la
préfecture de police, que j'avais été dénoncé par
lui. Qu'on demande à M. de Verneuil depuis combien de temps il est attaché à la cause des Bourbons ; qu'il dise s'il n'a pas été l'un des premiers à
trahir le roi au mois de mars, en se cachant

comme un lâche pour ne pas l'accompagner à Gand?

Le Président. Défendez-vous accusé, mais n'insultez personne. M. de Verneuil a donné des preuves de fidélité ; son honneur est à l'abri de vos atteintes. Il vous a tendu la main pour vous empêcher de tomber dans l'abîme , et vous le calomniez.

- Sur la demande de Me Bexon , avocat de Desbaunes , la note qui est au procès est mise sous les yeux de M. de Verneuil, qui la reconnaît, pour être une copie exacte de celle qui lui fut remise en original, et qui portait un timbre.

M. DALLOT dépose qu'il connaît Sourdon depuis long-temps ; que celui-ci lui annonça un jour qu'il avait des révélations à faire, qu'il en parla au duc de Maillé, mais que Sourdon ne revint pas.

M. MÉNÉTRIER, traducteur au *Journal général*, et le sieur HEUDIER, homme d'affaires, déposent à peu près dans le même sens que M. Dallot.

Le sieur DUBOIS, peintre. « Le 27 avril Gonneau vint chez moi et montra beaucoup d'impatience en apprenant que M. l'avocat-général Cahier, auquel il disait avoir à communiquer des choses importantes, se trouvait à la campagne. »

M. CAHIER, avocat - général, dépose en ces termes : Je connais M. Gonneau depuis 1787. Je l'ai vu, depuis le commencement de la révolution, occuper des places dans la magistrature. Il était encore juge-de-paix en 1814, lorsqu'il vint à Paris comme représentant; au mois de décembre dernier, il me fit la révélation de l'organisation de la société du *Lion dormant*. Il me remit une note que je fis passer au ministre de la police. Depuis cette époque, Gonneau m'envoya encore divers écrits séditieux tels que la proclamation attribuée à Marie-Louise, et le libelle intitulé : *Changement de domicile*, pour que j'en fisse connaître l'existence à l'autorité. Le 16 avril je quittai Paris. Le 1er mai, à mon retour, je reçus de Gonneau une lettre par laquelle il me disait que mon absence lui avait été funeste; que, par suite de son désir de tout connaître, pour tout révéler, il s'était trouvé dans une réunion suspecté, et qu'il venait d'être arrêté.

On fait entrer M. Molé, fondeur en caractère, l'un des trois experts qui furent chargés de faire un rapport duquel il résulta que les caractères trouvés dans la fosse d'aisance de la maison de Pleignier, et ceux de l'imprimerie de Charles ayant été comparés, il y eut identité.

Les divers caractères sont posés sur une table; le président fait amener Charles près de cette table; il invite M. Molé à répéter devant le jury les comparaisons qu'il a faites auparavant, et qui sont l'objet du rapport dont il s'agit. L'explication détaillée qu'il donne est souvent interrompue par des questions qui sont adressées aux accusés, par les réponses de ceux-ci, et par les observations de Charles. Ce dernier ne reconnaît pas les caractères pour lui avoir appartenu. Il affirme qu'il n'a point composé la planche de la proclamation. Un long débat a lieu à ce sujet. Il se prolonge jusqu'à la fin de l'audience.

Le séance du 2 juillet est reprise à dix heures et demie.

On continue d'entendre les témoins.

Le sieur QUINIER, bottier, dépose qu'il connaît Pleignier depuis long-temps. Un jour, dit le témoin, Pleignier m'apprit, sans rien m'expliquer, qu'il existait un complot pour renverser le gouvernement. Je fus instruit de son arrestation, et fort surpris lorsque je le vis arriver chez moi. Il me dit : ils m'avaient arrêté, mais ils n'ont rien pu savoir. La chose n'en ira pas moins. On a les clés du château, et l'on a des canons qui sont cachés dans des maisons.

Interpellé sur ce fait, Pleignier ne se le rappelle pas.

Le sieur Patris, imprimeur, paraît aussi comme témoin.

Le Président. M. Patris, on a trouvé dans la maison de Pleignier, des caractères conformes à ceux de l'imprimerie de Charles. Célui-ci a dit que vous pourriez avoir des caractères pareils ayant acheté les siens chez Vernauge, qui avait partagé sa fonte entre lui et vous, ou le sieur Colas, auquel le sieur Dentu a succédé.

Le sieur PATRIS. Le sieur Vernauge ne m'a vendu des caractères qu'une fois : c'était du *petit-romain*.

Le Président. Les caractères qui ont été trouvés chez Pleignier sont précisément du *petit-romain*.

Ce magistrat ordonne que le témoin se transportera, avec un huissier, dans son domicile, pour vérifier sur ses papiers quelle est l'époque à laquelle il a acheté son *petit-romain* de Vernauge. Il ordonne aussi que le sieur Dentu sera entendu.

Il résulte de l'expertise faite plus tard par M. Molé, des caractères apportés à l'audience tant par le sieur Patris que par le sieur Dentu, qu'ils n'offrent point d'identité avec ceux trouvés dans la fosse d'aisance de la maison Pleignier. Quant à l'achat de ces caractères, celui fait par Patris remonte à 1809.

· Le sieur Lefèvre, rentier, compromis d'abord dans cette affaire et dont l'innocence fut reconnue, dépose comme témoin : je trouvai, dit-il, Dietrich près de la Bourse ; deux jeunes gens le menaient au cabaret, il m'engagea à les suivre. Il tira de sa poche une proclamation et des cartes. La proclamation fut lue par un des jeunes gens : ceux-ci sortirent les premiers. Dietrich paya le vin qui avait été bu. Comme je sortais avec lui, nous fûmes arrêtés ensemble.

La *veuve* Vaubertrand, porteuse d'eau, déclare que le 9 février, le nommé Bernier, porteur d'eau, trouva sur du fumier, près de l'entrepôt des vins, un portefeuille qu'il porta au bureau du mouillage ; que le portefeuille fut réclamé par un jeune homme, mais que ce jeune homme n'est point l'accusé Philippe.

· Bernier, porteur d'eau, fait une déposition qui confirme celle qui précède.

Deux autres témoins, les sieurs Bonny et Chagnet, l'un contrôleur, l'autre vérificateur de l'octroi, déposent, au contraire, que le porte-feuille fut réclamé par Philippe, qui attribue la déposition du premier à une inimitié particulière, et celle du second à la liaison des deux employés.

Le témoin suivant est le sieur Pelloile, marchand de vin.

Le Président. Est-il vrai que Philippe vous aurait fait prêter le serment de vous consacrer tout entier au renversement du gouvernement royal ? La justice délie tous les citoyens des engamens indiscrets qu'ils auraient pu contracter. Expliquez vous sans crainte.

Pelloile. Un jour, Philippe vint me voir, me dit que j'étais un *gobe-mouche*, que je ne savais rien, et que dans ce portefeuille (il me montrait deux bouts de cartes) *était tout.* Quelque temps après il vint me voir de nouveau, et en m'offrant une de ces cartes, il me dit : Es-tu bon patriote? oui, lui dis-je, j'aime ma patrie. Il ajouta : tu dois de plus prêter le serment de consacrer ta vie et ta fortune pour le rétablissement de Bonaparte et pour la chute des Bourbons. J'eus l'air de faire ce serment pour révéler l'affaire à la police. J'allai en effet le lendemain chez M. Bergès ; je lui fis voir la carte et lui parlai du serment que j'avais prêté. Cela ne suffit pas, me dit-il, vous devez nommer la personne qui vous l'a remise ; sans cela vous seriez censé vous-même du complot. Je résistai, en lui disant que c'était un homme que je connaissais depuis douze ans : il insista, et je fus obligé de nommer Philippe, en priant

M. Bergès de ne pas le faire arrêter. Depuis, j'ai souvent cherché à joindre Philippe, et je n'ai pu y parvenir.

Philippe. Cette déposition est d'autant plus absurde, que les cartes se donnaient de la main à la main ; *comme des cartes de restaurateur*, et qu'on n'exigeait jamais un tel serment. Je n'ai pas vu le témoin depuis la fin de février.

Le témoin affirme qu'il a vu Philippe dans le courant d'avril, et qu'il lui en a coûté beaucoup *pour le mettre où il est.*

Le sieur CHASTEL, professeur d'écriture, succède à Pelloile.

Sa déposition orale, qui offre d'ailleurs peu d'importance, est en contradiction avec sa déposition écrite. Le président lui en fait l'observation. Chastel répond *qu'il avait été étourdi par des menaces.*

Le Président. Vous voulez nous faire accroire que M. le magistrat instructeur fait des menaces aux témoins. Persistez-vous dans cette indécente allégation ?

Chastel. Oui, monsieur, le juge instructeur me dit : Il y a eu un tel propos tenu devant vous, et si vous ne le révélez pas, je vais vous faire mettre au cachot. *J'ai signé à l'aveugle.*

Le Président. Un tel scandale ne peut être impuni.... J'ordonne que le témoin soit placé, jusqu'à la fin des débats, sous la surveillance de deux gendarmes.

L'accusé Lebrun. J'ai entendu une personne,

que je ne puis désigner, dire, à l'instant où M. le président vient de donner son ordre : « *En voilà encore pour la boîte à sapin.* »

Le président rappelle l'auditoire au respect que commande l'appareil de la justice et le malheur. Sur son ordre, on conduit hors de la salle un individu soupçonné d'avoir tenu le propos entendu par Lebrun.

M. DE MATHIS, chevalier de Saint-Louis. Voici comment je connais le sieur Laseaux. Il logeait depuis vingt-deux mois à l'hôtel de France, où je demeure. Nos conversations ayant porté quelquefois sur la politique, je voyais toujours avec plaisir qu'il avait de bons sentimens. « Surveillons les méchans, lui disais-je, afin de pouvoir déjouer leurs complots. Il me remit un jour une proclamation des *fameux patriotes de 1816,* en me disant qu'il la tenait d'un ex-adjudant de la garde impériale. Il ajouta qu'il existait aussi des cartes à timbre sec, et qu'il espérait bientôt me donner de nouvelles explications à ce sujet. J'envoyai le lendemain la proclamation à la police : deux jours après, Laseaux fut arrêté.

Le sieur BERTRAND, marchand de vin.—Laseaux est venu long-temps manger seul chez moi, et se conduisait *bien tranquillement.* Quand il vint ensuite avec Varin, il s'y livra quelquefois à la boisson. On m'a dit que Laseaux et Varin avaient pris du vin chez moi; mais ni moi ni ma femme n'en avions eu connaissance.

Interpellé sur ce fait par le président, Varin,

auquel ce magistrat dit : Dans votre premier interrogatoire, vous avez avoué le vol du vin; répond : On m'a arraché une première déclaration
par violence; deux grenadiers royaux, à coups de
courroie, me firent déclarer ce qu'ils voulurent.

M. Baron, capitaine de grenadiers. — Les sieurs
Lascaux et Varin ont été arrêtés par des grenadiers
du 4e régiment de la garde royale, sur la déclaration de mon frère, sergent de ce régiment, qui
leur avait entendu pousser des cris séditieux. Ils
vinrent se prendre d'eux-mêmes dans nos quartiers,
où ils avaient cherché à embaucher des soldats.
Nous fîmes notre police, et nous fûmes convaincus que c'étaient de mauvais sujets. Mon frère, qui
se trouvait sous les armes, but du vin qu'ils avaient
volé, et chanta peut-être avec eux. L'un d'eux lut
le préambule d'une ordonnance du roi : *Louis,
par la grâce de Dieu, expulsé du trône de
France par décret impérial du* 20 *mars* 1815......
Deux grenadiers de l'île d'Elbe, auquel on avait
confié Varin, lui donnèrent quelques coups, et
menacèrent de le *bûcher*, en lui disant ironique-
ment : Crie donc maintenant *vive l'empereur.*

M. Dumyrat, capitaine, parle des tentatives
faites par les deux accusés pour faire déserter un
soldat; de leurs chansons et de leurs propos séditieux. Ils paraissaient, ajoute le témoin, agir
de concert avec un nommé Carignon, que je crois
être un mauvais sujet comme eux. Au moyen d'une
lettre qu'on fit écrire au soldat qu'ils avaient voulu
débaucher, on attira ces individus à l'ambulance où

se trouvait ce soldat; et, ainsi, nous les arrêtâmes *sur nos terres*. Les soldats voulaient les *écharper*, et ils doivent rendre grâce à la modération des officiers. A l'égard des mauvais traitemens dont Varin se plaint, je dois avouer qu'il a reçu vingt ou trente coups de corde, *à titre de correction*, et il méritait cela.

Le sieur BEAUPUIS, soldat de la garde royale. — Je fus boire un verre de vin avec Laseaux et Varin. Ils ont chanté des couplets dont le refrain était : *Vive le roi de Rome!* Ils m'ont prié de les aider à emporter six bouteilles de vin, et à en cacher deux sous ma redingote, *pour ne pas payer de droits à la barrière.*

Interpellé sur les propos qui lui furent tenus par Varin, le témoin déclare que les accusés lui dirent : Vous qui êtes fils de veuve, vous feriez mieux d'aller labourer vos champs.

L'audience est suspendue à quatre heures. Elle est reprise le 3 juillet à dix heures et demie.

Le sieur CARIGNON, appelé aux débats, en vertu du pouvoir discrétionnaire du président, ne dépose d'aucun fait important.

Le sieur CARON, agent de change, dépose qu'il a été chargé par Dietrich, au mois de juillet 1815, de lui vendre des actions de la Banque, qui lui ont produit environ vingt-cinq mille francs, et que c'est vraisemblablement de là que proviennent les fonds trouvés chez l'accusé.

Les sieurs LEROY, rentier, VILKINT, portier, et CUISINIER, limonadier, déposent tous trois qu'ils ont toujours connu Dietrich pour un galant homme, et qu'il leur a paru, *comme tous les bons Français*, satisfait du retour du souverain légitime.

Les sieurs MIGAUT, DÉLION et DELAUNAY font une déposition à peu près semblable en faveur de Desbaunes.

Les sieurs LATOUR, DUVAL et MITAU, viennent attester à la justice la probité et les bons *principes* de Bonnassier père. « Forcé d'aller, dans les temps orageux, aux assemblées publiques, dit l'un d'eux, je ne l'ai jamais entendu pérorer.

Le sieur BOYARD, instituteur de Bonnassier fils, parle aussi des bons sentimens de son élève. Bonnassier père, ayant eu occasion de lui parler du roi, s'exprima dans les termes les plus respectueux.

Le sieur WARESGUELLE dépose que la femme Pleignier est venu le prier de signer un certificat constatant que Pleignier a toujours été honnête homme, bon père, bon époux.

Le sieur SAGNIER a vu Pleignier comme un *homme singulier*, un *ours* faisant de grands projets, incommodant tout le monde dans sa maison, et presque assez fou pour aller à Charenton.

Le sieur BERGER, bottier, dépose qu'il s'est souvent apperçu que Pleignier n'avait pas toujours la tête à lui. Il l'a entendu dire un jour, au sujet des mécaniques qu'il avait inventées pour cambrer les bottes : si je ne réussis pas, *je me couperai la tête avec un rasoir.*

Les sieurs LEPUIS, corroyeur, et HERBELIN, déposent dans le même sens que le témoin précédent.

Le président annonce que la liste des témoins est épuisée ; l'audience, suspendue à midi et demi, est reprise le lendemain à onze heures et un quart.

A l'intérêt général qu'excitaient ces étranges débats, devait se joindre ce jour-là un nouveau motif de curiosité. Le magistrat, organe de la loi, allait présenter au jury l'ensemble des faits qui constituaient l'accusation, et grouper en quelque sorte autour de chaque accusé les charges établies dans le cours d'une longue instruction.

Le commencement de la séance est occupé par les dépositions de quelques nouveaux témoins appelés à la demande des accusés. Elles sont peu importantes, à l'exception de celle de M. de Montigny, chirurgien, qui déclare que lorsqu'il traita Pleignier, il crut apercevoir chez lui les symptômes d'une maladie mentale, mais qu'ils se dissipèrent après son rétablissement.

L'avocat-général prend la parole. Nous ne rapporterons pas le plaidoyer de ce magistrat, attendu qu'il rentre pour le fond et pour la forme, dans les faits contenus en l'acte d'accusation. Après avoir résumé succinctement les circonstances qui établissent le crime et les charges qui existent au procès contre chacun des accusés, M. Vandœuvre ajoute : « L'accusation est donc justifiée, le crime est certain. Appelés à délibérer sur cette affaire importante, exempts de prévention, comme de faiblesse, vous n'oublierez pas ce que vous devez aux accusés; vous n'oublierez pas non plus ce que vous devez à la justice. La société n'est pas inexorable, mais elle a besoin d'exemples. Il est temps de briser cette chaîne d'associations coupables, formées dans l'ombre par des hommes qui ne sont Français que de nom, pour lesquels conspirer est un besoin, et qui ne reconnaissent plus de patrie.

« La patrie n'est pas seulement le sol qui nous a vus naître; c'est la réunion de tous les liens qui nous unissent au gouvernement. La réparation de nos malheurs est dans notre union. Oublions à jamais le passé, mais pour nous assurer de l'avenir assurons-nous du présent. Que les factieux soient enfin convaincus que rien ne pourra nous ravir le bonheur sous un roi qui nous donne le repos et la liberté, sous un descendant de ce grand Henri, qui au penchant de pardonner réunissait la force de punir. »

Après le plaidoyer de l'avocat-général, deux témoins que Charles a fait appeler sont entendus à la requête de cet accusé.

Le premier, M. RAFFIN, ancien secrétaire général et commissaire spécial de police, mis en prison à Bordeaux, en 1793, allait être envoyé à Paris pour y être jugé par le tribunal révolutionnaire, Charles empêcha qu'il ne fût transféré à

Paris et fit devant le tribunal de Bordeaux des démarches et des dépositions telles que M. Raffin fut acquitté. Il rendit le même service à un officier bordelais, ainsi qu'au père et aux frères du déposant.

Le second témoin, M. Calagon, aussi emprisonné pendant la révolution, doit à l'accusé d'avoir été mis en liberté.

A la suite d'une discussion qui s'engage sur la demande faite par Me Bexon, pour l'accusé Desbaunes, de la comparution d'un nouveau témoin pour le lendemain, le président ordonne qu'il soit passé outre aux débats.

Me Mauguin, défenseur de Pleignier, prend la parole, non pour l'excuser, dit-il, mais pour caractériser l'accusation qui pèse sur sa tête.

Cet habile avocat cherche à démontrer la folie évidente de Pleignier par l'extravagance même des motifs qui ont déterminé cet accusé, et par celle des projets qu'il avait formés. « Il a composé, dit-il, un écrit insensé; mais peut-on en inférer qu'il soit l'auteur d'une conspiration?

« Quelles étaient ses ressources en finances? Il était ruiné. Quelles étaient ses armes, ses munitions? Un tranchet peut-être; et pourquoi? parce qu'un édit a changé la forme des bottes. Voilà ses projets, qui, en eux-mêmes, n'inspireraient peut-être que la pitié, si leur nature n'avait pu inspirer quelque effroi. »

Passant ensuite à la discussion de la criminalité de ces faits, il traite cette question : « Pleignier est-il coupable d'un complot contre la sûreté de l'état ? Qu'est-ce qu'un complot, s'écrie-t-il ?

. « Dans l'usage ordinaire, ce mot désigne quelque chose de vague, de mystérieux, d'effrayant. On se figure des hommes hardis, ambitieux et puissans, tramant dans l'ombre, agitant un parti, combinant leurs mesures, répartissant les rôles, préparant l'attaque, tandis que dans le lointain on voit le danger de l'État, la fortune publique compromise, et tous les citoyens menacés dans leurs intérêts, comme dans leur existence.

« Dans le sens légal, il y a complot, *dès que la résolution d'agir est concertée et arrêtée* entre deux conspirateurs ou un plus grand nombre. Mais qu'est-ce qu'une résolution d'agir *concertée et arrêtée ?* c'est ici que le sens des termes est précieux : la vie ou la mort d'un individu en dépendent ; et comme le dit Caton dans un fameux monologue :« Etre ou n'être pas, telle est la question. » Le vœu, le désir de voir changer la forme de l'Etat, quelque horrible, quelque épouvantable qu'il puisse être, suffirait - il pour qu'il y eût complot? Non, sans doute, car si la morale s'occupe de la pensée des hommes, la loi ne juge que leurs actions; mais le vœu, le désir manifesté par un acte, suffit-il au moins pour constituer le complot? Pas davantage. Un cri séditieux, la distribution d'un signe de ralliement prohibé ; un écrit incendiaire „ prouvent le désir de voir, et même de faire changer le gouvernement, et cependant ces divers cris ne constituent pas un complot. Qu'est-ce donc qu'un complot ? c'est comme le dit la loi, une résolution d'agir, *concertée et arrêtée* entre deux ou plusieurs.

« Ainsi, le vœu et la résolution d'agir sont des caractères communs au complot et aux divers crimes dont nous venons de parler ; mais des mesures concertées, et arrêtées, et le nombre des conspirateurs, voilà tous les caractères particuliers du complot. Dans la cause, trouve-t-on le nombre de conspirateurs exigé par la loi ? Elle n'en demande que deux, mais parce qu'elle a pensé qu'un complot pourrait avoir lieu entre deux hommes puissans, revêtus d'un commandement ou d'une autorité quelconque. Dans tous les cas, l'accusation de complot ne pèse que sur Pleignier et sur Carbonneau. Messieurs les jurés auront donc à examiner si l'on peut considérer Carbonneau comme ayant été chef des projets formés par Pleignier. Le nombre des autres accusés ne peut influer en rien sur la décision, la plupart ne se connaissent pas ; ils n'ont été réunis que par l'accusation.

« Peut-on dire qu'il y a eu de la part de Pleignier, *des mesures concertées et arrêtées ?* Tout conspirateur veut détruire d'abord et élever ensuite. Il faut donc qu'il pense, et aux moyens de créer un nouveau gouvernement, et aux moyens de renverser celui qui existe ; mais Pleignier n'avait pas même pensé à former un nouveau gouvernement ; mais il n'avait pris et n'avait pu prendre aucune mesure pour renverser celui qui existe. En l'isolant toujours du conciliabule du 26 avril, dont il n'a jamais eu connaissance, on ne voit de sa part aucun projet, aucun plan d'attaque. Il n'avait ni hommes ni argent à sa disposition. On ne peut pas considérer comme des mesures la distribution de ses cartes et de ses proclamations; car autrement, tout homme qui distribuerait des signes de ralliement prohibés ou des écrits séditieux, serait coupable de complot, ce que la loi ne veut pas. »

Pour donner plus de force à ses moyens, le défenseur fait ici le tableau de la conspiration de Catilina et de celle de Mallet :« De ces deux conspirations, dit-il, retombons aux projets de Pleignier. Nous ne trouvons que vide de plans, de mesures, de moyens d'exécution; nous ne trouvons que démence. Puis, rappelant aux jurés l'état moral de Pleignier, qui ne jouit pas du libre exercice de ses facultés, il finit ainsi.

« Vous serez sévères, vous serez justes; contens d'appliquer la loi, vous n'irez pas plus loin qu'elle; et vous n'oublierez pas cette belle pensée de M. l'avocat-général : « Si elle vous a remis un glaive, elle vous a aussi remis une balance. » Au reste, cette affaire, quelque malheureuse qu'elle soit, ne sera pas sans utilité pour l'opinion publique; elle apprendra aux hommes à se défier de ces projets formés dans l'ombre, et de ces associations dont le mystère frappe toujours les imaginations ardentes. Ils craindront d'en courir les chances dangereuses, puisqu'ils craindront, au lieu d'hommes puissans, d'y trouver un corroyeur et un maître d'écriture.

« Mais si Pleignier doit être sévèrement puni de sa démence, effacez, effacez du moins de votre esprit cette fatale idée du complot. Que le criminel, mais malheureux Pleignier, aille gémir sur ses projets, loin du sol qui l'a vu naître ! Il est assez à plaindre, celui que sa patrie abandonne ; celui surtout qu'elle relègue au-delà des mers, sous le ciel brûlant des tropiques. Dénué de tout, sans moyens d'existence, sans asile, dévoré par une terre qui ne reçoit d'habitans que pour les engloutir ; les peines de l'imagination se réunissent aux maux physiques pour l'accabler encore. Il tourne en vain ses regards vers ce pays auquel se rattachent tous ses souvenirs, où reposent tous ceux qui lui sont chers, sa femme, ses enfans ; d'un stérile rivage il les cherche, il les appelle..... Les mers l'arrêtent, ses cris se perdent dans l'espace.... fatale existence, plus cruelle cent fois que la mort même !.... Pleignier ne vous la demande pas, Messieurs, c'est une femme jeune encore, ce sont des enfans en bas-âge qui vous le demandent pour lui. »

Pleignier cache son visage dans ses mains. Il pleure, il sanglotte ; il paraît livré à un sombre désespoir.

Le Président. Avocat, la loi, pleine de sagesse, ne permet pas que, même dans l'intérêt de l'accusé, on peigne les suites que l'application d'une

décision peut avoir, l'humanité même du défenseur lui interdit de tracer ce triste tableau.

Mᵉ Mauguin répond au président qu'il sent la
justesse de son observation, et qu'il termine là
son plaidoyer.

Mᵉ Bexon, avocat de Carbonneau, prend la
parole en ces termes :

« Après une révolution cruelle, le ciel nous ramène enfin un gouvernement qui nous rend la paix
et le bonheur; cependant toutes les passions ne
sont pas encore éteintes.

« Les fastes des peuples anciens, agités par les
partis, nous offrent des conjurés. Mais était-ce
de l'asile de l'artisan et de la misère qu'on les voyait
sortir ?

« Vous, conjurés, s'il en est parmi vous, où
étaient vos chefs, vos richesses, vos armes, vos
soldats, vos moyens d'exécution ? Leur chef ? c'é-
tait Pleignier; et n'est-il pas heureux de penser
qu'il n'y en avait pas d'autre ! Leurs richesses ? c'é-
tait l'active industrie qui suffisait à peine à leurs
besoins. Des armes? elles ne sont qu'entre les
mains des Français fidèles, ou dans le temple de la
paix, où elles reposeront long-temps pour le bonheur du monde. Leurs moyens d'exécution ? s'ils
avaient pu approcher du trône, où la vertu est as-
sise près du roi, ils auraient été punis de mort,
comme autrefois les impies qui voulaient profaner
le sanctuaire des dieux.

« Chargé de défendre l'accusé Carbonneau, je

n'ai pas le dessein de soutenir qu'il est innocent ; mais quel est le crime dont on l'accuse ?

« On vient de discuter devant vous l'importante question de savoir s'il y a eu complot ; c'est à votre sagacité que je dois laisser le soin de la décider ; mais l'on est heureux de reconnaître que, s'il était vrai qu'il y eût un complot, au moins n'offrirait-il pas le caractère d'un attentat.

« Mais quel rang assignerez-vous à Carbonneau ? Peut-être, Messieurs, ne verrez-vous en lui qu'un malheureux accablé sous le poids de la misère, ne songeant qu'à la rendre supportable, et, par l'espoir d'y parvenir, entraîné sans y réfléchir dans une affaire dont on avait soin de lui cacher les suites. Peut-être, à l'espèce d'intérêt que vous ont inspiré ses remords et sa franchise ; sa femme et ses quatre enfans, que j'ai vus couverts des lambeaux de la misère, et qui vous implorent par ma bouche, pourront-ils ajouter quelques sentimens de pitié. »

L'avocat ayant cessé de parler, demande au président qu'il soit permis à Carbonneau d'ajouter quelque chose à sa défense. Le président dit à l'accusé qu'il est prêt à l'entendre.

Carbonneau se lève et lit un papier qu'il tient à la main :

« Messieurs, vous avez vu par quel artifice un homme insinuant m'a entraîné malgré moi dans cette malheureuse affaire : je l'ai dit à mes interrogateurs, je l'ai dit à mes juges : M. Pleignier ne me fit part de ses intentions que lorsqu'il se fut

assuré de moi par la reconnaissance. Pleignier vin
à mon secours au moment où moi et ma famille
étions dans la détresse. J'en appelle à tous les père
de famille, ne devais-je pas envisager cet événement comme un bonheur ? Lorsque Pleignier me
communiqua son projet, je le regardai comme une
folie. Le malheur qui m'accable le plus, c'est d'a-
voir entraîné trois personnes dans le précipice.
Mais il s'agit de tranquilliser le gouvernement.
Vous connaissez par moi la rédaction de l'adresse,
celle de la note, la création et le numérotage des
cartes. On a répandu le bruit que cette affaire était
dirigée par de grands personnages, et l'on ne peut
les soupçonner. Ce mystère est facile à expliquer :
Pleignier, sans nom et sans crédit, ne pouvait
manquer de faire perdre tout son crédit à l'entreprise ; il a donc supposé que des personnages
marquans dirigeaient tout. Je l'ai répété moi-
même d'après Pleignier ; mais on ne les a jamais
nommés, parce qu'on ne pouvait pas les nommer.
Je dis donc ici qu'à ma connaissance, Pleignier
n'a été mis en œuvre par aucune personne qui fut
dans Paris ou hors de Paris. Je ne lui ai jamais vu
recevoir une lettre ; l'argent qu'il m'a prêté, je
présume qu'il l'a emprunté à quelques personnes,
à qui il le doit encore.

« Ceux qui supposent que cette affaire est importante, ont été bien trompés…. Lorsque j'ai vu
les cartes distribuées avec profusion, j'ai craint
que la police vînt à tout découvrir. Je m'étais
aperçu chez Pleignier d'un dérangement mental,

et je résolus d'abandonner un projet dont je n'avais fait que rire. Je vis Brédois, directeur d'un théâtre de province, et je fis un engagement avec lui. Le lendemain du jour de mon arrestation était marqué pour mon départ; je ne voulais plus rester dans Paris, mais bien dans une ville voisine, tâchant d'amuser les citoyens au lieu de les *désoler*.

« ..... La reconnaissance qui m'avait entraîné m'empêcha depuis d'être un délateur.

« Qu'on s'informe près de toutes les personnes qui me connaissent, on verra si mes principes sont ceux d'un conspirateur. J'atteste à la Cour que je ne connaissais rien des moyens d'exécution; la proclamation en parlait, mais il est facile de voir dans quelle intention. Je dois dire que la note qui est dans les pièces a été changée; je méconnais le dernier alinéa; il y a plusieurs passages tronqués.

« Depuis le retour de la famille royale, je n'ai prononcé aucun cri séditieux, et l'on n'avait pas eu de reproches à me faire. Messieurs les jurés, j'abandonne mon sort à votre humanité, à celle de la Cour; et ma femme désolée vous supplie de rendre à mes trois enfans leur malheureux père. »

Me Dumolard, avocat de Tolleron, prend ensuite la parole.

« ..... Ardeur, imprévoyance, aveuglement, tels sont les caractères du fanatisme, qui fait de l'homme qu'il exaspère un objet de pitié, plutôt

qu'un objet de colère, et le rend excusable en
même temps qu'elle le rend criminel... et la société, lorsqu'il s'agit de se priver de l'un de ses
membres, trouve qu'en fait de preuves, trop n'est
pas encore assez.

« Une fièvre de vingt-cinq ans nous agita, un
transport de cent jours nous tourmenta; mais la
fièvre se guérit par un régime austère et tempéré;
le délire se guérit par les calmans.

« Dans la distribution de votre justice, quel
sera le rapport de Tolleron? Tolleron est un
homme franc, sincère, j'oserai dire loyal; vous
l'avez jugé ainsi à son langage. J'ai trente ans, vous
a-t-il dit, j'ai été élevé dans des principes contraires à ceux qu'il est aujourd'hui de mon devoir d'aimer et de chérir. Vous avez, lui a-t-on dit, été
commissaire à la fédération? Oh! non, Messieurs,
répond-il; j'ai été bien plus, j'ai été commissaire-
général des bureaux. Et vous ne croirez pas, Messieurs, qu'un pareil homme ait été séduit par
l'appât des récompenses! Le témoin Leroi vous
l'a dit : Tolleron vendait ses modèles pendant
cette affaire, et l'on sait combien un artiste tient à
ses modèles.

« La loi, vous a dit M. l'avocat-général, ne
confond point l'aveuglement avec la scélératesse,
et dans votre justice vous verrez si vous ne devez
pas plutôt votre indulgence à l'aveuglement que
votre courroux à la scélératesse. Le fanatisme de
Tolleron est tel, qu'il vous a dit qu'il ne lui man-
quait plus que l'honneur de la persécution (Ici

l'avocat expose les faits). Les mots qu'on propose à Tolleron de graver sont innocens. *Union, honneur, patrie*, ces mots sont gravés dans le cœur de tous les Français, de tous les honnêtes gens. Lorsque son ouvrage est terminé, et qu'on le paie au-delà de la valeur, il dit, dans sa franchise : c'est payer grassement. Mais bientôt on l'attire, on l'entraîne, on lui parle d'une révolution qui doit s'opérer sans effusion de sang. Il en prend connaissance et ne révèle pas le crime projeté. Provoqué par Scheltein, il dévoile le but de la proclamation. Eclairé bientôt après ; il apprend que Pleignier est le chef de cet absurde projet, et depuis il ne prend part à aucune conversation, à aucune lecture, à aucune entrevue. »

Me Dumolard élève des doutes, non sur la culpabilité de Tolleron, mais sur la culpabilité elle-même, et reproduit les moyens déjà plaidés par ses confrères pour établir qu'il n'y a point complot.

« De quoi Tolleron s'est-il rendu coupable? De n'avoir pas révélé un projet qui lui avait été communiqué, et d'avoir distribué des cartes ; mais il ne l'a pas fait sciemment. Je ne vous dirai pas qu'il est bon ouvrier, qu'il a deux enfans en bas-âge, une épouse qui pleure sur son sort. Vous êtes Français, Messieurs, amis de la paix et du sage monarque dont le règne paternel peut seul faire refleurir la France sous l'ombrage de l'olivier. Excéder la mesure de la sévérité ; ce ne serait pas le servir : l'indulgence comme la sévérité sont conseillées l'une et l'autre par la saine politique. »

_ Tolleron annonce qu'il ajoutera le lendemain quelque chose à sa défense.

L'audience prolongée jusqu'à six heures et demie, est reprise le 5 juillet à cinq heures et demie du matin.

Me Boulanger, défenseur de Lefranc, prend la parole. Il commence par justifier son client de la défaveur que semblaient jeter sur lui les persécutions dont il avait été la victime sous le règne du directoire et de l'empereur. Il établit que Lefranc n'a dû qu'au retour des Bourbons son repos et sa liberté ; que, dans un ouvrage récemment publié, il a manifesté des sentimens dignes d'un bon Français, et qu'ainsi, son client, lié par ses intérêts les plus chers à la stabilité du trône des Bourbons, n'a pu participer au complot tendant à le renverser.

. Passant aux faits de la cause, l'avocat cherche à prouver que le seul crime de Lefranc serait d'avoir involontairement participé à la publication de la proclamation, et d'avoir négligé d'instruire le gouvernement des faits qui étaient à sa connaissance.

Me Pouydabat, avocat de Charles, soutient que son client est étranger à la composition de la planche du sinistre écrit. Il conteste l'infaillibilité des expertises en matière d'imprimerie comme en matière d'écriture, et insiste particulièrement sur les différences que les experts eux-mêmes ont reconnues entre les caractères de son imprimerie et ceux trouvés dans la fosse de Pleignier.

« En admettant d'ailleurs, dit-il, comme cons-
tante la composition de la planche dans ses ateliers,
on ne pourrait voir dans cet acte qu'une participation au crime de publication d'écrits séditieux,
et non la complicité telle qu'elle est définie par la
loi, dans un complot tendant à renverser le gouvernement. »

Me Poultier, avocat de la femme Picard, peint
sa cliente comme une femme simple et douce,
dénuée de ces moyens de séduction et de fortune
qui rendent dangereuses les personnes de son
sexe, quand elles oublient leurs devoirs pour se
mêler de politique.

Elle n'a remis des cartes et des proclamations
qu'à Desbaunes, et dans l'opinion où elle était
que ces cartes et ces écrits ne se rattachaient pas à
l'exécution d'un crime projeté, mais qu'ils étaient
seulement les précurseurs d'une révolution inévi-
table, et déjà commencée, dans son opinion, par
l'arrivée d'une armée autrichienne à Strasbourg,
avec l'archiduchesse Marie-Louise et son fils.
Etrangère à la complicité d'un complot dirigé
contre le gouvernement, la femme Picard, a-t-il
dit, est également étrangère au crime de distribution et de non-révélation, puisque les actes imprudens qui lui sont personnels ne supposent pas
en elle l'intention coupable exigée par la loi pour
constituer la complicité.

Pendant tout le temps de cette plaidoirie,
la femme Picard ne cesse pas de répandre des
larmes.

A dix heures et demie, la séance est suspendue. A la reprise de l'audience, cinq témoins
sont entendus.

Le sieur DÉBAT, dans l'intérêt de Charles, vient
déposer des services par lui rendus à Bordeaux
pendant le cours de la révolution.

Les sieurs LEBELLE, GALLY, PERRIN et DROUET,
appelés par Pleignier, déposent qu'ils avaient remarqué dans cet accusé un désordre et une irrita-
tion qui ressemblaient beaucoup à la folie. Il avait
dit un jour à l'un de ces témoins « que s'il n'avait
pas une femme et des enfans il se suiciderait. »
Souvent, dans son travail habituel, Pleignier faisait preuve d'une absence complète de bon sens ;
car, dans ses tiges, *il mettait quelquefois en haut
ce qui devait être en bas.* Enfin, il avait présenté
à l'un des témoins, comme une belle découverte,
un projet qui n'avait pas le sens commun et tout-
à-fait impraticable.

Me Bexon, défenseur de Desbaunes, prend ensuite la parole. Vous savez, Messieurs les jurés,
comment des cartes et des proclamations furent
remises à Desbaunes par la femme Picard. Porteur
de ces cartes et de ces proclamations, qu'il n'a encore communiquées à personne, il rencontre M. le
chevalier de Verneuil, son ami. On se questionne
sur les nouvelles du jour; Desbaunes montre ses
proclamations et ses cartes ; M. de Verneuil les lui
demande et les obtient. M. le chevalier de Verneuil, dans la seule vue peut-être de servir le gou-

vernement, mais guidé aussi par un autre intérêt qui se devine assez....

Le Président. Mᵉ Bexon, je ne souffrirai pas que vous attaquiez un témoin, surtout lorsqu'il est absent.

Mᵉ Bexon. Je ne puis pas défendre mon client sans combattre le témoignage et le témoin qui le chargent. Il faut qu'il me soit permis d'examiner la moralité du témoin pour mettre messieurs les jurés à même de juger du degré de confiance qui est dû à sa déposition.

Le Président. Si vous voulez attaquer le témoin, produisez des pièces; si vous voulez repousser son témoignage, invoquez-en un autre. Il ne saurait être permis de faire à un témoin des imputations dénuées de toute preuve.

Mᵉ Bexon. J'ai indiqué hier des témoins que je désirais faire entendre; mais la Cour a refusé de les faire citer.

Le Président. Si la Cour a refusé de les faire citer, c'est parce que vous avez refusé vous-même de préciser les faits sur lesquels vous désiriez qu'ils fussent entendus. Indiquez ces faits.

Mᵉ Bexon. Je ne puis prendre sur moi de faire une dénonciation.

Le Président. Si vous ne pouvez déclarer ces faits, cessez d'y faire allusion.

Mᵉ Bexon continue son plaidoyer. M. de Verneuil, après avoir reçu de Desbaunes des cartes et des proclamations une première fois, lui en demanda d'autres qu'il reçut également. Au bout de quelques jours, il dit à Desbaunes qu'il avait distribué à ses amis les cartes et les proclamations qui lui avaient été données ; qu'il ne trouvait pas la proclamation assez claire, et qu'il désirait avoir de plus amples renseignemens. De là la note qui fut demandée et obtenue par Desbaunes, et qui fut remise par lui à M. de Verneuil. Lorsque M. de Verneuil se trouve en possession de toutes ces pièces, il va faire sa dénonciation à la police.

Le Président. Me Bexon, on dirait que vous cherchez à aigrir le débat. M. le chevalier de Verneuil n'a fait à l'autorité que la déclaration que son devoir lui prescrivait.

Me Bexon continue, après avoir gardé un moment de silence. Sans doute il était du devoir de M. de Verneuil d'informer l'autorité de ce qui était parvenu à sa connaissance ; mais il devait mener son ami avec lui afin qu'ils pussent faire ensemble leur déclaration ; il devait l'engager à y aller seul : c'est ce qu'il n'a pas fait; et Desbaunes est sur le banc des accusés , et sa famille estimable est plongée dans la désolation. . .

Examinons s'il s'est rendu complice d'un complot, et coupable de distribution d'écrits séditieux.

Il n'y a pas eu de complot ; ce point a été établi par les défenseurs qui ont porté la parole avant moi.

Desbaunes, d'ailleurs, ne s'en serait pas rendu complice; car il n'aurait pris aucune part à la résolution d'agir. A la sollicitation de M. de Verneuil, il lui a remis des cartes, des proclamations et une note; mais M. de Verneuil, ainsi qu'il est venu lui-même le déclarer à l'audience, les lui demandait pour en faire sa déclaration à l'autorité; et Desbaunes, en les lui remettant, n'a pu participer à un complot. Desbaunes est léger, il est imprudent; il a cédé au désir de M. de Verneuil; il n'a point entendu conspirer. Plusieurs témoins vous ont déclaré que sur la fin d'avril il se disposait à se rendre dans son pays pour s'y livrer au commerce. Aurait-il alors songé à quitter Paris s'il eût été initié dans une conspiration?

Le crime de distribution d'écrits séditieux ne peut pas non plus lui être imputé. Il parle par hasard à un ami des proclamations et des cartes; cet ami les demande, il les lui donne : est-ce là distribuer?

Me Goin, défenseur de Dervin, reconnaît la part active que son client a prise à la fameuse conférence du 26 avril; mais il soutient que sa cause est inséparable de celle de Scheltein, son commensal et son ami, et que la perfidie de ce dernier, qui a fait la révélation à son insu, lorsqu'ils devaient la faire de concert, a pu seule établir l'étrange différence qui existe aujourd'hui dans leur situation.

Me Carré, défenseur d'Emmanuel Ozeré, s'empare avantageusement de la concession de l'avocat-général, qui n'a pas reproduit contre cet accusé le chef relatif à sa complicité dans le complot. Quant au chef de non-révélation, l'avocat établit

qu'Emmanuel ne connaissait aux prétendus conspirateurs d'autre titre que celui de patriotes, qui
ne doit plus être confondu avec celui de *traîtres* et
d'*assassins*, sous la cause d'un roi qui confond sa
cause sacrée avec celle de la patrie elle-même;
qu'ainsi il n'avait pu révéler un crime qu'il ne
connaissait pas, et qu'il ne l'aurait même pu, lors
même qu'il en aurait eu connaissance, puisqu'aucune loi ne lui imposait l'obligation impie d'être
le dénonciateur de ses frères.

Ces mots, *très-bien*, qu'on entend murmurer
dans les bancs des jurés, sont une douce récompense d'un jeune avocat qui a su garder une sage
mesure dans la défense que la Cour lui avait
confiée.

Me Gauthier-Biauzat, avocat des deux frères,
Jacques et Henri Ozeré, présente quelques nouveaux moyens sur la question relative à l'existence
du complot. Il soutient qu'une conversation, quelque malveillante qu'elle puisse être pour le gouvernement, ne peut jamais constituer un crime de
lèse-majesté; et il invoque à cet égard une consul-
tation délibérée par Mrs Bellart, Bonnet et Péri-
gnon, dans la célèbre affaire du général Moreau;
que d'ailleurs une conversation ne pouvait être
assez fidèlement recueillie, surtout lorsqu'il fallait
s'en rapporter à un homme tel que Sourdon.

. Ici l'avocat a été interrompu par cet accusé, qui
a cru devoir se plaindre des expressions *peu me-
surées* dont on venait d'user à son égard.

La dénonciation n'est pas dans le caractère français, s'est écrié ici l'avocat; et un des témoins de la cause ne s'est cru obligé à se constituer dénonciateur, que parce qu'il a pensé que son serment, comme chevalier de Saint-Louis, lui imposait ce pénible devoir.

Emporté quelquefois par son zèle, ce défenseur a été rappelé à l'ordre plusieurs fois par le président, mais cependant toujours avec bienveillance.

Me Berville plaide ensuite la cause de Sourdon. Une grande volubilité de débit nuit à l'effet que ce jeune avocat pouvait espérer de produire.

Enfin, Messieurs, dit en terminant Me Berville, avant de prononcer sur le sort des accusés, vous songerez qu'il faut que, lorsque du fond des cachots un malheureux s'écrie : je souffre, la société puisse lui répondre : Vous l'avez mérité.

Me Chevallier prend la parole pour l'accusé Deseubes. Il cherche à établir que cet accusé ne pouvait être complice d'un complot dont il avait lui-même signalé toute l'extravagance, et qu'on ne pouvait lui imputer davantage le crime de non-révélation, puisqu'il n'agissait que d'après les inspirations de Gonneau, qui lui avait fait connaître son intention d'éclairer le gouvernement....

Me Glandaz, nommé d'office pour défendre Gonneau, rattache toute la défense de son client à la déposition de l'avocat-général Cahier. Il dit que Gonneau ne pouvait être complice d'un complot dans lequel il n'avait joué que le rôle d'observateur, et qu'on ne pouvait reprocher le défaut de révélation à celui qui depuis deux mois éclairait le gouvernement par l'intermédiaire d'un magistrat respectable, à celui qui, à l'instant même où il venait de recueillir les *premiers indices* du complot, avait fait des démarches que le hasard seul avait rendues infructueuses, auprès du même magistrat auquel il s'était toujours adressé.

Mᵉ Lebon signale dans Bellaguet, son client, un accusé qu'aucun témoin, aucune preuve matérielle, ne chargent au procès. Rien ne prouve, dit-il, une coopération quelconque au complot. Personne n'a reçu de lui ni cartes ni proclamations ; et c'est parce que quelques coaccusés disent qu'on a voulu le désigner sous la dénomination de *l'homme en question*, que Bellaguet vient figurer sur le banc à côté d'eux.

Mᵉ Legouix, avocat de Dietrich. Dietrich, dit-il, a été soupçonné d'être le caissier de l'association ; mais les débats ont prouvé que les 27 mille francs trouvés chez lui lui appartiennent. On lui a donné des cartes et une proclamation. Il est allemand, il a de mauvais yeux, il n'a rien lu. Ce n'est que le lendemain, au cabaret, qu'il apprend ce que c'est, et qu'il connaît sa faute ; mais c'est dix minutes après qu'il est arrêté. Sans cela il se fût empressé de tout révéler..... Il a déjà payé bien cher une imprudence, puisqu'il est en prison depuis deux mois, et que le chagrin a déjà conduit au tombeau sa fille âgée de vingt-quatre ans. Dietrich serait-il privé de la triste consolation d'aller mêler ses larmes à celles de sa famille ?

Mᵉ Pouydebat plaide pour Bonnassier père et

Bonnassier fils. Les accusés ont fait des aveux, mais on ne peut les croire lorsqu'il s'accusent eux-mêmes. Ces malheureux sont par leur fortune et par leur intelligence éloignés de toute conspiration. Bonnassier père n'a reçu des cartes qu'en qualité de perruquier nouvelliste......

M⁰ Gouin, avocat de Lebrun. Lebrun n'a eu aucuns rapports avec les prétendus conjurés, n'a assisté à aucune entrevue ; il a reçu des cartes et trois proclamations, mais il les a brûlées... Depuis long-temps il désirait d'être employé à la police comme agent secret, et les démarches qu'il a faites pour obtenir cet emploi, ne laissent aucun doute sur ses intentions de tout révéler, lorsqu'il aurait des renseignemens plus certains.

M⁰ de Crusy, avocat de Philippe, oppose à la déposition du sieur Charnet la dénégation de son client. « Mais qu'il ait ou non perdu un porte-feuille, dans lequel il se serait trouvé deux cartes, rien n'établit au procès qu'il en connût la destination....... Enfin, Messieurs, lequel de Philippe ou de Pilloile dit la vérité ? Quand d'un témoignage dépend la vie ou la liberté d'un accusé, il faut que ce témoignage soit vraisemblable et ne soit pas contesté : le doute ne condamne pas.

M⁰ Tourret, avocat de Laseaux, et M⁰ Berville, avocat de Varin, passent légèrement sur la soustraction de six bouteilles de vin qui est imputée à leurs cliens. Ils soutiennent que ces deux accusés ne peuvent pas être déclarés coupables de distribution d'écrits séditieux, puisqu'ils n'ont qu'une seule copie de la proclamation, et qu'ils ont remis cette copie à M. de Mathis, pour qu'il pût la faire connaître à la police. Me Tourret reconnaît au reste que Laseaux a porté la croix de la Légion-d'Honneur sans en avoir le droit.

La séance, terminée à dix heures et demie du soir, est reprise le lendemain, 6 juillet, à dix heures et demie du matin.

On continue d'entendre les défenseurs des accusés.

Me Lebon, défenseur de Drouot. Il soutient que son client ne connaissait pas l'importance et le but de la proclamation, quand il a permis que Lejeune en prît copie. Il soutient en outre que ce n'est pas Drouot qui a indiqué Lejeune à Laseaux et à Varin. Il leur a communiqué directement la proclamation qu'il avait en sa possession, au lieu de les envoyer à Lejeune.

Me Tourret, avocat de Lejeune et de Houzeau. Si le premier de ces deux accusés a permis à Laseaux et à Varin de prendre une copie de la proclamation qui lui avait été communiquée, c'est après leur avoir fait promettre que la copie serait portée à la police. Quant à Houzeau, c'est un imbécille qui est presque toujours ivre. La proclamation qu'il a eue en sa possession lui avait été glissée dans la poche pendant qu'il était au cabaret. Lorsqu'il en a donné lecture comme *de quelque chose de gentil*, il ne l'entendait pas.

Me Gouin, défenseur de Cartier. Son client est un brave et ancien militaire, qui sait se battre;

mais qui ne sait pas lire. On lui a donné des cartes, en lui disant qu'elles portaient les mots *union, honneur, patrie*, et qu'elles préserveraient de tout malheur, en cas de changement de gouvernement. Il ne put rien y voir de criminel.

Me Brasseux, avocat de Garnier, emploie le même moyen de défense, en lui donnant de nouveaux développemens.

Me Carré, défenseur de Planson, soutient que son client n'avait point remis de cartes ni à Garnier, ni à aucune autre personne.

Tous les avocats ayant parlé, le président demande successivement aux vingt-huit accusés s'ils n'ont rien à ajouter à leur défense. Tous répondent négativement, excepté Pleignier, Carbonneau, Tolleron, la femme Picard, Desbaunes, Dervin et Sourdon.

Pleignier. C'est moi qui ai fait la proclamation et les cartes; tout le reste m'est étranger. Je m'en rapporte à la sagesse, à l'équité, à l'humanité de MM. les jurés.

Carbonneau. Messieurs les jurés, dans la pénible position où je me trouve placé, tourmenté à la fois par le repentir sincère de m'être laissé entraîner aux funestes bienfaits de Pleignier qui cause notre malheur à tous, par la douleur de me voir considéré peut-être comme plus coupable que je ne le suis en effet, par le souvenir cruel de ma famille infortunée, il me sera certainement très-difficile de trouver une série d'expressions assez persuasives pour achever de vous convaincre, non de mon entière inculpabilité, mais au moins de l'entière différence de mon crime avec celui du malheureux Pleignier. Puisse-t-il se pardonner à lui-même ses égaremens terribles, comme je lui pardonne d'être la cause des peines où m'entraînèrent ma faiblesse et sa fatale générosité !

Après avoir remercié son défenseur de ses généreux efforts, Carbonneau répète qu'il n'y a point eu de complot arrêté, concerté et discuté entre Pleignier et lui, et qu'aucune résolution n'a jamais été prise entr'eux deux pour parvenir à l'exécution de l'attentat qu'on lui impute en raison de la proclamation. Je n'entreprendrai point, continue Carbonneau, de vous prouver qu'il ne pouvait point y en avoir. MM. les avocats se sont tous accordés et tous réunis à cet effet. Je me contenterai seulement de vous jurer devant Dieu qu'il n'y en a point eu, parce que jamais je n'ai été que le serviteur forcé de Pleignier. Vous n'imaginerez pas sans doute, messieurs les jurés, que je voulusse prononcer un serment blasphémateur, et qu'en voulant éviter la vengeance humaine, je voulusse attirer sur ma tête la vengeance céleste. J'attends avec résignation, messieurs les jurés, le résultat de vos délibérations. Quelle que soit la peine que l'on m'impose, je la subirai sans murmurer ; je tâcherai d'expier ma faute avec courage. Un jour, si je puis, comme je l'espère, reparaître dans la société, je regagnerai par ma conduite l'estime de mes concitoyens. Rentré dans le sein de ma famille, je serai plus digne d'elle, et mes enfans pourront encore sans rougir me prendre pour modèle.

Tolleron. Messieurs, dans l'acte d'accusation, je suis présenté comme l'un des plus ardens coryphées de la fédération parisienne, comme l'homme le plus séditieux de la capitale. Le premier cas ne peut avoir aucun rapport à cette affaire; pour le second, je défierais qu'on en fournît la moindre preuve.

La découvrirait-on dans la circonstance de ma première arrestation? Je dois vous dire ce qu'on a trouvé de séditieux dans ma conduite. Dénoncé par des ennemis secrets, qui n'ont servi que leur propre haine, j'ai facilement triomphé de leurs lâches menées.

On a saisi chez moi une misérable plaisanterie contre les gardes-du-corps, intitulée : *Les vainqueurs du café Montansier.* Cette pièce n'attaque en aucune manière l'autorité royale; elle est connue de tout le monde. J'aurais bien des motifs à opposer à la première des deux accusations ; mais il me suffit de vous dire que les raisons qui m'ont fait prendre part à cette réunion, n'ont rien du caractère qu'on leur suppose.

L'acte d'accusation porte que tous les accusés ont d'abord employé le système de dénégation. Je suis, messieurs, une exception à la règle. Le 3 mai, cinq minutes après mon arrestation, on m'interroge, et la vérité a dirigé mes premières réponses. Vous avez pu voir que je n'ai jamais cherché à déguiser la vérité sur tout ce qui me regarde dans cette affaire. J'ai cru que je me ferais un mérite aux yeux de mes juges en parlant avec la plus grande franchise. Si je me suis trompé, elle a servi à me perdre ; mais tel est mon caractère, que je préfère être puni ayant dit la vérité, que d'avoir sauvé ma vie par le mensonge.

On me reprochera d'avoir usé de réserve sur ce qui concernait mes coaccusés, comme on m'accuse de n'avoir point instruit la police. Je pourrais vous répondre que j'ignorais les lois relatives à la non-révélation : je n'emploierai pas de tels moyens près de vous : je les eusse connues que je n'aurais point agi différemment. Quoi! moi, j'aurais livré aux tribunaux un ami, un père de famille. Car-bonneau enfin! Ah ! messieurs, le législateur qui a infligé des peines si terribles à la non-révélation, connaissait bien le cœur des vrais Français; il savait quel mépris nous attachons au seul nom de délateur. Pour moi, messieurs, la nature, qui m'a doué d'un courage à toute épreuve, m'a donné aussi une ame sensible et généreuse. Je saurai supporter mon sort, quelque rigoureux qu'il soit, mais je n'aurais jamais pu survivre au premier regard du mépris.

Je n'ai jamais été chez Pleignier, donc je ne l'ai point assisté dans la fabrication des cartes, ni dans le tirage des proclamations; et loin de lui être associé, il s'est toujours tenu envers mois dans la plus mystérieuse réserve. Je l'ai entendu défendre à Carbonneau de me communiquer son nom et sa demeure. Il ne me regardait donc que comme une machine dont il espérait se servir et non comme un des ressorts essentiels à son projet.

L'on m'accuse d'attentat contre la personne du roi et les membres de sa famille, et l'on cherche à prouver ma culpabilité en rapportant des propos tenus dans un lieu public, propos qui expriment, dit-on, la volonté de le commettre! On m'accuse aussi d'avoir répandu un écrit où le sentiment de l'attentat était manifesté. En admettant un instant que ce fait soit certain, qu'en résulterait-il? que je me serais rendu coupable de propos séditieux et d'avoir donné cours à un écrit provoquant à l'attentat : mais des provocations ne sont point un attentat; recevoir de semblables écrits et les distribuer, ce ne peut être un complot, et ces faits prouvés, ce ne seraient pas les art. 86, 87, 88 et 89 du Code pénal qui nous seraient applicables, mais bien l'art. 102.

Il est parlé, dans l'acte d'accusation, d'un rendez-vous qui m'aurait été donné pour une réunion où j'aurais été attendu : je jure ici que je n'en ai jamais eu connaissance. On prétend que dans cette réunion, il a été question de faire sauter les Tuileries. Ce projet criminel ne m'a jamais été communiqué. Si l'on a parlé de moi dans cette réunion, ce n'a pu être que d'une manière insignifiante, puisque je n'avais pas revu les frères Ozeré depuis la fin de mars. Il en est de même de Dervin que je n'ai point revu depuis le 6 ou 7 avril, ayant été malade jusqu'au moment de mon arrestation. Je n'ai donc pu leur donner ni en recevoir de rendez-vous. Dans tous les cas, je ne connais rien de cette réunion, que par ce qui en est dit dans l'acte d'accusation. Il y a été question, dit-on, d'un aqueduc que je n'ai jamais vu, dont je n'ai jamais entendu parler, et où l'on devait soi-disant introduire de la poudre, à l'effet de faire sauter le château des Tuileries. Je fais à la cour le serment qu'il n'a jamais été rien dit, devant moi, ni à ma connaissance, de cette entreprise impraticable et ridicule. Si la proposition a été faite, elle n'a pu l'être que par celui qui servait la police, et qui trouvait un intérêt à nous entraîner dans tout ce qui paraissait donner plus d'importance au service qu'il prétendait rendre à l'État. Il en est de même du plan saisi chez Dervin : ce plan n'a jamais été ni demandé ni communiqué, et n'a été tracé que dans les vues de capter la confiance de ceux qu'on voulait plonger dans l'abîme.

— Je le répète, messieurs, je n'ai assisté à aucun conciliabule, s'il y en a eu ; je n'ai jamais reçu, encore moins donné d'ordre pour parvenir à un commencement d'exécution ; et comme on l'a déjà fait observer, ce n'est point dans un cabaret que l'on conspire. Il est prouvé du fait, qu'il n'y a point eu de commencement d'exécution, puisque personne n'a reçu l'ordre d'agir, que pas un de nous n'a été arrêté les armes à la main, qu'aucun poste n'a été assigné à qui que ce soit, par conséquent que les provocations dont je me serais rendu coupable n'ont pu être suivies d'aucun effet.

J'ai déclaré dans mes interrogations que Plei-

gnier m'avait assuré que les plus belles récompenses seraient le prix du zèle de ceux qui le secon-
deraient; mais je jure que ce ne fut point le motif
qui me fit prendre part à cette machination. Si je
suis coupable, messieurs, la véritable cause de mes
démarches ne peut être attribuée qu'aux vexa-
tions continuelles des personnes du parti contraire
à celui que j'avais servi avec honneur, lorsque les
lois m'en faisaient un devoir. Si je n'avais été
poursuivi l'an dernier avec la plus grande injustice, je ne me trouverais pas aujourd'hui sur le
banc des accusés. J'étais innocent alors, et l'on
m'a traité en coupable : c'était me forcer à le devenir; mais je jure de nouveau que mes intentions
n'ont jamais été d'être un assassin. J'ai pu désirer
le retour d'un gouvernement sous lequel je fus
élevé; mais ce n'est pas par le meurtre que j'eusse
désiré le voir rétablir. Un soldat qui a servi sa patrie pendant nombre d'années, et qui a eu l'honneur d'être distingué de nos généraux au point
d'être employé comme secrétaire d'état-major à
l'armée d'Espagne, ne peut être mu par le vil appât des récompenses, ni prêter son bras pour commettre un assassinat. Si je suis courageux, audacieux même, c'est contre les ennemis de la patrie
que j'en ai donné des preuves; et s'il fallait encore
que mon bras devînt nécessaire, on me verrait
voler à sa défense, sous quelque gouvernement
que ce soit.

Ainsi que l'a dit M. l'avocat-général, et comme
il est facile de s'en convaincre par les débats qui

ont eu lieu, la police était instruite des démarches des accusés, et suivait tous les mouvemens de la machination. Il est donc certain que la plupart d'entre nous ont été les instrumens dont la police s'est servie pour en diriger elle-même tous les ressorts. Les rendez-vous qui auraient été donnés; les propositions qui auraient été faites, sont son ouvrage. Plusieurs d'entre nous, dont elle voulait se défaire, ont été arrachés à leurs travaux par les instigations de ses agens. Quel est l'honnête homme qui voudrait se rendre le complice de leurs infernales menées? C'est cependant la position où se trouveraient placés messieurs les jurés. Ce fut par de semblables moyens que Moreau fut proscrit, Pichegru assassiné, que des pleurs sont devenus la seule ressource de tant de familles en deuil.... Ajouterez-vous de nouveaux pleurs à ceux qui ne tariront jamais?

- Non, Messieurs, l'équité est votre guide, et devient le garant de nos destinées. Vous ne verrez en nous que des hommes égarés, sans doute, mais qui ne seraient jamais devenus coupables, si les agens de la police, qui ont tant intérêt à prouver leur importance, ne nous avaient entraînés dans les pièges adroits, où notre aveuglement nous a précipités.

. *La femme Picard* (elle pleure à chaudes larmes, et des sanglots interrompent souvent son discours) : Monsieur le président, je n'ai rien à ajouter à mes moyens de défense, que de prier MM. les jurés, qui vont décider sur mon sort, d'avoir égard à une malheureuse femme bien repentante, n'en doutez pas, de s'être laissé entraîner dans de si grands malheurs; mais je les supplie de croire que jamais le crime n'est entré dans mon cœur. Je suis bien coupable, j'en conviens, d'avoir eu la faiblesse de recevoir ces maudites cartes, et de ne pas l'avoir confié à mon mari. Je n'ai de remords que sur ce point, parce que je ne me serais pas trouvée dans la malheureuse position où je suis. J'ose aussi vous prier d'avoir égard au sort de M. Desbaunes : c'est moi, Monsieur, qui suis cause de son malheur; il appartient à une honnête famille, à qui j'ai de grandes obligations. Dans mon enfance, son père m'a rendu de grands services; et aujourd'hui, pour reconnaître ces services, c'est moi qui viens être cause que son père sera privé de recevoir ses embrassemens. Faites, Messieurs, je vous en supplie, que la faute retombe sur moi seule : rendez à un malheureux père un fils qui n'a cessé de le chérir. Ainsi, Messieurs, je subirai la peine que j'ai méritée, et je n'aurai pas la honte, quand j'irai dans son pays, où je vais souvent, de recevoir les reproches de son malheureux père. Croyez bien, Messieurs, que ce n'est pas moi qui lui ai remis cet écrit dont il m'a accusée. Quelle que soit ma peine, je la subirai avec résignation. Je suis coupable, je dois être punie; mais, à l'avenir, on n'aura jamais à se plaindre de moi. Hélas! Messieurs, j'ai encore quelque chose qui m'affecte : c'est mon pauvre cousin Bonnassier, un père de famille qui m'a

toujours donné de si bons conseils, et qui m'a
servi de père pour me marier. De grâce, messieurs, si, comme moi,' il a commis une faute,
qu'il n'ait pas à s'en repentir. Je vous en prie,
ayez pitié de lui et de son malheur.

Desbaunes : J'ai les plus vifs regrets, d'avoir
été obligé de déclarer que la note m'avait été remise par la dame Picard. Pour dire la vérité tout
entière, et pour prendre sur moi toute la faute,
je déclare que c'est moi qui ai demandé la note,
et que la dame Picard ne se l'est procurée, et ne
me l'a remise, qu'à ma prière.

Dervin. (Cet accusé rend compte de toutes les
relations qu'il a eues avec Scheltein, et de tout
ce qu'il prétend avoir fait d'accord avec lui. Il regrette l'absence de cet homme. Il dit que s'il eût
été chargé de le trouver à Paris, il ne lui aurait
pas fallu deux heures. Le président rappelle que
des huissiers et des gendarmes ont reçu l'ordre
d'aller chercher Scheltein, et que leurs recherches
n'ont eu pour résultat, que d'apprendre qu'il avait
quitté Paris depuis quatre mois.)

Sourdon dans un long discours traite toutes
les principales questions que présente l'affaire, et
s'efforce de détruire toutes les charges qui pèsent
sur lui.

Le président déclare que les débats sont terminés.

Il fait ensuite, avec précision et clarté, le résumé de cette longue et difficile affaire. Il finit ce
résumé, qui a duré depuis trois heures jusqu'à six

heures moins un quart, en posant aux jurés les questions à résoudre. Elles sont au nombre de cent soixante-treize.

A six heures, les jurés se retirent dans la chambre des délibérations.

Audience du 7 juillet, six heures et demie du matin.

Le chef du jury donne lecture des déclarations qui sont faites sur les 175 questions posées la veille.

Ces questions et ces déclarations se réduisent aux suivantes :

1º Pleignier, Carbonneau et Tolleron se sont-ils rendus coupables d'un complot et d'un attentat contre la personne et la vie du roi, et contre les personnes et la vie de la famille royale, lesquels complot et attentat avaient aussi pour objet de détruire le gouvernement, de changer l'ordre de successibilité au trône, et d'exciter les citoyens à s'armer contre l'autorité royale? Sont-ils coupables d'avoir commis et commencé des actes pour parvenir à l'exécution de ces crimes, et d'avoir composé et livré à l'impression et distribué un écrit contenant provocation directe au renversement du gouvernement? — *Oui.*

2º Charles, Lefranc, la femme Picard, Desbannes, Dervin, les trois frères Ozeré, Sourdon, Desenbes, Gonneau, Bellaguet, Bonnassier père,

Bonnassier fils, Dietrich, Lebrun et Philippe sont-ils coupables de s'être rendus complices desdits complot et attentat? — *Non.*

3° Charles, Lefranc, la femme Picard, Desbaunes, Dervin, Jacques Ozeré, Henri Ozeré, Sourdon, Deseubes, Gonneau, Bonnassier père, Bonnassier fils, Lebrun et Philippe sont-ils coupables de n'avoir pas révélé le complot au gouvernement, après en avoir acquis connaissance? — *Oui.*

Emmanuel Ozeré, Dietrich et Bellaguet sont-ils également coupables de non-révélation?—*Non.*

4° Charles est-il coupable d'avoir imprimé ou livré à l'impression, et Lefranc, Desbaunes, Lebrun, Laseaux et Varin d'avoir distribué un écrit contenant des provocations directes au renversement du gouvernement?—*Oui.*

La femme Picard et Dervin sont-ils coupables du même crime?—*Oui*, mais à la simple majorité de sept voix contre quatre.—La Cour, après en avoir délibéré, se réunit à l'unanimité à l'avis de la majorité des jurés.

5° Lefranc, la femme Picard, Desbaunes, Dervin, Bonnassier père, Bonnassier fils, Lebrun, Deseubes, Philippe et Cartier sont-ils coupables d'avoir distribué un signe de ralliement non autorisé par la loi?—*Oui.*

Dietrich, Houzeau, Garnier et Planson sont-ils coupables du même délit?—*Non.*

6° Laseaux et Varin sont-ils coupables d'avoir

soustrait frauduleusement, d'un cabaret où ils étaient reçus, six bouteilles de vin?—*Non*.

7° Laseaux est-il coupable d'avoir porté publiquement la décoration de la Légion-d'Honneur, qui ne lui appartenait pas?—*Oui*.

Après la lecture de la déclaration du jury, la Cour se retire dans la chambre du conseil.

Elle rentre au bout de trois quarts d'heure, et, vu la déclaration du jury en ce qui concerne Emmanuel Ozeré, Lejeune Dietrich, Bellaguet, Drouot, Houzeau, Garnier et Planson, les acquitte des accusations portées contre eux, et ordonne qu'ils seront mis sur-le-champ en liberté, s'ils ne sont retenus pour une autre cause.

Les autres accusés sont introduits.

Le greffier donne lecture de la déclaration du jury.

L'avocat-général requiert l'application des articles 86, 87, 88, 89, 103, 104, 105 et 259 du Code pénal, et des articles 1er, 7 et 10 de la loi du 9 novembre 1815.

Le président demande aux accusés et aux défenseurs s'ils ont des observations à faire sur l'application de la peine.

Me Boullanger. Jacques et Henri Ozeré ne sont déclarés coupables que de non-révélation. Or, d'après l'article 107 du Code pénal, on ne peut pas punir un frère de n'avoir pas révélé un complot dans lequel son frère se trouvait compromis.

Sourdon. J'étais tellement persuadé que je con-

vaincrais MM. les jurés de mon innocence, que je
ne me suis point appliqué à commenter la loi qui
pouvait me frapper. Je recommande toutefois à
l'attention de la Cour l'article 108 du Code pénal,
qui exempte de toute peine celui qui, avant l'exécution du complot, en fait la révélation. Au surplus, quel que soit votre arrêt, je m'y soumet-
trai avec respect, et m'écrierai avec un grand
poète

> Le crime fait la honte, et non pas l'échafaud.

Tolleron, toujours calme et ferme : Je prie la
Cour de considérer que, dès mon premier interrogatoire, j'ai fait, sur l'affaire et sur la part que
j'y ai prise, toutes les révélations qu'on pouvait
attendre de moi. Il me semble donc que j'aurais
droit au bénéfice de l'article invoqué par Sourdon.

Carbonneau, le visage tranquille, mais la voix
un peu émue : Je pense, Messieurs, que l'article
premier de la loi du 9 novembre m'est seule ap-
plicable. Je n'ai été que l'instrument de Pleignier
et n'ai point ourdi de complot. Je supplie la Cour
de jeter un regard de pitié sur une femme et trois
enfans en bas âge que je laisse sans appui.

L'avocat-général : L'article 107 n'est pas appli-
cable, puisqu'aucun des frères Ozeré n'était ni auteur ni complice des auteurs du complot. Il en est
de même de l'article 108, par la raison que Sourdon et Tolleron n'ont point fait de révélation avant
d'être arrêtés.

La Cour, après en avoir délibéré, déclare que les articles 107 et 108 ne sont pas applicables.

Elle se retire de nouveau pour délibérer. Elle rentre bientôt, et le président prononce l'arrêt suivant :

La Cour condamne Pleignier, Carbonneau et Tolleron à la peine de mort; ordonne qu'ils seront conduits sur le lieu de l'exécution, en chemise, nu-pieds, et la tête couverte d'un voile noir, qu'ils seront exposés sur l'échafaud pendant que l'huissier fera au peuple lecture de l'arrêt; qu'ils auront ensuite le poing droit coupé, et qu'ils seront immédiatement exécutés à mort.

Condamne à la déportation, Charles, Lefranc, la femme Picard, Desbaunes, Dervin, Lebrun, Varin et Laseaux.

Condamne à la réclusion Sourdon, Gonneau, Philippe et Deseubes, pour dix ans (ce dernier sera dégradé); Henri Ozeré et Bonassier père, pour huit ans; Bonnassier fils, pour six ans, et Jacques Ozeré, pour cinq ans. — Ordonne que ces huit condamnés seront préalablement attachés au carcan, et qu'ils y resteront pendant une heure. — Les condamne à rester, pour leur vie, sous la surveillance de la haute police, et à fournir, dans la proportion qui est fixée par l'arrêt, un cautionnement de 1000 fr.

Condamne Cartier à cinq années d'emprisonnement, à 50 fr. d'amende, à dix années de surveillance sous la haute police, et à fournir un cautionnement de 100 fr., et réduit d'un tiers son traitement de réforme.

Les condamne tous solidairement aux dépens du procès.

Le président avertit les condamnés qu'ils ont trois jours pour se pourvoir en cassation, et or-donne qu'ils soient reconduits en prison.

La femme Picard pousse des cris lamentables : *Mon mari, mon pauvre mari!* Elle se frappe la tête sur les bancs : on l'emporte. — Laseaux est abattu. — On ne remarque point d'altération dans les traits de Carbonneau, de Tolleron et des autres condamnés. — Pleignier conserve l'attitude im-mobile qu'il a eue pendant le cours des débats. Au moment où on va le faire sortir, il annonce qu'il aurait une observation à faire, mais qu'il désire-rait qu'elle fût entendue du public. Ses paroles sont transmises, par un huissier au président, qui n'a pu les entendre à cause du bruit qui règne dans la salle. Le président fait répondre qu'il verra Pleignier dans la prison.

Pleignier renouvella sa demande de parler au roi. On lui répondit que l'arrêt étant prononcé, c'était par écrit qu'il devait faire ses révélations, s'il avait à en faire.

A la grande revue de la garde nationale, qui eut lieu le 9, et au moment où la calèche de Louis XVIII passait sur le boulevart Saint-Martin, en face du Château-d'Eau, une femme vêtue de noir et conduisant deux enfans, s'avança en témoi-gnant l'intention de présenter au roi un placet qu'elle tenait à la main. C'était la femme de Carbonneau (1). Louis XVIII, à qui sans doute elle fut nommée, ayant indiqué par un geste qu'il ne voulait point recevoir la demande, madame Carbonneau chercha à jeter cette demande dans la voiture, mais elle tomba sans connaissance. Des gardes nationaux la relevèrent et la transportèrent dans une maison voisine où on lui prodigua tous les secours que réclamait sa malheureuse situation.

Pareil événement était arrivé la veille à madame Tolleron. Lorsque la voiture du roi, dans laquelle était madame d'Angoulême, passait sous l'arc-de-triomphe du Carrousel, cette dame ne pouvant faire agréer à Louis XVIII la requête qu'elle lui présentait, l'avait jetée sur les genoux de madame d'Angoulême et avait perdu connaissance; les chevaux de l'escorte avaient même failli la blesser dangereusement.

Cependant tous les condamnés, à l'exception de Dervin, de Desbaunes et de Varin, s'étaient pourvus en cassation; la femme Picard n'avait cédé qu'aux pressantes sollicitations de son défenseur.

(1) On a dit à tort que c'était madame Pleignier. Cette femme abandonna son mari peu de temps après son arrestation, et se retira dans sa famille, emportant avec elle le prix de la vente du fonds de son mari. Madame Carbonneau se montra constamment épouse et mère sensible. Elle est morte du chagrin que lui a causé la perte de son mari. Pleignier, depuis son emprisonnement, avait vécu de la pitié de ses compagnons d'infortune.

Le pourvoi fut rejeté le 26.

Madame Tolleron avait remis, dès le 12, un un recours en grâce à madame de Berri; elle s'était présentée chez madame d'Angoulême qui ne l'avait pas reçue; aussitôt après le renvoi, elle se rendit aux Tuileries avec sa jeune fille, et attendit dans la salle des maréchaux, que Louis XVIII revînt de la messe. Quand il parut, elle se jeta à ses genoux, criant : *Grâce! grâce pour mon mari!* Le roi lui répondit : *Oui, mon enfant, vous aurez sa grâce.* Le comte d'Artois (depuis Charles X.), se baissa et embrassa la petite qui était restée à genoux. La mère s'était trouvée mal et chacun l'avait secourue, en lui répétant : *Oui, oui, vous avez sa grâce!* Le lendemain Tolleron n'existait plus!

Heureuse de la promesse royale qu'elle venait d'entendre, madame Tolleron, fatiguée et malade, se hâta d'écrire à son mari pour le tranquilliser et le prévenir qu'elle ne le verrait que le surlendemain, ayant un extrême besoin de repos. Quel calme affreux!

L'exécution devant avoir lieu le 27, à sept heures et demie du soir, l'autorité donna l'ordre de les transférer de Bicêtre à Paris. La voiture de transport arriva à midi à Bicêtre. On en prévint les prisonniers. Tolleron s'écria aussitôt, comme par inspiration : *Nous sommes perdus!* Carbonneau parut fort ému, Pleignier laissa voir le plus grand abattement. Tolleron et Carbonneau réclamèrent des pétitions qu'ils avaient oubliées dans leurs cabanons; on les leur remit. La voiture revint à la Conciergerie entourée d'un piquet de gendarmerie, vers une heure. Les prisonniers espéraient néanmoins qu'il ne s'agissait que de leur faire connaître la décision de la Cour de cassation.

Entrés à la Conciergerie, on les mit dans des chambres séparées ; et le greffier de la cour leur communiqua une lettre du procureur-général, annonçant le rejet du pourvoi, et leur exécution pour le soir.

A la lecture de cette lettre, Pleignier se livra au désespoir. Il dit, d'une voix suffoquée par les larmes, qu'il espérait sa grâce, qu'il voulait voir le procureur-général et parler au roi.

Carbonneau, parfaitement résigné, ne montra qu'un homme déjà préparé à ce fatal événement.

Tolleron répondit au greffier : *Je m'en doutais.*

Au greffier succédèrent trois ecclésiastiques : l'abbé Montès s'adressa à Pleignier ; l'abbé Harel, vicaire de Saint-Germain-des-Prés, à Carbonneau, et l'abbé Bourgade, ancien aumônier de l'Ecole normale, à Tolleron.

Ce dernier, remarquant du trouble dans son confesseur en s'approchant de lui, lui dit avec respect en ôtant son bonnet : « Ne craignez rien, monsieur, je sais ce que je dois à un ministre de la religion, et jamais je n'eus plus besoin de vos consolations. »

A six heures du soir, le procureur-général, le préfet de police et un membre de la Cour reçurent

au greffe de la prison, les dépositions que Pleignier
disait toujours vouloir faire.

Après le procès-verbal de ces dépositions, le
procureur-général se rendit chez le chancelier.

Pendant son absence, Pleignier témoigna le plus
profond anéantissement, Carbonneau beaucoup
de tranquillité, et Tolleron une résignation complète. Ils demandèrent un bouillon et un verre de
vin qu'on leur apporta.

Le procureur-général ne revint qu'à sept heures
et demie. Il ordonna l'exécution de l'arrêt : alors
on ramena séparément les trois condamnés dans
l'avant-greffe.

Lorsqu'on voulut déshabiller Pleignier, il fit
une résistance opiniâtre, demandant d'un air
égaré à parler au roi, au procureur-général, au
concierge. L'abbé Montès l'ayant engagé à se soumettre à la volonté du ciel, à racheter par sa vie
l'attentat dont il était coupable : *Non, non!* s'écria-
t-il, *ce n'est pas cela, c'est mon aveuglement; je
n'ai rien fait par moi-même : je veux parler à
quelqu'un.* Il se plaignit ensuite que les liens qui
retenaient ses mains étaient trop serrés; on les re-
lâcha quelque peu. Puis on lui entoura fortement
le poignet afin d'arrêter le sang au moment où on
lui couperait la main. Tous ces préparatifs se firent
malgré sa vive opposition.

Carbonneau ne fit aucune résistance. Quant à
Tolleron, conservant un calme et un sang-froid
qu'on n'avait pas lieu d'attendre dans un pareil
moment, il répéta plusieurs fois : *Je ne crains*

point la mort. Il but un verre d'eau qu'il avait demandé sans trembler et sans en rien renverser quoique le verre fût plein. *Je pardonne de bon cœur à Pleignier,* dit-il; *il est l'auteur de ma mort, mais je ne lui en veux pas.* Le souvenir de sa famille put seul affecter son âme. Lorsqu'on le revêtit, suivant l'arrêt, d'une chemise blanche et qu'on lui couvrit la figure avec un voile noir, il témoigna du regret, faisant observer qu'on ne pourrait pas voir s'il mourait avec fermeté. Il fit en partant ses adieux, avec sensibilité, à ceux qui l'entouraient, tandis que Pleignier, au contraire, montra tant de faiblesse, que les exécuteurs furent obligés de le porter dans la fatale charrette.

Lorsqu'ils y furent placés tous trois avec leurs confesseurs, elle sortit de la cour du Palais, huit heures moins un quart sonnant, et traversa toute la distance du Palais à la place de Grève, au milieu d'une foule innombrable.

Arrivés sur la place de l'Hôtel-de-Ville, ils montèrent tous trois sur l'échafaud pour entendre la lecture de leur arrêt. On leur ôta ensuite le voile noir qui leur couvrait la figure. Pleignier et Carbonneau étant descendus, on coupa le poing à Tolleron, et de suite on lui trancha la tête. Carbonneau suivit Tolleron, et Pleignier couronna l'œuvre royale.

Le 31 du même mois, les condamnés à la peine de la réclusion furent exposés au carcan depuis onze heures jusqu'à midi, sur la place du Palais-de-Justice. Le roi ayant commué la peine de la réclusion prononcée contre Jacques Ozeré, en une détention correctionnelle de cinq ans, ce condamné ne subit point l'exposition. En descendant de l'échafaud, les condamnés furent conduits à Bicêtre, à l'exception de Sourdon que l'on transféra le lendemain dans la prison de Sainte-Pélagie, afin de lui éviter, dit-on, les mauvais traitemens dont l'avaient menacé les autres condamnés.

Quant aux condamnés à la déportation, on les transféra au dépôt de Clermont (Oise), jusqu'à ce qu'ils pussent être conduits au-delà des mers.

Les passages suivans, que nous empruntons à un ouvrage publié à Paris en 1829, trouvent naturellement ici leur place (1). Nous y ajoutons des notes que la vérité et la justice nous ont paru rendre indispensables.

« On a dit quelquefois que les gouvernemens avaient le droit de tout faire pour se conserver. Maxime atroce et impie, qui donne aux ennemis des gouvernemens le droit de tout faire pour les attaquer, et qui détruit l'état de société, pour mettre à sa place l'état de guerre. Je ne sache pas de tyrannie à qui cette maxime ne suffise pas pleinement.

« Après les cent jours, le pouvoir était autorisé à se défier de ses forces. Peureux et violent, les

---

(1) *Biographie des lieutenans-généraux, ministres, directeurs-généraux et préfets, etc. de la police de France*; par Saint-Edme, *page* 199 *et suivantes.*

complots lui étaient nécessaires pour légitimer ses craintes, et pour lui procurer, par des châtimens, la force que lui avaient fait perdre ses fautes.

« La France, occupée par les troupes alliées , était en état de suspicion, et pour ainsi dire gardée à vue.

« La police se mit à conspirer pour mieux prévenir les conspirations. Sa première opération fut celle des patriotes de 1816.

« (J'ai puisé les détails qu'on va lire dans l'ouvrage intitulé : *La police sous MM. les duc Decazes, comte Anglès et baron Mounier*, 1821, Tome Ier, pag. 81 et suivantes.)

« Pleignier, Carbonneau et Tolleron, soi-disant chefs de l'organisation secrète des patriotes de 1816, furent livrés par la police au pouvoir judiciaire. Une proclamation, des cartes de reconnaissance, un projet d'attaque contre le château des Tuileries ont été les pièces à charge.

« Un homme se présenta chez Tolleron(1) pour faire graver des cartes de patriotes. Tolleron indiqua (2) Carbonneau comme ayant une belle écriture. Ce dernier avait été secrétaire d'un bureau de police; il fut choisi pour copier la proclamation et les circulaires. Charles, imprimeur, devait pré-

_____

(1) On a vu au procès que cet homme était Carbonneau.

(2) Tolleron n'indiqua point Carbonneau , puisque ce fut ce dernier qui désigna Tolleron à Pleignier.

ter une presse et des caractères faciles à cacher dans l'une des fosses de la tannerie de Pleignier.

« Carbonneau consent à tout ce que l'agent et Tolleron (1) exigent de lui. Pleignier désigne une carrière où on pourra déposer l'imprimerie. Ces hommes étaient dans la misère (2). Toutefois, ils désiraient ne pas se compromettre, et ils firent confidence des propositions qui leur avaient été faites, à un *fonctionnaire* public, et de leur répugnance à ne pas les accepter (3).

« Ce fonctionnaire rendit compte à M. Decazes des confidences qu'il avait reçues. Le ministre approuva la résolution qu'ils avaient prises de jouer le rôle d'espions, afin de découvrir la source du complot (4).

« Forts de l'espèce d'assentiment que l'auto-

(1) Tolleron semble avoir été entraîné par un agent avec lequel il aurait entraîné ses amis : c'est une inexactitude.

(2) Carbonneau était malheureux, et la misère dans laquelle il laissa et on laissa sa femme après son arrestation, eut cela d'affreux, que le jour même de l'exécution de son mari, le besoin la mit dans l'épouvantable nécessité d'envoyer ses quatre enfans implorer la pitié des passans! — Pleignier vivait de sa tannerie, et Tolleron, fabricant de bronze ciselé, pouvait assurer une existence honorable à sa famille.

(3-4) Le procès a fait connaître le peu de fondement de ces allégations : Scheltein était l'homme de M. Decazes, l'homme dirigeant, l'âme de la conspiration, le vendeur de chair humaine, dont le ministre Decazes avait besoin de nourrir sa police et son roi.

rité leur accorde, ces hommes obscurs, qui ne peuvent à eux seuls avoir pensé à renverser un gouvernement, se mettent à l'ouvrage. Tolleron grave des cartes, Carbonneau copie des proclamations, et Charles les imprime. Des rendez-vous ont lieu chez des marchands de vin. La conspiration se recrutait dans les cabarets ; on distribuait quelque argent et des cartes de patriote. Pleignier fut admis auprès de M. Decazes, qui entendit ses révélations (1).

« Un officier en retraite, nommé *Dervin*, copia une carte où se trouvait le plan d'attaque du château des Tuileries. On distribuait partout des cartes de conspirateur (2).

« Quand cette coupable jonglerie eut cessé de faire des dupes, on arrête, pour en finir, les agens principaux ; ils sont mis au secret, et ils témoignent leur étonnement lorsque la police les fait arrêter. Après une longue détention, Pleignier, Carbonneau et Tolleron apprennent que l'agent conspirateur, qu'ils croyaient avoir gravement compromis, est un espion de police nommé Scheltein (5), et

---

(1) On ne peut douter que Pleignier n'ait suivi le mouvement de la conspiration sous les inspirations du duc Decazes, puisqu'il le vit souvent avant d'être arrêté, et qu'après son arrestation encore, le ministre le fit venir plusieurs fois auprès de lui.

(2) On n'a jamais su comment ce plan d'attaque était venu là, et l'on en a accusé la police avec toute apparence de raison.

(3) Pleignier et Scheltein se jouaient sans doute tous deux;

ils apprennent en même temps que ce sont eux qui sont, considérés comme les vrais conspirateurs et les auteurs du complot.

« On les traduit devant la cour d'assises, et là, ces malheureux n'osent avouer qu'à demi la part qu'ils ont eue dans cette infamie; ils espèrent encore : peut-être ne sont-ils là que pour servir de passeport à la condamnation, et on les épargnera. Ils demandaient à s'expliquer devant le roi. Dervin exige la comparution de l'agent de police Scheltein. On répond qu'on ne l'a pas trouvé à son domicile.

« Enfin, sur la déclaration affirmative du jury, la cour d'assises rendit un arrêt qui condamnait à mort Pleignier, Carbonneau et Tolleron, et à des peines infamantes plusieurs de leurs coaccusés.

« Ils annoncèrent qu'ils avaient tous à faire des révélations. On les reçut, et elles allèrent s'engouffrer à la police (1).

---

le ministre Decazes les faisait probablement mouvoir séparément. On a assuré dans le temps que Scheltein, qu'il fut impossible de retrouver pour le procès, sans quoi il n'y aurait eu ni têtes ni mains coupées, avait reçu 10,000 fr. pour prix de ses infâmes services. On sait que le ministre Decazes y gagna le titre de duc, la pairie et l'amitié de son maître. Nous croyons que Scheltein est aujourd'hui au dépôt de Villers-Cotterets. L'absence de ce misérable nuit à la découverte de la vérité.

(1) Pleignier seul avait des révélations à faire. Il paraît que ce qui l'empêcha de s'expliquer ouvertement devant la

« On a dit depuis que la police faisait une pension de 400 francs à la veuve de Tolleron (1), pour prix du sacrifice de son mémoire, tendant à la réhabilitation de son mari. Si le fait est vrai, les gens d'honneur s'écrieront : La police mène un homme en place de Grève pour le faire décapiter, sauf à nourrir sa veuve ! Elle paie à la fois le bourreau et la victime, et c'est sur les fonds de l'État que sont pris ces salaires honteux !... »

« On a prétendu que Scheltein avait obtenu plus tard, sous le faux nom de Duval, une place de sous-inspecteur des boues et de l'éclairage de Paris, aux appointemens de 6,000 francs. Il faudrait en conclure que les services infâmes sont quelquefois les mieux récompensés. »

---

cour, c'est qu'on lui avait imposé le silence sur ses rapports, et qu'il avait attaché à ce silence espoir de liberté et récompense secrète. Ce qui porte à le penser, ce n'est pas seulement son insistance à vouloir parler au roi ; c'est aussi le temps que le procureur-général Bellart employa dans sa communication au chancelier des révélations faites par Pleignier au greffe de la Conciergerie : elles étaient donc assez importantes pour exiger un retard de deux heures à l'exécution.

Carbonneau avait adressé plusieurs mémoires particuliers au préfet de police Anglès. On ignore ce qu'ils sont devenus.

(1) Mesdames Carbonneau et Tolleron, privées de leurs maris, se trouvèrent dans un besoin extrême. L'abbé Montès s'occupa d'elles, et ce fut par ses soins qu'elles obtinrent de la police un secours annuel, d'abord de 300 et ensuite de 400 fr. Madame Tolleron l'a touché jusqu'en 1822.

Les restes des trois victimes, déposés dans un des coins du cimetière du Mont-Parnasse, ont été plusieurs fois menacés de dispersion; mais madame Tolleron, fidèle à ses souvenirs d'épouse, est parvenue à obtenir qu'ils restassent dans le lieu où ils reposent; il n'a dépendu d'elle ni de Me Dumolard, l'avocat de son mari, qu'un monument ne réunît ces débris d'une colère royale et d'une ambition ministérielle désordonnée : le gouvernement a été sourd en 1830, et la souscription ouverte en 1831 n'a point été poussée. Madame Tolleron a été l'honneur de son sexe.

MOUTON DUVERNET (LE BARON).

Régis Barthelemi Mouton-Duvernet naquit au Puy (Haute-Loire), en 1769, et entra au service en 1787.

Il suivit avec distinction la carrière des armes et fit, comme major du 64e régiment d'infanterie de ligne, les campagnes de Prusse et de Pologne. Le 10 février 1807. Il fut nommé colonel du 63e régiment. En Espagne, où son régiment avait été appelé, il donna de nouvelles preuves de bravoure et de talent. Peu de temps après le combat de Cuença où il s'était distingué, il obtint le grade de général de brigade, et le 4 août 1813, il reçut celui de général de division. Il fut fait prisonnier et emmené en Hongrie. Lors de son retour en France, au mois de juin de la même année, il demanda à reprendre du service, et au mois de janvier 1815, le roi le nomma commandant de la 7e division militaire.

Entraîné par la force des événemens, le général Mouton-Duvernet entrait à Lyon avec l'empereur le 10 mars suivant.

Pendant les cent jours, il devint membre de la chambre des représentans. Compris, à la seconde restauration, dans l'ordonnance du 24 juillet, il se vit contraint de quitter Lyon, dont Napoléon lui avait confié le gouvernement le 2 du même mois , et de se soustraire par la fuite au conseil de guerre devant lequel il devait être traduit.

Préférant ensuite s'abandonner à toute sa mauvaise fortune, plutôt que de mener une vie qui convenait si peu à son caractère, il cessa de prendre les précautions nécessaires à sa sûreté. Le 12 du mois de mars 1816, il se livra aux autorités et fut transféré dans les prisons de Lyon où il s'occupa de la publication d'un mémoire justificatif, auquel nous empruntons les passages suivans : ...) , il. .

. « Un asile ignoré m'avait soustrait aux recherches. Les nations voisines m'offrirent une retraite sans danger. J'avais pour me décider à l'adopter, de nombreux exemples ; j'y eusse vécu sans crainte. J'ai préféré me constituer prisonnier dans ma patrie ; c'est moi qui ai dissipé les ténèbres qui me dérobaient à tous les regards, qui me suis livré aux autorités qui avaient fait pendant cinq mois de vains efforts pour me découvrir.... Je n'aurai point à me reprocher tant d'abandon. Ma confiance est inspirée par les vertus d'un roi magnanime ; sous son règne, je ne puis rencontrer que des juges comme lui, sans passions ; et c'est assez pour ma cause. Pouvais-je hésiter à me défendre quand mon souverain m'a appelé à me justifier ? Je dois à cet auguste prince de l'entreprendre ; son amour pour la justice le portera peut-être à reconnaître, dans sa bonté, que l'ordonnance qui m'accuse est moins un acte de sa haute sagesse que le résultat de fâcheuses impressions.... Et vous, Français, j'ai combattu pour la France pendant trente-trois années. De funestes préventions s'élèvent aujourd'hui contre moi; elles vont se dissiper si vous daignez vous instruire de mes actions. Heureusement rendus à la paix publique vous jugerez avec calme; et je conçois l'espérance qu'en méditant sur ma conduite, vous trouverez que j'ai quelque droit à votre estime. . . . . .

« Je fus destiné dès mon enfance à servir mon pays, et j'entrai à 17 ans dans le régiment de la Guadeloupe. . . .

« Ma carrière militaire commença en 1787. La révolution n'avait point alors séparé la France de son monarque : c'est à la dynastie de nos rois qu'étaient voués mes services; les événemens me soumirent à d'autres lois. Mais étranger aux factions, au milieu des désordres politiques, je ne vis que la patrie. C'est elle que j'ai toujours servie. Tout entier à mes devoirs militaires, je n'ai jamais songé qu'à les remplir; aussi ne dois-je rien à l'intrigue ou à la faveur. Soldat à la Guadeloupe, capitaine à l'armée des Alpes, chef de bataillon en Italie, colonel en Allemagne, général en Espagne, lieutenant-général sur l'Oder, j'ai acquis ces titres dans vingt-cinq campagnes et après trente années de services. . . . . . .

« En 1813, j'étais à l'armée d'Allemagne; la capitulation de Dresde fut violée, et je devins prisonnier. La rentrée du roi fit cesser ma captivité. . . .

« Ma soumission parvint à sa majesté du fond
de l'Allemagne. À mon retour je dus lui consacrer
mes services. J'étais si loin de garder aucun souvenir du passé, que j'eus recours à sa bonté pour
obtenir des faveurs que je croyais avoir méritées :
je sollicitai le titre de grand-officier de la Légion-
d'honneur, et fis renouveler mes lettres de baron.

« Au mois de janvier 1815, le commandement
d'une subdivision de la septième division militaire
me fut confié. Les circonstances me promettaient
le repos : je crus pouvoir m'établir pour long-
temps à Valence. Cette ville peut attester qu'en
arrivant dans ses murs je m'occupais d'y fixer ma
famille : on m'y vit composer à grands frais un
mobilier, louer une maison, et faire réparer le
jardin de l'ancien palais qui était abandonné.

« Le service de ma subdivision excita toute ma
sollicitude. Conserver à la France la paix et le roi,
était ma seule pensée.

« Quel autre désir aurais-je pu former?

« Le gouvernement qui venait de finir avait
peu de droits à mes regrets ; mon rang dans
l'armée n'était point une de ses faveurs. Je ne
tenais de lui ni grandeurs ni richesses, et je devais
au roi le terme de ma captivité.

« Je n'ai point un cœur dépravé. Elevé au sein
d'une famille estimée, j'en ai conservé les principes ; ils m'ont dirigé dans ma pénible carrière.
Peut-être devrais-je éprouver quelque peine à le
dire; mais l'instant est arrivé où je dois être

connu : mes actions ont honoré ma vie, et le passé m'a laissé l'estime de moi-même : c'est tout ce que j'ai recueilli de mes longs travaux.

« J'ai obtenu de l'avancement, un titre, des distinctions militaires ; ces récompenses, flatteuses sans doute, ont été le seul prix de mes services. Je n'avais point de fortune lorsque j'étais simple soldat à la Guadeloupe ; je n'en ai pas davantage aujourd'hui que je suis lieutenant-général.

« Mon ambition, au reste, était peu étendue : si j'attachais quelque prix à l'augmentation de mon traitement militaire, c'était pour devenir plus utile à ma nombreuse famille. Une mère, un frère, une sœur, plaçaient dans moi leur unique espoir ; mais si je fus long-temps leur soutien, le sort les punit amèrement : je ne suis aujourd'hui pour eux qu'un sujet d'affliction et de larmes.

« Dans aucun temps on ne me vit, adulateur empressé, rechercher les faveurs de la fortune ; mes liaisons furent toujours infiniment bornées. À mon retour en France je négligeai même celles que mes fonctions avaient établies sous le gouvernement impérial. J'avais vécu ignoré à Paris, en attendant d'être placé. J'en partis sans rien soupçonner des événemens qui ont éclaté depuis. Aucune de mes relations ne pouvait m'en instruire, et quand l'époque fatale arriva, j'étais loin de l'avoir prévue..... »

Nous ne pousserons pas plus loin nos citations, les faits contenus dans la suite de ce mémoire étant rapportés presqu'en entier dans la défense du géné-

ral devant le premier conseil de guerre permanent
de la dix-neuvième division militaire.

Ce conseil tint sa première séance le 15 juillet
1816.

Il était composé de la manière suivante :

Le baron d'Armagnac, lieutenant-général, président ; le vicomte de Briche, lieutenant-général ;
le comte Coutard, lieutenant-général ; le marquis
de Castelbajac, colonel des chasseurs des Pyrénées ;
Gagneur, chef de bataillon, sous-directeur d'artillerie ; Gauthier, capitaine au régiment des dragons de la Gironde ; Delafaye, capitaine des
chasseurs des Pyrénées, juges ; le marquis de Saint-
Paulet, chef d'escadron, remplissant les fonctions de rapporteur ; Servas de Laisle, celles de
commissaire du roi ; et Ladreyt, celles de greffier.

Cette séance et celle du 16 furent consacrées, la
première, à la lecture des pièces à charge, et la
seconde, à celle des pièces à décharge, qui servi-
rent les unes et les autres, à établir la procédure.
La succincte analyse que nous allons en donner
tiendra lieu d'acte d'accusation.

PIÈCES A CHARGE.

Le 4 juin 1814, le lieutenant-général Mouton-
Duvernet écrivit de Strasbourg au ministre de la
guerre pour l'informer qu'il arrivait de sa captivité de Hongrie, et pour solliciter du service. Le
20 du même mois il adressa une pétition au roi

pour le même objet, en protestant de son dévouement et de sa fidélité. Il fut nommé commandant
de la deuxième subdivision dans la septième division militaire, et arriva à Valence le 7 février 1816.
Le 10 mars il marchait à côté de Bonaparte, lorsque
celui-ci entra à Lyon.

 Envoyé de là en mission extraordinaire dans le
département de l'Isère et autres, il écrit de Grenoble, le 15 mars, au préfet de la Drôme, une
lettre dans laquelle il lui annonce que l'empereur
a été informé du refus qu'avait éprouvé le général
Debelle, d'être reçu à Valence comme commandant du département, en remplacement de
M. Quiot;

Au commandant de la garde nationale de Valence une autre lettre, dans laquelle il lui dit que
le peuple ne veut plus que l'empereur pour souverain. L'empereur, dit-il, sera à Paris sous peu
de jours. Les troupes et les habitans accourent sur
ses pas de tous les côtés. Ceux qui voulaient armer
les Lyonnais pour s'opposer à sa marche, et qui
étaient les seuls intéressés à l'interrompre, se sont
lâchement sauvés : leur cause n'est plus la nôtre.

Des Hautes-Alpes. Il rapporte que l'esprit des
habitans est bon; il conseille cependant de changer le préfet de ce département, ainsi que le maire
qui n'avait pas quitté le lit le 21 mars.

De Grenoble. Il écrit qu'il a eu beaucoup de
peine pour faire venir dans cette ville le 39e régiment de ligne, commandé par le général Ber-
tholland. Il en attribue la principale cause à l'in-

certitude de ce chef. Il conseille de rendre à ce régiment son ancien colonel. Il raconte que l'esprit
de Grenoble est toujours bon ; il conseille, pour le
bien du service de changer le général commandant
le département, plus propre, dit-il, à la retraite,
qu'à un service actif dans cette circonstance.

．. *Du département de la Drôme.* Il annonce que
quelques royalistes s'y agitent. Il conseille de changer le maire de Valence qu'il signale pour un royaliste outré, ainsi que le commandant de la garde
nationale.

De la Haute-Loire. Il dénonce le général de division Rey, et M. de Sartiges, préfet, qui ont
monté la tête aux habitans du département, et
ont formé un rassemblement de 2,000 hommes
insurgés.

Il rend compte qu'à Montbrison, au Puy, à
Roanne et à Moulins, la cocarde blanche et le
drapeau blanc étaient encore arborés.

Le 3 avril il suspend la mission qui lui avait été
confiée dans le département de la Haute-Loire, se
rend à Lyon sur la nouvelle de l'arrivée des troupes du Midi commandées par le duc d'Angoulême,
pour seconder le général Grouchy dans les préparatifs de défense qu'ils veulent opposer à l'entrée
de ces troupes à Lyon.

Nommé commandant supérieur de cette ville,
il la met en état de siége.

Le 4 avril, il fait une proclamation aux habitans
de la Guillotière pour les appeler aux armes, et
les faire marcher contre les insurgés du midi de la

France. Le même jour, il passe la revue des troupes de la garnison, et prend l'engagement de mourir à leur tête, et fait afficher un avis portant qu'une dépêche télégraphique annonçait l'arrivée en poste d'une division d'infanterie, et invite les Lyonnais à la patience et à la vigueur.

Le 5 avril, il passe la revue de la garde nationale du faubourg de la Guillotière, et lui fait promettre de se défendre jusqu'à extinction.

Le même jour, il appelle les élèves de l'École vétérinaire pour prendre les armes, fait un appel aux officiers de tout grade, en demi-solde, réforme ou retraite, pour les faire marcher à la tête des bataillons contre les insurgés.

Il fait lever des chevaux pour l'artillerie et la cavalerie.

Enfin, le 7, il passe en revue les bataillons organisés et armés, et les fait embarquer pour Vienne sur des bateaux qu'il avait fait préparer.

Le 9, il quitte Lyon, et se rend au Puy, où il fait imprimer une adresse aux habitans de la Haute-Loire, pour les engager à reconnaître et à maintenir l'autorité de l'empereur.

Les jours suivans, il dresse successivement plusieurs rapports qu'il envoie au ministre de la guerre, pour lui rendre compte des dispositions qu'il a prises pour faire triompher la cause de l'empereur, et dans l'un desquels il signale le maréchal-de-camp De Vogué comme un des plus ardens insurgés.

Le 20 avril, le général Mouton-Duvernet fait une

proclamation aux officiers , sous-officiers et soldats des départemens de la Haute-Loire, en retraite, réforme, demi-solde, ou absens de leurs corps, pour les engager à courir sous les drapeaux, repousser les ennemis quels qu'ils soient : Vous ne tromperez pas l'attente de l'empereur, ajoute-t-il : j'ai annoncé que nos cœurs et nos bras étaient entièrement à lui et à notre patrie. Nous justifierons cette annonce. Vive la liberté! vive l'empereur! vive la belle France! faisons-la respecter de toute l'Europe.

Le 22 avril, il adresse un exemplaire de cette proclamation au ministre de la guerre, en lui disant qu'elle lui a paru nécessaire pour détruire l'effet des nouvelles alarmantes répandues par les nobles, pour tromper les habitans des campagnes, pour comprimer l'élan patriotique qui porte ces bons paysans à recouvrer leurs droits. Il ajoute qu'il y a dans la Haute-Loire beaucoup de ces petits nobles qui sont trop lâches pour conspirer ouvertement, mais assez rusés et méchans pour profiter de la crédulité de ceux qu'ils rendaient asservis. Ces nobles tremblent, continue-t-il, que les armées françaises puissent prendre une attitude imposante; ils font tout pour l'empêcher, et ils ne respirent qu'après le moment, qu'ils croient prochain, de voir les armées ennemies revenir leur rendre leurs priviléges et leurs titres. Ils sont audacieux dans leurs discours envers les paysans. Je crois plus que nécessaire de les comprimer; sans cela, la levée des gardes nationales deviendra ici très-difficile et, je crois, impossible; et la bonne volonté des autorités sera entièrement paralysée.

Le général Mouton Duvernet est envoyé à Marseille. De cette ville il adresse, sous la date du 22 mai, un rapport au ministre de la guerre, où il rend compte de la conduite qu'il a tenue à Lyon pendant que les insurgés du Midi marchaient sur cette ville; et, en récompense des services importans qu'il a rendus dans cette circonstance, il sollicite de l'empereur le titre de comte.

Au mois de juin, le général Mouton Duvernet quitte Marseille, et va reprendre le commandement de la 19e division militaire, que le ministre de la guerre lui a confié. Arrivé à Lyon, il fait, le 8 de ce mois, une proclamation aux Lyonnais dans laquelle il leur rappelle que le 10 mars il marchait à côté du libérateur de la France lorsqu'il entra dans leur ville; qu'il était au milieu d'eux lorsque, dans les premiers jours d'avril, le duc d'Angoulême, avec un cortége digne de lui, osa s'approcher de leurs murs. Il espérait trouver des traîtres, dit-il; il ne trouva que des Français. Au premier cri d'alarme, vous étiez debout; et l'Isère délivrée, vit en deux jours sur ses bords la tête de vos bataillons.

Le 14 juin, il déclare, dans un ordre du jour, la ville de Lyon en état de siége, et prescrit des mesures administratives. Le 15, nouvel ordre du jour pour annoncer qu'il va terminer l'organisation de la garde nationale, en la portant au nombre de 12,000 hommes.

Nommé depuis à la Chambre des représentans, le général se rend à Paris, et écrit le 24 au général Grenier, membre du gouvernement provisoire, pour le prier de lui faire accorder un commandement à Paris, où il croit qu'il sera utile. Il prononce à la Chambre des représentans un discours dans lequel, en votant pour que l'élévation de Napoléon II au trône de France soit proclamée, il dit : « Les armées étrangères vous menacent ; voulez-vous trouver des armées pour les leur opposer ? proclamez Napoléon II : il n'est pas alors un Français qui ne s'arme depuis l'épingle jusqu'au canon. »

Le 8 juillet, le général, de retour à Lyon, expose que, rappelé au milieu des Lyonnais par les ordres du gouvernement, il remplira fidèlement ce que lui imposent la force des circonstances, l'amour de la liberté et l'indépendance de son pays. Il assure que des plénipotentiaires chargés de traiter avec les puissances alliées ont été admis, qu'ils sont en négociation. « Ainsi donc, Lyonnais, dit-il, du courage, de la contenance, une résolution bien prononcée de seconder les efforts du gouvernement, et nos vœux seront remplis. »

Le même jour où le général Mouton-Duvernet fit cette proclamation, il prit un arrêté par lequel il enjoignit aux chefs des différentes armes et administrations, de donner une note détaillée et exacte des besoins de leurs armes et services pour un mois, et des sommes nécessaires pour y subvenir.

Le 12, il écrit au ministre de la guerre que le *Moniteur* du 8 lui a fait connaître les changemens survenus dans cette journée ; il l'instruit que pour arrêter toute effusion de sang devenue inutile, un armistice est conclu avec le général autrichien Bubna. Que des commissaires lui ont été envoyés pour y traiter d'une convention sur les bases de celle de Paris ; il a jouté : « Je suis Français ; je ferai mon devoir d'honnête et loyal militaire dans toutes les positions où je me trouverai, jusqu'au dernier moment. »

Instruit qu'il est compris dans la liste de ceux qui doivent être, traduits devant un conseil de guerre, par l'ordonnance du roi du 24 juillet, le général écrit, le 28, de Montbrisson, au ministre de la guerre, qu'il se démet du commandement de la 19e division militaire, et qu'il va se constituer prisonnier au Puy, lieu de sa naissance.

Le 29, dans une nouvelle lettre qu'il écrit au ministre de la guerre, il dit que son déplacement pourrait être mal interprété, qu'il ne veut se donner aucun tort, et qu'il reste prisonnier à Montbrison, sous la surveillance de l'autorité civile et militaire, en attendant qu'il connaisse le lieu où il doit se rendre pour être entendu et jugé.

Le même jour il écrit une seconde lettre au ministre de la guerre pour lui annoncer qu'on répandait à Montbrison la nouvelle de l'arrivée pos-

sible d'un corps de partisans dans la ville, lequel
était commandé par un officier de sa connaissance,
qui le voulait enlever sous prétexte de le protéger;
que ne voulant point se prêter à une pareille démarche, il se retirait dans une retraite sûre où il
s'occuperait à rédiger un mémoire justificatif de
sa conduite, appuyé sur des preuves irrécusables,
et qui y feraient suite.

Il écrit le même jour au préfet de la Loire
qu'il s'éloigne de Montbrison, par les motifs qu'il
donne ci-dessus, et qu'il va se choisir une retraite sûre.

Le 30, le maréchal-de-camp Desbarreaux informe le ministre de la guerre que le général Mouton-Duvernet s'était démis de son commandement
en se constituant prisonnier à Montbrison; mais
que le lendemain il avait appris avec surprise
que ce général était parti dans la nuit, sans suite,
et qu'il n'avait pu découvrir la direction qu'il
avait prise.

PIÈCES A DÉCHARGE.

Les faits sur lesquels on accuse le général Mouton-Duvernet se rattachent à trois périodes qu'il
faut distinguer. *Première période*, depuis le débarquement de Bonaparte jusqu'au 23 mars,
époque où le roi partit de Lille. *Seconde période*,
depuis le 23 mars jusqu'au 28 juin, date de la
déclaration de Cambrai. *Troisième période*, depuis la déclaration de Cambrai jusqu'au 14 mars

1816, époque à laquelle le général s'est constitué prisonnier. Tel est du moins le système adopté par Me Passet, avocat, l'un des défenseurs de l'accusé.

Or, tous les faits imputés au général pendant la seconde période sont couverts par l'amnistie de Cambrai; et un grand nombre de ses actions pendant ce temps font le plus grand honneur à son caractère.

Dans la troisième période, on lui reproche la proclamation du 8 juillet comme un acte de rébellion; mais le retour du roi en France n'était pas connu du général : il s'est au contraire soumis dès qu'il en a eu connaissance; par conséquent point de rébellion.

Il ne reste donc au procès que les faits de trahison qu'on impute au général, depuis le débarquement de Bonaparte jusqu'au 23 mars. Ces faits ne sont pas établis d'après les raisonnemens que Me Marnier, autre défenseur de l'accusé, a fait valoir; mais en admettant qu'ils le fussent, Me Passet soutient qu'ils ne constituent pas le crime que l'ordonnance du 24 juillet a voulu punir, c'est-à-dire, l'attentat du 23 mars, et les auteurs et instigateurs de ce crime; car il est certain que le général ne fut ni instigateur ni auteur de cet attentat; il fut entraîné avec le reste de l'armée et de la nation : donc il ne peut figurer au nombre des grands coupables que le roi a voulu atteindre. Voici quelques unes des dépositions qui viennent à l'appui de ce système.

M. Maurice Martin, chef de bataillon, ancien aide-de-camp du général Mouton-Duvernet :

« .... Le 4 mars 1815, vers les huit heures du matin, j'appris de l'adjudant commandant Servant, chef de l'état-major de la division, le débarquement de Bonaparte au golfe de Juan, et sa marche sur Grasse. Le même m'apprit qu'une estafette passant vers les quatre heures du matin, avait été porteur de cette nouvelle; que le lieutenant-général Mouton, se trouvant alors à Romans pour y visiter les bords de l'Isère, il lui avait fait connaître, par une ordonnance de gendarmerie, que sa présence était nécessaire à Valence.

« Le général Mouton-Duvernet, rentré en son quartier-général de Valence vers midi, fut extrêmement surpris de cette nouvelle. Il se rendit à la préfecture pour se concerter sur les mesures à prendre, approuva une proclamation faite à ce sujet par le préfet de la Drôme ; donna au maréchal-de-camp Quiot, commandant le département, ses ordres et ses instructions ; puis il monta en voiture à cinq heures, et m'ordonna de l'accompagner.

« Etant en voiture, il m'annonça se rendre à Gap, pour réunir les troupes sous ses ordres dans le département des Hautes-Alpes, et marcher contre Bonaparte. Arrivé à Romans, le général se rappela qu'avant de quitter Valence il n'avait point donné avis de cet événement au gouverneur de Lyon. Il lui écrivit sur-le-champ, et sa dépêche fut expédiée par les soins du maire. Arrivés à Grenoble vers minuit, nous nous rendîmes chez le lieutenant-général Marchand. Ce dernier dit avoir reçu, peu d'heures auparavant, l'estafette adressée au général Rostoland, commandant le département des Hautes-Alpes, laquelle estafette lui avait confirmé la nouvelle qu'il savait déjà. Sur la demande qui lui fut faite par le général Mouton-Duvernet s'il avait des mesures pour s'opposer à Bonaparte, le général Marchand répondit avoir pris toutes les dispositions convenables; qu'il se proposait de réunir chez lui le lendemain les officiers de la garnison, afin de mieux juger de l'esprit qui animait les troupes sous ses ordres. Le général Mouton lui offrit une compagnie d'artillerie à cheval, pour manœuvrer l'artillerie légère qui se trouvait dans la place. Cette offre fut acceptée. Nous continuâmes notre route. Avant d'arriver à la poste de la Fray, le général aperçut sur le chemin un gendarme porteur de dépêches pour le général Marchand; il les ouvrit, prit connaissance de leur contenu, qui annonçait que le général Rostoland avait évacué Gap avec les troupes sous ses ordres, pour se retirer à Briançon; que Bonaparte devait arriver le même jour dans cette ville.

«..... Rendus à la Mure, et après avoir mis pied à terre chez le maire, le général Mouton-Duvernet écrivit sur-le-champ au général Marchand de faire arrêter un officier de santé, nommé Emery, qui avait accompagné Bonaparte à l'île d'Elbe, et que nous avions rencontré à la poste de la Fray; il lui

envoya en même temps son signalement. Dans
cet intervalle, une ordonnance de gendarmerie
annonça que les brigades avaient reçu l'ordre de
se replier sur Grenoble, ce qui décida le général à
opérer la même retraite. A peine étions-nous rentrés dans cette ville, qu'un commissaire de police
se présenta à notre auberge, porteur d'une lettre
que le général reconnut être celle qu'il avait écrite
au comte Marchand pour l'arrestation de cet officier de santé. Sur l'observation que lui fit le commissaire de police qu'on ne pouvait le trouver, le
général lui répondit : « Monsieur, faites votre
devoir. »

« Le soir, après le souper, le général alla trouver le comte Marchand, et s'entretint avec lui des
mouvemens à faire pour s'opposer à Bonaparte;
et sur ce que le général Marchand lui dit que la
compagnie d'artillerie lui devenait inutile, il lui fit
demande de deux pièces de canon et d'un caisson
de munition d'infanterie, qui reçut l'ordre de se
diriger sur Valence pour s'opposer aux progrès de
Bonaparte.

« Le général m'envoya le lendemain, avant son
départ pour Valence, m'informer auprès du comte
Marchand s'il y avait quelque chose de particulier.
Sur la réponse que j'eus de cet officier général que
rien de nouveau ne lui était parvenu, et après en
avoir rendu compte au général Mouton-Duvernet,
nous nous mîmes en route. A son passage à Romans, il donna l'ordre que la compagnie d'artillerie légère et les deux pièces de canon y resteraient

pour défendre le passage de l'Isère. A Valence, le général fit une proclamation, engagea les gardes nationales à l'accompagner à Die, prescrivit la même destination aux hommes à pied du 4ᵉ régiment d'artillerie légère, qui furent armés sur-le-champ, et s'y porta de sa personne, accompagné du général Quiot, commandant le département. Je reçus l'ordre de le suivre avec un détachement de cinquante hommes à cheval.

« A Die, le général reçut une lettre de son chef d'état-major, qui le prévenait de l'entrée de Bonaparte à Grenoble. Sur ce il opéra son retour et celui des troupes sur Valence, où, ayant trouvé les dépêches du ministre de la guerre, qui lui annonçait qu'il était sous les ordres immédiats de *Monsieur* qui était à Lyon, et sur la certitude qu'il eut d'y trouver ce prince, il se décida à se rendre en cette ville. A Vienne, il s'informa de ce que l'on disait sur la marche de Bonaparte : on lui assura qu'il était encore à Grenoble. A Saint-Fons, nous trouvâmes à la poste une grande quantité de postillons qui étaient réunis là pour le service de *Monsieur*, encore à Lyon.

« Notre voiture étant arrivée à la Guillotière, elle se trouva au milieu d'une populace immense. Un détachement très-considérable d'officiers de tout grade et de dragons se portaient au devant de Bonaparte; plusieurs d'entre eux reconnurent le général, le forcèrent de descendre, de monter un cheval de dragon, et de les accompagner. Nous avions encore alors nos cocardes blanches et nos décorations. Je me rendis à l'hôtel de Provence, où je fus rejoint le soir vers les neuf heures par le général.

« J'affirme que le général m'a toujours témoigné n'avoir d'autre désir que de faire tout le bien qu'il pourrait, et d'empêcher surtout les horreurs d'une guerre civile. »

M. Mallet, comte de Fargues, maire de la ville de Lyon, membre de la chambre des députés, dépose que le jour de son installation au commandement de Lyon, le général Mouton-Duvernet vint le voir à l'Hôtel-de-Ville, et què, dans cette visite, comme dans celle qu'il rendit le lendemain au général, celui-ci lui manifesta la ferme résolution de maintenir la tranquillité publique et le respect dû aux propriétés. M. Mallet ajoute que la conduite du général a été toujours conforme aux intentions qu'il lui avait manifestées.

M. Camille Demeaux, membre de la chambre des députés, demeurant à Montbrison, dépose qu'après la capitulation qui eut lieu à Lyon, une partie de l'armée de Bonaparte fut dirigée sur Montbrison, en proférant les menaces les plus terribles contre cette ville qui lui était signalée à cause de son royalisme; que ce fut au moment où ces menaces s'effectuaient, que le général Mouton-Duvernet arriva, et que ce fut par les soins et par les ordres vigoureux qu'il donna, que le calme se rétablit. M. Camille Demeaux termine en affirmant que les discours et les actions du général an-

nonçaient les sentimens d'une franche et loyale
soumission au roi.

*A M. le marquis de Saint-Paulet, rapporteur
près le premier conseil de guerre de la dix-
neuvième division militaire.*

. Yssingeaux, 19 juin 1816.

Monsieur,

Nous avons appris que le général Mouton-Duvernet allait être sous peu de jours jugé, qu'il avait
obtenu la permission de faire entendre des témoins pour attester sa conduite dans les missions
qu'il a reçues de Bonaparte pendant l'interrègne.

Il aurait pu désigner la mairie d'Yssingeaux, qui
se serait empressée de lui rendre la justice qui lui
est due. Il est certain que sans sa présence, la
ville était pillée et peut-être brûlée par les malveillans qui croyaient trouver une occasion favorable dans le passage des troupes qui le précédaient ou le suivaient. Nous sommes assurés qu'il
a existé un projet à cet égard; et s'il n'a pas réussi,
nous le devons à sa présence et à ses bonnes intentions.

M. le curé, homme respectable, et plusieurs
autres personnes distinguées, lui doivent, non-
seulement leur tranquillité, mais peut-être la vie.
Il fut remis à la troupe, qui arriva avant M. le général, une liste de proscription. Sur l'avis que

nous lui en donnâmes, il prit toutes les précautions pour connaître les coupables et les faire arrêter.

Nous devons rendre hommage à la vérité; s'il se fût conduit dans nos murs d'une manière différente, nous en aurions certainement instruit le gouvernement, et n'ayant que des remercîmens à faire à ce général, nous devons, dans la circonstance où il se trouve, lui rendre la justice qu'il mérite.

Nous avons l'honneur d'être, etc., etc.

Signé, CHOUMOUROUX, *maire*, CHEVALIER, *adjoint.*

Séance du 17 juillet.

La séance est reprise à neuf heures du matin. Le président donne l'ordre qu'on fasse venir l'accusé.

Le lieutenant-général Mouton-Duvernet est introduit sous escorte. Il est vêtu d'un frac bleu avec broderie seulement au collet et aux paremens, avec les épaulettes de son grade et ses décorations. Il s'avance et salue le conseil.

Le président l'interroge sur ses nom, prénoms, âge, etc.

Cette demande l'affecte si fort qu'il ne peut y répondre; il perd presque connaissance. Revenu à lui, il verse quelques larmes.

Un quart d'heure après, le président lui dit :

Général , rassurez-vous.... êtes-vous en état de répondre ?

Le général répond par mots entrecoupés : Je me nomme Régis-Barthelemy Mouton-Duvernet. J'ai le grade de lieutenant-général dans les armées de S. M. Je suis né en 1769, au Puy (Haute-Loire), que j'habitais avant mon entrée au service, qui remonte à 1787.

D. Connaissez-vous suffisamment les pièces qui sont produites au procès, à raison de l'accusation qui est portée contre vous? Si vous le désirez, je vous en ferai donner lecture?

R. M. le président, je sais que je suis porté dans l'ordonnance du roi du 24 juillet 1815 ; mais j'espère prouver que les dispositions qu'elle contient me sont étrangères.

D. A votre retour des prisons de la Hongrie, avez-vous sollicité et obtenu de l'activité de service du roi?

R. Oui, M. le président, et j'ai été nommé au commandement de la 2e subdivision de la 7e division militaire, dont j'établis le quartier-général à Valence.

D. Avez-vous prêté serment de fidélité au roi?

R. Oui, monsieur le président.

D. A quelle époque avez-vous appris le débarquement de Bonaparte sur les côtes de Provence?

R. Le 4 mars, à Romans, où j'étais allé avec le général Quiot, commandant le département de la Drôme, pour voir cette ville. Je reçus une lettre de mon chef d'état-major, qui m'annonçait qu'un événement extraordinaire (sans donner d'autres explications) rendait mon retour nécessaire. Cette lettre me surprit et me causa de l'inquiétude. Ma pensée se portait sur le roi; je craignais qu'il n'eût été enlevé à la France. Je lui rendis un juste hommage; et l'éloge de ses vertus fit place au cri de ralliement, qui dans ce cas, devait unir tous les Français.

« Mon retour à Valence ne fut pas différé, et je vis le même jour M. le préfet de la Drôme, qui m'apprit que Bonaparte était en France.

« Nous étions au 4 mars. Dès ce moment, mes soins se portèrent sur les départemens qui m'étaient confiés. Mes premières mesures eurent pour objet la surveillance des militaires retirés, leur réunion, et les dispositions nécessaires pour les retenir dans leur devoir.

« Mes ordres prescrivirent d'arrêter les malveillans qui répandaient des bruits dangereux.

« Je fis armer les soldats qui ne l'étaient pas. J'assemblai les officiers pour m'assurer de leurs dispositions.

« Mes ressources étaient de peu d'importance; elles se réduisaient à trois cents hommes d'artillerie à cheval; cent cinquante hommes seulement étaient montés et armés de sabres; les autres étaient à pied et sans armes.

« Cependant des instructions que je remis au maréchal-de-camp Quiot pourvurent à tout ce qu'exigeaient les circonstances, et je pris à l'instant même, le 4 mars à midi, la route de Gap.

« Arrivé à Romans, j'écrivis à S. E. le comte de Damas, gouverneur de Lyon, pour l'instruire des précautions que j'avais prises; je mis à sa disposition les forces qui étaient sous mes ordres. Ma lettre demeura sans réponse. S. E. était depuis plusieurs jours à Paris.

« Le 4 mars, à minuit, j'étais à Grenoble. Une entrevue avec le général Marchand suivit mon arrivée. Les mesures que les circonstances exigeaient nous occupèrent. Je l'entretins de la nécessité de rassembler des forces; je croyais utile de faire venir une compagnie de canonniers à cheval du 4e régiment d'artillerie en garnison à Valence, d'appeler une partie des hussards qui étaient à Vienne. Le comte Marchand parut partager ma sollicitude; il m'annonça qu'au point du jour il réunirait les officiers de la garnison, afin d'être en mesure au premier signal; et je le quittai pour aller en avant.

« Je me dirigeais sur la Mure, quand un gendarme, parti de Gap, me joignit. Les dépêches qu'il portait à Grenoble me fournirent d'importans renseignemens : j'appris que le général qui commandait à Gap s'était retiré avec ses troupes à Embrun, que Bonaparte, qui s'avançait à marches forcées, arriverait à Gap le même jour.

« J'étais encore à la Fray, métairie isolée, où se trouve l'un des relais de la poste, quand mon aide-de-camp aperçut sur la route le chirurgien Emery. Il avait suivi Bonaparte à l'île d'Elbe. Sa rencontre me donna quelque inquiétude sur les motifs de son voyage. J'eusse voulu pouvoir m'assurer de lui, et je n'avais personne pour le faire arrêter. Je crus convenable d'attendre ; mais arrivé à la Mure, mon premier soin fut de donner avis au général Marchand de l'arrivée d'Emery à Grenoble, et des soupçons que j'avais conçus. Je l'invitai à le faire arrêter.

« J'écrivis aussi de la Mure au ministre de la guerre ; je lui fis part de la rencontre d'Emery, et de ce que j'avais observé. Les mesures qu'exigeaient les renseignemens que j'avais recueillis, m'occupèrent en même temps. J'adressai des instructions, par un message, à Embrun et à Mont-Dauphin ; elles portaient de veiller à la sûreté de ces places, et de réunir les troupes disponibles *pour marcher sur les derrières de Bonaparte.*

« C'est tout ce que je pouvais. J'étais seul à la Mure ; il devenait dangereux de pousser plus loin ma route : la marche rapide de Bonaparte m'eût compromis. Je pris le seul parti qui me restait, celui de rétrograder, et à neuf heures du soir je rentrai à Grenoble.

D. Général, pourquoi n'avez-vous pas fait arrêter Emery à la Fray ? vous ne pouviez ignorer que cet émissaire dangereux de Bonaparte pouvait porter des dépêches à Grenoble, et préparer les esprits en sa faveur.

R. Comment vouliez-vous que je le fisse, M. le président ? je n'avais à la Fray aucun gendarme, aucune garde nationale ; et voulant continuer ma route, je ne pouvais moi-même l'arrêter : il me restait le seul parti, selon moi le plus sûr, celui de le faire arrêter à Grenoble.

D. Le remettre sous la garde du maître de poste eût été plus prudent.

R. Je n'en eus pas l'idée.

D. Empêcher de lui faire remettre des chevaux.

R. Je pensais qu'en ne lui donnant aucune méfiance, il serait arrêté plus facilement à Grenoble.

D. En retournant sur Grenoble, vous avez vu le général Marchand. Faites-nous part de l'entretien que vous eûtes avec lui.

R. Les projets de défense que j'avais conçus me conduisirent une seconde fois près de lui ; ils furent le sujet d'un nouvel entretien. J'avais remarqué près de Vizille une position très-bonne à occuper ; il était facile aussi de résister au passage du pont de la Romanche. J'insistai là-dessus ; je répétai au général que j'étais à sa disposition pour tout ce qu'il voudrait entreprendre.

« Ce fut alors que j'appelai son attention sur la place de Briançon ; elle était dépourvue de canonniers : une compagnie d'artillerie reçut l'ordre de s'y rendre.

« Valence était sans artillerie de campagne ; celle qui servait à l'école était sans attelage ; il fallait aussi des munitions. J'obtins deux pièces de canon et leurs caissons, et je me séparai du général Marchand.

« Je revenais à Valence le 6 mars au matin ; une compagnie d'artillerie à cheval en était partie pour se rendre à Grenoble ; elle avait reçu les deux

pièces de canon que j'avais fait partir de cette ville;
il convenait de leur faire occuper Romans, position importante sur l'Isère. Je la dirigeai et l'é-
tablis sur ce point.

« Mon retour dans cette ville ne laissa pas de
doute sur les sentimens qui m'animaient. Le danger
approchait ; les habitans devaient le connaître et
se préparer à le repousser. Je fis le même jour une
proclamation aux habitans : elle ne produisit aucun effet. Quelle était alors ma position ? Grenoble
devait arrêter Bonaparte : c'était l'opinion générale.
J'avais appelé les troupes d'Embrun et de Mont-
Dauphin pour marcher sur ses derrières ; s'il était
repoussé devant Grenoble, il n'avait pour retraite
que les montagnes de la Drôme : il ne me restait
donc qu'à m'y porter.

« Avant d'opérer ce mouvement, j'adressai
des instructions aux officiers sous mes ordres:
elles portaient de garder Romans, d'observer les
passages de l'Isère, et de faire reconnaître sur les
rives les endroits propres à la manœuvre du canon. Ces dispositions faites, je partis pour Die le
8 mars au matin.

« Cette position était la seule à occuper dans la
Drôme. Je pouvais de là manœuvrer par Serre sur
Gap, par la montagne de Vercor sur Grenoble,
ou par la vallée des Nonières.

« Aussi est-ce là que j'appelai tous les hommes
dévoués au roi.

« En me rendant à Die, je vis à Crest une compagnie de vétérans : on employait déjà près d'elle

des tentatives pour la séduire : des proclamations furent saisies par mes ordres, et les distributeurs arrêtés.

« Je trouvai peu de monde au rendez-vous ; mais je ne perdis pas un moment pour tirer parti des faibles moyens que j'avais ; des reconnaissances furent envoyées sur Grenoble et sur Gap.

« J'étais en mesure, lorsque l'avis d'une dépêche que le ministre m'avait adressée à Valence, et une lettre, m'arrivèrent en même temps. Ce n'est qu'à Valence que je pouvais connaître le contenu de la dépêche. Quant à la lettre, elle était du général Bertrand ; il m'apprenait que Bonaparte occupait Grenoble, et m'appelait à l'y joindre sans délai.

« Je recevais cette lettre à Die, où dix lieues seulement me séparaient de Grenoble, si le parti de Bonaparte eût eu pour moi le moindre attrait, je pouvais, sans craindre d'obstacle, me rendre à Grenoble : j'avais à ma disposition des troupes que mon exemple eût entraînées. Une détermination eût été de quelque prix, dans ce moment auprès de Bonaparte ; mais tout entier à mon devoir, je ne songeai qu'à le remplir. Au lieu de me rendre à Grenoble, comme Bertrand le voulait, je partis pour Valence.

« L'occupation de Grenoble rendait inutiles les dispositions faites à Die ; le séjour des troupes ne pouvait qu'y être dangereux : elles me suivirent à Valence.

« C'est là que je connus la dépêche du ministre

de la guerre; elle m'instruisait du départ de Monsieur', comte d'Artois, pour Lyon, en m'annonçant que c'était près de S. A. R. que j'aurais à prendre des ordres.

« Ma position est ici remarquable. Bonaparte m'appelait à Grenoble; Monsieur, frère du roi, arrivait à Lyon, et j'étais averti de prendre les ordres de S. A. R. Que fis-je? La lettre du général Bertrand m'avait été remise le 9 à Die; le même jour, comme je l'ai dit, je revins à Valence; le même jour, à minuit, je partis pour Lyon!

D. Un général ne doit jamais quitter son poste, et lorsqu'il a des ordres à prendre, il doit envoyer son aide-de-camp pour les recevoir.

R. Ce fut ma première pensée; mais la réflexion me porta, pour plus de convenance, à les recevoir moi-même de S. A. R.

« J'avais vainement écrit plusieurs fois au ministre de la guerre; vainement j'avais parcouru en toute hâte l'Isère et la Drôme, en excitant partout à la défense, stimulant les officiers et les troupes, et cherchant les moyens et l'occasion de combattre. Le ministre de la guerre n'avait répondu ni à mes demandes, ni à mes rapports; ma lettre au gouverneur de Lyon était aussi restée sans réponse. A Grenoble, ma présence n'avait rien produit; à Die, les progrès de l'ennemi avaient rendu mes dispositions inutiles : mais j'avais fait mon devoir; y demeurer fidèle était mon seul désir, et j'allais en porter l'assurance à S. A. R.

» C'est en me rendant à Lyon, le 10 mars, auprès de S. A. R. que je fuyais les propositions de
Bonaparte. »

D. Donnez-nous les détails de votre voyage.

R. J'accélérai le trajet autant qu'il fut en moi.
Arrivé à Vienne, on m'annonça que S. A. R. était
encore à Lyon, qu'on avait commandé pour elle
des chevaux sur la route du Midi. Cette circonstance m'ôta toute inquiétude ; je n'entrevis point
d'obstacle qui pût m'empêcher d'arriver à Lyon ;
je poussai cependant la précaution jusqu'à m'assurer qu'à Saint-Fons je pourrais traverser le Rhône,
et prendre l'autre rive du fleuve.

« A cinq heures et demie j'étais à Saint-Fons.
Tout y était rassurant. Le maître de poste et ses
gens que je consultai, n'élevèrent pas le moindre
doute sur la position de Lyon. D'après eux, mon
arrivée ne présentait aucune difficulté. Rien n'annonçait aux environs que cela ne dût pas être ainsi,
et je me décidai à suivre ma route.

« J'avais épuisé tout ce que peut la prudence
humaine. Il semble que je touchais à mon but. Il
était six heures et demie, et j'entrai sans défiance
au faubourg de la Guillotière. L'eût-on pensé !
toutes mes précautions, tous mes projets étaient
déconcertés ; des événemens inouïs m'y atten-
daient.

« On se rappelle que c'est dans la nuit que j'a-
vais quitté Valence, d'après l'ordre du ministre ;
que j'avais appris à Vienne que des chevaux y
étaient préparés pour S. A. R. Sa rencontre ne

pouvait être pour moi un sujet de doute : je me
hâtais d'arriver. Eh bien! à six heures et demie
le peuple était en foule au faubourg de la Guillotière ; les soldats de Bonaparte s'y mêlaient aux at-
troupemens de la multitude; la confusion était
au comble. J'étais tumultueusement entouré avant
d'avoir connu la cause du désordre. Je veux en
vain les pénétrer : le torrent grossit ; les chevaux
qui me conduisent ne peuvent avancer. Je cherche à me soustraire aux regards; mais les militaires me reconnaissent, ils me nomment. Bientôt
on m'arrache de ma voiture; je suis forcé de
monter sur un cheval qu'on me présente, et de
suivre vers la ville la direction que donnent à ma
marche les flots du peuple et des soldats en tumulte.

D. Tombé au pouvoir des mutins, où fûtes-vous
dirigé?

R. Je fus ainsi entraîné sur la route de Grenoble par ces troupes, et au bout du faubourg de
la Guillotière, elles rencontrèrent celles de Bonaparte.

D. Avez-vous vu Bonaparte sur le chemin où
vous fûtes dirigé, et ne lui avez vous pas
parlé?

R. Je ne l'ai point vu, ni je ne lui ai parlé.

D. N'êtes vous pas entré à Lyon, placé à côté
de Bonaparte?

R. Je suis entré à la suite de son escorte, et non
placé à ses côtés.

D. Avez-vous vu Bonaparte à Lyon après son entrée ?

R. Je n'ai vu Bonaparte que le lendemain 11 ; en entrant à Lyon, je me rendis sur-le-champ à l'hôtel de Provence.

D. Pourquoi alors, étant libre à Lyon, n'avez-vous pas abandonné cette ville et fui Bonaparte ?

R. Je fus instruit qu'on avait défendu aux postillons de remettre des chevaux de poste à qui que ce fût, et je me voyais par-là dans l'impossibilité de m'éloigner.

D. Vous pouviez sortir de Lyon à pied, et ensuite, hors des faubourgs de la ville, vous auriez pu trouver des chevaux et vous éloigner.

R. Je n'ai point pensé à ce moyen ; j'ai pu avoir tort à ce sujet.

D. Quand avez-vous eu une entrevue avec Bonaparte ?

R. Le 11 mars, à onze heures du matin. Il me fit appeler par un officier, qui m'enjoignit l'ordre de me rendre à l'archevêché.

D. Racontez-nous l'entretien que vous eûtes avec lui.

R. Ma réception fut telle que je pouvais l'attendre. Le général Bertrand se récria avec amertume sur ma conduite : d'après lui, j'avais formé le projet de résister à l'empereur. Mon voyage à Grenoble, à la Fray, devait allumer la guerre civile. Ma proclamation du 7 mars était affreuse : j'avais armé la Drôme, excité ses habitans à la

défense, présenté l'arrivée de l'empereur comme
une source de maux ; j'avais contrarié ses opérations, fait arrêter ses émissaires, mis Emery, son
chirurgien, en péril ; ma conduite ne permettait
pas de douter de mes sentimens pour le roi, elle
exigeait qu'on prît à mon égard des mesures..

- « Mon intention n'était pas de désavouer ce que
j'avais fait : je gardai le silence, et n'obtins qu'avec
peine la faveur de me retirer. Je m'éloignais,
quand Bonaparte me dit qu'il n'était qu'un
moyen de tout arranger, qu'il fallait marcher à
l'avant-garde sur Paris, ou prendre le commandement de Lyon. Mon refus bien prononcé me fit
prescrire de sortir.

« On conçoit facilement ma position et mes
craintes. Ma pensée se fixe tout entière sur la résolution qui m'a conduit à Lyon ; je songe aux
moyens de rejoindre S. A. R. Monsieur, que j'y
étais venu chercher. M. de Jury, mon aide-de-
camp, va s'informer, par mes ordres, si le prince
n'a pas assigné un rendez-vous aux serviteurs dévoués, s'il a laissé des instructions sur les moyens
à prendre pour servir la cause du roi. Il interroge
là-dessus les personnes qui devaient être les
mieux instruites ; mais rien n'avait été prévu.
S. A. R. avait fait d'inutiles efforts pour organiser à
Lyon un système de défense : un désordre général
avait suivi son départ.

« Mon embarras alors devint extrême ; que résoudre? me retirer ! mais comment? la route du
Midi était envahie, et celle de Paris ouverte de

tous côtés à l'insurrection. Lyon était inondé des
partisans de Bonaparte : surveillé au milieu d'eux,
j'étais à sa merci.

« Bonaparte ne tarda pas à me mander une seconde fois. J'avais refusé de marcher sur Paris
avec son avant-garde, ou de prendre le commandement de Lyon ; il n'était pas tranquille sur mes
démarches : je l'appris de sa bouche. Vous ne pouvez, me dit-il, rester plus long-temps à Lyon ;
vous ne voulez pas marcher en avant, eh bien!
rendez-vous à Grenoble pour y attendre mes ordres.

« Cette destination assignée avec humeur était,
dans la position où j'étais, ce qui s'offrait à moi
de moins fâcheux. Relégué à Grenoble, je pouvais
conserver les sentimens qui m'avaient amené à
Lyon, et devenir utile à mon pays dans la crise
que devait amener la marche de Bonaparte sur
Paris. Aussi je me félicitais de trouver un moyen
de m'éloigner, quand Bertrand revint une seconde
fois sur ma conduite : elle avait bouleversé pour
le roi le département de la Drôme ; il serait difficile d'y rétablir la tranquillité. C'était à moi à
prendre les moyens d'y parvenir. Des lettres, des
instructions destinées pour Valence me furent remises à l'instant même, et il ne me resta d'autre
ressource que de consentir à les remettre.

« C'est dans ces circonstances impérieuses que
je partis de Lyon, le 11 mars, pour Grenoble. J'y
allai sans être revêtu d'aucune mission. Cette ville
était alors soumise à Bonaparte ; il en avait créé

les autorités ; tout y était rangé sous son gouvernement. Je n'ai rien fait alors pour Bonaparte.

D. Vous dites que vous n'avez rien fait pour Bonaparte : cependant vous avez écrit au préfet de la
Drôme, le 13 mars 1815, une lettre où vous lui
donnez l'ordre de recevoir et d'installer le général
Debelle comme commandant de ce département,
au nom de Bonaparte, et de reconnaître et faire
reconnaître l'autorité impériale par ses adminis-
trés, en lui annonçant l'entrée de Bonaparte à
Lyon, l'accueil favorable et glorieux qu'il y avait
reçu ; etc.

R. Je n'ai point écrit cette lettre au préfet, je
nie qu'elle soit mon ouvrage. Lorsque je lui ai
écrit, le général Debelle était installé à Valence.

D. N'avez-vous pas écrit une lettre au commandant de la garde nationale de Valence, le même
jour 13 mars, de Grenoble, pour lui annoncer
l'entrée de Bonaparte à Lyon, la réception glorieuse qui lui avait été faite, et l'enthousiasme du
peuple qui ne voulait que lui pour souverain ; la
fuite lâche de ceux qui voulaient armer les Lyonnais
pour s'opposer à sa marche, et qui étaient seuls
intéressés à l'interrompre ; pour leur faire reconnaître l'autorité impériale, et leur prescrire de
seconder le général Debelle ; désigné pour commander le département de la Drôme au nom de
Bonaparte ?

R. C'est la minute de l'ordre que le général Bertrand me remit, et qu'il me prescrivit d'exécuter ;
condition sous laquelle j'étais dispensé de suivre

les ordres de Bonaparte; c'est-à-dire de prendre le commandement de son avant-garde, ou de celui de la ville de Lyon. Je l'ai signée et envoyée à Valence, il est vrai; mais pour que cette lettre ne produisît aucun effet, je l'ai adressée à un simple particulier.

D. N'avez-vous pas encore écrit de Grenoble, le même jour 13 mars, une lettre au commandant de gendarmerie de Valence, pour lui prescrire de protéger l'installation du général Debelle dans le commandement du département de la Drôme, au nom de Bonaparte?

R. Je l'ai écrite toujours par suite des ordres et instructions que Bertrand me remit à Lyon; je m'engageai en partant de les exécuter; je crus devoir tenir ma parole.

D. Dans ces trois différentes lettres qui vous ont été lues, vous prenez la qualité de général de division en mission extraordinaire par S. M. l'empereur : vous aviez donc reçu des pouvoirs de lui?

R. Je persiste à soutenir que je n'ai été chargé d'aucun pouvoir de Bonaparte.

D. Et en quelle qualité donc avez-vous écrit, à Valence, à MM. les commandans de gendarmerie et de la garde nationale?

R. En qualité d'ami. Je n'exerçais à Grenoble aucune autorité; j'y étais comme simple particulier; j'y conservais toujours les mêmes sentimens qui m'avaient conduit à Lyon pour le roi, et j'écrivis le 12 mars, au ministre de la guerre du roi,

une lettre pour lui annoncer que j'allais faire exécuter le mouvement que S. E. m'avait prescrit
par un ordre du 5 mars, aux 59ᵉ et 49ᵉ régimens
stationnés dans les Hautes-Alpes, n'importe sous
quel prétexte. Je lui témoignai le désir que j'avais
de recevoir ses ordres ou ceux de S. A. R. le comte
d'Artois.

D. Puisque vous étiez dans de pareils sentimens
pour le roi, vous deviez quitter Grenoble, et vous
réunir à S. A. R. le duc d'Angoulême, qui orga-
nisait une armée dans le Midi; pourquoi n'avez-
vous pas suivi ce parti?

R. Je n'ai reçu aucun ordre à cet égard.

Le vicomte de Briche. On n'a pas besoin d'ordre lorsqu'il s'agit de faire son devoir.

Le général : J'ai toujours fait mon devoir, et
je défie que l'on puisse me reprocher la moindre
inexécution des ordres que j'ai reçus.

D. Dans votre mission extraordinaire à Grenoble, et du 15 au 16 mars, n'avez-vous pas donné
des ordres au général Rostoland, commandant
dans le département des Hautes-Alpes, et à M. Dariès, colonel du 59ᵉ régiment stationné à Embrun
de reconnaître et de faire reconnaître par leurs
troupes l'autorité impériale?

R. Je n'ai donné aucun ordre au général Rostoland ni au colonel Dariès à ce sujet.

D. N'avez-vous pas forcé le général Rostoland
à faire avancer, le 17 mars sur Grenoble le 23ᵉ
régiment, commandé à Embrun par le colonel
Dariès, et à faire retirer les Marseillais de Gap?

R. J'ai fait venir le 39ᵉ régiment à Grenoble, pour éviter. tout engagement avec ces troupes et les Marseillais ; je n'ai donné aucun ordre pour faire retirer ces derniers de Gap ; j'ai même empêché qu'un bataillon d'Ecossais que Bonaparte avait amené avec lui, et qu'il avait laissé à Grenoble, ne se portât contre eux, et je les ai fait sortir de Grenoble malgré les ordres de Bonaparte qui avait ordonné que ce bataillon resterait en garnison dans cette ville.

D. Vous teniez donc des pouvoirs de Bonaparte puisque vous aviez une autorité dans une ville et sur des troupes qui lui étaient soumises ?

R. C'est de ma propre autorité que j'ai agi ainsi, je n'en avais aucun pouvoir ; je sais que je m'exposais, mais je le faisais pour le bien public et pour le roi.

Le vicomte de Briche. Il est inutile, M. le président d'insister sur un fait si bien établi, la seule question que nous devons faire est celle-ci : Si le général a prêté serment de fidélité au roi, et s'il a porté les armes contre lui.

R. J'ai prêté serment de fidélité au roi ; mais jamais je n'ai porté les armes contre Sa Majesté.

Le greffier donne lecture, par l'ordre du président, du rapport fait au ministre de la guerre par l'accusé, daté de Paris, le 28 mars, dans lequel les ordres donnés au général Rostoland sont relatés. Il lit aussi les déclarations du général Dariès à cet égard.

Le général Mouton-Duvernet fait observer que

c'était dans le cabinet du ministre de la guerre, et
fortement pressé par Son Excellence, qu'il a écrit,
sous sa dictée, ce rapport, le 30 mars, mais que
le ministre avait exigé qu'il le datât du 28, et que
les faits n'en sont ni exacts ni vrais.

, D. Ne reçûtes-vous pas une mission pour le département de la Haute-Loire, dans le mois
d'avril?

Sur cette demande, Me Passet propose la question d'incompétence du conseil sur les faits postérieurs au 23 mars 1815, motivée sur l'amnistie
portée par la proclamation du roi, datée de Cambrai, du 28 juin 1815, et l'ordonnance royale du
24 juillet suivant.

Le rapporteur prend la parole, et, pour faire
cesser toute discussion à cet égard, déclare qu'il
ne se servira dans son rapport des faits imputés
à l'accusé jusqu'au 28 juin, que comme simples
renseignemens, pour faire connaître sa conduite
au conseil, et non comme titre d'accusation.

Le président donne acte à l'accusé de cette déclaration; enfin il continue l'interrogatoire et représente au général les pièces à charge du procès,
au nombre de trente-sept.

. L'accusé déclare que la proclamation imprimée
et affichée sous son nom, datée du 8 juin, adressée
aux Lyonnais; où il y a ces mots : « Le 10 mars,
je marchais à côté du libérateur de la France, tandis que mes proclamations saluaient son retour,
et que l'air retentissait de vos chants d'allégresse, »
n'est point son ouvrage; que celle du 8 juillet

suivant, adressée aussi aux Lyonnais, imprimée et affichée sous son nom, où il est dit « que jamais les soi-disant représentans de la nation ne reconnaîtraient le gouvernement royal qu'elle avait rejeté, et qu'ils ne traiteraient de la paix qu'on négociait avec les puissances alliées, que sur des bases qui assureraient la stabilité du gouvernement impérial, » n'était point également son ouvrage, et qu'elle avait été faite par le lieutenant de police Teste; que dans la lettre du 11 juin, qu'il a écrite de Lyon au ministre de la guerre, son secrétaire a commis une erreur en écrivant ces mots : « J'ai cependant le regret de n'avoir eu, depuis les premiers jours de mars dernier, dans les diverses missions qui m'ont été confiées, que le temps d'exprimer le désir de bien faire. Je voudrais cependant bien qu'on me laissât celui de le prouver encore, comme je l'ai fait depuis longues années. » Puisque dans les premiers jours de mars il n'avait pu exercer aucune mission pour Bonaparte; qu'au lieu de ces mots, *premiers jours de mars,* il y avait *premiers jours d'avril.*

L'interrogatoire étant terminé, on allait procéder à l'audition des témoins à charge, lorsqu'un des défenseurs de l'accusé a annoncé que le général avait à soumettre quelques observations au conseil, qu'il le priait d'entendre.

Cette demande lui est accordée. Le général se lève, et s'adressant aux membres du conseil, il prononce un discours dont voici à peu près la substance.

« Messieurs, ce vieux soldat qui a versé tant de fois son sang pour sa patrie, et qui a peut-être contribué à lui procurer quelque gloire ; ce vieux soldat qui a occupé le même rang que vous, Messieurs, et qui n'a jamais manqué à l'honneur et à ses devoirs ; ce vieux soldat est celui qui, accusé par l'ordonnance du roi, du 24 juillet 1815, s'est remis volontairement dans vos mains pour être jugé. »

Il dit ensuite qu'il aurait pu trouver dans une terre étrangère un asile assuré ; qu'il avait devers lui tous les moyens de s'éloigner, et avec sûreté ; mais que son honneur était attaqué, qu'il voulait se justifier, et faire connaître au roi sa soumission, entière à ses volontés ; qu'il se serait senti humilié de présenter aux étrangers un général qui avait su se faire respecter chez eux, et s'y acquérir quelque gloire avec leur estime, fuyant de son pays une punition qu'ils pouvaient penser avoir été justement méritée ; que le peu de fortune dont il jouissait ne lui aurait pas permis de vivre chez eux sans rien faire ; que pour s'assurer une existence, il aurait été forcé de prendre et de solliciter même du service militaire ; et qu'un jour peut-être, contre son cœur, il se serait vu contraint de tourner ses armes contre sa patrie. « J'aime trop les Français et mon roi, s'écrie-t-il ; pour devenir leur ennemi : Je suis français, je veux mourir tel. »

Il finit par dire qu'en examinant soigneusement sa conduite et ses actions, ses juges se convaincront qu'il a été bien plus malheureux que coupable; que c'est dans le moment où, de la meilleure foi possible, il faisait tous ses efforts pour remplir ses devoirs et prouver sa fidélité au roi, qu'il est tombé malgré lui, au pouvoir de celui qu'il fuyait, et que jamais la trahison n'a été dans son cœur.

« Vous êtes délégués du roi, ajoute-t-il; vous avez la justice : c'est assez pour ma cause. »

Ce discours a été prononcé par le général avec un accent de douleur et les larmes aux yeux.

On a commencé ensuite l'audition des témoins.

Deux témoins à charge ont été entendus. Voici la substance de leurs dépositions :

Vincent Cordier, *maître de poste* à Saint-Fons, près de Lyon, déclare que le général arriva à Saint-Fons entre trois heures et trois heures et demie; qu'étant descendu de voiture avec deux autres officiers, ils se rendirent dans un appartement où étaient réunis plusieurs postillons, qu'il interrogea sur la marche de Bonaparte, et sur le lieu où il pouvait être; qu'il lui répondit, lui déposant, que Bonaparte était entre Bourgoin et la Verpillière; que le général demanda ensuite si S. A. R. Monsieur était encore à Lyon; que le déposant lui répondit encore qu'il avait fait partir ses chevaux pour le mener à Paris; qu'alors, en s'adressant aux deux officiers qui étaient avec lui, le général dit : *A tout hasard avançons; nous verrons ce que cela deviendra;* qu'il pressa son départ; qu'il était revêtu de ses décorations, et portait une cocarde blanche; qu'arrivés au milieu de la Guillotière, les voitures furent arrêtées par des dragons et des officiers qui allaient à la rencontre de Bonaparte ; qu'il ne vit point ce qui se passa, parce qu'il conduisait la troisième voiture ; mais qu'il vit descendre le général ; qu'il le vit ensuite monter sur un cheval qui lui fut amené par un dragon, et qu'il suivit la troupe sur le chemin de Grenoble.

André Cordier, *postillon à Saint-Fons*, dépose qu'il conduisait la voiture du général, lorsqu'arrivé au faubourg de la Guillotière, un détachement de dragons et un nombre d'officiers arrêtèrent les voitures ; qu'un officier et plusieurs dragons demandèrent à voir les personnes qui y étaient renfermées ; qu'il fut obligé d'ouvrir la portière de la voiture ; que le général fut reconnu, nommé par son nom, forcé de descendre et de monter sur un cheval qui lui fut amené ; qu'avant de monter sur ce cheval, on arracha la cocarde blanche de son chapeau, et qu'il fut ainsi conduit sur la route de Grenoble.

La séance est levée à trois heures, et reprise le lendemain 18 juillet à neuf heures du matin.

L'accusé est amené devant le conseil ; on continue ensuite l'audition des témoins. Les deux derniers témoins à charge ne s'étant pas encore rendus à la séance, on a entendu les témoins à décharge.

M. Maurice Martin, chef de bataillon, ancien aide-de-camp du général Mouton-Duvernet, après avoir entendu lecture de la déclaration qu'il a faite devant le juge d'instruction du Puy, a dit que les faits qu'elle rapporte sont exacts et sincères. (Voir la séance du 16.)

François Bouvier, *aubergiste* à Vienne, qui n'a pas encore déposé, déclare que le 10 mars le général Mouton-Duvernet arriva à Vienne un peu avant midi, autant qu'il peut se le rappeler; qu'il y dîna dans son auberge avec les officiers de sa suite; qu'avant de se mettre à table, le général le fit appeler, et s'informa de lui sur ce qu'on disait de Bonaparte, et sur son arrivée à Lyon; que le déposant lui dit que les bruits couraient que Bonaparte était sur la route de Grenoble à Lyon; que les hussards du 4e régiment, stationnés à Vienne, étaient partis pour le rejoindre, et que les ponts de Lyon étaient barricadés. Le général s'informa ensuite s'il pouvait traverser le Rhône avant d'arriver à Lyon. Il lui dit qu'à Saint-Fons il en avait la facilité; que le témoin se rappelle que le général et les autres officiers portaient la cocarde blanche, et étaient revêtus de leurs décorations; et que le général ne resta dans son auberge que le temps nécessaire pour dîner, au bout duquel il se mit en route.

Le comte d'Albon, *maréchal-de-camp*, dépose sur le service que le général Mouton-Duvernet lui a rendu, en le prévenant de l'ordre qu'il avait de le faire arrêter, pour avoir recruté pour S. A. R. le duc d'Angoulême, et en ne le faisant exécuter que lorsque qu'il eut la certitude qu'il était en sûreté.

La comtesse D'ALBON, dépose sur le même fait. . .

Le comte de LAURENCIN, colonel de la légion du Rhône, a également déposé sur le service qu'il a reçu du général Mouton-Duvernet, sans être connu de lui, en le faisant prévenir de l'ordre qu'il avait reçu de le faire arrêter pour le même motif que le comte d'Albon.

La comtesse de LAURENCIN dépose sur le même fait.

M. *Claude* HODIER, secrétaire à la mairie de Lyon, qui n'a pas encore été entendu, déclare que dans les premiers jours d'avril 1815, le général Mouton-Duvernet se rendit à la mairie pour parler à M. de Fargues, maire; que se trouvant absent, le général dit au déposant qu'il voulait prendre avec lui des mesures pour faire cesser les désordres que se permettaient quelques mutins dans la ville, et que leurs chants révolutionnaires indiquaient.

- M. MARGARON, *négociant de Lyon*, dépose que le 15 ou le 16 juillet 1815, étant sur la porte d'un café à la place des Terreaux, il fut témoin des provocations qu'un militaire se proposait de faire à une société réunie pour lui faire crier *vive l'Empereur*; que le déposant s'approcha pour savoir ce que c'était, et qu'il se permit quelques réflexions assez fortes contre ce militaire; qu'alors ce dernier se saisit du déposant, exerça sur lui toutes sortes de violences, et que tout à coup un attroupement nombreux de militaires l'entoura,

et le maltraitait cruellement. A l'instant èt sur le
bruit que faisaient ces militaires attroupés, le général, Moúton-Duvernet,, accompagné du préfet
Pons ; sortit de l'hôtel de Milan, pénétra dans la
foule, lui dit de prendre son bras, et chercha à
le tirer d'entre les mains de ces furieux en le conduisant à l'Hôtel-de-Ville, que le déposant pense
qu'il lui doit la vie. Qu'il est aussi vrai qu'il n'a
jamais connu le général Mouton-Duvernet, et
qu'il pense que c'est le seul désir d'empêcher le
mal qui lui avait fait accorder sa protection et l'a
guidé en cette occasion; ajoutant qu'il lui a été
rapporté qu'à la suite de cette scène, le général
Mouton-Duvernet, rentrant dans l'hôtel de Milan;
réprima un officier qui prétendait qu'on avait eu
tort de ne pas assommer ce royaliste, en parlant
de lui, déposant, ainsi que beaucoup d'autres
qu'il y avait dans la ville; en le mettant aux arrêts, et lui disant qu'il était honteux qu'un officier tînt de pareils propos et excitât au meurtre.

M. Fontcoeur, capitaine au Puy, dépose sur la
conduite du général Mouton-Duvernet, à l'égard
des officiers autrichiens venus en parlementaires
à Lyon, qui furent insultés et maltraités par
une populace effrénée qui les poursuivit jusque
dans l'hôtel du général, pour en faire ses victimes, et à qui il sauva la vie; sur le danger auquel il s'était exposé pour dissiper cette populace,
et pour empêcher et faire cesser le pillage d'une
maison de Bellecour; sur les mauvais traitemens
qu'il en avait reçus.

Il déclare en outre qu'il était chez le général
lorsque plusieurs officiers pénétrèrent par force
dans son appartement ; qu'ils lui proposèrent de
faire arrêter le maréchal Suchet, qui était un
traître, de prendre le commandement de l'armée,
d'armer les fédérés et de contremander le départ
des gardes nationales ; que le général rejeta avec
· indignation une pareille proposition, et chassa
ces officiers de chez lui.

· M. Demeaux (*Camille*), propriétaire à Montbrison, répète à l'audience tous les faits contenus
dans sa déclaration écrite, et qui a été lue dans
la séance du 16. Ensuite il ajoute que le général
était logé chez lui lorsque le 28 juillet, un officier
vint lui annoncer qu'il était porté sur l'ordonnance du roi du 24 de ce mois, et traduit devant
un conseil de guerre : qu'il doit à la vérité de dire
que le général reçut cette nouvelle avec calme,
tranquillité, et montra la plus parfaite soumission
aux ordres du roi ; qu'après avoir pris connaissance de cette ordonnance, il dit qu'il se présen-
terait sans crainte devant le conseil de guerre qui
devait le juger ; et sur-le-champ il écrivit au préfet de la Loire, au ministre de la guerre, qu'il se
démettait du commandement de la 19° division ,
et qu'il se constituait prisonnier ; que le même
jour, plusieurs officiers vinrent le voir, lui témoigner le regret de sa position, et lui offrir de
le protéger ; et qu'il a été témoin que le général
rejeta leurs offres, leur dit qu'il fallait avoir une
soumission entière aux ordres du roi, et qu'il allait

leur en donner lui-même le premier exemple en
se constituant prisonnier; que le lendemain le général fit part au déposant des craintes qu'il avait
sur les effets du premier moment, qui devait être
marqué par des actes d'une sévère justice, et le
pria de vouloir bien lui prêter un asile pour l'éviter et préparer les moyens qui devaient servir à sa
justification, lui promettant de remplir les engagemens qu'il avait contractés et de se constituer
prisonnier; que le déposant se rappelant le service important qu'il venait de rendre à la ville de
Montbrison, le voyant soumis entièrement aux
ordres du roi, et touché d'un repentir sincère, ne
crut pas devoir lui refuser cet asile, qu'il peut assurer au conseil que depuis le 1er ou le 2 août 1815,
jusqu'au moment où il s'est constitué prisonnier,
le général est constamment resté enfermé dans le
petit appartement qu'il lui avait assigné, et qu'il
n'a eu la moindre relation avec qui que ce soit;
qu'il avait un passeport pour passer à l'étranger,
et qu'il le déchira en sa présence; pour s'ôter
toute ressource, et remplir plus fidèlement ses
engagemens; c'est-à-dire se constituer prisonnier, que toujours son intention a été la même;
que ce n'est point la visite qui fut faite chez le déposant le 27 février 1816, qui a fait prendre au
général le parti de se rendre au préfet de la Loire,
le 4 mars suivant; que c'était pour remplir l'o-
bligation qu'il avait contractée envers lui, pour
obéir aux ordres du roi, et pour se justifier.

Cette déposition a ému la reconnaissance de

l'accusé, qui n'a pu retenir ses larmes en l'entendant prononcer.

. Me Marnas, avocat, prie le conseil de ne pas
perdre de vue cette déposition qui détruit complétement les bruits calomnieux répandus sur le général, en l'accusant d'avoir pris part à la conspiration du mois de janvier 1816.

M. Dumoncel, *maire de Montbrison*, M. Du-
buisson, propriétaire de cette ville, déclarent
successivement que le général Mouton-Duvernet
avait rétabli la tranquillité qui avait été troublée
dans leur ville par les soldats de l'armée des Alpes
qui s'y étaient retirés ; qu'il avait fait prendre la
cocarde blanche aux soldats, et y avait fait rétablir le pavillon blanc qui avait été arraché par
ces soldats. M. Dumoncel ajoute, par la position
où se trouvait la cachette du général Mouton-Duvernet, il ne pouvait communiquer qu'avec les
personnes qui le retiraient.

. M. de Lachaumette déclare que le général avait
empêché le pillage de la ville d'Yssingeaux ; qu'il
avait fait punir plusieurs individus de Roanne qui
le demandaient, et que, sans être connu de lui, il
l'avait garanti, en s'exposant, des insultes de ces
individus qui, par rapport à ses principes royalistes, voulaient le maltraiter et lui arracher peut-
être la vie.

M. Rousset, capitaine de l'état-major de la dix-
neuvième division militaire, dépose sur la conduite que tenait le général lorsque les officiers
autrichiens envoyés en parlementaires à Lyon,

furent insultés et maltraités par le peuple, depuis leur entrée dans Lyon jusqu'à son hôtel....... sur le refus qu'il fit aux officiers qui venaient lui proposer de prendre le commandement de l'armée, de faire arrêter le maréchal Suchet, et de contremander les ordres de la capitulation ; sur sa soumission franche et sincère, au roi et à ses ordres, lorsqu'il apprit surtout qu'il était porté dans l'ordonnance du roi du 24 juillet 1815, qui ordonnait son arrestation et sa tradition devant un conseil de guerre.

M. Mallet, *comte de* Fargues, maire de Lyon, persiste dans sa déposition écrite, et dont la lecture eut lieu dans la séance du 16. Il ajoute, sur la demande de l'accusé, que le général lui a toujours parlé avec respect du duc d'Angoulème, et que c'était le seul des généraux, il doit le dire, qui s'exprimât ainsi envers ce prince.

Mad. Bochage, *veuve Chomel*, se présente volontairement pour instruire le conseil d'un fait à décharge envers l'accusé.

Elle déclare que le 13 juillet, elle avait vu le général Mouton-Duvernet, au moment où des furieux s'étaient emparés d'un ecclésiastique respectable pour le jeter dans le Rhône, le délivrer d'entre leurs mains, et être exposé lui-même à subir le même sort.

L'huissier annonce au conseil que les deux témoins à charge sont présens.

On procède sur-le-champ à leur audition.

Louis Cutty, et Pierre-Charles Saint-Dizier,

tous deux *imprimeurs*, font une déposition de peu
d'importance , relative aux impressions qu'ils ont
faites pour l'accusé.

La séance est levée à trois heures.

Séance du 19 juillet.

Le conseil s'assemble à neuf heures du matin.
L'accusé est introduit accompagné de ses défenseurs : M. Chabrol de Crussol, conseiller-d'état, préfet du Rhône, le dernier témoin à décharge, est
entendu.

Il dépose que le 13 juillet 1815, une émeute re-
doutable se manifesta le soir dans la ville de Lyon,
à l'occasion de l'arrivée de trois parlementaires
autrichiens, etc. (Le reste de cette déposition
confirme celle de M. Rousset, capitaine de l'état-
major de la dix-neuvième division militaire.)

Tous les témoins entendus (nous n'avons cité
que les dépositions les plus importantes), le président demande à l'accusé s'il n'a aucune observation à présenter. Sur sa réponse négative, il
invite le rapporteur à faire son rapport, et à donner ses conclusions.

Le rapporteur prend la parole, développe l'affaire, et conclut à ce que le général soit déclaré
atteint et convaincu du crime de trahison envers
le roi avant le 23 mars.

Après le rapport, le général se lève, fait remarquer au conseil que le rapport qu'il vient d'entendre contient des faits exagérés, et d'autres peu

exacts : il dit que ses défenseurs les relèveront, et prie le conseil de vouloir bien les écouter avec attention.

Mᶜ Marnas, avocat, parle le premier. Il entreprend de prouver que les faits imputés au général Mouton-Duvernet, depuis le débarquement de Bonaparte jusqu'au 23 mars, ne sauraient constituer le crime de trahison dont il est accusé, et c'est en citant les faits, en les rapprochant et les comparant entre eux, en démontrant la réalité des uns et la fausseté des autres, qu'il parvient au but qu'il se propose, celui de faire voir l'innocence de son client.

« La crise politique, dit-il, à laquelle se rapportent les circonstances qui nous occupent, doit d'abord arrêter nos regards. L'histoire n'offre rien qui puisse lui être comparé. C'est une invasion que partout la fatalité seconde. A peine Bonaparte touche le sol de la France, et déjà il compte des succès; chaque jour agrandit ses progrès. Il s'avance, le délire marche à sa suite; en vain le sujet fidèle résiste, une rapidité sans exemple, une défection inouïe trompent sa prévoyance.

..... « Que fit donc au moment de la fatale invasion le général Mouton-Duvernet? Placé sous le poids des circonstances les plus critiques, il ne songea qu'à suivre son devoir.

« On ne peut en douter, le général Duvernet voulut dès le 4 mars, résister à Bonaparte; il prit tous les moyens d'y parvenir. Quand il ne put

plus agir contre lui, il quitta Valence pour joindre
Monsieur à Lyon.

« Résister à Bonaparte, se réunir au frère du
roi, voilà, Messieurs tout ce que se propose, tout
ce qui occupe, tout ce qui fait agir le général Duvernet, du 4 au 10 mars.

« L'énergie du sentiment qui l'anime est re-
tracée par la promptitude de ses démarches à l'instant de l'invasion, par ses démonstrations, par ses
mesures, par ses écrits, par ses courses précipi-
tées.

..... « C'est un ordre auquel il ne peut échapper qui le conduit en présence de Bonaparte. Il
n'y parut que pour résister à la volonté qui lui
dictait des conditions : il rejeta l'odieuse proposition de marcher sur Paris, et de rester à Lyon
dépositaire d'une autorité usurpée.

« Ici, Messieurs, peut-on douter que le général Mouton-Duvernet ne soit demeuré à Lyon contraire à Bonaparte. Si alors il lui eût été dévoué,
n'eût-il pas été appelé à prendre une part active
à son entreprise? Eût-on négligé ses services au 10
mars, époque à laquelle les obstacles devaient se
multiplier devant Bonaparte, où sa marche sur la
capitale devait chaque jour être plus difficile.

..... « S'il se fût dévoué alors, Bonaparte l'eût
récompensé dans la suite, et le général n'eût pas
été seul exclu des faveurs qu'il a répandues sur ceux
qui avaient facilité sa marche et ses progrès.

« Bonaparte avait si bien jugé que la conduite
du général Duvernet lui avait été contraire, qu'il

ne pouvait pas compter sur lui ; qu'à Grenoble, il l'a dépouillé de son commandement, pour le donner au général Debelle ; qu'à Lyon, maître de sa personne, il le relégua à Grenoble, à Grenoble qui lui obéissait ; qu'à son arrivée à Paris, il le prive de son rang dans la vieille garde ; que pendant l'interrègne, il ne le met jamais au nombre de ceux auxquels il prodigue les places et les récompenses.

« A Grenoble, il ne reçut aucune mission, aucun emploi. Le 12 mars, il écrivit au ministre de la guerre, duc de Feltre, pour lui demander ses ordres ; il témoigne au général Boucher les regrets que lui causaient les événemens d'alors : donc à Grenoble il n'a pas trahi le roi.

.... « Ainsi, en parcourant les élémens de l'accusation, il n'en est aucun qu'on puisse envisager sous un point de vue criminel ; il n'en est aucun qui ne s'explique d'une manière conforme à la résolution qu'avait le général en cessant à Grenoble de rester fidèle au roi. »

Le défenseur rappelle ici tous les faits imputés à l'accusé, et prouve, à mesure qu'il avance, que ces faits ne constituent pas le crime de trahison.

Enfin il termine par une péroraison animée par un beau mouvement oratoire.

« Que notre auguste monarque n'est-il assis lui-même dans cette enceinte. Il verrait ce guerrier couvert de blessures ; il connaîtrait sa vie, dont une probité sans tache a marqué le cours ; il apprendrait le dévouement qu'il montra à l'instant où son trône fut menacé ; il connaîtrait la force qui le sépara de son prince, et le sang du guerrier réservé à la patrie ne coulerait que pour elle.

« Vous qui jugez en son nom, oubliez l'inexorable sévérité, pour ne vous souvenir comme lui que de l'exacte justice ; gardez-vous de voir l'odieux attentat d'une trahison sans donner à un si grand forfait un fondement solide ; assez d'erreurs ont signalé notre âge, n'allons pas en faire autant de crimes. »

Me. Passet, autre défenseur de l'accusé, prend ensuite la parole ; son exorde court, insinuant et modeste, réunit toutes les qualités nécessaires pour concilier à l'orateur la bienveillance et l'attention des juges.

Nous regrettons que le peu d'espace qui nous reste ne nous permette pas de citer en entier l'excellent plaidoyer de cet avocat. Il le termine par une péroraison, dans laquelle il rappelle tout ce qui peut intéresser en faveur de son client.

« Monistrol, Yssingeaux, le Puy, Marseille, Montbrison, Lyon, toutes les villes, toutes les contrées qu'il a parcourues, attestent ici qu'au milieu de nos désordres politiques, il ne laissa point éteindre le feu sacré de l'honneur dont brûla toujours un cœur français. Vous tous, à qui il sauva la vie, accourez ici ; venez avec moi défendre l'accusé, aujourd'hui qu'il est exposé lui-même à de si grands périls. Dites à ses juges tout ce que vous savez, tout ce qu'il a fait. Effaçons de notre souvenir des jours funestes : qu'a-t-il fait le reste de sa vie ? Pendant trente ans, il a servi avec honneur son pays ; il a recueilli quelque gloire, quelques récompenses flatteuses ; jamais il n'obtint ni ne chercha les faveurs de la fortune. Il a versé son sang dans vingt campagnes pour la patrie ; il a concouru avec des milliers de braves à illustrer le nom français, à le faire respecter de l'Europe entière. Le roi a déclaré que tout ce qui avait illustré la France, il le revendiquait pour lui-même. Ainsi, c'est pour le roi que combattait ce généreux soldat, quand il combattait pour la patrie. Il a pu être égaré ; jamais il ne fut traître ni rebelle. Que ne lui est-il donné de pouvoir expier de courtes erreurs ! Combien il serait heureux de pouvoir mourir pour son roi ! Il a pu être égaré, dis-je ; mais jamais la pensée du crime n'entra dans son cœur. La dépravation exclut tout espoir de retour au bien, l'égarement est plus près qu'on ne pense de la vertu. Voyez le grand Turenne ! Il offensa le roi : il avait entraîné la défection d'une armée entière. Le roi pardonna, et Turenne devint le modèle des guerriers et la gloire de la France.

« Le général qui est à vos pieds a offensé le roi ; mais le roi a pardonné aux hommes égarés ; il a prononcé à la face de l'Europe le pardon de Cambrai. Vous, Messieurs, vous qui êtes ici les augustes mandataires de ce roi magnanime, imitez sa grande âme. Celui dont le sort est dans vos mains : exposa mille fois sa vie ; il ne craint pas la mort. Soldat, époux et père, il ne craint que l'infamie ; il ne redoute que le tourment de laisser après lui un nom couvert d'opprobre. N'écoutez pas, ici, Messieurs, la diversité de langage de la multitude. Ce n'est point à la multitude qu'il faut demander la vérité. Ne cherchez dans cette terrible affaire que la pensée du roi. Vous la trouverez dans les lois qu'il a faites ; vous la trouverez dans vos consciences. Hélas ! Messieurs, les hommes et les choses disparaissent, les révolutions finissent, les actions restent. Quels souvenirs vous attendent, si vous avez le courage de distinguer entre l'égarement et le crime, et de sauver l'honneur à un guerrier qui se montra si long-temps dévoué à l'honneur. Il fut égaré un instant : il a offensé le roi, sans doute ; jamais il ne commit le crime que le roi a voulu punir. En venant au secours de ce guerrier malheureux, vous ferez, Messieurs, un acte de justice, parce que vous aurez dignement interprété la grande, la magnanime pensée du roi. »

Après ce plaidoyer, le général Mouton-Duvernet prend à son tour la parole. Il rappelle aux membres du conseil qu'il s'est arraché de sa retraite pour venir se justifier, qu'il l'a dû à lui-même et à son roi, que sa vie était entre leurs mains ; que leur arrêt allait décider de son sort, qu'il l'attendait sans crainte et avec confiance ; que, délégués du roi, ils en avaient la justice : « Avant de me séparer de vous, Messieurs, a-t-il dit, veuillez me permettre de rendre publique l'expression des sentimens qui m'ont toujours animé, et qui m'animent encore : *Vive le roi! vivent les Bourbons ! vive la France !* »

Le général fut reconduit ensuite dans les prisons. A trois heures, les nombreux spectateurs, le rapporteur et le greffier quittèrent la salle sur l'invitation du président. A cinq heures et demie on reprit la séance, et le président prononça le jugement suivant :

« Le conseil délibérant à huis-clos, seulement en présence du commissaire du roi, le président a posé la question suivante :

« Le nommé Régis-Barthélemi Mouton-Duvernet, lieutenant-général des armées du roi, accusé d'avoir trahi le roi avant le 23 mars 1815, et compris pour ce fait sur la première liste de l'ordonnance royale du 24 juillet suivant, est-il coupable?

« Les voix recueillies, en commençant par le grade inférieur, le président ayant émis son opinion le dernier, le conseil de guerre permanent déclare à l'unanimité que ledit Régis-Barthélemi Mouton-Duvernet, lieutenant-général, est coupable.

« Sur quoi, le commissaire du roi a fait son réquisitoire pour l'application de la peine.

« Les voix recueillies de nouveau par le président, dans la forme indiquée ci-dessus;

« Le premier conseil de guerre permanent, faisant droit sur ledit réquisitoire, et le président ayant lu le texte de la loi,

« Condamne à l'unanimité le nommé Régis-Barthelémi Mouton-Duvernet, lieutenant-général, à la peine de mort, conformément à l'article 87 du Code pénal, section IIe, paragraphe Ier.

« Le condamne en outre aux frais de la procédure, etc., etc.

« Fait, clos, jugé et prononcé sans désemparer, en séance publique, à Lyon, le 19 juillet 1816. Suivent les signatures des membres du conseil.

Immédiatement après la lecture et le prononcé du jugement, le rapporteur requit que sans désemparer, la dégradation de la Légion-d'Honneur fût prononcée par le président contre le condamné, conformément à l'article 58 de l'ordonnance royale du 26 mars 1816.

Après la séance, le rapporteur se transporta dans la prison du général Mouton-Duvernet pour lui donner lecture de la sentence du conseil de guerre, en présence de ses défenseurs et de la garde assemblée; le général refusa de l'entendre; il remercia le rapporteur de l'impartiale équité qu'il avait apportée dans ses pénibles fonctions, et le pria d'excuser les mouvemens d'impatience qui lui étaient échappés pendant la lecture du rapport, il le chargea de témoigner à MM. les membres du conseil de guerre sa reconnaissance pour l'attention qu'ils avaient mise à accueillir tous les moyens tendans à le disculper. Enfin, le général déclara qu'il se pourvoyait en révision.

Le pourvoi adressé par le général au conseil permanent de révision de la 19e division militaire, fut rejeté le 26 juillet.

Le lendemain, 27, le son des tambours et des trompettes rassembla sur la place de Bellecour, à quatre heures du matin, toutes les troupes de la garnison, elles furent distribuées sur les avenues et sur la route de la *Quarantaine*, lieu destiné au supplice du général Mouton-Duvernet. La foule des spectateurs n'ayant pu pénétrer par le chemin des *Etroits*, ni par le quartier Saint-Georges, se rejeta sur l'autre rive de la Saône, dans les remblais de Perrache, d'où l'on pensait pouvoir être témoin de l'exécution.

A quatre heures et demie la prison s'ouvrit; le général pâle, mais calme, monta en voiture, accompagné de l'abbé Besson, curé de Saint-Nizier, de l'abbé Marduel, vicaire de la même paroisse, et du rapporteur du conseil. Il portait un chapeau rond, des bottes à l'écuyère, et une redingote bleue sans décoration. La voiture, escortée par un escadron de gendarmerie, s'avançait au pas. Pendant le trajet, le général laissa tomber quelques larmes, produites par les sentimens de componction dont il était animé. Arrivé au lieu fatal, il descendit de voiture avec fermeté, se plaça en face de douze grenadiers de la Légion du Rhône,

reçut l'absolution, et, sur les pressantes sollicitations des deux ecclésiastiques qui l'assistaient,
consentit à se laisser bander les yeux et à se mettre
à genoux. Un instant après, il avait cessé de
vivre.

Son corps fut transporté au cimetière de
Loyasse, accompagné d'un cortége religieux.

ASSASSINS

DU DOCTEUR LEROY.

ALPHONSE LEROY, né à Rouen le 23 août 1742, un des médecins les plus distingués de Paris, connu par son habileté dans l'art des accouchemens et par ses connaissances dans la guérison des maladies produites par la grossesse, auteur de mémoires fort estimés, mourut assassiné dans la nuit du 14 au 15 janvier 1816.

Voici les faits relatifs à ce crime, qui sont consignés dans l'acte d'accusation, dont la lecture eut lieu à l'audience de la Cour d'assises du 25 juillet 1816.

Le docteur Alphonse Leroy, vieillard de 73 ans, professeur à la Faculté de médecine de Paris, habitait une maison particulière, rue Vaugirard, n° 80. Cette maison est composée de deux corps-de-logis qui sont séparés par une terrasse au-dessus du vestibule d'entrée. Ses dépendances sont une basse-cour, un jardin clos de murs, et une autre terrasse allant du rez-de-chaussée au jardin. Elle a deux entrées sur la rue : l'une par une porte bâtarde, sous la première terrasse ; l'autre

par une porte charretière ouvrant sur la basse-
cour.

Le 9 novembre 1815, Louis Canipet, âgé de
30 ans, que le docteur avait connu cocher d'un
cabriolet de place qu'il prenait quelquefois, avait
été reçu à son service comme domestique, sous
les noms de *Pierre-Joseph Davaine*; et il s'était
en outre fait appeler *Louis*, sans déclarer le nom
de Canipet. Une cuisinière, nommée Rosalie-Su-
zanne, se trouvait dans la maison du docteur.
Louis lui reprocha de lui donner une mauvaise
nourriture, la menaça plusieurs fois de la jeter
par la fenêtre ou dans le feu, ou de lui ouvrir le
ventre d'un coup de couteau, et la força ainsi de
demander elle-même son congé. Elle fut remplacée,
le 16 novembre, par Marguerite Guillou, âgée
de 37 ans, qui, cachant son véritable nom, fut
admise sous celui de *Boulan*.

Louis et Marguerite Guillou se connaissaient
parfaitement; ils vivaient ensemble depuis plusieurs années; mais, dans la maison du docteur,
ils furent loin de montrer la moindre intimité, et
on les crut absolument étrangers l'un à l'autre.

Quelques semaines s'étaient à peine écoulées,
que Louis, annonçant un caractère sombre et fa-
rouche, excita le mécontentement de son maître,
en se montrant envers lui insolent et dur. Il fut
congédié le 4 janvier, et remplacé le même jour
par un homme d'un âge mûr, nommé Mathieu
Marchand.

A cette époque du 4 janvier, vivait et demeu-

rait chez le docteur, depuis le 7 juillet précédent,
M. Gustave Canel, son ami, capitaine des grenadiers de la garde de S. M. à Gand, et rentré en
France à sa suite. La maison du docteur était ainsi
habitée et continua de l'être par quatre personnes :
lui, son ami, le domestique Marchand et la cuisinière Marguerite Guillou, dite *Boulan*.

Le docteur couchait dans une chambre au premier étage du principal corps-de-logis. La chambre de M. Canel était au-dessus de la cuisine,
dans le deuxième corps-de-logis. Les chambres
des domestiques étaient au-dessus de celle du
maître. Elles s'ouvraient sur un corridor, où,
depuis l'assassinat place de l'Oratoire, et le vol
ou la tentative de vol et d'assassinat rue d'Assas,
on laissait habituellement un fusil chargé et armé
de sa baïonnette.

La porte bâtarde sur la rue se fermait, en dedans, par une bonne serrure à double tour. Il en
était de même de la porte charretière. A la vérité,
cette dernière porte, lorsqu'elle était fermée à un
seul tour, pouvait s'ouvrir, étant poussée du dehors ; mais un malfaiteur qui serait parvenu dans
la basse-cour par ce moyen, aurait rencontré,
s'il eût voulu s'introduire dans la maison, une
triple et quadruple ligne d'obstacles opposés par
diverses portes fermées en dedans, et aux serrures
desquelles les clefs étaient toujours laissées.

Louis, depuis le jour où il avait quitté la maison, n'y avait reparu que deux fois. Une veuve
Poncet, sœur de Marguerite Guillou, y travail-

lait alors en journée. Quoiqu'il ne parût connaître que Marguerite, on l'entendit tutoyer les deux sœurs.

Le dimanche 14 janvier, le docteur et M. Canel son ami devaient, chacun de son côté, dîner en ville. Le docteur sortit dans son cabriolet avec son domestique Marchand ; Marguerite Guillou resta seule. Entre midi et une heure, un sieur Marthé, jardinier-botaniste, à qui le docteur avait prêté quelque argent, se présenta pour le lui rendre. Il sonna sans qu'on lui répondît. Il sonna de nouveau, et alors parut Marguerite Guillou, les bras croisés sur sa poitrine qui était très-agitée. Le sieur Marthé lui ayant demandé ce qu'elle avait, elle répondit : *J'ai été indisposée ; j'ai failli mourir. Qu'est-ce qui vous aurait ouvert si j'étais morte ?* En parlant ainsi, elle se tenait à la porte, et ne proposait pas au sieur Marthé d'entrer, quoiqu'il eût l'habitude d'entrer de suite, que le docteur fût ou ne fût pas à la maison. Lorsqu'il eut appris que M. Leroy était absent, le sieur Marthé parla d'arbres qu'il était chargé de lui fournir, et se rendit au jardin. Il entendit qu'on sonnait de la rue : il s'approcha pour voir si c'était le docteur ; mais il ne vit personne. Etant ensuite remonté du jardin sur la terrasse pour s'en aller, il vit Marguerite revenir par un corridor qui conduit à la basse-cour. Qui avait sonné ? Qu'est-ce que Marguerite venait de faire à la basse-cour ? On l'ignore. On s'est seulement rappelé que ce même jour, 14 janvier, Mar-

guerite était montée par une échelle dans le
grenier à foin, sous prétexte d'y mettre des œufs
de plâtre pour faire couver les poules.

M. Canel rentra sur les quatre heures. Il fit
prendre du vin sucré à Marguerite, qui se plaignit
d'avoir été asphyxiée par la vapeur du charbon.
Quelque temps après, Marchand revint seul. Rentré par la porte bâtarde que Marguerite lui ouvrit,
et qu'il referma aussitôt, il fut ouvrir pour le cabriolet la porte charretière, qu'il referma également-
ment de suite et à double tour. Il dîna ensuite
avec Marguerite. Après le dîner, il sortit pour aller voir sa femme, quoique Marguerite l'engageât à
rester, en lui faisant observer qu'elle était seule et
indisposée.

Le docteur était rentré depuis quelques instans.
Il avait fait appeler M. Canel. Il avait envoyé
Marchand chercher de l'eau-de-vie pour faire du
punch. Instruit que, pendant son absence, sa domestique avait été indisposée, il avait voulu qu'elle
en prît un verre. Ce fut-elle-même qui raconta à
la cuisine, où se trouvait sa sœur, ce dernier trait
de la bonté d'un homme respectable qui bientôt
allait recevoir la mort.

L'heure du coucher étant arrivée, le sieur Canel
se retire dans sa chambre. Marchand aide son maître à se mettre au lit, et laisse dans la chambre
deux lumières pour la nuit, savoir : celle d'une
veilleuse ordinaire, et celle d'une lampe à quin-
quet qui était posée sur une table près du lit, table
sur laquelle venait se placer aussi, par un prolon-

gement du cordon, une ficelle que le docteur pouvait atteindre pour faire mouvoir une sonnette que M. Canel pouvait entendre de sa chambre.

Marchand étant redescendu, il ferme à double tour et au verrou la porte bâtarde sur la rue; il ferme aussi d'autres portes. Ayant entendu Marguerite qui était dans les appartemens du rez-de-chaussée, il lui recommanda de bien fermer partout. Elle répond que tout est bien fermé. Il monte se coucher, et Marguerite en fait autant.

Vers les onze heures un quart, une femme qui passait rue de Vaugirard, voit arrêté dans l'enfoncement d'une porte, vis-à-vis la porte bâtarde de la maison du docteur, un homme qui, au moment où elle passe devant lui, fait deux pas en avant, puis rentre dans l'embrasure d'où il était sorti. Effrayée, elle double le pas, et l'a bientôt entièrement évité.

A minuit et demi, Marchand est réveillé par des cris; il écoute : des cris étouffés frappent encore son oreille, et il croit entendre la voix de son maître. Aussitôt il allume à sa veilleuse une chandelle qu'il met dans une lanterne; puis, en chemise et la lanterne à la main, il s'empresse de descendre à la chambre de son maître. La porte se trouve entr'ouverte; une bougie brûle sur la fenêtre de l'escalier et éclaire le carré. Entré dans la chambre, où la veilleuse et la lampe sont encore allumées, il voit près du lit de son maître un homme de moyenne taille, vêtu d'une redingote, la tête nue et la figure couverte d'un voile noir.

Cet homme , aussitôt qu'il aperçoit Marchand , s'élance sur lui et le frappe d'un couteau de chasse dont il est armé. Marchand , quoique grièvement blessé , jette sa lanterne à terre ; puis de la main droite il saisit l'assassin au collet , et de la gauche le désarme et jette le couteau derrière lui. Alors s'engage une effroyable lutte : les deux combattans glissent sur le carreau que Marchand inonde de son sang ; ils tombent, se relèvent et tombent encore : toujours le meurtrier veut ressaisir son arme; toujours la victime l'éloigne de ses mains. Enfin, aux cris du brave Marchand , arrive Marguerite avec le fusil armé de sa baïonnette. *Prenez le fusil; le voilà* , disait - elle en descendant l'escalier ; mais, parvenue sur les dernières marches, en face de la porte de la chambre où se passait la scène de carnage , elle s'arrête en s'écriant : *Ah! mon Dieu! qui est - ce qui est là? qu'est-ce que c'est?* Marchand lui crie : *Enfoncez-lui la baïonnette dans les reins... piquez-le donc...* Marguerite reste immobile. La lutte continue devant elle : ils tombent de nouveau sur le carreau ; ils écrasent sous leurs pieds les vitres de la lanterne. Le voile noir dont l'assassin s'est masqué tombe enfin , et laisse voir à découvert la figure de Louis Canipet. *Ah! c'est Louis !* s'écrie aussitôt Marchand. *Scélérat ! que viens-tu de faire?* Marguerite, de son côté, crie qu'elle va chercher M. Canel. Louis, dans ce moment, redouble d'efforts; il veut entraîner Marchand dans le corridor; il le tire par la chemise en disant : *Viens, coquin.* Marchand résiste en se

cramponant au chambranle de la porte. La chemise finit par céder : Louis se sauve par le grand
escalier et disparaît.

. Marchand voit encore Marguerite qui lui dit :
Ah! mon Dieu! vous êtes blessé ! Il lui demande
une serviette pour arrêter le sang qu'il continue
de perdre, et c'est seulement après la lui avoir
donnée que Marguerite va appeler M. Canel. *On
nous assassine!* lui crie-t-elle en l'éveillant ; *on
assassine M. Alphonse; nous sommes perdus!*
M. Canel se lève aussitôt, et, sans prendre aucun
vêtement, descend à la cuisine, où, saisissant le
premier objet qui se trouve sous sa main, il s'arme
d'un rouleau à pâte. Traversant le vestibule pour
monter l'escalier, il remarque que la première
et la seconde porte sur la basse-cour sont entièrement ouvertes. Parvenu à la chambre du
docteur, il y voit le malheureux Marchand assis et
perdant beaucoup de sang ; il voit le couteau de
chasse et le ramasse. Il s'approche du lit ; il y voit
le docteur couché en travers : une pièce d'estomac,
qu'il avait encore sur lui, était ensanglantée et
percée dans la partie qui était placée sur le cœur.
Lui trouvant encore du pouls, il lui fait respirer de
l'alcali volatil, et croit apercevoir du mouvement
dans ses yeux ; mais il reconnaît bientôt que son
ami a cessé d'exister. Il veut se mettre en défense
à la porte de la chambre pour prévenir une nouvelle attaque. Marguerite lui dit : *Monsieur, ne
demeurez pas là; il n'y a plus personne, ils sont
partis.* Elle prend, sous le chevet du lit où le ca-

davre du docteur est gisant, sa montre et la clé de
son secrétaire; elle ouvre ce meuble et en retire
une bourse et un certain nombre de pièces de cinq
francs, disant qu'elle va déposer le tout dans sa
chambre, et donnant à entendre que le fils du défunt pourrait avoir besoin d'argent, et qu'il fallait empêcher que ces objets fussent mis sous les
scellés.

Aux cris : *au secours! à l'assassin!* qui furent
poussés par une fenêtre, accoururent plusieurs
voisins. N'ayant pu ouvrir la porte bâtarde ni la
porte charretière, ils allèrent chercher la garde.
Quand ils furent de retour, ils trouvèrent la porte
charretière entr'ouverte. Ils virent arriver dans la
cour M. Canel et Marguerite; cette dernière était
vêtue d'une robe blanche en forme de redingote,
serrée par un cordon auquel était suspendu un
paquet de petites clefs. M. Canel a déclaré que
Marguerite était en chemise lorsqu'elle était allée
le réveiller; mais Marchand a dit qu'elle était en
redingote blanche lorsqu'elle était descendue à ses
cris..

L'intérieur de la maison, le jardin et la basse-
cour furent examinés, et il ne s'y trouva personne.
Il existait, à une partie du treillage, quelques dé-
gradations qu'on pouvait prendre pour des traces
d'escalade; mais ce dégât était ancien; et d'ailleurs,
l'assassin se fût-il introduit dans la cour ou dans
le jardin par escalade, il n'aurait toujours pu pénétrer dans la maison qu'en forçant plusieurs portes.

Le commissaire de police, un substitut de M. le

procureur du roi, la garde nationale, la gendarmerie et deux médecins arrivèrent sur les lieux.
Le docteur Leroy était étendu, sans vie, sur son
lit ensanglanté. Les gens de l'art pensèrent que la
blessure mortelle qu'il avait reçue n'avait point été
produite par le couteau de chasse. Indépendam-
ment de quelques blessures légères que le brave
Marchand avait à la main gauche, il en avait reçu
deux profondes à l'hypocondre droit, desquelles
l'air sortait en faisant entendre un sifflement
d'inspiration. MM. les médecins le regardèrent
comme étant en grand danger de mort. Depuis, il
est parvenu à se rétablir.

. Par qui l'assassin, que la justice n'a pu saisir,
avait-il été introduit dans la maison? Les soupçons
ont dû naturellement se porter sur Marguerite.
Interrogée par le commissaire de police, elle déclara que, réveillée par les cris qui partaient de
la chambre de son maître, elle avait ouvert sa
porte et reconnu la voix de Marchand; que, s'étant
saisie du fusil, elle était descendue, et que, dans
l'escalier, elle avait vu quelqu'un sortir de la
chambre du docteur et fuir, en se dirigeant vers
le rez-de-chaussée; qu'en entrant dans la chambre,
elle avait aperçu Marchand qui se plaignait et
disait, en parlant de l'assassin : *Je crois que c'est
Louis;* mais qu'elle n'avait pas reconnu Louis
dans l'individu qui auparavant s'était sauvé devant
elle; que d'ailleurs elle n'en avait aperçu que
l'ombre, et que Marchand se trompait lorsqu'il
disait qu'elle l'avait vu aux prises avec lui. Elle

prétendit qu'elle n'avait eu précédemment avec
Louis aucune intimité; qu'elle l'avait seulement
connu pour l'avoir vu passer sur le Pont-Neuf
plusieurs fois, et s'y arrêter à un étalage où elle
vendait des bas et des mouchoirs; mais qu'elle
n'avait jamais su ni d'où il était, ni où il demeurait;
que c'était M. Leroy qui était venu lui-même la
prendre à son service chez sa mère, accompagné
de Louis, et que dès lors seulement elle avait cru,
sans néanmoins en acquérir depuis la connaissance,
que cet homme avait parlé pour elle.

Il a été prouvé que ces dernières assertions de
Marguerite étaient mensongères; que depuis plusieurs années elle vivait avec Louis dans la plus
grande intimité; qu'elle avait même pris la qualité de femme de Louis Canipet, dans deux maisons où ils avaient habité ensemble; que pendant
qu'ils étaient tous deux au service du docteur, ils
avaient une chambre rue de Bourgogne, où la
plupart de leurs effets étaient déposés.

Marguerite, pendant assez long-temps, a méconnu le couteau de chasse qui avait été trouvé
dans la chambre du défunt. A la fin, elle a été
forcée d'avouer qu'elle reconnaissait cette arme
pour avoir appartenu à Louis, et qu'elle l'avait
même eu entre les mains, au mois de décembre,
époque à laquelle elle était allée la chercher dans
la chambre, rue de Bourgogne. Elle a ajouté que
si elle avait méconnu ce fait pendant long-temps,
c'est *parce qu'elle avait craint de se rendre cou-*
pable par cet aveu, et qu'elle pensait qu'on présu-

merait qu'elle était la complice de Louis , quoiqu'elle fût parfaitement innocente.

Durant une grande partie de l'instruction, Marguerite a soutenu aussi n'avoir vu Louis qu'une
seule fois dans la maison , depuis qu'il en avait été
renvoyé. Elle a fini par avouer qu'il y était venu
le dimanche 14, à midi, c'est-à-dire , environ une
demi-heure avant l'arrivée du sieur Marthé, à qui
elle montra tant d'émotion.

. Elle a cherché à expliquer par des liaisons,
qu'avant de connaître Louis, elle aurait eues avec
un particulier nommé *Boulan* , ce nom qu'elle
s'était attribué en entrant au service du docteur.
Elle a dit qu'elle n'avait pas connu au premier
d'autres noms que ceux de Louis Canipet, quoiqu'il soit certain qu'en dernier lieu il s'est fait appeler Pierre-Joseph Davaine.

Dans le principe , non-seulement Marguerite a
fait ses efforts pour écarter tout soupçon d'intimité entre elle et Louis, mais encore elle a cherché,
conjointement avec sa sœur , à faire croire que le
fils du docteur était le coupable.

. Pendant qu'on procédait aux premières recherches et informations dans la maison du défunt,
Marguerite avait annoncé, sur les deux heures du
matin, qu'elle s'apercevait qu'on lui avait pris
dans le jardin du linge qu'elle avait étendu la
veille. On remarqua aussitôt qu'il s'y trouvait encore quelques objets sur une corde, mais qu'une
pendule et un vase qui garnissaient la cheminée
du salon avaient été enlevés. Entre deux et trois

heures de l'après midi, on trouva, dans la caisse du cabriolet qui était sous la remise, la pendule, le vase, du linge appartenant au docteur, et plusieurs effets qui appartenaient à Marguerite. Les pièces de linge étaient les unes blanches, les autres sales et d'autres toutes mouillées. L'assassin, en chargeant ainsi la voiture du docteur, avait eu sans doute le projet de s'en servir pour se sauver avec les effets volés ; et Louis ayant été reconnu pour être cet assassin, on peut se demander comment cet homme, vivant avec Marguerite, aurait ainsi soustrait des effets à son usage, si elle n'eût pas dû fuir avec lui. Au moment où le crime a été commis, n'était-elle pas habillée et en état de partir ?

D'après ces faits qui, ainsi que les conséquences qu'on peut en tirer, feront la matière des débats qui vont s'ouvrir, Louis Canipet, dit Pierre-Joseph Davaine, absent, et Marguerite Guillou, dite Boulan, sont accusés, savoir :

1°. Louis Canipet, d'avoir commis volontairement et avec préméditation un homicide sur la personne du docteur Alphonse Leroy, et d'avoir commis volontairement une tentative d'homicide sur la personne de Mathieu Marchand, laquelle tentative, manifestée par des actes extérieurs, et suivie d'un commencement d'exécution, n'a été suspendue et n'a manqué son effet que par des circonstances fortuites et indépendantes de la volonté dudit Canipet ;

2°. Marguerite Guillou, de s'être rendue com-

plice des crimes sus-énoncés, en aidant et assis-
tant avec connaissance l'auteur desdits crimes
dans les faits qui les ont préparés et facilités;

3°. Les mêmes Louis Canipet et Marguerite
Guillou, d'avoir, immédiatement avant ces crimes
et pendant ou après lesdits crimes, soustrait frauduleusement, de complicité, pendant la nuit,
dans la maison du docteur où ladite Guillou servait en qualité de domestique, une pendule et
autres objets appartenant au docteur.

Après la lecture de l'acte d'accusation, et les
témoins, qui sont au nombre de trente-sept,
s'étant retirés, M. Moreau, président de la Cour,
a procédé à l'interrogatoire de l'accusée. Elle convient qu'elle connaissait Louis, et que c'est lui qui
l'a fait entrer chez le docteur. Si elle ne laissa paraître aucune intimité entre elle et cet homme, ce
fut par respect pour la maison de M. Alphonse
Leroy. Elle connut Louis à Smolensk, lors de la
campagne de Moscou, époque à laquelle elle était
au service d'un général. Elle consentit à passer
pour sa femme, afin de conserver sa réputation.
Revenue à Paris avec lui, elle s'est vue abandonnée plusieurs fois. Elle était satisfaite lorsqu'il la
quittait, car il était brutal. Quand il revenait, elle
le recevait, parce qu'elle le craignait. Si, dans les
premiers temps de l'instruction du procès, elle a
nié ses liaisons avec Louis, ce fut par la crainte de
se voir compromise.

Elle convient qu'elle n'a jamais vu Louis porter
un couteau de chasse. Cependant, un jour qu'elle

sortait pour le service du docteur, Louis lui recommanda de prendre dans la chambre rue de Bourgogne une arme qu'il lui dit avoir déposée, et qu'il prétendit appartenir à un officier de l'armée de la Loire qu'il avait servi, et auquel il voulait la rendre.

Elle avoue être montée au grenier à foin le 14 janvier. Marchand avait entendu la poule chanter: comme on ne savait pas où elle pondait ses œufs, l'accusée monta au grenier, et en trouva cinq.

Si dans la fatale nuit elle n'est pas descendue aux cris de son maître, c'est parce qu'elle ne les a pas entendus, étant endormie d'autant plus profondément qu'elle avait été indisposée pendant la journée : elle n'entendit que les cris de Marchand. Elle accourut aussitôt, en s'armant du fusil dont elle avait ôté la pierre plusieurs jours auparavant, dans la crainte que les chats ou quelqu'un ne le fît partir en le jetant à terre. Elle prétend qu'elle descendit nu-pieds et en chemise; qu'elle vit un homme, ou plutôt son ombre, s'enfuir; qu'entrée dans la chambre du docteur, elle aperçut Marchand qui était blessé; qu'après lui avoir donné une serviette pour arrêter le sang qui coulait, elle alla réveiller M. Canel; qu'en revenant avec ce dernier, elle prit dans la cuisine une redingote blanche qui s'y trouvait sur le dos d'une chaise; que ne sachant pas même ce qu'elle faisait, elle mit cette robe à l'envers.

Elle soutient que, dans la soirée du 14 janvier, elle ne s'était chargée de fermer aucune porte;

que Marchand étant allé à l'écurie, elle lui demanda, lorsqu'il rentra, si tout était bien fermé; qu'il répondit affirmativement, et qu'elle ne dut pas vérifier s'il disait la vérité. Elle présume que l'assassin aura pu s'introduire dans la basse-cour par la porte charretière, peut-être dans le moment où Marchand rentrait et remisait le cabriolet; qu'étant dans la basse-cour, il aura pu entrer dans les appartemens du rez-de-chaussée par une porte à laquelle on laissait très-souvent la clef. Si, après l'assassinat du docteur, elle prit la montre et l'argent qui était dans le secrétaire, elle le fit en présence de Marchand et de M. Canel qui lui en donna l'ordre, dans l'intérêt de M. Leroy fils. Elle nie qu'elle ait cherché à faire planer des soupçons sur la tête de ce dernier : elle s'est bornée, dit-elle, à répondre sur diverses questions qui lui ont été faites ; que M. Leroy fils n'était pas très-bien avec son père; que, quelques jours auparavant, il était venu demander de l'argent qui ne lui avait pas été accordé.

Elle déclare que, le 14 janvier, vers midi, elle entendit sonner à la porte bâtarde; qu'étant allée ouvrir, elle trouva Louis, qui demanda si Marchand était à la maison; que, sur la réponse négative qu'elle lui fit, il s'en alla, en disant que, s'il en avait le temps, il reviendrait faire ses adieux avant de partir avec un Anglais, au service duquel il entrait.

En finissant, M. le président a demandé à l'accusée s'il était bien certain que, dans la soirée du

14 janvier, elle n'eût pas introduit Louis dans la maison pour y commettre le crime. Elle a répondu: Ah! monsieur, je voudrais pouvoir vous donner mon cœur, afin que vous puissiez y lire. Si j'eusse voulu voler mon pauvre maître, je n'aurais pas eu besoin de le faire voler : j'avais habituellement les clés de tout, et j'étais seule presque tous les jours.

Après l'interrogatoire de l'accusée, on a passé à l'audition des témoins. Il en a été entendu onze aujourd'hui. Nous rapporterons sommairement demain leurs dépositions, ainsi que celles des témoins qu'il reste à entendre.

L'audience, qui avait commencé à dix heures, n'a fini qu'à près de sept heures et demie, pour être reprise le lendemain matin à neuf heures précises.

L'accusée a pleuré plusieurs fois en entendant les détails de la mort de son maître.

Audience du 26 juillet.

Les premiers témoins entendus sont MM. les docteurs Baron et Burard, qui furent appelés pour visiter le cadavre de M. Leroy, et donner des secours au malheureux Marchand. Ils sont certains tous deux que les blessures ont été faites avec un instrument piquant et tranchant; mais M. Burard pense encore qu'elles n'ont point été produites par le couteau de chasse : 1° parce que les plaies étaient plus larges que la lame de cette arme ; 2° parce que cette même arme n'avait pas une seule tache de sang, et qu'elle était couverte, à son extrémité, d'une rouille qui annonçait qu'elle n'avait pas été essuyée.

Pendant que ces deux témoins rendent compte de l'état dans lequel ils trouvèrent le corps de M. Leroy, l'accusée fond en larmes.

Mathieu Marchand paraît ensuite comme témoin, et sa présence excite dans l'auditoire un murmure d'approbation. Il déclare qu'aussitôt qu'il eut remis son cabriolet, sur les cinq heures et demie du soir, il ferma la porte charretière à double tour ; qu'avant de se coucher, il ferma de même la porte bâtarde, et l'une des deux portes donnant sur un corridor qui conduit à la basse-cour ; que s'il ne s'occupa point de la fermeture de l'autre porte donnant sur le corridor, et des portes intérieures des pièces du rez-de-chaussée, ce fut parce qu'ayant entendu Marguerite, et lui ayant demandé si tout était bien fermé, elle répondit affirmativement ; que pendant qu'il luttait avec l'assassin, il vit Marguerite arriver avec le fusil et la baïonnette en avant ; qu'elle fut, pendant plusieurs minutes, témoin de la lutte ; qu'après la fuite du meurtrier, lui, Marchand, qui avait été entraîné presque sur le carré, et qui s'était cramponé au chambranle de la porte, vit Marguerite dans la chambre, au moment où il se retourna pour y entrer ; qu'elle était habillée, quoiqu'elle ne fût pas encore allée chercher M. Canel ; qu'il sait bien qu'elle prit la montre et l'argent, en disant que c'était pour M. Leroy fils, mais qu'il ignore si ce fut par les ordres de M. Canel.

Sur cette déposition, l'accusée demande s'il n'est pas vrai que quelques jours avant le fatal événement, Marchand avait oublié de fermer la porte charretière qui fut trouvée ouverte le lendemain. Marchand dit que ce fait était vrai. L'accusée soutient ensuite que ce fut elle qui demanda à Marchand si tout était bien fermé dans le moment où il revenait de l'écurie; qu'elle ne fut point témoin de sa lutte, l'assassin ayant pris la fuite lorsqu'elle descendait aux premiers cris qu'elle avait entendus; qu'elle était en chemise et nu-pieds, et qu'elle ne passa une robe qu'en revenant avec M. Canel. Marchand persiste dans sa déposition; il ajoute que Marguerite avait en effet habituellement les clés de tout ce qui était dans la maison. Il déclare, de plus, que, le 13 ou le 14 janvier, comme il rentrait à la maison, Marguerite lui dit que Louis était venu pour faire ses adieux; qu'il répondit : *Il fallait l'inviter à dîner avec nous*; qu'elle répliqua : *Ce n'est pas la peine; qu'il s'en aille, je ne veux plus le voir.*

M. Raffé, capitaine de gendarmerie, dépose qu'il a eu Louis à son service pendant six mois, à dater du mois de mars 1815, et que ce fut pendant ce temps-là qu'il acheta le couteau de chasse.

M. Normand, juge de paix, a remarqué que pendant que l'on procédait aux premières opérations, l'accusée était sans cesse à aller et venir dans la maison.

M. Leroy fils pense que son père avait beaucoup plus d'argent qu'il n'en a été trouvé après sa mort. Il sait que la cuisinière Rosalie, qui fut remplacée par Marguerite, se plaignit des menaces de Louis ; qu'elle eut aussi quelques querelles avec M. Canel, et qu'elle demanda son congé.

Le nommé Maillet, ouvrier salpêtrier, entendit M. Canel crier au secours : il réveilla M. Digeon, son maître, et alla chercher la garde.

M. Digeon, réveillé par son neveu, se leva, entendit les cris de M. Canel, chargea ses fusils, sortit, entendit de nouveau les cris de M. Canel et ceux de Marguerite, se présenta à la porte charretière qu'il trouva fermée, réveilla des voisins qui demeuraient en face, revint à la porte charretière qu'il trouva entr'ouverte, entra dans la basse-cour avec plusieurs personnes et la gendarmerie, et y trouva M. Canel et Marguerite, qui avait une redingote blanche nouée avec un cordon.

L'accusée soutient que sa redingote n'était pas nouée. Elle dit que dans une de ses mains elle tenait une lumière, qu'avec l'autre elle portait la montre par sa chaîne, et un paquet de petites clés réunies dans un anneau dans lequel elle avait passé un de ses doigts ; qu'avec cette même main elle tenait le haut de sa redingote fermée.

Le témoin réplique que la redingote était nouée avec un cordon auquel le paquet de clés était attaché.

Me. Claveau, avocat de l'accusée, donne lecture d'une déposition écrite, par laquelle M. Digeon a déposé qu'au moment où il vit Marguerite, elle avait une redingote ouverte et non attachée, et qu'elle tenait avec une de ses mains une montre et un paquet de petites clés.

M. Letrone, entrepreneur de bâtimens, entra dans la basse-cour avec M. Digeon. Marguerite avait une redingote blanche qui était attachée; elle avait un bonnet; mais au bout de quelque temps elle le remplaça par un mouchoir.

L'accusée prétend qu'à l'époque du fatal événement, elle n'avait pas un seul bonnet.

Me. Claveau observe que, dans une déposition écrite, M. Letrone a déclaré que Marguerite avait une redingote ouverte et non attachée.

M. Letrone répond que, dans le premier moment, la redingote était attachée ou nouée; mais que Marguerite l'ouvrit au bout de quelques instans, en disant qu'elle étouffait.

Le sieur Fidèle, gendarme, fut chargé de garder Marguerite à vue. Il ignore si la redingote était ou non attachée ou nouée; il se rappelle seulement que la main qui portait une montre et un paquet de petites clés était appuyée contre la poitrine. Il a vu Marguerite se lamenter dans la cour; il l'a vue ensuite pleurer près du lit de son maître. Au bout d'une heure, elle monta dans sa chambre, y prit une paire de bas, et redescendit à la cuisine, où elle se chaussa. Il lui demanda si elle avait des soupçons sur quelqu'un; elle répondit que M. Leroy fils, quelques jours auparavant, était venu demander à son père de l'argent qui lui fut refusé. Elle offrit au témoin une pièce de 5 fr. pour le récompenser, disait-elle, des peines qu'il prenait dans la maison. Elle était excessivement émue; elle était comme égarée, comme une fille folle; elle disait qu'elle avait perdu le plus brave et le meilleur des maîtres.

Les sieurs Flammand et Dammanget, autres gendarmes, ne font connaître aucune circonstance qui mérite d'être recueillie.

On fait revenir Marchand. Me. Claveau demande que le témoin indique de nouveau l'heure à laquelle il crut avoir fermé la porte charretière. Marchand répond que c'est à cinq heures et demie.

Me. Claveau donne lecture de deux dépositions écrites, par lesquelles ce témoin a déclaré que c'était à neuf heures et demie qu'il avait fermé la porte charretière à deux tours.

Audience du 27.

M. Valle, officier de la garde nationale, dépose qu'en entrant dans la cour il vit l'accusée vêtue d'un jupon blanc et d'une camisole qui était attachée; elle avait sur la tête un mouchoir façon Madras. Il lui demanda si elle avait vu l'assassin : elle répondit qu'elle avait vu un homme qui l'avait *bousculée* en fuyant. .

M. Capral, caporal dans la garde nationale,

déclare que l'accusée lui a dit qu'elle avait vu les deux hommes lutter à l'embrasure de la porte. Elle avait des savates aux pieds; mais il ne sait si elle avait ou non les jambes nues.

Mᶜ. Claveau observe que pendant l'instruction le témoin a déclaré que l'accusée avait les jambes nues.

Mᶜ Mauguin, avocat, a entendu l'accusée dire qu'elle avait vu les deux hommes dans la chambre, l'un sur l'autre; qu'elle était si troublée, qu'elle n'avait pas même pu reconnaître Marchand. Le témoin ajoute qu'elle était encore très-troublée lorsqu'elle faisait ce rapport.

M. Baron, entrepreneur de pavés, déclare qu'en entrant dans la basse-cour, il vit l'accusée qui pressait contre sa poitrine une main avec laquelle elle tenait une montre et des clés. La main changeant de position, le témoin vit que la robe blanche était attachée. Il demanda à Marguerite si c'était bien Louis qui avait commis le crime; elle répondit : *Ah! mon Dieu, oui. Le malheureux! c'était pour tous les bienfaits qu'il avait reçus de son maître.*

Le sieur Guiselin et sa femme déclarent que Louis, pendant qu'il était au service du docteur, s'était vanté d'avoir fait renvoyer une cuisinière qui avait été remplacée par une autre qui lui convenait mieux.

M. Faby, principal locataire d'une maison dans laquelle l'accusée a demeuré sous le nom de femme Louis Canipet, déclare que cette femme sé comportait très-honnétement ; qu'elle faisait des ménages dans le voisinage.

Le nommé Guillaume et sa femme, portiers de la maison rue de Bourgogne, où l'accusée avait pris une chambre, déposent que, vers le milieu du mois de décembre, Marguerite alla chercher le couteau de chasse dans la chambre, en disant que Louis, son mari, voulait le faire arranger.

La fille Rosalie, cuisinière, qui a été remplacée par l'accusée, déclare qu'elle demanda son congé au docteur par suite des menaces de Louis ; que le docteur était extrêmement confiant, et lui laissait toutes les clés, même celle de son secrétaire ; que c'était elle qui, chaque soir, fermait toutes les portes, en laissant les clés en dedans.

On fait rentrer M. le docteur Baron ; on lui demande s'il est bien certain qu'aucune des blessures de Marchand n'ait pu être produite par une baïonnette. Il répond affirmativement.

Un sieur Pottier atteste que le 15 janvier, au matin, il causait de l'événement devant la porte de la maison avec la sœur de l'accusée, et que cette sœur chercha à faire porter des soupçons sur M. Leroy fils.

Plusieurs autres témoins, dont les dépositions sont peu importantes, ont aussi été entendus.

M. Agier, avocat-général, prend ensuite la parole. Dans un plaidoyer qui dure sept quarts d'heure, il traite avec chaleur toutes les parties de cette affaire ; il discute les principales charges, en groupant autour de chacune d'elles les circons-

tances qui s'y rattachent. Après avoir développé,
sous tous les rapoprts, le système de l'acte d'accusation, il déclare qu'il lui paraît démontré que
l'accusée s'est rendue complice du crime horrible
qui a été commis la nuit du 14 janvier.

M° Claveau prend à son tour la parole. Il discute
également les principales charges qu'il réduit à
quatre.

Première charge : Marguerite était liée avec Canipet. Pourquoi l'a-t-elle nié dans le premier moment ? Pourquoi a-t-elle caché aussi la visite du 14 ?
Pourquoi a-t-elle méconnu le couteau de chasse,
le couteau du crime, qu'elle avait eu cependant
entre les mains ?

Oui, malheureusement pour elle, elle a connu
Canipet. Toutefois, elle n'avait depuis long-temps
que de faibles rapports avec lui. Il servait, en
1813, un prince allemand ; en 1814, les mous-
quetaires gris ; en 1815, un officier de l'armée de
la Loire et un maître de cabriolet de place. M. Canel a déclaré que Marguerite et Louis ne s'accor-
daient pas. Veut-on voir néanmoins l'affection
où elle n'est plus ? ce ne sera pas un motif pour
accuser Marguerite de complicité d'assassinat.

Mais pourquoi avoir déguisé cette liaison ? Plus
votre justice est rassurante pour un esprit éclairé,
dit le défenseur, plus elle inspire de craintes aux
gens sans éducation, imbus de préjugés et de ter-
reurs. L'aspect d'un juge qui les interroge épou-
vante leur imagination. Que direz-vous si je vous
représente la scène de douleur au milieu de la-

quelle on interrogeait Marguerite ? Un double assassinat venait d'être commis ; le plancher et les
murs dégouttaient de sang ; on voyait un vieillard
égorgé ; on entendait dans l'ombre les cris plaintifs
d'une autre victime expirante : Marguerite était
accablée. On l'avait arrêtée presque nue. Quelle
femme, à sa place, se serait tout à coup écriée :
Je connais le monstre, auteur de tant de crimes;
il était mon amant; je l'ai vu hier, ce couteau
qui a servi à frapper le meilleur des maîtres et le
plus dévoué des serviteurs ; je l'ai autrefois remis
à l'assassin? Ne doit-on pas être convaincu que,
dans les premiers momens , Marguerite aurait
voulu se cacher à elle-même ses fatales liaisons?
Toutefois, elle n'a pas tardé de confesser la vérité :
l'interrogatoire subi par elle le lendemain en fait
foi.

Seconde charge : Il paraît que l'assassin n'a pu
s'introduire dans la maison qu'autant que l'accès
lui en a été facilité par une personne qui se trouvait dans l'intérieur.

Marchand est rentré avec le cabriolet à cinq
heures et demie, à la chute du jour. Canipet a pu
se glisser à la faveur des ombres, soit derrière le
cabriolet, soit le long des murs. Marchand , suivant ses deux premières déclarations, n'a fermé la
porte cochère à deux tours qu'à neuf heures et
demie. Jusqu'à ce moment Canipet a encore pu
s'introduire.

Une fois dans la cour, l'assassin a pu facilement
entrer dans l'intérieur de la maison. D'abord, il

n'est pas bien certain que les portes qui s'ouvrent sur le corridor donnant sur la cour aient été toutes fermées. Dans tous les cas, elles n'auraient été fermées qu'à neuf heures et demie, et Canipet a pu, jusqu'à cette heure, pénétrer dans les appartemens, et s'y cacher pour attendre que, tout le monde étant endormi, il pût plus sûrement commettre son crime et frapper sa victime.

Troisième charge : Marguerite paraît être restée paisible spectatrice de la lutte qui a eu lieu entre Marchand et Canipet.

Cette charge est fondée sur une déposition unique, sur celle du brave et malheureux Marchand. Mais ce fidèle serviteur, qui était blessé, qui luttait contre l'assassin, qui tombait et se relevait, a-t-il pu bien voir ? il déclare qu'après la fuite du scélérat, et lorsqu'il se retourna pour rentrer dans la chambre, il y vit Marguerite. Cette fille avait donc passé sur les corps des combattans qui luttaient à la porte.

Supposons cependant qu'elle ait été spectatrice de la lutte. Serait-il donc si étrange qu'une femme n'eût pas osé attaquer un assassin ? Le voile qui couvrait la figure de Canipet était tombé. Marchand s'était écrié : *C'est Louis*. Ces cris auront retenti aux oreilles de la fille qui accourait, et son cœur aura retenu son bras.

Quatrième charge : Des effets ont été volés, et quelques-uns de ces effets appartenaient à Marguerite, qui se disposait sans doute à partir.

Ce n'est pas Marguerite qui, la première, a déclaré que divers objets avaient été volés. Au nombre des effets qui ont été découverts dans le cabriolet, il se trouvait quelques paires de bas et quelques mouchoirs qui appartenaient à l'accusée ; mais ces effets avaient été pris sur une corde, où ils étaient encore mouillés. N'a-t-on pas retrouvé dans la chambre de Marguerite et dans sa commode ses effets les plus précieux ? Avait-elle fait des paquets qui annonçassent son intention de fuir ?

J'ai donc terminé la réfutation des charges, ajoute le défenseur, et je pourrais m'arrêter là ; cependant je vais en peu de mots ajouter une nouvelle démonstration.

Quelle a été la conduite de Marguerite, accusée de complicité dans l'assassinat ?

A-t-elle préparé quelques moyens de succès ? Non, tout dans la maison était à sa place accoutumée, même le fusil que Marchand pouvait saisir en passant.

A-t-elle écarté quelques obstacles ? Non, elle a au contraire engagé Marchand à ne point sortir dans la soirée du 14 janvier.

Descendue avec une arme, a-t-elle secouru l'assassin qui luttait avec Marchand ? Non.

A-t-elle tourné sa baïonnette contre la victime survivante ? Non. Elle pousse au contraire des sanglots ; elle s'approche du malheureux Marchand, le soutient, étanche son sang. O Marchand ! voilà donc votre second assassin ! on la prendrait pour votre sœur.

Etait-elle prête à suivre l'assassin? Non encore; elle était en chemise, ou, si l'on veut, avec une redingote non attachée, sans fichu et sans bas.

Elle n'a rien fait de ce que fait un complice. Elle a fait le contraire.

Séchez donc vos larmes, malheureuse fille, la Providence a voulu vous éprouver ; mais vous touchez au terme de ce combat pénible où vos forces se sont presque épuisées! Vivez, travaillez, soyez honnête, et courez, dans le sein de la religion, oublier vos erreurs !

Le président, après un résumé dans lequel ont été rapportés avec la plus grande clarté et l'impartialité la plus entière les charges et les moyens de défense, a posé aux jurés les questions de savoir, 1° si l'accusée était coupable de s'être rendue complice de l'assassinat commis sur M. Alphonse Leroy; 2° si elle était coupable de complicité dans l'homicide volontaire commis sur la personne de Marchand ; 5° si elle s'était rendue coupable de vol dans la maison dans laquelle elle servait en qualité de domestique ; 4° si elle avait été complice du vol commis dans la même maison.

Les jurés sont entrés dans la chambre des délibérations à six heures vingt minutes.

Ils rentrent dans la salle d'audience à neuf heures et un quart. Ils déclarent l'accusée, 1° non coupable de complicité dans la tentative d'homicide commise sur Marchand ; 2° non coupable du vol, et 5° non coupable de complicité dans le vol. Mais, à la majorité de sept voix contre cinq, ils

la déclarent coupable de complicité dans l'assassinat commis sur M. Alphonse Leroy.

La cour se retire pour délibérer sur cette dernière question.

A dix heures elle rentre, et déclare, à la majorité de quatre voix contre une, se réunir à la
minorité des jurés.

En conséquence, l'accusée a été acquittée.

MONIER ET THOMAS.

Charles MONIER, âgé de 34 ans, né à Avignon (Vaucluse), ancien adjudant du génie, depuis employé dans les bureaux de la direction du génie, et *François* THOMAS, né à Sailly (Moselle), âgé de 40 ans, adjudant du génie, furent accusés, en 1816, de *complot contre le fort et la garnison de Vincennes.*

Le 19 septembre, la Cour d'assises s'occupa de cette affaire, qui fit grand bruit à cette époque. Les amis des Bourbons campaient alors en France.

Composition de la Cour : Moreau, *président*; Henin, Titon, Dameuve, Cassini, *conseillers*; Vandœuvre, *avocat-général*.

Jurés : Lepitre, officier de l'Académie de Paris; Lagrange, chef de bureau à la préfecture du département de la Seine; Didier, banquier; Besse, orfèvre; Leclercq, propriétaire; Gorneau, agréé au tribunal de commerce; Louvrier, caissier-général; Lafond, négociant; Coquart-Duplessis, négociant; Curmer, notaire; Karcher, banquier; Brunet fils, libraire.

Jurés supplémentaires : Bonard, négociant;

Bellaud, sous-chef à l'administration de l'enregistrement.

Audience du 19 septembre.

L'audience est ouverte à neuf heures et demie. — Le greffier lit l'acte d'accusation dont voici l'analyse :

« Dès la fin de 1815, différens avis donnés à la police l'avertirent que la forteresse de Vincennes et le matériel existant dans cette place étaient devénus le point d'appui de tous les projets médités par les malveillans contre le gouvernement du roi, et la sûreté de la capitale, et qu'ils se flattaient en secret de l'espoir qu'une surprise pourrait faire tomber entre leurs mains l'artillerie et les munitions renfermées dans ce dépôt.

« Dans le courant de mai dernier, l'état-major de la division reçut un avis que le nommé Charles Monier, ex-adjudant du génie, et alors employé dans les bureaux de la direction du génie, avait dressé ou dressait le plan de Vincennes, et l'on ajoutait qu'il devait incessamment remettre ce plan à un général.

« Le 20 mai, vers cinq heures du matin, un employé de l'état-major, assisté d'un gendarme, se transporta au domicile de Monier : il était encore au lit ; une femme, qui se dit sa parente, vint ouvrir. En entrant, l'employé notifia à Monier l'ordre qu'il avait de s'assurer de sa personne et de ses papiers, et l'invita à se lever. Monier montra beaucoup d'agitation, et se mit en devoir de s'habiller. Sa parente alluma du feu sur un réchaud pour lui préparer du café, et les deux employés de l'état-major commencèrent la recherche des papiers. Ils visitèrent d'abord un carton; ils y trouvèrent des plans tracés à la plume, qu'ils reconnurent pour ceux de Vincennes.

« Monier s'étant aperçu de cette découverte, s'avança brusquement vers son secrétaire, ouvrit un tiroir, et saisit un papier qu'il déchira, et dont il jeta les morceaux sous la cheminée. L'employé et le gendarme se hâtèrent de les ramasser.

« La recherche continua. Le gendarme trouva dans un autre tiroir du secrétaire une feuille écrite, et en lut à haute voix les premiers mots ainsi conçus : *Situation de la place de V...* Monier se précipita sur le papier, l'arracha des mains du gendarme, le déchira, et en jeta les morceaux du côté de la cheminée, où le charbon du réchaud venait d'être versé. Le gendarme voulut aussitôt se baisser pour ramasser ces fragmens; mais Monier se tenait devant la cheminée pour l'en empêcher. L'employé seconda le gendarme, et menaça Monier d'employer contre lui des voies de rigueur. Monier fut obligé de céder. Il dit : *Ah! mon Dieu, voilà comme on traite les officiers! Nous sommes tous proscrits!* Sa parente montrait une vive douleur. L'employé chercha à la tranquilliser, en lui disant que Monier serait peut-être rendu à la liberté le jour même. *Ah! quand on va là*, interrompit Monier, *on n'en revient pas si vite!*

« Outre les pièces dont il vient d'être parlé, l'on saisit chez Monier le brouillon d'une lettre, sous la date du 5 mai dernier, lettre qu'il dit avoir adressée à son frère, et dans laquelle on remarqua le passage suivant : « Il m'aurait été possible, par les « connaissances que j'ai ici, et même des person- « nes qui ont du crédit auprès du gouvernement, « de parvenir à me faire réintégrer dans ma place; « mais cela m'aurait imposé des devoirs que j'au- « rais remplis, il est vrai, par honneur, car c'est « toujours mon régulateur invariable ; mais j'ai « préféré, dis-je, sacrifier mes intérêts personnels, « que de servir une cause absolument contraire à « mes principes; d'autant plus que j'ai un emploi « absolument indépendant, puisque je ne suis point « au service du gouvernement, et que d'ailleurs « l'état de choses où nous sommes est très-versa- « tile... »

« On trouva encore au domicile de Monier une feuille écrite de sa main. Cette pièce est ainsi conçue :

« Le serment prononcé par les amis de la patrie, « qui fut institué pour délivrer le roi du joug des « étrangers, en juillet 1815.

« L. M. D. S. L. C.

« Je jure par l'honneur de consacrer ma fortune « et ma vie pour délivrer mon pays du joug qui « l'opprime.

« Je jure d'employer tous mes efforts afin de « propager les principes qui m'animent.

« Je jure de ne rien dévoiler de ce que je viens

« d'entendre, quelle que soit la position où je me
« trouve placé. Si j'ai la lâcheté de trahir mon
« serment, je voue ma tête à la mort. »

« Au nom de la réunion des amis de la patrie,
« je vous reçois dans leurs rangs. L'entreprise à
« laquelle vous allez concourir est une entreprise
« sublime. N'imitez pas les lâches qui ont plongé
« la France dans l'abîme, en ne s'occupant que de
« leurs propres intérêts. Sacrifiez-les, s'il le faut.
« Et comptez-vous pour rien vos neveux qui béni-
« ront votre mémoire? »

La recherche des papiers de Monier étant terminée, il fut conduit à l'état-major de la division,
où l'on s'occupa de réunir et de mettre en ordre
les fragmens des pièces qu'il avait lacérées. Plusieurs morceaux ne purent se retrouver; et il
resta dans la pièce commençant par ces mots :
« Situation de la place de V.... » des lacunes assez
considérables. Néanmoins ce qui en a été rétabli
présente un sens complétement clair. Elle offre
d'abord un état de la garnison, composée de garde
royale, de troupe de ligne, de vétérans et d'artil-
leurs; en tout 1,400 hommes. Elle fait aussi l'état
du matériel de la place, consistant en huit pièces
de gros calibre, cent pièces de campagne, 20,000
fusils, et une grande quantité de munitions. Elle
trace ensuite les moyens par lesquels on pourrait,
avec la presque certitude d'un heureux succès,
s'emparer de la place et marcher sur Paris. Il
s'agirait de jeter 50 kilogrammes de poison dans
un regard qui reçoit les eaux de Montreuil, et qui

les conduit au château de Vincennes. Cette quantité de poison ne donnerait pas la mort à la garnison ; mais elle opérerait avantageusement dans les vingt-quatre heures, de manière à mettre la garnison dans un état d'inertie et dans l'impossibilité de pouvoir agir. On surprendrait ensuite les deux points de la place qui sont les plus accessibles, et qui sont indiqués sur le plan. Maître de la place, on utiliserait l'artillerie et les 20,000 fusils, et on marcherait directement sur Paris. (Cette pièce a été cotée 64.)

- Ce qui a été recueilli de l'autre pièce lacérée par Monier, présente un calcul duquel il résulte que, d'après les dimensions du réservoir, 48 kilogrammes de poison équivaudraient à peu près au vingtième du poids total de l'eau ; « ce qui serait « suffisant, porte la note, attendu que les soldats « se trouveraient dans une inertie à ne pouvoir « agir, quoique le poison ne serait pas mortel. » (Cette pièce a été cotée 65.)

Monier a reconnu ces deux pièces pour être écrites de sa main. Il reconnaît aussi les plans ou croquis au nombre de sept, savoir : ceux cotés 27 et 28, pour être en entier de son écriture, et ceux cotés 29, 50, 51, 52 et 75, pour avoir été demandés et recueillis par lui. Il convient aussi que plusieurs énonciations qui se trouvent écrites au crayon sur ces derniers plans, sont de sa main. Quant au surplus de ces pièces, il prétend le tenir d'un garde du génie, nommé Brunet, qui travaillait avec lui aux fortifications de Ménilmontant, au mois de juin 1815, et qui depuis est parti pour l'île Bourbon, son pays natal.

« Ces plans forment une liaison parfaite avec le plan d'attaque détaillé dans les pièces cotées 63 et 64 ; et Monier ne nie pas que toutes ces pièces aient été dressées pour une même fin.

« Mais il prétend que le tout a été fait dans les derniers jours du mois de juin 1815, par suite d'une discussion qui s'était élevée entre lui et le garde du génie Brunet, sur une question de pure spéculation, qui était de savoir si la place de Vincennes n'offrait pas de points vulnérables qui l'exposassent à une surprise de la part des royalistes; que Brunet, soutenant la négative de cette proposition, lui, Monier, a voulu démontrer l'affirmative, et que les croquis ou le projet d'attaque trouvés chez lui, n'ont été dressés qu'à cette fin, sans aucune idée d'exécution ou d'application quelconque.

« De nombreuses objections, tirées de l'état même de ces pièces, paraissent combattre ce système.

« La récapitulation que Monier donne, dans la pièce côtée 64, des forces de la garnison de Vincennes, semble prouver que cette récapitulation a été faite du 5 au 20 novembre, et non pas dans le mois de juin, époque à laquelle il n'y avait certainement point de *garde royale* à Vincennes.

« Le relevé du matériel offre à peu près le même résultat.

« Les indications qui sont données sur le placement de quelques sentinelles, sur la position de quelques batteries, sur le nombre des bouches à feu et des fusils, paraissent aussi indiquer que les plans ont été dressés postérieurement au mois de juin.

« Monier n'a pu répondre d'une manière satisfaisante aux objections tirées de ces diverses circonstances ; et il a rejeté sur Brunet tout ce qu'il n'a pu expliquer dans l'intérêt de son système, persistant à soutenir que les plans et le projet d'attaque avaient été rédigés avant la fin de juin 1815, et que la partie de ces plans qui ne se trouvait pas écrite de sa main, l'avait été, en sa présence, de la main de Brunet.

« Mais de fortes présomptions ayant fait penser que cette partie attribuée à Brunet était l'ouvrage d'un autre, des recherches ont eu lieu, des écritures ont été produites, des experts ont été appelés ; un mandat d'amener a été décerné contre l'adjudant du génie Thomas, et il a reconnu que les pièces attribuées par Monier à Brunet avaient été tracées par lui, Thomas, ainsi que les experts l'avaient déjà certifié.

« Interpellé de dire à quelle fin il avait tracé et remis à Monier les plans saisis au domicile de ce dernier, Thomas a répondu que c'était pour aider Monier à mûrir un projet qu'il avait conçu, sur la fin de juin, de reprendre, sur les troupes étrangères, la place de Vincennes, dans le cas où, par suite des désastres de l'armée française, cette place viendrait à tomber en leur pouvoir.

« Mais dans un interrogatoire subséquent, le plan d'attaque de Monier lui ayant été mis sous les yeux, et les objections que l'on en tirait lui ayant été faites, Thomas a changé de langage. Il a déclaré qu'au mois de juin 1815 Monier lui avait parlé d'un plan d'attaque de Vincennes, et de la discussion qui s'était élevée entre lui et le garde Brunet sur la possibilité d'exécuter ce projet, dans le cas où les troupes étrangères viendraient à s'emparer de la place; que, dans le mois de mars dernier, Monier dîna chez lui, sans lui rien dire de ce plan; mais que vers la fin du même mois, Monier étant revenu le voir, amena la conversation sur ce point, et lui demanda, sur les localités et sur les eaux du château de Vincennes, des indications et des renseignemens qu'il lui donna, et dont la majeure partie se trouve écrite de sa main; qu'il ne connaissait aucune intention criminelle à Monier; qu'en lui donnant les renseignemens demandés, il ne pensa qu'à satisfaire la curiosité d'un homme qui avait été, comme lui, adjudant du génie, et qui travaillait encore dans les bureaux de la direction.

« Cette déclaration de Thomas a été opposée à Monier, qui a soutenu qu'elle était contraire à la vérité, et que les indications reconnues par Thomas étaient de la main de Brunet, qui les avait écrites sous ses yeux.

« On a remarqué, sur le plan côté 29, qu'il avait été piqué, et qu'il existait plusieurs rangs de points sur les mêmes traits; ce qui porte à croire qu'il en a été fait plusieurs copies. Comme il n'en est représenté aucune, on en conclut qu'elles ont été remises à ce général indiqué vaguement dans la note de la police militaire, ou à d'autres personnes qui avaient formé le projet de s'emparer de Vincennes. On a tiré la même induction de plusieurs lettres de renvoi, qui ont été remarquées dans le projet d'attaque côté 63, et qui ne se trouvent sur aucun des plans saisis ; ce qui fait supposer qu'il a existé d'autres plans.

« On a interrogé Monier sur l'époque à laquelle était parvenue entre ses mains la pièce intitulée : *Le serment prononcé par les amis de la patrie.* Il a répondu qu'elle lui avait été remise au mois de juillet 1815, par des officiers qui partaient pour l'armée de la Loire, et qu'il l'avait copiée par un pur mouvement de curiosité.

« On lui a fait observer que ce serment était le signe de ralliement d'une association dite *des Amis de la patrie* ou de *l'Epingle noire*, laquelle ne s'est formée qu'en février ou mars dernier.

« Il a persisté dans sa réponse, en ajoutant qu'il n'avait jamais fait partie d'aucune association, et qu'il était incapable de se prêter à aucun complot contre le gouvernement de son pays.

« On lui a objecté les efforts qu'il avait faits pour anéantir les pièces saisies. Il a répondu qu'il avait voulu détruire ces pièces, parce qu'il les avait prises pour les lettres d'une femme dont la réputation aurait été compromise.

« Monier a proposé ou bien accepté, porte

« l'acte d'accusation , un complot ayant pour ob-
« jet d'empoisonner la garnison de Vincennes, et
« de s'emparer du fort. Thomas l'a aidé dans ce
« complot. Les coupables ont été saisis au milieu
« même des mesures dont ils s'occupaient pour
« conduire ce complot à son but. Voilà le triste
« résumé des charges ; et ce résumé constitue un
« fait éminement criminel.

« Dans ces circonstances ,

« Charles Monier est accusé, 1° d'être l'un des
« auteurs d'un complot ayant pour but d'exciter
« les citoyens ou habitans à s'armer contre l'au-
« torité royale, et de détruire et changer le gou-
« vernement, ou de s'être rendu complice des
« auteurs de ce complot, en les aidant et assis-
« tant, avec connaissance, dans les faits qui en
« ont préparé et facilité l'exécution, et en leur
« donnant, par des machinations ou artifices cou-
« pables, des instructions pour l'exécuter ; 2° de
« n'avoir pas révélé au gouvernement ou aux au-
« torités administratives ou de police judiciaire
« ledit complot et ses circonstances, dans les
« vingt-quatre heures qui ont suivi la connais-
« sance qu'il en aurait acquise. »

Et François Thomas est accusé, 1° de s'être
rendu complice des auteurs du même complot ;
2° de ne l'avoir pas révélé dans les vingt-quatre
heures.

Crimes et délits connexes, prévus par les articles
87, 89, 59, 60, 103 et 105 du Code pénal. (L'article 87 prononce la peine de mort.)

Le président procède ensuite à l'interrogatoire de Monier.

D. Lorsqu'on s'est présenté chez vous pour examiner vos papiers, pourquoi vous êtes-vous précipité sur deux pièces que vous avez déchirées ?

R. Je n'ai voulu en déchirer qu'une; si j'en ai déchiré une seconde, c'est parce qu'elle s'est trouvée dans la première, que je prenais pour une des lettres qui m'avaient été écrites par une femme.

D. Vous ne vous êtes jeté sur la pièce intitulée : *Situation de la place de V*..... qu'après avoir entendu la lecture de cet intitulé. Vous saviez donc que ce n'était pas une lettre de femme?

R. Je n'avais rien entendu lire.

D. Vous pensiez, dites-vous, que les deux pièces étaient des lettres de femme; mais il n'a été trouvé à votre domicile aucune lettre de cette nature.

R. Il est cependant certain qu'il y en avait chez moi.

D. Si vous eussiez en effet pris ces deux pièces pour deux lettres de femme, vous n'auriez pas mis autant d'empressement à vouloir les détruire, en vous hâtant de les jeter sur le feu qui avait été allumé dans le fourneau.

R. Le feu n'a été allumé qu'après la visite des papiers.

D. Le feu était allumé, lorsque vous avez jeté sous la cheminée les fragmens de l'une des pièces déchirées; car plusieurs des morceaux qui ont été ramassés, et qui sont maintenant sur le bureau, ont été brûlés en partie. Le plan coté 29, du château de Vincennes, qui a été saisi à votre domicile, par qui a-t-il été dressé?

R. Par Brunet.

D. De quelle main sont les indications qui se trouvent sur ce plan ?

R. Il y en a deux de ma main; les autres ont été écrites par Brunet.

D. Les indications que vous prétendez avoir été écrites par Brunet sont reconnues par Thomas pour être de sa main, et les experts confirment sa déclaration.

R. Le plan a été tracé par Brunet, qui a écrit au crayon les indications. Il est possible qu'elles aient été ensuite passées à l'encre par Thomas. Je ne connais l'écriture ni de l'un ni de l'autre.

D. Par qui ont été tracés et écrits les plans n° 27 et 28 ?

R. Par moi.

D. Et les croquis n° 30, 31, 32 et 73, qui indiquent les avenues du château, ainsi que le cours des eaux qui abreuvent cette forteresse?

R. C'est Brunet qui les a écrits et tracés.

D. Les experts et Thomas disent qu'ils sont l'ouvrage de la main de ce dernier.

R. Brunet m'avait montré ces croquis. Il me les a ensuite donnés, revêtus de leurs indications. J'ai cru que c'était lui qui les avait écrits.

D. A quelle époque ont été dressés ces plans, ainsi que les deux pièces qui ont été lacérées?

R. En juin 1815.

D. Mais les indications des places, et les énonciations du projet d'attaque, ne peuvent pas s'accorder avec l'état dans lequel se trouvaient le personnel et le matériel de la forteresse en juin 1815.

R. Le tout n'a été fait qu'approximativement.

D. Dans l'état de la garnison, vous portez 600 hommes de *garde royale* au mois de juin, il n'y avait pas de garde royale à Vincennes.

R. J'ai voulu dire *garde impériale*.

D. Des pièces authentiques prouvent que, depuis les désastres de Moscou, aucune partie de la garde impériale n'a fait partie de la garnison de Vincennes.

R. Il y a eu de la garde impériale à Vincennes depuis le 26 juin jusqu'au 6 juillet. Elle n'y était pas en garnison, mais en passage.

D. Dans un des plans, on marque un parc d'artillerie, existant dans l'intérieur de la place. Or, en juin 1815, le parc était à l'extérieur.

R. Il y avait, néanmoins, dans la principale cour, des canons, des caissons, des obus et des forges.

D. On a aussi remarqué sur un des plans des épaulemens ou redoutes qni n'ont été faits que sur la fin d'août.

R. En juin, les épaulemens étaient déjà tracés et commencés.

D. Quel était votre but, en vous procurant ces plans, et en rédigeant le projet d'attaque ?

R. D'examiner une question purement spécula-tive, qui s'était élevée entre Brunet et moi, sur le point de savoir s'il ne serait pas possible que les royalistes s'emparassent par surprise de la for-teresse.

D. A quelle époque avez-vous connu Thomas?

R. En octobre 1815.

D. Il paraît cependant certain, qu'il a mis des indications sur les plans; et vous dites que ces in-dications ont été écrites en juin.

R. C'est Brunet qui l'a vu en juin.

Le président passe à l'interrogatoire de l'accusé Thomas.

D. Depuis quelle époque connaissez-vous Monier?

R. Depuis le mois de juin 1815. Il me parla alors de sa discussion avec Brunet, sur les moyens de reprendre Vincennes, dans le cas où les étrangers viendraient à s'en emparer.

D. A quelle époque vous a-t-il demandé des renseignemens sur cette place?

R. En avril 1816. Monier vint chez moi; il me dit qu'il pensait encore à la discussion qu'il avait eue avec Brunet; il me montra un plan; et me demanda des renseignemens. Je fis les croquis qui sont au procès: je pensais qu'il travaillait pour son instruction.

D. Vous saviez que Monier était allé à l'île d'Elbe, et qu'il avait été secrétaire d'une parente de Bonaparte?

R. Ce n'était pas une raison pour que je le

crusse capable de rien entreprendre contre le gouvernement.

D. Par qui ont été écrites les indications du
plan n° 29?

R. La plupart sont de ma main; mais elles
étaient au crayon, et je me suis borné à les passer
à l'encre, en en rectifiant quelques-unes.

D. Le système de défense que vous adoptez
pourrait être utile à Monier; mais il pourrait aussi
vous être funeste.

R. Je ne le crains pas; j'ai la conscience nette,
et je suis un homme d'honneur.

Le Président: Monier, vous prétendez n'avoir
connu Thomas qu'en octobre 1815; comment lui
auriez-vous fait part en juin, comme il le dit, de
votre discussion avec Brunet?

R. C'est sans doute Brunet qui lui en a parlé en
juin.

D. Vous prétendez aussi que le plan n° 29 et
les croquis, ont été communiqués à Thomas par
Brunet, en juin 1815. Or, Thomas déclare que
vous lui avez demandé les croquis, et que vous lui
avez présenté le plan vous-même, en avril 1816.

R. Thomas se trompe.

On passe à l'audition des témoins, qui sont au
nombre de neuf.

Saint-Omer, expert écrivain, déclare, après
avoir examiné les pièces de *question*, et celles de
comparaison, que les indications qui sont écrites
sur le plan et sur les croquis sont toutes de la
main de Thomas, excepté quelques-unes que Mo-

nier reconnaît pour être son ouvrage. Il n'y a pas, selon lui, un seul mot que l'on puisse attribuer à Brunet. Il trouve que, sous les mots écrits à l'encre sur le plan, il y en a eu d'autres écrits au crayon, qu'il estime être de la main de Monier.

Legros, autre expert écrivain, entreprend aussi de faire la vérification des écritures; mais il est souffrant, et le président ordonne qu'il sera remplacé demain par un autre homme de l'art.

Coin, gendarme, et Cliche, employé à l'état-major, déclarent que les deux pièces qu'ils ont saisies chez Monier, en l'arrêtant, furent lacérées par lui l'une après l'autre.

De Beaumont, lieutenant-colonel, reconnaît les fragmens des deux pièces déchirées; c'est lui qui les a réunis.

Rabot, adjudant du château de Vincennes, atteste qu'en avril 1815, les deux épaulemens n'étaient pas dans l'état où ils sont maintenant, mais qu'ils étaient déjà tracés et commencés.

Lemaistre, capitaine du génie, fait la même déposition. Il déclare, de plus, qu'au lieu indiqué sur le plan comme la place d'une batterie de huit pièces, il n'y a jamais eu, et il n'y a encore que quatre pièces; que pendant les cent jours, il n'y a eu à Vincennes que des hommes isolés de la garde impériale.

Benard, adjudant du génie, dépose qu'en juin 1815, le parc d'artillerie était à l'extérieur du château, mais que néanmoins il y avait dans l'intérieur, sur la principale cour, des canons, des caissons, des obus et des forges.

Desrivaux, lieutenant-colonel d'artillerie affirme que les épaulemens, dans l'état où ils sont placés sur le plan, n'ont existé que sur la fin d'août 1815.

A quatre heures, l'audience est levée.

Audience du 20.

La séance est reprise à dix heures et demie.

Brart, expert écrivain, appelé en remplacement de Legros, fait la vérification des écritures qui sont au procès. Il émet le même avis que Legros. Il trouve, comme ce dernier, que les mots qui ont été écrits au crayon sur le plan n° 29, et qui ont été passés à l'encre par Thomas, sont de la main de Monier.

Monier persiste à soutenir que ces mots, d'abord écrits au crayon, sont de Brunet.

Le président demande à M. Desrivaux si, à une époque de cette année, le public a été admis dans l'intérieur du château. Le témoin répond que le public a pu pénétrer à Vincennes sur la fin de février dernier, lorsque les restes du duc d'Enghien y ont été transférés.

Un juré désire savoir à quelle époque Monier s'est rendu à l'île d'Elbe. L'accusé répond qu'il y est allé lorsque Bonaparte s'y trouvait déjà, et qu'il s'y est rendu pour être employé aux fortifications ou aux mines.

L'avocat-général prend la parole.

Dans son exorde, il représente cette affaire comme étant une suite des projets que les ennemis du gouvernement avaient formés au mois de mars dernier, et des coupables espérances qu'ils avaient conçues; il la représente comme étant liée à la conspiration de Grenoble et à celle des *patriotes de 1816*, qui s'étaient flattés, dans leur manifeste, qu'ils se procureraient facilement des canons. Mais de toutes les machinations qui furent alors ourdies, dit M. l'avocat-général, celle dont il s'agit aujourd'hui est la plus atroce et la plus insensée. Aussi la première nouvelle de cette entreprise ne fut-elle accueillie qu'avec une espèce de doute. La conviction a néanmoins été portée au plus haut degré par l'instruction.

L'avocat-général, après avoir discuté à fond toutes les parties de la cause, en fait ainsi le résumé :

« Il a été dressé par Monier un plan raisonné d'attaque du château de Vincennes, suivi de notes explicatives, et accompagné de plusieurs plans ou croquis figurant l'intérieur et les environs de la place.

« Le poison et l'assassinat entraient dans ce plan comme principaux moyens d'exécution.

« La dose du poison a été calculée, de même que le moyen de faire parvenir ce poison dans le réservoir du château, et de pénétrer ensuite dans la place à la faveur d'une attaque nocturne.

« Il résulte des termes du projet même, que cette attaque n'était qu'une dépendance et l'un des moyens d'exécution d'un plus vaste plan, qui avait pour but de tourner contre Paris l'artillerie, les armes et les munitions de Vincennes ; d'armer ainsi les citoyens ou les habitans contre l'autorité royale, et de détruire ou changer le gouvernement.

« Monier, qui a recueilli les documens nécessaires pour dresser ce projet d'attaque, qui l'a rédigé et écrit de sa main, et qui a livré à ses complices plusieurs copies du plan descriptif des lieux, est évidemment un des auteurs ou coopérateurs de ce complot.

« Son allégation, que son projet aurait été dressé à la fin de juin 1815, et par suite d'une discussion purement spéculative, est démentie par les indications et renseignemens consignés dans le plan même, lesquels ne peuvent aucunement se rattacher à l'état du personnel, du matériel, et des localités de la place au mois de juin 1815, et qui se rapportent au contraire à l'état réel de Vincennes dans un temps beaucoup plus récent.

— « Cette même allégation est contredite par la circonstance que la partie des plans et indications attribuée par Monier au garde Brunet, se trouve reconnue pour avoir été tracée d'une autre main que celle de Brunet. Elle est détruite par les variations, par les dénégations absurdes de Monier, par ses opinions, par ses écrits, par tous les documens de la cause.

« Enfin, elle est renversée de fond en comble par les aveux de Thomas, qui déclare positivement avoir écrit et tracé, à la réquisition de Monier, et

en sa présence, les pièces que celui-ci dit avoir été
tracées et écrites par Brunet, et qui affirme que
tout a été fait et livré par lui-même à Monier à la
fin de mars 1816.

« Ainsi l'accusation, en ce qui touche Monier,
paraît clairement et pleinement justifiée.

« Thomas a fourni à Monier une grande partie
des renseignemens qui ont servi à dresser le plan
d'attaque; mais rien ne prouve qu'il ait coopéré
directement à la rédaction de ce projet.

« En livrant les plans des environs de Vincennes, en écrivant les indications sur la pièce
cotée 29, en éclairant Monier sur l'emplacement
du réservoir, sur la conduite et le volume des eaux
qui abreuvent la place, avait-il connaissance de
l'usage criminel que Monier voulait faire de ces
instructions? De violentes présomptions se réunissent pour l'affirmative; mais la solution en est
abandonnée à la conscience du jury. »

Un juré demande si Monier pourrait donner
l'explication des lettres initiales L. M. D. S. L. C.
qui se trouvent en tête de l'une des pièces qui ont
été saisies chez lui, de celle qui contient le serment
des *Amis de la patrie.* L'accusé répond qu'il n'en
connaît pas la signification. Le juré observe qu'elles
lui paraissent signifier *la main droite sur le cœur.*

. Me Tourret, avocat de Monier, prend à son tour
la parole. Il commence par définir et préciser le
caractère de l'accusation qui pèse sur la tête de
son client. Monier est accusé, 1° d'être l'auteur

ou le complice d'un complot contre la sûreté de
l'état; 2° de n'avoir pas fait la révélation de ce
complot. Cette double accusation, dit l'avocat,
ne paraît fondée ni en fait ni en droit.

En fait, il est certain que des plans ont été dressés, et qu'un projet d'attaque a été rédigé. A
quelle époque ces plans et ce projet ont-ils été
dressés et rédigés? Mᶜ Tourret attache peu d'intérêt à cette question, toute la cause dépendant,
selon lui, du point de savoir si les faits qui sont
imputés à Monier, à quelque époque qu'ils aient eu
lieu, renferment le caractère de la criminalité, et
constituent le crime de complot ou celui de la
non-révélation. Or, l'avocat soutient que les plans
et le projet d'attaque n'ont point été faits dans des
vues criminelles; que Monier, en s'en occupant,
s'était seulement proposé un but d'instruction, et
l'examen d'une question qui avait été agitée entre
lui et Brunet. Il cherche à expliquer dans ce sens
toutes les parties des plans et du projet d'attaque;
et il argumente à cet égard de l'imperfection, de
l'inexactitude et de l'insuffisance des indications
contenues dans ces pièces. On aurait eu plus de
précautions, dit-il, si le projet eût eu quelque
chose de sérieux, et n'eût pas été purement spécu-
latif.

Pour repousser les indications qui ont été tirées
de la pièce contenant le serment *des Amis de la
patrie*, il a dit que rien ne prouvait que ce serment
eût été prêté par Monier, ni qu'il l'eût fait prêter
à personne; que d'ailleurs ce serment, *institué*,

porte la pièce, *pour délivrer le Roi du joug des
étrangers*, ne présentait rien de criminel, et que
les lettres initiales L. M. D. S. L. C. pouvaient
bien signifier : *Louis me dit sauve la capitale.*

En droit, et quel que soit le sens que l'on attache aux pièces et aux faits du procès, selon l'avocat, il n'y aura toujours point eu de complot.
Pour qu'il y ait complot, dit-il, il faut que la
proposition d'attentat contre le gouvernement
soit faite par une personne, qu'elle soit agréée par
une autre, et que, par suite de la proposition
faite et agréée, la résolution d'agir soit arrêtée
entre les deux personnes. Il faut donc au moins
deux personnes. Or, en supposant que Monier ait
eu le projet d'attaquer le château de Vincennes,
quel est le complice à qui il en aurait fait la proposition, qui l'aurait agréée, et avec qui il aurait
arrêté la résolution d'agir? Serait-ce Thomas?
son innocence va vous être démontrée. Serait-ce
ce prétendu général dont il est parlé dans la note
de la police? Mais où est ce général? Quelles preuves a-t-on à cet égard?

Les points d'épingle qui se trouvent sur le plan
nº 29 prouvent, dit-on, qu'il en a été fait des
calques qui ont été remis à une personne quelconque, puisqu'ils ne sont pas représentés; mais ces
points peuvent prouver simplement que le plan
tracé à l'encre a été calqué sur un croquis informe
tracé au crayon.

Il se trouve, sur le projet d'attaque, des lettres
de renvoi que l'on ne rencontre sur aucun des

plans saisis : d'où l'on conclut qu'il a dû exister d'autres plans qui auront été communiqués aux personnes chargées de les mettre à exécution. Mais Monier ne travaillait que pour lui-même. I connaissait les parties du plan auxquelles se rapportaient les lettres de renvoi du projet d'attaque, et il n'avait pas besoin de marquer ces lettres sur le plan.

Encore une fois, où serait donc le complice de Monier? A qui a-t-il fait part de ses plans, en annonçant qu'il eût l'intention d'attaquer le gouvernement? Il aura eu, si l'on veut, un projet coupable, une. pensée criminelle; mais il sera resté seul avec son projet et sa pensée, et il n'aura point existé de complot.   .

· L'avocat se résume en disant qu'il n'y a pas eu de complot, puisque Monier est resté seul et isolé, et qu'en conséquence l'accusation manque de fondement.

Mᵉ Parquin plaide ensuite pour Thomas. Il discute toutes les charges qui s'élèvent contre son client, pour repousser celle qui est la plus grave, et qui est tirée de ce que Thomas a tracé les croquis et écrit des indications sur le plan nᵒ 29 ; il soutient que cet accusé ne l'a point fait dans des vues criminelles, avec l'intention d'aider les auteurs d'un complot.

Première preuve. Les mots tracés par Thomas sont tous innocens; ceux de *regard à démolir, entrée sûre,* qui pourraient présenter un sens coupable, sont de la main de Monier.

Seconde preuve. Dans le projet d'attaque, il
est dit que deux embuscades s'empareraient de deux
sentinelles extérieures, et qu'au moment où l'on
baisserait le pont-levis pour venir, de *l'intérieur*,
relever les deux sentinelles, les embuscades s'in-
troduiraient dans la place. Ces deux sentinelles,
avant 1813, étaient en effet fournies par l'intérieur; mais, en 1815, l'ordre fut changé : depuis cette époque, les sentinelles extérieures ont
été prises d'un corps-de-garde établi à cet effet à
l'extérieur, et le pont-levis n'a plus été levé. Ce
fut Thomas lui-même qui fut chargé de la cons-
truction de ce corps-de-garde. Monier était donc
dans l'erreur lorsqu'il pensait, en 1815 ou 1816,
que les sentinelles extérieures se relevaient par des
hommes pris dans l'intérieur. Si Thomas eût été le
complice d'un complot, aurait-il laissé l'auteur dans une erreur qui suffisait seule pour faire
manquer l'entreprise?

M⁰ Parquin, après avoir épuisé toutes les parties de la défense qui lui a été confiée, s'écrie :
« Telle est la cause de Thomas, qu'un journaliste
imprudent a dit avoir été refusée par un défenseur
qui est sans doute plus habile que je ne le suis,
mais qui ne met pas plus de réserve et de délicatesse que moi dans le choix de ses moyens. »

Après avoir résumé les débats, le président pose
au jury les questions de savoir : 1° si Monier a été
l'un des auteurs d'un complot contre le gouvernement; 2° s'il s'est rendu complice du complot;
3° s'il est coupable de non-révélation du complot

dans les vingt-quatre heures ; 4° si Thomas est
coupable de complicité dans le même complot ;
5° s'il est coupable de non-révélation.

A cinq heures, les jurés se retirent dans la
chambre des délibérations.

A sept heures, ils rentrent dans la salle d'audience. Leur déclaration est négative sur les 1re,
4e et 5e questions ; elle est affirmative sur la 3e ;
elle est également affirmative sur la seconde question, mais à la simple majorité de sept voix contre
cinq.

La Cour, après en avoir délibéré pendant une
heure, se réunit, sur la seconde question, à la
majorité des jurés.

En conséquence, Monier est condamné à la
peine de mort, et Thomas est acquitté.

Monier entend prononcer son arrêt avec sang-
froid.

Monier se pourvut en cassation, et Me Tourret,
son avocat, publia aussitôt un mémoire fort lumineux à l'appui du pourvoi.

Nous donnons le résumé de ce mémoire :

« La déclaration du jury, en gardant le silence
sur l'existence d'un complot, n'a donc pu en désigner les auteurs.

« Monier ne peut donc être son complice à lui-
même. Son co-accusé est innocent ; Monier seul ne
peut être coupable.

« La déclaration du jury est donc incomplète, en ce qu'elle n'a pu signaler de complot que dans le fait qui lui est dénoncé par l'acte d'accusation.

« Juger que ce fait se rattache à un délit qui ne fait pas la matière de l'accusation, c'est prononcer par analogie, c'est répondre à une question qui n'est point faite. »

D'abord, pour qu'il y eût eu complot, dans le sens de l'art. 89 du Code pénal, il aurait fallu reconnaître au moins deux conspirateurs, et Thomas étant innocenté, Monier restait seul.

Ensuite, pour que Monier fût coupable de complicité et de non-révélation, il aurait fallu au moins faire décider par le jury qu'il y avait eu complot : où l'aurait-il trouvé?

Cependant la Cour de cassation rejeta le pourvoi !

On lit dans les journaux du 22 octobre, à la date du 21 :

« Ce matin, à quatre heures, une compagnie de gendarmerie est allée chercher à Bicêtre l'ex-officier de génie Monier. A six heures, il était transféré à la Conciergerie. A deux heures, on lui a appris que l'exécution de l'arrêt de la Cour d'assises qui le condamne à la peine de mort, allait avoir lieu. A trois heures et demie, la Cour d'assises a suspendu sa séance, afin que l'un de MM. les conseillers allât recevoir les déclarations de Monier. Un inspecteur des prisons a fait trois fois le trajet de la Conciergerie à la chancellerie : au troisième, il a rapporté un sursis. Le confesseur est sorti de la Conciergerie; la charrette, derrière laquelle on avait déjà placé l'échelle, a été emmenée, les gendarmes se sont retirés, et à six heures la Cour de palais de justice était presque déserte.

Et le 20 novembre le *Constitutionnel* donna cette annonce :

« Le condamné Monier, dont la peine a été commuée, communique maintenant avec toutes les personnes qui s'intéressent à son sort. »

ASSASSINS DE FUALDÈS.

C'est à Rodez (Aveiron) que le crime fut commis, qu'une première instruction eut lieu, qu'une première condamnation à mort fut prononcée.

C'est à Albi (Tarn) que se fit une seconde instruction, que fut prononcé le second jugement de condamnation à mort, que les condamnés subirent leur peine.

Le procès célèbre dont nous avons à rendre compte doit donc se composer de deux parties distinctes.

Ire PARTIE.

COUR D'ASSISES DE RODEZ.

Par arrêt du 29 mai 1817, la Cour royale de Montpellier a mis en accusation et renvoyé devant la Cour d'assises de l'Aveiron, les nommés Catherine Burguière, veuve Bancal; Marianne Bancal, sa fille; Bernard-Charles Bastide-Gramont, Jean-Baptiste Colard, François Bax, Joseph Missonnier, Anne Benoît, Jean Bousquier, Joseph Jausion, Victoire Bastide, épouse dudit Jausion; et Françoise Bastide, veuve Galtier, comme prévenus d'être les auteurs et complices de l'assassinat du sieur Fualdès.

Séance du 18 août 1817.

A onze heures, la Cour, sous l'escorte de la garde nationale, s'est rendue avec MM. les jurés à l'église Notre-Dame, pour assister à la messe du Saint - Esprit. — Après la messe, la Cour est rentrée dans la Chambre du conseil.

— Les accusés. Bastide-Gramont, Missonnier, Jausion, Colard, Bax, ont été conduits sur le banc supérieur destiné aux prévenus; Bousquier a été placé sur le banc inférieur; les dames Jausion et veuve Galtier ont été amenées à leur place par Mᵉ Arsaud, défenseur de l'une d'elles; la dame Jausion devait s'asseoir aux pieds de son mari, la dame Galtier à ceux de son frère : elles se sont élancées à la fois au cou de l'un et de l'autre, et les ont retenus long-temps dans leurs bras. Cette scène touchante a fait verser des larmes à un grand nombre de spectateurs.

La salle d'audience était garnie par la foule, et l'on distinguait dans le parquet le marquis d'Estourmel, préfet; le maréchal-de-camp Despérières, commandant le département; M. Fualdès fils, à côté de son avocat.

Les défenseurs des accusés étaient : Mᵉ Combarel aîné, avocat, pour la veuve Bancal; Mᵉ Romiguière, avocat de Toulouse, pour Bastide-Gramont; Mᵉ Rodier, avocat de Montpellier, pour Jausion ; Me Combarel cadet, avocat-avoué, pour Bax ; Mc Foulquier fils , avocat, pour Colard; Mc Grandet, avocat, pour Missonnier ; Me Verlac, avocat , pour Bousquier, Me Rous , avocat-avoué, pour Anne Benoît ; Mc Comeiras, avocat, pour la dame Galtier ; Me Arsaud, avocat, pour la dame Jausion ; Me Batut, avocat-avoué, pour la fille Bancal.

, Les huissiers ont annoncé la Cour, qui , après quelques décisions d'abstention, se trouve ainsi composée :

Grenier, *président ;* Sicard, de Lunaret, *conseillers ;* de Plantade , Constans, *conseillers-auditeurs;* Cussac , *juge-suppléant;* Juin de Siran, *procureur-général du roi ;* Castan, *avocat-général;* et Mainier, *procureur du roi.*

Jurés et suppléans désignés par le sort :

Hérail, maire du Villa-du-Tarn ; Masson-Latieule, maire de Saint-Félix-de-Lunel ; d'Hauterives , maire de Grand-Vabre ; Brassat de Saint-Parthem , maire d'Aubin ; Boursez , maire de Millau ; Dissez , receveur de l'arrondissement de Villefranche ; Antoine Carcenac , négociant de Rodez; Castan, maire de Belmont; Peyrerade , maire de Rivière ; Richard, percepteur d'Aubin ; Barascut , membre du conseil-général ; Molinier-Fonbelles, maire de Salles-Curan ; — Fraissinet de Valadi ; Dubruel, entreposeur des tabacs à Villefranche, suppléans.

Me Merlin, avocat de M. Fualdès fils , a pris la

parole pour qu'il fût permis à ce dernier d'intervenir comme partie civile. — Après la lecture de l'acte d'intervention, M. Fualdès prend la parole. Il explique les motifs qui l'ont décidé à se porter partie civile, et termine ainsi :

« Je déclare donc devant la justice et en public que c'est uniquement dans l'intérêt des créanciers de mon père que j'ai permis qu'on formât demande en dommages. J'assurerais à la Cour, par acte public, que telles ont toujours été mes intentions, si je ne savais que la parole d'un honnête homme est suffisante. »

Le président fait un discours sur l'institution du jugement par jurés ; ensuite on lit l'acte d'accusation, qui présente les faits suivans :

Le sieur Fualdès, ancien magistrat, avait reçu, le 18 mars dernier, en effets de commerce, une somme considérable pour partie du prix de son domaine de Flars. Dans l'après-midi du lendemain 19, un rendez-vous lui fut donné pour la négociation de ces effets : il fut fixé à huit heures du soir. Le sieur Fualdès sortit en effet de chez lui à huit heures quelques minutes, après avoir pris sous sa redingote quelque chose qu'il soutenait avec son bras gauche. Dans ce moment, un individu était posté tout près de sa maison et de l'hôtel des Princes ; lorsqu'il le vit passer, il quitta son poste, et descendit en grande hâte dans la rue de l'Ambergue droite, qui aboutit à celle des Hebdomadiers par la petite rue qui traverse celle de Saint-Vincent. Au même instant aussi, des hommes

étaient postés au coin des maisons de Francon, de
Valat et de Missonnier, de la ruelle dite des Frères
de l'école chrétienne, et sur la porte de la maison
Vernhes, habitée par Bancal. Des joueurs de
vielle y étaient aussi placés, et firent entendre
pendant environ une heure le son de leurs instrumens, et disparurent le lendemain de grand
matin. Le malheureux Fualdès fut arrêté au coin
de la rue des Hebdomadiers, près de la maison de
Missonnier, et c'est là où sa canne fut trouvée à
huit heures et demie; un mouchoir fut mis dans
sa bouche pour l'empêcher de faire entendre ses
cris plaintifs : néanmoins quelques soupirs pro-
longés, quelques gémissemens étouffés furent entendus dans ce quartier ; c'est là qu'à neuf heures
du soir fut trouvé le mouchoir entortillé qui avait
servi de bâillon, et qui présente les traces, soit de
quelques coups de dents, soit du nœud formé aux
deux extrémités. C'est dans la maison Bancal que
fut traînée la victime; elle fut étendue sur une table
et égorgée avec un couteau de boucher; son sang
fut pris dans un baquet et donné à un cochon, qui
ne put le finir; le surplus fut jeté. Ajoutant l'ou-
trage à la cruauté, l'un des complices osa dire,
pendant la consommation du crime, que le sieur
Fualdès ne ferait plus le (1)..... On trouva dans
ses poches trois écus de cinq francs, trois pièces
de cinquante centimes, onze pièces de cinq cen-

---

(1) *Bonapartiste*, sans doute.

times; on les donna à la femme Bancal, en lui disant : *Prenez cela, vous; nous ne tuons pas cet homme pour de l'argent.* On lui trouva aussi une clé, qui fut remise à un monsieur de la campagne, en lui disant : *Va-t'en ramasser le tout.* La femme Bancal voulut lui ôter la chemise, qui, d'après ses expressions, était d'une toile ressemblant à une aube; mais les assassins s'y opposèrent, parce qu'ils craignaient qu'elle ne fît découvrir leur crime. Une bague fut retirée du doigt de la victime, et donnée à la femme Bancal; mais le lendemain elle lui fut retirée, et on lui donna six francs en compensation. Après que le malheureux Fualdès eut perdu la vie de la manière la plus barbare, son corps fut placé sur deux barres, enveloppé dans un drap et dans une couverture de laine, lié comme une balle de cuir, avec des cordes de la grosseur du doigt, et porté vers les dix heures du soir dans la rivière de l'Aveyron, par quatre individus précédés d'un homme à haute taille, armé d'un fusil, et suivi de deux autres, dont l'un seulement était aussi armé d'un fusil. Ils descendirent dans la rue de la Préfecture, suivirent le tour de la ville, s'arrêtèrent pendant quelques instans dans le cul-de-sac qui longe les jardins des sieurs Constans et Bourguet, reprirent leur marche, passèrent sous les arbres de l'Ambergue, suivirent le chemin de charrette pratiqué dans le pré dit de Capoulade, descendirent dans le travers; et, lorsque la pente fut trop rapide et le chemin trop étroit, deux d'entre eux le portèrent seuls. Arrivés au bord de la rivière, les mêmes deux porteurs délièrent les cordes, prirent les draps et la couverture qui l'enveloppait, et le précipitèrent dans l'eau. Les deux individus armés qui avaient accompagné les porteurs leur réitérèrent la menace qui leur avait été faite dans la maison Bancal, de tuer le premier qui oserait dire un mot sur ce qui venait de se passer. Le corps de l'infortuné Fualdès fut vu flottant sur la rivière le lendemain, 20 mars, à six heures du matin; il en fut retiré : l'identité et l'état en furent légalement constatés. Le même jour 20 mars, à huit heures du matin, un bureau qui était dans le cabinet du sieur Fualdès fut enfoncé avec une hache; et, à l'aide de cette effraction intérieure, il fut commis quelque soustraction notamment d'un sac d'argent; il y a manqué son livre-journal, un grand portefeuille en maroquin à fermoir, plusieurs effets de commerce que le sieur Fualdès avait reçus l'avant-veille du sieur de Séguret, pour partie du prix du domaine de Flars. Dans la même matinée, Bastide-Gramont parut aussi dans la maison du sieur Fualdès, demanda s'il y était, alors que depuis quelques heures toute la ville retentissait de la nouvelle de son assassinat. Cette question affligea la servante à laquelle elle fut faite, et lui fit verser des larmes. Bastide monta dans les appartemens de cette maison, ouvrit un placard à côté de la cheminée d'une chambre au second étage de l'aile gauche en entrant, remua quelques papiers qui étaient au fond de ce placard,

dans lequel s'est trouvé un petit portefeuille contenant quelques effets de commerce. Il ouvrit un
des tiroirs de la petite table qui est sous le placard, et essaya inutilement d'entrer à l'autre ; il
aida officieusement et sans besoin l'un des domestiques du sieur Fualdès à plier les draps d'un lit où
l'on n'avait point couché : il était placé dans la
ruelle du lit, et ce fut là où tomba une clé qui
fut reconnue être celle du bureau du sieur Fualdès, et que celui-ci portait toujours sur lui. — La
maison Bancal, rue des Hebdomadiers, a été le
théâtre du crime affreux qui fait l'objet de cette
accusation. La canne de la victime a été trouvée à
quelques pas de là, à peu près vis-à-vis l'entrée de
cette rue ; le mouchoir qui avait servi de bâillon
fut aussi trouvé dans la même rue ; une sentinelle
fut vue sur la porte de cette maison, et une autre
au coin des Frères de l'école chrétienne, près de
la maison de M. Vaissettes, presque en face de
celle de Bancal. Des sifflemens, des cris d'appel et
de ralliement furent entendus dans cette rue et
dans la maison même de Bancal. Dans la soirée du
19 mars la porte fut fermée, tandis qu'elle était
toujours ouverte, même pendant la nuit. Les
joueurs de vielles restèrent postés sur cette porte :
ils firent entendre les sons de leurs instrumens depuis environ huit heures du soir jusqu'à neuf. Les
jeunes enfans Bancal, qu'on croyait endormis, en-
tendirent tout, virent tout à travers des rideaux
de leurs lits, et ont raconté ce qu'ils avaient vu et
entendu. Une couverture de laine ensanglantée,

plusieurs chiffons de linge également teints de sang,
trouvés dans la maison Bancal, une veste teinte de
sang, quoique raclée, dont Bancal était vêtu lors
de son arrestation, et une demi-feuille de papier,
parsemée de plusieurs gouttes de sang, trouvée
dans une des poches de cette même veste, sont autant de témoins muets et irrécusables qui attestent
que c'est dans cette maison Bancal que l'affreux assassinat du sieur Fualdès a été commis. Cette veste
est, d'après Marianne Bancal, sa fille aînée, la
même que celle qu'il avait le soir même de l'assassinat. Bancal père est mort dans la prison le 16
mai dernier. Cette mort naturelle l'a soustrait à la
justice des hommes; avec lui son crime est éteint;
mais l'accusation doit atteindre et sa veuve et sa
fille Marianne Bancal : l'une et l'autre ont été les
témoins et les complices du crime. La mère reçut
l'argent trouvé dans les poches du sieur Fualdès,
consistant en trois écus de cinq francs, trois pièces
de cinquante centimes, et onze pièces de cinq
centimes. Elle voulut prendre la chemise de la victime, qui, d'après ses expressions, était d'une toile
ressemblant à une aube; mais les principaux auteurs du crime s'y opposèrent. On lui donna la
bague que l'homicidé avait à son doigt; mais le
lendemain on vint la retirer, et on lui donna six
francs. La couverture de laine saisie chez elle, et
déposée au greffe, l'inquiéta beaucoup; elle
avait voulu la soustraire ou la faire soustraire par
sa fille, mais elle n'a pu lui parler. La fille Bancal a
déploré son malheur de s'être trouvée dans la mai-

son de son père au moment de l'assassinat. Sa mère lui a répondu qu'elle avait eu tort d'y venir, puisqu'elle était prévenue. de ce qui devait s'y passer.

A peine l'assassinat fut-il connu, que l'opinion générale signala Bastide-Gramont comme l'auteur principal de ce crime. Il devait dix mille francs au malheureux Fualdès, et pressé, le 19 mars, vers les cinq heures du soir, de se libérer, il lui dit: *Croyez-vous que je veuille vous faire du tort? Je cherche mes moyens pour vous faire votre compte ce soir.* Ce fut en effet trois heures après qu'il fut arrêté et cruellement assassiné. Pour lui faire son compte à sa manière, Bastide lui tendit le piége d'un rendez-vous, qu'il lui fit donner indirectement, pour la négociation de ses effets à cinq ou six pour cent. Bastide avait des habitudes dans la maison Bancal; il y fut vu au moment où le cadavre y fut pris pour être porté dans la rivière; il en précéda les porteurs, armé d'un fusil, et dirigea leur marche. Avant de sortir de la maison Bancal, armé d'un fusil, il déclara à tous les auteurs ou complices, que le premier qui s'aviserait de dévoiler ce qui se passait serait tué. Il fut reconnu vers dix heures du soir près du portail de la Préfecture. Après la noyade, il réitéra la même recommandation et la même menace. Le sieur Fualdès portait toujours sur lui la clé du bureau, où il serrait son argent, son portefeuille, ses livres-journaux. Après l'assassinat, une clé fut trouvée dans sa poche, et remise à un monsieur de la campagne, auquel on dit : *Va-t'en ramasser· le tout*. Dans la matinée du lendemain, Bastide monta dans les appartemens du sieur Fualdès, fouilla dans quelques placards dans un tiroir,' aida à plier une paire de draps ; une clé tombe du côté du lit où il était, et cette clé est précisément celle du bureau. Bastide a nié d'être venu dans Rodez dans la matinée du 20; mais cette dénégation, dont le motif est sensible, va se briser contre les charges de la procédure. Il a été vu le jeudi 20 mars,' à sept heures du matin, sortant de la rue des Hebdomadiers; il a été vu frappant à la porte de la maison du sieur Fualdès : il y est entré avant midi. Ce jour et la veille, il était troublé : on lui remarqua un air égaré et extraordinaire. Bancal, instruit dans sa prison que Bastide venait d'être arrêté, dit que *c'était un de ceux qui avaient tué M. Fualdès; qu'il y en avait bien d'autres, et qu'on les aurait tous.* Trois semaines avant l'assassinat, Bastide avait engagé une fille à donner un rendez-vous au sieur Fualdès dans son jardin, pour minuit ou une heure après minuit. Antérieurement il lui avait fait la même proposition.

Bax a été un des premiers auteurs. Le jour même de l'assassinat, il engagea Bousquier à venir le soir lui porter une balle de tabac de contrebande, le conduisit avant huit heures du soir dans la taverne de Rose Feral, rue du Touat, à une petite distance de la maison de Bancal; et c'est là qu'étaient aussi réunis Baptiste Colard et Missonnier, co-accusés, qui se retirèrent avant huit heures et demie. Bax y boit un coup, parle d'un soldat qu'on a tué, et sort; il rentre et sort à plusieurs reprises. Une fois il appelle Bousquier, et lui dit que le tabac n'est pas encore prêt. A dix heures il lui dit de le suivre, en l'assurant que le tabac est prêt; il le conduit dans la maison Bancal, lui fait signe de ne pas faire du bruit, parce qu'il craint les *rats*. Au lieu d'une balle de tabac, on trouve un cadavre étendu sur une table, enveloppé dans un drap et une couverture de laine. Bax était un des quatre porteurs du cadavre dans la rivière : feu Bancal et Baptiste Colard étaient les premiers; Bax et Bousquier portaient sur le derrière. Avant l'assassinat, Bax n'avait pas le sou; il avait emprunté un franc vingt centimes à Bousquier; il lui avait donné une cravate à titre de gage, qu'il devait retirer lorsqu'il lui aurait porté le tabac. Après l'assassinat, on lui vit une poignée d'écus; il en donna deux de cinq francs à Bousquier. Depuis son arrestation il a été saisi sur lui un billet cousu dans la ceinture de son pantalon, par lequel il priait un apothicaire de lui procurer de l'eau-forte, premier degré, pour graver sur l'acier.

.. Baptiste Colard habite dans la même maison que Bancal. Il avait réuni dans son appartement trois fusils qui lui ont été saisis et déposés devers le greffe. Le mercredi, 19 mars, il a bu à la taverne de Rose Feral, avec Missonnier, Bax et autres; il en est sorti vers les huit heures du soir : il a été vu dans la cuisine de Bancal. A dix heures', il a aidé à porter le cadavre, l'a délié au bord de la rivière, en a retiré avec Bancal les cordes, le drap, la couverture, et l'a précipité dans l'eau. Le lendemain de l'assassinat, il a dit qu'il y en aurait bien d'autres. Deux mois avant cette époque, il disait, en parlant d'un assassinat commis sur un individu qui portait quatre mille francs : *Si je savais qu'un homme portât vingt-cinq louis, je lui tirerais un coup de fusil pour les avoir. Qu'est-ce que tuer un homme !* disait-il dans une autre circonstance. *Si je savais qu'un homme portât vingt-cinq louis, et qu'on ne me vît pas, je ne craindrais pas plus de lui tirer un coup de fusil que de boire un coup.* Il ajoutait que l'année était trop mauvaise, que les b... de riches en avaient trop pour eux; que les choses n'étaient pas bien partagées, et que si tout le monde était comme lui, on irait en prendre où il y en avait.

Missonnier a bu avec Baptiste Colard et autres co-accusés, dans la taverne de Rose Feral, et il en est sorti vers les huit heures. Il a menti à la justice, en disant qu'il en était sorti à sept heures; qu'il était rentré chez lui tout de suite, et n'était plus sorti; tandis que, s'il fallait s'en rapporter à la déclaration de son camarade, Baptiste Colard, il n'aurait quitté la taverne de Rose Feral qu'à neuf heures précises. Missonnier a été vu à dix heures du soir dans la cuisine de Bancal; il a accompagné le cadavre jusqu'à la rivière, et il tremblait lorsque, après la noyade, les deux individus armés dirent aux autres auteurs ou complices, en ajustant leur fusil, que le premier qui aurait le malheur de ne pas tenir le secret, d'en dire seulement un mot, serait tué à la première vue.

Anne Benoit cohabitait avec Baptiste Colard, dans la maison qui a été le théâtre du crime. Le 10 mars, vers huit heures du soir, elle a été trouvée tapie dans la rue de Hebdomadiers, tout près de la maison Missonnier. De son aveu, le fatal mouchoir dont le malheureux Fualdès fut bâillonné lui appartient. Elle a rougi lorsque quelqu'un lui a dit que sans doute elle l'avait prêté à Baptiste Colard, son prétendu mari, pour étrangler le sieur Fualdès. Elle a pris une part active à l'assassinat, puisqu'à dix heures du soir elle a été vue dans la cuisine de Bancal auprès du cadavre. Elle en connaît tous les auteurs et complices, puisque, d'une part, elle a dit : On voudrait bien savoir ceux qui l'ont fait, on voudrait bien les découvrir ; mais on ne les découvrira point. D'autre part, elle a dit que, si l'innocent devait payer pour le coupable, elle déchargerait bien son estomac.

Bousquier a bu, dans la soirée du 19 mars, dans la taverne de Rose Feral, avec Bax et autres co-accusés ; il a aidé à porter le cadavre dans la rivière. Une toile d'emballage ensanglantée, et une paire de souliers qui ont aussi paru teints de sang, ont été saisis chez lui, et déposés au greffe. Il paraît avoir été trompé par Bax, et engagé d'aller porter une balle de tabac au lieu d'un cadavre.

Le sieur Jausion a été vu dans la cuisine de Bancal, le soir de l'assassinat, à dix heures du soir. Il a accompagné le cadavre à la rivière. Il connaît les auteurs du crime, et ne veut pas les nommer, quand même on le hacherait. Le lendemain, à huit heures du matin, il s'est transporté dans la maison Fualdès, est monté dans les appartemens du second étage, et entré dans une chambre où se trouve un placard qu'il a ouvert et fouillé. Il est passé dans le cabinet dit de la bibliothèque. Il y a enfoncé, à l'aide d'une petite hache, le tiroir du bureau où M. Fualdès serrait son argent, son grand porte-feuille en maroquin à fermoir, ses livres-journaux. Il y a commis des soustractions, entre autres, d'un sac d'argent. Il dit à l'un des domestiques qui l'a surpris en flagrant délit avec son épouse et sa belle-sœur : « Nous avons pris cet argent, il ne faut rien dire. » Après avoir nié les effractions et soustractions, même d'être entré à sept heures dans la maison Fualdès, et avoir rejeté sur la dame Galtier l'ouverture du placard où étaient enfermés deux sacs d'argent et un petit portefeuille conte-nant quelques effets, il a dans son second interro-gatoire, avoué que c'était lui qui avait ouvert les placards; il a aussi fait l'aveu de l'enfoncement du tiroir dans le cabinet de la bibliothèque, et de la soustraction d'un sac d'argent. Le grand porte-feuille en maroquin et à fermoir, la main-cou-rante, où le sieur Fualdès couchait l'état des let-tres de change qu'il faisait ou qu'il recevait, et plu-sieurs papiers précieux manquent dans la succes-sion. Le bordereau que Jausion prétend avoir remis à Fualdès, le 19 mars, vers les cinq ou six heures du soir, sur la place de Cité, ne s'est pas trouvé parmi les papiers de la succession. Non-seulement rien n'établit que le sieur Fualdès ait transporté au sieur Jausion la propriété de douze effets tirés par le sieur Fualdès, valeur en lui-même, sur M. de Séguret, à concurrence de vingt mille francs, et acceptés par celui-ci sous l'obligation civile; mais au contraire leur état matériel fait croire qu'ils n'ont pas cessé d'être la propriété du sieur Fualdès, soit parce que la signature Fualdès, mise en blanc à la suite de l'acceptation de M. de Séguret, ne constitue qu'un simple mandat donné à Jausion, pour en opérer le recouvrement; soit parce que la page de son livre qui rappelle ces effets est isolée, placée presque à la fin du registre, précédée et suivie d'un grand nombre de feuillets en blanc, et que trois feuillets qui précédaient immédiatement la page écrite ont été lacérés et emportés; soit parce qu'il n'a représenté aucun livre de caisse, pour constater le versement des dépôts qui ont pu lui être faits par le sieur Fualdès; soit enfin parce que les livres qu'il a produits devant les commissaires nommés, sont dans leur état matériel, dans la plus mauvaise tenue, et incapables de faire aucune foi en justice.

Enfin, il établit que les dames Jausion et Galtier l'ont accompagné, soit dans la chambre où était le placard, soit dans le cabinet de la bibliothèque; qu'elles l'ont aidé dans les effractions et soustractions qui ont été commises, et notamment que la dame Galtier lui a rapporté la hache dont il s'est servi pour l'effraction du tiroir, et qu'ainsi elles sont complices.

En conséquence, tous les susnommés sont accusés de s'être rendus coupables du crime de l'assassinat du sieur Fualdès, commis dans cette ville, par une réunion de plus de deux personnes, dans la soirée du 19 mars dernier, de la noyade de son corps dans la rivière d'Aveyron, et des vols commis dans la matinée du lendemain, avec effraction intérieure, et encore sans effraction dans la maison qu'habitait le sieur Fualdès, soit comme auteurs, soit comme complices, pour avoir avec connaissance, etc., crimes qualifiés et prévus, etc.

Fait au parquet, le 12 juin 1817.

Signé, MAINIER.

Le procureur-général a pris ensuite la parole pour développer l'acte d'accusation.

Séance du 19 août.

Le procureur-général du roi a présenté la liste des témoins: il y en a deux cent quarante-trois à charge, et soixante-dix-sept à décharge.

La Cour, ayant égard au vœu des jurés, ordonne une seconde lecture de l'acte d'accusation. Les débats s'ouvrent.

Les témoins n° 1 et 2, Rozier, médecin, et Bourguet, chirurgien, persistent dans ce qu'ils ont déclaré dans le procès-verbal rédigé lors de la vérification du cadavre. Le procès-verbal établit la reconnaissance et l'état du cadavre décrit par ces deux docteurs.

· Rozier, interpellé sur les faits particuliers qui sont à sa connaissance, a déclaré qu'ayant été appelé dans la prison pour donner des soins à l'accusé Jausion, il l'avait trouvé dans une inquiétude extrême, parce qu'on l'avait mis aux fers, qu'il protestait de son innocence, et ajoutait : *Je parierais bien de connaître les coupables; mais quand on me couperait à petits morceaux, je ne les déclarerai jamais.* — Jausion attribue ce propos au désordre de ses idées, causé par sa position. — Les dames Jausion et Galtier ont prié le déposant d'engager Bancal à déclarer ce qu'il savait.

Les 3e, 4e, 5e et 6e témoins aperçurent le corps de M. Fualdès dans l'Aveyron, et l'en retirèrent, le 20 mars, vers les six heures du matin.

N° 7. — *Bastide*, négociant. Le 18 mars, Bastide-Gramont me pria de lui escompter quelques effets appartenant à M. Fualdès. Le 19, il me réitéra cette proposition. Je me chargeai d'un de ces effets de 1,000 fr. : cependant Bastide refusa d'en percevoir le montant. Quelque temps après il revint avec M. Fualdès, qui le pria de lui porter un sac de 1,000 fr., et de l'accompagner chez lui. Cette affaire fut faite vers les cinq heures du soir. Le témoin ajoute que Bastide accusé avait dit, en parlant de M. Fualdès, qu'il lui ferait négocier quelques effets à six pour cent.

Le Président à Jausion. — Fîtes-vous quelque

négociation avec M. Fualdès, le 19 mars dernier?

R. Oui; il me donna des effets pour environ 12,000 fr., en échange d'autres effets de pareille valeur que j'avais sur lui, et qui étaient venus à échéance. Entre six heures et demie et sept heures du soir, les effets que je lui rendis ont été trouvés dans les papiers de la succession.

N° 8. — Le 19 au soir, à huit heures et demie, je trouvai dans la rue du Terral, sur le prolongement de celle des Hebdomaniers, une canne reconnue depuis pour être celle de M. Fualdès. A neuf heures, je trouvai dans la rue des Hebdomadiers, non loin de la maison Bancal, un mouchoir usé qui paraissait avoir été récemment tordu dans toute sa longueur; je vis deux hommes qui couraient au galop vers la préfecture.

Le Président à Anne Benoit. Reconnaissez-vous ce mouchoir?

R. Je m'en étais servie le 19, comme d'un coussinet, pour porter du linge chez différens particuliers de cette ville.

N° 9. — Comme le précédent.

N°ˢ 10 et 11. — Dépositions insignifiantes.

N° 12. — Le témoin est belle-sœur de Missonnier.

N° 13. — *Brast*, tailleur. Un joueur de vielle joua sans discontinuer, près de la maison Bancal, depuis huit heures du soir jusqu'à neuf, le 19 mars. Vers les huit heures et un quart, le témoin entendit marcher dans la rue plusieurs personnes qui parais-

saient porter un paquet ou balle· elles s'arrêtèrent
devant la maison Bancal. Une porte s'ouvrit et se
ferma ; mais le son de la vielle l'empêcha de distinguer si c'était celle de Bancal. Peu de temps
après il entendit siffler dans la rue. La maison
Bancal était mal habitée ; on y faisait souvent du
train. Quelque temps après, le déclarant vit du
monde sur la porte ; il entendit des sifflets et des
hem ! les personnes qui marchaient ne faisaient
pas de bruit et paraissaient avoir des escarpins. —
Le témoin, ajoutant à sa déposition écrite, et interpellé, dit qu'il a vu plusieurs fois Bastide entrer et sortir chez Bancal, et notamment quatre
ou cinq jours avant la foire de la mi-carême (qui
se tint le 17 mars). Vers le même temps, il vit
aussi l'accusé Jausion sortir de la même maison,
et ce dernier lui parut fâché d'avoir été aperçu.

Séance du 20 août.

Le président a rappelé le témoin Brast, entendu
la veille, qui a persisté dans ses déclarations. Il
a ensuite procédé à l'interrogatoire des accusés.

Le président à la veuve Bancal : Où étiez-vous
le 19 mars dernier, depuis huit heures jusqu'à dix
heures du soir ?

· R. J'étais chez moi.

D. Etiez-vous seule ou en compagnie ?

R. J'étais avec mon mari et une partie de mes
enfans.

D. Ne reçûtes-vous pas ce soir-là d'autres personnes étrangères chez vous ?

R. Non, monsieur.

D. Connaissiez-vous feu M. Fualdès ?

R. Non, monsieur.

D. Le 19 du mois de mars dernier, ledit sieur Fualdès ne fut-il pas entraîné dans votre maison après huit heures du soir? n'y fut-il pas égorgé sur une table, et ne prîtes-vous pas vous-même une part très-active à cet assassinat ?

R. Non; je n'ai rien vu ni entendu; et je conteste que le sieur Fualdès ait été assassiné chez moi.

D. N'avez-vous pas entendu une vielle qui joua fortement ét pendant long-temps au-devant de votre maison ?

R. Non, monsieur.

D. On a entendu dire plusieurs fois à vos deux plus petits enfans que le 19 mars au soir un homme avait été tué dans votre cuisine; ils ont même rapporté des circonstances qui prouvent la sincérité de leurs discours. D'ailleurs, il n'est pas vraisemblable que des enfans eussent dit de pareilles choses, si elles n'étaient point vraies.

R. Je réponds que ce sont des propos d'enfans qui ne savent ce qu'ils font, et qui pour un sou diraient tout ce qu'on voudrait.

D. Prouvez-nous que vous avez quelque repentir de votre crime, et racontez-nous comment les choses se sont passées.

R. Je persiste à dire que je suis innocente, et que je n'entends rien à ce que vous me dites.

Le Président à Bastide-Gramont, deuxième accusé. N'étiez-vous pas le parent et l'ami de M. Fualdès? N'aviez-vous pas reçu de lui des services?

R. C'est moi qui lui ai rendu les plus grands services.

D. Où étiez-vous le 19 mars dernier au soir?

R. Je partis de Rodez vers la nuit tombante, et j'allai coucher à mon domaine de Gros.

D. N'est-il pas vrai que vous vous trouvâtes dans la maison Bancal, rue des Hebdomadiers, entre huit et dix heures de la nuit?

R. Il y a plus de quatre ans que je n'ai mis les pieds dans cette maison : tout le monde sait d'ailleurs que j'étais chez moi, à Gros.

D. N'étiez-vous pas à Rodez dans la matinée du 20 mars? N'allâtes-vous pas dans la maison Bancal, ainsi que dans celle de M. Fualdès?

R. Non; j'avais couché à mon domaine de Gros; j'en partis vers les sept heures du matin pour aller voir travailler mes domestiques dans mon domaine de Lamorne : c'est là que je restai jusqu'à ce qu'un huissier du tribunal vint me trouver, et me cita pour me rendre à Rodez devant M. le juge d'instruction : il était trois ou quatre heures après-midi.

D. Vous affirmez que vous n'avez point paru dans Rodez le 20 mars au matin?

R. Oui, monsieur.

D. Vous ne dites pas la vérité; car il résulte de

la procédure et il résultera également des débats,
que, dans la matinée dudit jour 20 mars, on
vous a vu aller et venir dans ladite ville, et que
vous êtes entré dans la maison de feu M. Fualdès ?

R. On se trompe, monsieur.

D. Comment apprîtes-vous la nouvelle de l'assassinat de M. Fualdès.

R. Ce fut l'huissier qui vint m'assigner au domaine de Lamorne, qui me l'apprit.

D. Quels habits portiez-vous le 19 mars?

R. J'avais un habit bleu ; mon gilet et mon
pantalon étaient noirs, parce que j'étais en deuil :
je portais des bottes et un chapeau rond à haute
forme.

Relativement au fait de l'enfoncement d'un tiroir du bureau de M. Fualdès, Jausion a prétendu
qu'à la vérité il avait ouvert ce bureau, mais qu'il
ne l'avait pas enfoncé. Voici ce qu'il a dit à ce sujet : Me trouvant un jour de l'hiver dernier chez
M. Fualdès pour régler un compte, et étant auprès
de son bureau, il voulut me remettre quelque
argent : il chercha sur lui la clé, et, ne la trouvant pas, il souleva la table du tiroir et l'ouvrit,
en me disant que dans une occasion il avait été
obligé de le faire enfoncer. J'employai, a dit l'accusé, le même moyen pour l'ouvrir.

D. Vous fîtes cependant usage d'une hache pour
cela.

R. Il est vrai que je me servis d'une hache que
madame Galtier, ma belle-sœur, me procura;

mais ce ne fut pour opérer aucune effraction : ce
fut seulement pour remettre en place et pour assurer la planche au-dessus du tiroir, que j'avais
soulevée, parce qu'il y avait des objets précieux
dedans.

D. Pourquoi vous permîtes-vous de pénétrer
ainsi et de fouiller dans le bureau de M. Fualdès?
Cette conduite, de votre part, est bien surpre-
nante, après l'événement tragique qui venait d'avoir
lieu.

R. On disait dans le public que M. Fualdès avait
été assassiné pour son argent ou pour son portefeuille : je voulus alors m'assurer moi-même s'il
avait été volé. Je savais qu'il devait avoir des effets de commerce en assez grand nombre; il y en
avait que je lui avais cédés moi-même la veille : je
voulus voir s'ils auraient disparu. Ce ne fut donc
que par intérêt pour lui, et parce que j'étais son
parent et son ami, que je fis cette démarche.

D. Pourquoi n'en parlâtes-vous pas à madame
Fualdès? Pourquoi, au contraire, recommandâtes-
vous à son domestique de n'en rien dire?

R. Je n'en prévins pas madame Fualdès, parce
que j'aurais craint de l'affliger : elle ignorait encore
le genre de mort de son mari. Ce fut pour le même
motif que j'engageai les domestiques à ne rien dire
de ce que je venais de faire ; je me réservais d'en
parler à M. Fualdès fils, lorsqu'il serait arrivé;
mais je n'ai jamais trouvé l'occasion de le faire ; je
lui ai écrit pour lui demander une entrevue, il ne
m'a pas répondu.

D. Pourquoi, lorsque vous fûtes interrogé la première fois par M. le juge d'instruction, ne fîtes-vous pas les mêmes aveux qu'aujourd'hui ? Pourquoi niâtes-vous d'avoir ouvert aucunement le bureau de M. Fualdès?

R. Des soupçons planaient déjà sur ma famille : mon beau-frère Bastide était arrêté ; je craignis, en parlant de cela, de le compromettre. Au surplus, j'étais malade alors ; je n'avais pas ma tête ; mon esprit était troublé de tout ce qui se passait, si bien que je me rappelle avoir répondu à M. le prévôt qui m'interrogeait : Je dirai oui, je dirai non, tout ce que vous voudrez.

Le président, adressant la parole à Bousquier, lui a demandé ce qu'il avait fait dans la soirée du 19 mars. Bousquier a répondu avec calme : Je n'avais pas connu l'accusé Bax avant la foire de la mi-carême dernière (17 mars 1817), lorsque je le rencontrai ce jour-là dans Rodez. Il me demanda où je demeurais ; je lui indiquai mon domicile. Alors Bax me demanda si je ne lui aiderais pas à porter une balle de tabac de contrebande. Je lui répondis que je le ferais ; et de son côté il me promit de bien payer ma course, ajoutant *que tous les quinze jours il pourrait m'employer à un semblable travail.* Je dois dire que Bax me recommandait le secret lorsqu'il me parlait de cette balle de tabac. Il revint chez moi, et me dit que la balle n'était pas encore prête. Il vint encore dans la matinée du mercredi, jour suivant, 19 mars, me redemander chez moi ; il ne m'y trouva point,

j'étais occupé à travailler sur la place. Il revint le
soir et me pria de lui prêter vingt-quatre sous, que
je lui donnai. Bax me remit alors en gage un mouchoir que j'ai encore, et que voilà, en disant qu'il
me rendrait mon argent lorsque je lui aurais porté
le tabac. Il prétendit avoir besoin de ces vingt-
quatre sous pour préparer et apprêter le tabac
avec quelques drogues qu'il lui fallait acheter. Bax
sortit aussitôt, en disant qu'il allait revenir. Il ne
tarda pas en effet à rentrer : il me dit qu'on ap-
prêtait le tabac, et qu'en attendant il fallait aller
boire une bouteille de vin. — Nous sortîmes de
chez moi un peu avant huit heures ; nous nous
dirigeâmes vers la place de la Cité : Bax me quitta
au milieu de cette place, m'invitant à aller faire
tirer le vin ; qu'il allait, lui, voir si le tabac était
prêt. — J'entrai pour lors dans la maison de la
nommée Rose Feral, où je trouvai Baptiste Colard. Le nommé Palayret vint bientôt, et j'avais
commencé à boire avec lui lorsque Bax revint. Il
but quelques coups et ressortit. Il revint et s'assit
avec nous, fit quelque temps la conversation et
sortit de nouveau. Bax rentra et ressortit encore
une ou deux fois. Lorsque j'eus fini de boire avec
Palayret, nous payâmes notre écot et nous sortîmes tous deux. — Je trouvai Bax dans la rue,
posté à l'angle de la maison Ramond. Il me dit
alors : Venez actuellement, le tabac est prêt. —
Je le suivis : il me mena dans la rue des Hebdomadiers, dans la maison habitée par Bancal. Nous
entrâmes tous deux. Bax me disait de *faire dou-*

cement. — Arrivés dans la cuisine au rez-de-chaussée, j'y trouvai Bancal, sa femme, Baptiste Colard, Joseph Missonnier, Anne Benoit, et une autre fille encore que je ne pus distinguer. — Bousquier, interpellé de déclarer ici si ce n'est point Marianne Bancal fille qu'il aurait vue, déclare, après l'avoir examinée, qu'il ne croit pas que ce fût elle. — Après cette interruption, Bousquier poursuit ainsi ses déclarations : Je trouvai encore dans ladite cuisine de Bancal deux messieurs que je ne connaissais pas de nom. Bax me dit ensuite que l'un des deux était Bastide - Gramont, de Gros. Bax ne me nomma point l'autre. Il n'était pas d'une taille aussi haute que le premier. — Ces deux messieurs défendirent de parler. Le monsieur de haute taille, c'est-à-dire Bastide, fut le premier à dire que si quelqu'un parlait de ce qui se passait, il ne vivrait pas long-temps. Nous promîmes tous de ne rien dire, quoi qu'il arrivât. —J'avais vu, en entrant dans la cuisine, un grand paquet étendu sur une table. Bax me dit que c'était un mort, et qu'il fallait aller le porter quelque part. — Alors je fus saisi d'effroi, je frissonnai ; mais je n'osai rien dire, après les menaces qui venaient d'être faites. Le mort était *plié* dans une couverture de laine, et attaché avec une corde grosse comme le doigt. — Il y avait deux petites barres par - dessous pour servir à le porter. — Nous partîmes de la maison Bancal : Baptiste Colard et feu Bancal étaient les premiers; Bax et moi étions sur le derrière. Le monsieur de haute taille, Bastide, nous précédait, armé d'un fusil double. L'autre monsieur et Missonnier marchaient à la suite ou à côté. Ce monsieur avait aussi un fusil, mais simple. — Nous allâmes d'abord de la maison Bancal dans la rue du Terral; de là nous descendîmes cette dernière rue; nous passâmes le long de l'hôtel de la préfecture, et sortîmes par le portail, dit de l'Evêché.—Nous suivîmes ensuite le boulevart d'Estourmel jusqu'à la ruelle qui va au jardin de Bourguet. Arrivés en cet endroit, nous nous détournâmes dans cette petite rue, et nous posâmes là le mort pendant quelques instans. — Alors j'entendis un homme passant sur le boulevart, qui prononça un f..... prolongé. Nous reprîmes notre paquet, et le portâmes, en suivant toujours le boulevart, jusqu'au travers qui se trouve au fond de l'Ambergue. Nous nous arrêtâmes encore ici quelques momens, après quoi nous descendîmes dans ledit travers par un chemin de charrette. Lorsque la pente fut trop rapide, Bancal et Colard prirent le corps à eux deux, parce qu'il n'était plus possible de marcher à quatre. — Arrivés sur les bords de l'Aveyron, on délia les cordes, on retira la couverture et on jeta le corps dans la rivière. Les deux messieurs et Missonnier ne nous avaient pas quittés. Après cela, les deux messieurs réitérèrent la recommandation de garder le secret, avec menaces que le premier qui lâcherait un mot serait puni de mort. Nous nous séparâmes. Le monsieur à haute taille s'en alla du côté de la Guioule; l'autre vers le moulin des Besses. Bancal, Colard et Missonnier remontèrent par où nous étions descendus. Bax et moi allâmes joindre le chemin du Monastère, et nous nous retirâmes chez moi vers minuit. — Bax me donna alors deux écus de cinq francs; c'est aussi après être rentré dans ma chambre que Bax me dit que le monsieur de haute taille était Bastide, de Gros.

Le Président. Regardez l'accusé Bastide, et dites-nous si vous le connaissez.

Bousquier, après l'avoir fixé attentivement. Oui, Monsieur, je le reconnais; je l'avais déjà reconnu lorsque je fus confronté avec lui devant le juge d'instruction.

Le Président. Etes-vous bien sûr de ce que vous dites? Affirmez-vous devant Dieu que vous reconnaissez positivement l'accusé Bastide pour le monsieur de haute taille que vous trouvâtes dans la maison Bancal?

R. Oui, Monsieur, je jure que c'est lui; je ne me trompe pas.

D. Regardez l'accusé Jausion, et voyez si vous le reconnaissez pour l'autre monsieur moins grand que le premier, que vous trouvâtes aussi chez Bancal le 19 mars au soir, et qui escortait le cadavre lorsque vous le portâtes à la rivière?

R. Je crois le reconnaître; cependant je ne puis affirmer que ce soit lui.

D. Comment était habillé Bastide lorsque vous le vîtes chez Bancal?

R. D'une redingote vulgairement appelée *lévite*.

D. Comment se fait-il que vous ayez reconnu Bessière Veynac pour être le monsieur de moyenne taille que vous vîtes chez Bancal, tandis que vous êtes aujourd'hui forcé de convenir que ce n'était pas lui ?

R. Je me trompai. Quand on me le présenta, son visage était à moitié couvert par le collet de son carrik.

Le président ayant interpellé successivement Bousquier de déclarer s'il reconnaissait positivement Anne Benoît, Bax, Colard et Missonnier pour être ceux qui étaient avec lui dans la cuisine de Bancal, le 19 mars au soir, Bousquier a répondu toujours affirmativement.

Les accusés que Bousquier vient de nommer, répondant aux interpellations du président, récriminent contre Bousquier, et déclarent qu'ils n'étaient nullement coupables des faits rapportés par lui. Missonnier répond: *Je m'en rapporte à ce que viennent de dire les autres.*

N° 14. — *Albène.* Le 19 mars, entre neuf et dix heures du soir, passant sur le boulevart d'Estourmel, il aperçut une masse d'ombres qui marchaient dans l'obscurité, et qui lui inspirèrent quelques craintes. En rentrant dans la ville, par le portail de la Préfecture, il rencontra un individu de moyenne taille, qui marchait vite, et qui passa devant lui sans rien dire.

N° 15. — *Delmas,* cabaretier, logé près de la porte de la Préfecture, vit, à la même heure, un groupe de personnes venant de la rue du Terral, et dit à sa femme de regarder ce que c'était.

Nº 16. — La femme Delmas, vers les dix heures du soir, 19 mars, vit un homme grand, qui faisait beaucoup de bruit avec ses souliers ou ses bottes; l précédait un groupe qui portait quelque chose qu'elle crut être une fille. Cet homme grand était vêtu d'une redingote dont les pans flottaient. — Depuis, la dame Bastide étant venue dans sa maison pour lui parler, et lui dire que son mari n'avait point de redingote, l'époux de la déclarante engagea cette dame à se retirer, et à ne pas suborner sa femme.

Nº 18. — *Sasmayous*. Le 19 mars, je fus passer la veillée chez M. Fualdès; M. Bergounian y était. — Quelle heure est-il? dit M. Fualdès. — Je répondis : Sept heures trois quarts; si vous avez à faire quelque chose à huit heures, vous pouvez partir. — Si elles ne sont pas sonnées, dit M. Fualdès, j'ai assez de temps; il ne faut déranger personne. — Vers huit heures, il dit: J'ai affaire; je vous laisse. Il monta dans sa chambre, rentra dans la pièce où nous étions, prit sa canne. Il portait sous sa redingote quelque chose soutenu par son bras gauche. Il sortit. — Le lendemain, à six heures du matin, j'appris le malheur qui était arrivé. Je me rends aux Besses: la nouvelle répandue n'était que trop vraie. Je remonte de suite. Je vais directement chez le parent, chez l'ami de la maison Fualdès, chez le sieur Jausion. Je ne trouve que madame Jausion; elle s'habillait.

— Vous savez sans doute, lui dis-je, la catastrophe qui vient d'arriver : le pauvre Fualdès est assassiné ! Cette dame, sans paraître éprouver d'émotion, dit ces mots : — Est-il possible ! que fera sa femme ? — Je suis ici pour elle, afin de me concerter avec vous pour que vous lui portiez quelques consolations. — Oh ! répondit-elle, je ne fais pas ça ! — Comment, Madame, dans une pareille circonstance vous l'abandonnez ! — Elle persista dans son refus.

Je vais chez M. Fualdès, et monte à sa chambre pour voir si la clé est sur l'armoire et la montre sur la cheminée ; elles n'y étaient pas. — Je sors de la maison : j'y rentre ; et trouve auprès de la veuve les dames Jausion, Galtier et Costes ; plusieurs autres dames entrent : alors les deux premières sortent. Je sors bientôt aussi, et trouve ces deux dames sur l'escalier, parlant fort bas avec Jausion. Il était alors environ sept heures et demie du matin. — Dans la maison Fualdès, était un domestique mâle, une fille reçue à titre d'amie, et une servante. Je tiens de celle-ci ce qui suit : Le 20 mars, vers les dix heures du matin, Bastide-Gramont frappa rudement à la porte, et demanda avec un air égaré si Fualdès y était. (L'assassinat était alors public.) Que dites-vous ? lui dit la fille. Bastide, passant la main sur sa figure, dit : Ah ! je me trompe. Il faut aller tout fermer. — Il monta rapidement l'escalier, alla dans la chambre du maître de la maison, sans demander d'être accompagné. La fille le suivit. Il courut à l'armoire, où ce dernier tenait alors certains papiers, y mit la main, en ferma la porte, et en ôta la clé; il ferma aussi la chambre; mais dans ce moment, la servante de la maison se présenta pour retirer les draps du lit, et Bastide rouvrit cette chambre; il se plaça d'un côté du lit; la servante tira la couverture pour la rouler: alors il tomba aux pieds de Bastide quelque chose qui fut ramassé par celui-ci avec un air étonné. — C'est une clé, dit-il: nous la mettrons avec les autres. — Après avoir fermé la chambre, il donna les clés à la servante pour les faire remettre à madame. — Celle-ci ne dit rien à sa maîtresse, et mit les clés dans un placard. — Le déclarant tient aussi de la servante que les dames Jausion et Galtier étaient revenues dans la maison vers une heure après midi, et lui avaient demandé les mêmes clés, qu'elles avaient gardées jusque vers les sept heures du soir. Ce fut alors que la dame Galtier les remit à madame Fualdès, en lui disant: Gramont est venu, il a tout fermé; il n'a pas eu le courage d'entrer pour te voir: où veux-tu que je mette ces clés? — Le dimanche 23, dans la matinée, M. Vigier, beau-père de M. Fualdès fils, reçut dans sa chambre la visite des dames Galtier et Jausion, du mari de cette dernière, et de Bastide. Pendant ce temps, M. Teulat, juge d'instruction, fit appeler M. Vigier pour lui parler en particulier dans une autre pièce; ils y restèrent quelque temps, et tout le monde sortit, hors Bastide que je trouvai sur l'escalier. Il avait l'air égaré, et me dit: Qui est venu le demander? — Je ne sais pas de quoi vous me parlez, lui répondis-je. — Le lendemain de l'arrestation de Bastide, qui avait eu lieu dans la soirée, les dames Galtier et Jausion vinrent chez M. Fualdès, et cette dernière dit au témoin : On prétend qu'il manque des effets dans le portefeuille? — Oui, pour 12,683 francs. — Vous en avez donné l'état à la justice? — Oui, madame. — Mais il fallait venir trouver mon mari qui en avait reçu de M. Fualdès! — Je l'ignorais; cela peut se réparer, je vais le trouver. — N'y allez pas. — J'insiste, et lui dis : Cela sera si tôt fait! — Elle persiste; je m'obstine; elle persiste encore, et sort en disant : Vous ferez cela après. — Je sors aussi : je vais sur la place du Bourg. Jausion y arriva bientôt avec les deux dames, il vint à moi et me dit d'un ton fort animé : Ma femme vient de me rapporter qu'il manque pour 15 mille francs d'effets. — Non, lui répondis-je, il n'en manque que pour 12,683 francs. — Il en manque pour 15 mille; que ne veniez-vous chez moi pour le vérifier? — Puisque vous le prenez sur ce ton-là, et que vous y portez tant d'intérêt, que n'alliez-vous comme les autres en faire la déclaration? vous en avez eu le temps : allons le vérifier. — Nous y fûmes; il me présenta un chiffon de papier, dont l'écriture était encore toute fraîche. Je lui demandai s'il n'avait pas d'autre compte; il répondit : Non. — La dame Fualdès a rapporté au déclarant que le 19, dans l'après-midi, Bastide était venu pour parler à son mari qui était absent, et qu'il lui dit :

Je viens ici pour procurer une bonne affaire à
votre mari : je lui fais négocier du papier ce soir,
à 6 pour cent, et peut-être à 5. — Le témoin a
donné ensuite sur les affaires de M. Fualdès d'autres détails d'un médiocre intérêt.

Séance du 21 août.

Numéro 20. *De Séguret.* Je devais à M. Fualdès
une somme considérable ; il avait été convenu que
je pourrais m'acquitter de 55,000 francs en effets
de commerce revêtus de ma signature. Le 4 décembre, M. Fualdès tira sur moi, en présence de
Jausion, des effets que j'acceptai au civil, pour
une somme de 20,000 francs. Un mois avant l'assassinat de M. Fualdès, M. Jausion me dit que ces
effets étaient devenus sa propriété par un arran-
gement qu'il avait fait avec M. Fualdès. Le 18
mars, je me rendis chez M. Fualdès ; je lui remis
des effets pour 26,000 fr. : il me donna quittance
de tous les paiemens que je lui avais faits. Le 19,
en apprenant la mort de M. de Fualdès, je pensai
que les assassins avaient eu peut-être pour but de
lui enlever les lettres de change que je lui avais
remises. Je fus chez Jausion à une heure après
midi pour en obtenir quelques renseignemens. Je
lui demandai s'il savait ce qu'étaient devenus les
effets de M. Fualdès. Il me répondit qu'il n'en
savait rien. — Mais il dut vous les remettre, puisqu'il avait dessein de régler ses affaires ? — Je sais
qu'il a cherché à en négocier quelques-uns hier 19,

le surplus, il devait me le remettre aujourd'hui.
Sasmayous vint après midi, le lundi 24, me demander, de la part de la famille Fualdès, le bordereau des effets que j'avais remis. Deux ou trois
heures après midi, Bastide vint me demander ce
même bordereau, en se disant envoyé par la
même famille. Je fus étonné de cette démarche,
d'après celle de Sasmayous. Le bruit s'était répandu que Bastide était soupçonné; il me dit :
N'est-il pas inconcevable qu'on ait la scélératesse
de m'accuser, moi, parent et ami de M. Fualdès?
Il me dit encore : J'étais chez M. Fualdès le 19;
un individu habillé de vert vint le trouver de la
part de son maître; et lui donna un rendez-vous
pour le soir. J'entendis nommer le maître de cet
individu, mais j'en ai perdu le souvenir.

— *Le Président* à Jausion : Que répondez-vous?

R. Si je ne parlai point à M. de Séguret de la
négociation que j'avais faite le 19 avec M. Fualdès,
c'est que le secret m'était nécessaire pour conserver la confiance de mes commettans.

Le Président à Bastide : Qui vous avait chargé
d'aller demander au témoin le bordereau des
effets de M. Fualdès.

R. Je crois que le beau-père de M. Fualdès m'en
parla, mais personne ne m'en chargea directement. D'ailleurs comme j'avais eu dans mes mains
une partie de ces effets, je voulais savoir ce qu'ils
étaient devenus, craignant d'être compromis.

N° 24. — *Rose Feral* Le 19 au soir, Missonnier et Colard vinrent boire chez moi. Après eux

vinrent Bousquier, Bax et Palayret. Missonnier et
Colard sortirent à huit heures, ou huit heures un
quart, Bax entra et sortit deux fois. Bousquier ne
se retira qu'à dix heures. Pendant qu'ils buvaient,
Palayret demanda à Bousquier s'il connaissait Bax.
— Non, il m'a prié de lui porter ce soir une balle
de tabac.

Le Président à Bousquier. — Est-ce vrai ?

R. Oui.

Le Président au témoin. — Bax sortit-il avec
Bousquier ?

R. Non, Bousquier sortit le dernier.

Le Président, à Bax. — Vous aviez dit que vous
étiez sorti avec Bousquier.

R. Je le soutiens encore.

Nº 22. — *Julien* : Je présume que M. Fualdès
avait un carnet, parce qu'il était bien fixé sur les
échéances des effets qui le concernaient. Le 19
mars au matin, M. Fualdès me dit qu'on devait
dans la soirée lui faire négocier des effets à 5 ou
6 pour cent.

Nº 23. — *Marie Bedos*. Logée dans la maison
Bancal le 19 mars au soir, arrivant de la campagne
et fatiguée, elle se coucha à six heures, et n'entendit que la vielle dont on joua dans la rue plus
long-temps que de coutume. — Anne Benoît,
blanchisseuse, allait quelquefois le soir remettre
à ses pratiques le linge qu'elle avait lavé dans la
journée.

Le 24ᵉ témoin se rendit le 19 mars, vers sept
heures du soir, chez Rose Feral; il y trouva Colard

et Missonnier ; il vit entrer Bax chez Rose Feral : Bax lui demanda s'il avait vu Palayret.

Le 25e témoin ne dit rien de relatif aux débats.

No 26. — *Grellet*, receveur général. Il a eu des effets signés Fualdès, endossés par Bastide, qu'il a négociés. — Les livres de Jausion ne lui paraissent pas tenus comme la loi le prescrit.

No 28. — Le jour où Fualdès fut enterré, Bousquier me dit que, dans la nuit du 19 au 20, un individu habillé de bleu lui avait fait porter une forte balle, et l'avait bien payé. Il ajouta que cette personne l'avait fait appeler trois fois. Quelqu'un dit. Il serait bien possible que M. Fualdès fût dans cette balle ; on prétend qu'un ancien soldat du train (Colard) est un des auteurs de l'assassinat. — Bousquier observa que ce soldat était assez fort pour cela. — Le même jour, quelqu'un vint trouver Bousquier en toute hâte, et lui parla confidentiellement. — Je crois que c'était Missonnier. Après cette conversation, Bousquier fut tellement affligé, qu'il ne pouvait plus manger.

Missonnier : Cela n'est pas. — Bousquier : Cela n'est pas vrai.

No 33. — *Susanne Lacase*, le soir de l'assassinat, entre sept heures et demie et huit heures, passant devant la porte de Bancal, y vit un homme qui ne faisait qu'entrer et sortir ; il avait un chapeau rond : il lui sembla que c'était Colard ; mais elle n'en jurerait pas. Plus loin, dans la rue des Hebdomadiers, elle vit deux autres hommes debout et immobiles.

N° 35. — *Ursule Pavillon*, femme Castan. Elle était au service de M. Roques, rue des Hebdomadiers. Son mari, venant la chercher, trouva un homme tapi dans la rue. — Elle entendit la vielle organisée qui jouait dans cette rue. Elle sortit à neuf heures et demie, et trouva quelques personnes dans les rues de l'Ambergue, de Touat, et sur la place de Cité, etc.

N° 39. — Je tiens de quelqu'un que Colard disait un jour : « Qu'est-ce que tuer un homme ? pour vingt-cinq louis j'en tuerais bien un, moi. » Le soir de l'assassinat, j'entendis grand bruit chez Bancal, et des vielles qu'on faisait jouer dans le voisinage.

N° 40. Ce témoin est un mendiant qui, d'après l'aveu de Missonnier, couche habituellement dans l'écurie de la maison de ce dernier : son nom est Jean Laville. Il déclare qu'un joueur de vielle montait et descendait dans la rue des Hebdomadiers le 19 mars au soir. Il entendit qu'on se débattait dans la rue, auprès de la porte de l'écurie où il était couché : on poussa deux fois cette porte. Le malheureux qu'on traînait, arrivé devant la maison Bancal, fit deux ou trois cris, dont le dernier était étouffé, comme celui d'une personne qu'on suffoquerait. Six quarts d'heure ou deux heures après, il entendit deux hommes marcher dans la rue; il en entendit environ quatre autres, marchant pesamment comme des gens qui porteraient un fardeau, et deux autres suivaient. Il en parla le lendemain à Missonnier, qui lui dit aussi avoir entendu quelque chose.

Nº 41. — M. Fualdès étant mon débiteur, je lui présentai mon compte. Je vis qu'il avait un livre-journal sur son bureau.

Séance du 22 août.

Nº 53. — Le 20 mars, *Anne Benoit*, accusée, vint à ma boutique : on la questionna ; elle dit avoir vu, le 19 mars au soir, deux messieurs, dont un donnait le bras à la fille de la Bancal.

Nº 55. — Le 19 au soir, à sept heures moins un quart, j'aperçus deux individus postés au coin dit de Françon de Valat, et deux autres au coin de la rue des Hebdomadiers ; ils paraissaient se répondre par des coups de sifflet.

Nº 56. — Comme le précédent. Il ajoute qu'un de ces individus lui parut grand et vêtu de noir.

Nº 59. — Comme les précédens. Il ajoute qu'il compta sept individus, dont deux vêtus d'une redingote. Vers les quatre heures du soir, le 19, il vit sur la place de Cité Bastide et M. Fualdès qui causaient ensemble ; ils avaient l'air agité. Le témoin n'affirme pas bien que ce soit le 19 mars ; mais il s'en rapporte à sa déclaration écrite. Quelques jours après l'assassinat, Anne Benoit lui dit qu'elle ne connaissait point les coupables ;

mais que vraisemblablement ce n'étaient point des paysans qui avaient tué M. Fualdès, et que le sang qu'on disait avoir trouvé dans le passage de la maison Bancal provenait d'un coup de poing donné sur le nez d'un soldat qu'on refusait de recevoir dans la maison. Le témoin, interpellé de nouveau sur le jour où il vit Bastide et M. Fualdès sur la place de Cité, explique que c'était le surlendemain de la foire de Rodez, le 19.

N° 58. — Le 19 mars, j'allai passer la soirée chez M. Fualdès; je fus surpris de le voir habillé : car, comme il ne sortait pas le soir, je le trouvais toujours en robe de chambre... Toutes les fois que j'ai eu affaire avec M. Fualdès, je lui ai vu tirer une petite clé de son bureau... M. Fualdès me dit un jour qu'au moyen de la vente de son domaine de Flars, il acquerrait une honnête aisance.

N° 62. — Quelqu'un m'a dit que, dans la soirée du 19, on l'avait suivi à coups de pierres dans la rue des Hebdomadiers.

N° 63. — Le 19 mars au soir, je vis deux individus postés dans la rue des Hebdomadiers. Le reste, comme le précédent.

N° 65. — Entre neuf heures et demie et dix heures, portant une lanterne, je vis dans la rue de l'Ambergue un individu qui, à mon approche, se couvrit le visage avec ses mains, en se tournant vers un mur. Je l'examinai; il avait un pantalon de couleur claire, un chapeau rond, une redingote; il avait la taille et la tournure de Jausion. Il me vint dans l'idée que c'était Jausion ; mais je ne jurerais pas que ce fût lui.

Le Procureur-général. Qu'on appelle le témoin, madame Manson.

Ce nom est à peine entendu, qu'un profond silence règne dans la salle ; le plus vif intérêt commence. Madame Manson paraît.

Après les interrogatoires généraux, le président fait au témoin une courte, mais touchante exhortation, où l'on a remarqué ces deux idées principales : Le public est convaincu que vous avez été poussée dans la maison Bancal par accident et malgré vous. On vous regarde comme un ange destiné par la Providence à éclaircir un mystère horrible. Quand même il y aurait eu quelque faiblesse de votre part, la déclaration que vous allez faire, le service immense que vous allez rendre à la société, en effaceraient le souvenir.

Le Président à la femme Bancal. Connaissez-vous cette dame ?

Mad. Manson se tourne vivement du côté de la femme Bancal, lève son voile et d'un ton ferme : Me connaissez-vous ?

R. Non.

Le Président à la dame Manson. Connaissez-vous cette femme ?

Mad. Manson. Non, jamais je ne vis cette femme.

Le Président à Bastide et Jausion. Connaissez-vous cette dame ?

Jausion. Je ne la connais que pour l'avoir aperçue deux ou trois fois chez moi, il y a quatre ou cinq

mois, faisant visite à madame Pons, ma belle-
sœur.

Mad. Manson vivement. Pourquoi donc a-t-il
eu l'audace de me saluer en plein tribunal?

Bastide. Je ne connais madame que pour l'avoir
rencontrée sur le grand chemin.

Le président exhorte madame Manson à dire la
vérité, et l'invite en ces termes à faire sa déposition : Dites-nous ce que vous savez de l'assassinat
de M. Fualdès.

Mad. Manson lance un regard expressif sur les
accusés, et tombe évanouie. Le maréchal-de-camp
Desperrières et les spectateurs les plus rapprochés
d'elle volent à son secours. Le maréchal-de-camp
l'emporte hors de la salle, sur une terrasse qui
borde le palais; les soins lui sont prodigués. Là,
mad. Manson revient à elle-même, mais éprouve
de fortes convulsions; elle s'écrie d'un air effrayé :
Qu'on ôte de ma vue ces assassins! Elle répète la
même exclamation à plusieurs reprises.

La séance étant suspendue, le procureur-général demande qu'on appelle Rose Blanquet, autre
témoin, en attendant que mad. Manson ait repris
ses sens.

Rose Blanquet dépose que, le soir de l'assassinat,
elle vit passer et repasser fréquemment dans la rue
du Terral, entre sept et huit heures du soir, un
Monsieur petit, ayant des bas blancs, et qu'elle
compta ses apparitions jusqu'à sept fois; mais elle
ne reconnaît aucun des accusés pour être ce Monsieur.

Cette déposition finie, on annonce que madame Manson est en état de reparaître : on la ramène sur le siége des témoins.

Le Président, avec la plus grande douceur. Faites connaître la vérité ; courage ! Qu'avez-vous à nous dire? ne vous êtes-vous pas trouvée à l'assassinat de M. Fualdès?

R. Je n'ai jamais été chez la femme Bancal.

Après un moment de silence : Je crois que Jausion et Bastide y étaient.

Le Président. Si vous n'y étiez pas présente, comment le croyez-vous?

R. Par des billets anonymes que j'ai reçus, par les démarches qu'on a faites auprès de moi.

Le Président. Avez-vous reconnu l'écriture de ces billets ?

R. Je ne connais ni l'écriture de Bastide, ni celle de Jausion ; je crois cependant qu'un de ces billets était d'un de leurs défenseurs.

Le Président. Du quel?

R. De Mᶜ Arsaud. On est venu chez moi pour me faire rétracter la première déclaration que j'avais faite à la préfecture. Madame Pons, sœur de Bastide, notamment, vint à neuf heures du soir, après que j'eus parlé à M. le préfet : elle resta jusqu'à une heure du matin.

Le Président. Qu'avez-vous promis à cette dame Pons?

R. Je lui ai promis de rétracter ma première déclaration, parce qu'elle était fausse : j'avais dit que j'avais été chez la femme Bancal, et je n'ai jamais été dans cette maison que lorsque M. le préfet m'y a conduite.

Le Président. Vous nous assurez que votre première déclaration à M. le préfet est fausse ; vous ne savez donc rien sur le compte de Jausion et Bastide? Comment avez-vous pu dire que vous les regardiez comme coupables?

R. C'est par conjecture. Et en se tournant du côté de Jausion : Quand on tue ses enfans, on peut tuer son ami, on peut tuer tout le monde. — Jausion, qui jette les yeux sur elle, et d'un ton ferme : Actuellement je vous regarde.

Le Président. Comment a-t-il tué ses enfans?

R. C'est une affaire arrangée ; mais le public n'est pas dupe.

Le Président. N'avez-vous d'autre motif de votre conjecture que cette affaire arrangée ?

R. Je n'ai point été chez la femme Bancal ; non, je n'y point été. Je le soutiendrai jusqu'au pied de l'échafaud.

Le Président. Ce n'est point ce que vous avez dit à d'autres témoins irréprochables qui seront appelés. Nous appellerons surtout votre cousin Rodat.

R. Je ratifie d'avance tout ce que dira mon cousin Rodat : c'est un homme incapable de mentir. J'ai été à la préfecture plusieurs fois; j'ai fait des aveux imprudens; ils sont faux, je les ai rétractés. Je l'avais promis à madame Pons. Ces aveux m'avaient été arrachés par la crainte de mon père. Si vous saviez ce dont j'ai été menacée !....

Le Président, avec le ton le plus pathétique. C'est au nom de votre malheureux père, déchiré par mille chagrins ; c'est au nom de la justice, au nom de l'humanité, qui gémit d'un crime horrible, au nom de l'humanité, dont les liens ont été rompus par un crime qui alarme toute la société, que je vous conjure de dire tout ce que vous savez.... Rappelez-vous que vous avez souvent parlé dans vos lettres de l'honneur de votre famille ; que cet honneur ne peut jamais s'allier avec le parjure, et que les plaies qu'on lui porte ne se cicatrisent jamais. Parlez, fille d'Enjalrand ; parlez, fille d'un magistrat....

Pendant ce discours, la figure de mad. Manson s'altérait par degrés : à ces derniers mots, elle s'est encore évanouie. Quand elle a commencé à revenir de son évanouissement, elle a vu auprès d'elle le général Desperrières ; le repoussant d'une main, et portant l'autre sur l'épée du maréchal-de-camp, elle s'est écriée : Vous avez un couteau ! Elle s'est évanouie de nouveau. Le général a détaché son épée, afin de ne plus l'effrayer. Mad. Manson a repris ses sens sans quitter son siége.

Le Président. Tâchez de surmonter vos craintes ; prenez courage ; dites-nous quelque chose.

Mad. Manson. Demandez à M. Jausion s'il n'a pas sauvé la vie à une femme chez Bancal.

Le Président à Jausion. Avez-vous sauvé la vie à une femme ?

Jausion. Non, Monsieur. Je ne sache point avoir sauvé la vie à personne ; j'ai rendu beaucoup de services ; je l'ai fait avec plaisir, mais je n'ai pas d'idée...

Les yeux de l'accusé rencontrent alors ceux de mad. Manson. Elle détourne les siens en s'adressant au président, et s'écrie : O Dieu ! — Pressée de nouveau, elle dit : Il y avait une femme chez Bancal ; elle y avait un rendez-vous : elle ne fut pas sauvée par Bastide....

Le Président. Par qui? Il y avait Jausion et Bastide !

Mad. Manson. Je vous dis qu'il y avait une femme chez Bancal. Bastide voulait la tuer. Jausion la sauva.

Le Président Mais Bastide et Jausion nient d'avoir été chez Bancal.

Mad. Manson. Bastide et Jausion n'ont pas été chez Bancal !.... Demandez à Bousquier s'il me connaît.

Le Président. Connaissez-vous madame?

R. Non, Monsieur, je ne la reconnais pas : je ne crois pas l'avoir vue.

Le Président. Et vous, madame, connaissez-vous Bousquier?

Mad. Manson. Non; je le vois pour la première fois.

Le Président. Accusés Jausion et Bastide, vous étiez chez Bancal. Qui de vous deux a voulu sauver... ?

Mad. Manson, d'une voix forte. Non pas Bastide! non pas Bastide!

Le Président à mad. Manson. Si vous n'étiez pas chez Bancal, qui vous a dit qu'il y avait une femme qu'on a sauvée?

Mad. Manson. Beaucoup de monde.

Le Président. Mais encore?

Mad. Manson. M. Blanc des Bourines.

Le Président. Connaissez-vous la femme qui a été sauvée chez Bancal?

Mad. Manson. Plût à Dieu que je la connusse! Le moment n'est pas loin peut-être où cette femme se montrera. C'est M. Blanc des Bourines qui m'a assuré qu'on disait qu'il y avait une femme chez Bancal à qui Jausion avait sauvé la vie. On a parlé d'Elisabeth et de Manson : ce sont mes noms.

Elle tombe encore en syncope. Peu à peu elle revient, et parle bas au général, qui l'entretient pendant quelques instans.

Le Président. Racontez-nous ce que vous a dit M. Blanc.

Mad. Manson. On dit que cette femme, entendant du bruit dans la rue des Hebdomadiers, entra dans la première porte ouverte qu'elle rencontra. La femme Bancal lui dit : Vite, vite, cachez-vous.

Le Président. Où se cacha cette femme? N'est-ce pas dans un cabinet?

Des larmes coulent alors des yeux de mad. Manson.

Mad. Manson, d'une voix entrecoupée. Oui, on dit qu'elle fut cachée dans un cabinet.

Le Président. Cette femme ne s'est-elle pas trouvée mal dans ce cabinet ?

Mad. Manson. Ce n'était pas moi qui étais chez Bancal. J'ignore si cette femme se trouva mal dans le cabinet ; mais je sais que Bastide voulait la tuer, et que Jausion la sauva, et la reconduisit jusqu'au puits de la place de Cité.

Le Président. En passant dans la cuisine de Bancal, cette femme ne vit-elle point un cadavre ?

Mad. Manson. Je répète que je n'ai jamais été chez Bancal.

Le Président. Comment pouvez-vous savoir tant de choses, si vous n'avez pas été dans la maison Bancal?

Mad. Manson. Ce sont des conjectures d'après les billets que j'ai reçus, et les démarches que les accusés ont faites auprès de moi. On m'a dit que, depuis que j'avais fait ma première déclaration à la préfecture, M. Jausion avait demandé des poignards; mais lorsque madame Pons est venue me voir, elle m'a assuré que ce n'était pas vrai, et que Jausion était tranquille. On m'a envoyé plusieurs billets qui n'étaient que de simples adresses de maisons où l'on m'invitait à me rendre. Je ne me suis jamais rendue dans ces maisons, parce que je craignais.

Le Président. Pourquoi craigniez-vous de vous rendre dans ces maisons?

Mad. Manson. Je craignais d'y trouver des personnes de la famille Bastide.

Ici, mad. Manson a prononcé tout bas le mot serment.

Le Président. Ne fit-on point faire un serment à cette femme qui fut sauvée par M. Jausion?

Mad. Manson, en lançant un regard courroucé sur les accusés : On dit qu'on fit faire un serment terrible sur le cadavre. Demandez à M. Jausion s'il n'a pas cru que cette femme à qui il a sauvé la vie était mad. Manson.

Jausion : Je ne sache pas avoir sauvé la vie à personne.

Le président ordonne, en vertu de son pouvoir discrétionnaire, que le maréchal-de-camp Desperrières sera entendu sur-le-champ.

Après les formules d'usage, le général déclare qu'à la suite des secours qu'il a donnés à madame Manson au moment de son premier évanouissement, elle lui a dit, en présence de plusieurs autres personnes : Sauvez-moi de ces assassins; qu'ayant fait alors tous ses efforts pour la rassurer, elle lui avait répondu : Vous ne serez pas toujours près de moi, général; s'ils échappaient, ils saigneraient tous les honnêtes gens du département. Qu'on m'interpelle, je dirai la vérité.

Après cette déposition, le président : Dites donc la vérité, Madame; nous l'attendons avec impatience.

Mad. Manson : Je voudrais savoir pourquoi les

accusés font tant de démarches auprès de moi,
s'ils ne sont pas coupables.

M. Fualdès, partie civile, demande et obtient
la parole, et dit : Il paraît que mad. Manson n'ose
parler, parce qu'elle est effrayée par l'image des
poignards, et plus encore par la présence des assassins de mon père ; je prie le président de faire
placer huit hommes de la force armée entre elle
et les prévenus, soit pour lui dérober la vue de
ceux-ci, soit pour la rassurer contre ses propres
craintes. S'adressant ensuite à mad. Manson : Je
vous supplie, Madame, de dire la vérité, au nom de
ce que vous avez de plus cher au monde, au nom
de votre père, au nom de votre fils ; je vous le demande dans l'intérêt même des accusés, s'ils sont
innocens ; d'un seul mot vous pouvez les sauver :
parlez, Madame, parlez ; c'est un fils qui vous le
demande pour venger le sang de son père...

Mad. Manson : Ah ! Monsieur ; je donnerais
tout le mien pour que votre père vous fût rendu ;
je vous donnerais tout, excepté mon fils.

Le président ayant adhéré à la demande de
M Fualdès, le commandant de la force armée a
fait placer une haie de soldats entre le siége du témoins et les accusés.

Le procureur-général a pris la parole et a dit au
témoin : Madame, vous n'avez rien à craindre ;
je prends sur moi votre propre sûreté ; j'y emploierai toute l'autorité que la loi me donne.
Je requiers qu'il soit donné sur-le-champ à
mad. Manson une sauvegarde d'hommes armés,

capable de la rassurer contre tous les dangers.

Le Président : Vous le voyez, accusé Bastide, vous étiez dans la maison Bancal au moment de l'assassinat. Est-ce vous qui avez proposé?...

Bastide interrompant le président : J'ai déjà eu l'honneur de vous assurer, monsieur le président, que je n'avais jamais eu de rapport avec cette maison Bancal, quoi qu'en dise mad. Manson....

Mad. Manson, interrompant Bastide, frappe avec force de son pied, et s'écrie : Avoue donc, malheureux!

Tous les cœurs ont frémi. Après quelques instans du plus morne silence, le président a dit : Comment pouvez-vous accuser aussi fortement les prévenus et ne pas avouer que vous avez été dans la maison Bancal?

Mad. Manson : Comment peuvent-ils le contester? Il y a tant de témoins qui déposent contre eux.

Le Président : Est-il vrai, Bastide, que vous avez voulu tuer une femme renfermée dans un cabinet chez Bancal, et que Jausion voulut la sauver?

R. Non; j'ai déjà dit que j'étais innocent; que je n'avais jamais été chez la Bancal, et n'ai connu cette femme que depuis que je l'ai vue sur le banc. Il ajoute d'un air composé : Et je n'ai jamais su ce que c'est que mentir.

Le président presse instamment la dame Manson de dire la vérité. — Je ne puis la dire, réplique-t-elle. — Mais pourquoi frémissez-vous lorsque vous entendez la voix de Bastide? Pourquoi vous troublez-vous lorsqu'on parle du cadavre de M. Fualdès et d'un couteau? — Je ne puis pas dire que j'aie été chez Bancal.... et cependant tout est vrai.... Appelez les témoins à qui j'en ai parlé; je ne dirai rien.... je conviens d'avance de tout ce que déclarera M. Rodat.

A l'instant M. Amans Rodat, déjà cité en qualité de témoin, est appelé et introduit dans la salle. Voici sa déposition :

« Depuis l'assassinat commis sur la personne de M. Fualdès, mad. Manson s'est rendue à plusieurs reprises dans ma maison d'habitation à Olemps. Il a été souvent question entre elle et moi de ce crime, et de la procédure à laquelle il a donné lieu. Il me paraît qu'elle était ordinairement la première à amener la conversation sur ce sujet. On a discuté cent fois en sa présence les preuves, telles que le public les indiquait, on a pesé les vraisemblances, les probabilités; on s'est permis d'insinuer que tel pourrait bien être fortement impliqué; que tel autre paraissait dans une position moins défavorable. Jamais mad. Manson n'a dit un mot qui pût faire présumer l'innocence des accusés, comme aussi elle n'a jamais dit positivement qu'elle fût certaine de leur culpabilité. En général, j'ai cru remarquer qu'elle paraissait plutôt empressée d'apprendre des détails que d'en donner elle-même. Un jour elle me dit : Si vous connaissiez toute la vérité relativement aux assassins de M. Fualdès : que feriez-vous? — Quelle demande ! Peut-on garder un pareil secret? J'irais tout dire à la justice. — Si vous aviez été chez Bancal, si vous aviez tout vu?—A cette idée ainsi présentée à l'improviste, je fus saisi d'une sorte d'enthousiasme. Si j'avais été là, m'écriai-je, j'aurais béni le ciel de m'avoir amené dans un coupe-gorge, pour sauver la vie à un père de famille, à un homme dont les vertus publiques et privées avaient conquis l'estime de tous les honnêtes gens. — Mais si vous aviez été sans armes, le moyen de le défendre contre tant de monde! Il n'y avait pas moyen d'appeler du secours. — Dans ce cas, si j'avais pu sortir vivant de cette maison, j'aurais volé de suite chez le premier magistrat pour faire ma déposition....

. Quelque temps après cette conversation, c'était dans la première semaine de juillet, mad. Manson se trouvant encore chez moi, il fut question entre moi et une autre personne de la teneur de la déclaration de Bousquier, dont un ami, que je croyais bien informé, m'avait donné connaissance. Mad. Manson était présente à la discussion qui s'éleva à ce sujet. Enfin, quand nous fûmes d'accord sur le contenu de la déclaration de Bousquier, quelqu'un avança qu'il pourrait bien être considéré comme complice de l'assassinat. Au moment où, après avoir rapporté les dépositions qui viennent à l'appui de la déclaration de Bousquier, je disais qu'un accusé doit être cru sur sa parole, lorsque rien n'établit le contraire, mad. Manson, me tirant par le bras, me dit d'un air et d'un ton confidentiels : Vous croyez la déposition de Bousquier véridique, n'est-ce pas? — Je ne vous dis pas cela ; je ne connais la procédure que par ouï-dire; je dis qu'elle n'est pas sans vraisemblance. — Oh! pour moi, je la crois vraie, me dit-elle; elle est vraie. — J'avoue que je crus alors que quelqu'un des parens des accusés avait laissé échapper devant elle quelques paroles indiscrètes. — Lorsque j'appris dans la suite que madame Manson avait déclaré s'être trouvée chez Bancal le 19 mars au soir, les propos que je viens de rapporter se présentèrent de suite à mon esprit et me parurent se rattacher à sa déclaration. — Je l'ai vue encore chez son père, à une époque où elle avait fait sa déclaration à M. le préfet; et, après qu'elle eut entendu de ma bouche les propos que je pouvais être dans le cas de rapporter si je venais à être cité, elle se mit à pleurer. Vous-même vous me condamnez, dit-elle, je suis perdue. Conseillez-moi ; je dirai ce que vous voudrez; je dirai que c'est Jausion qui m'a conduite jusqu'auprès du puits ; et cependant, ajouta-t-elle, je n'ai jamais été chez Bancal. — Vous me demandez des conseils ; le seul que je puisse vous donner est de dire la vérité ; et je ne lui adressai plus la parole.

Là-dessus, on interpelle madame Manson ; elle convient de tout, hors d'avoir nommé Jausion. Après quelques momens elle déclare que puisque le témoin l'affirme elle doit l'avoir fait.

Le Témoin. Depuis le jour où madame Manson

m'a tenu, chez son père, le propos que je viens
de rapporter, je n'ai pas eu occasion de la revoir
ailleurs que dans l'enceinte de ce palais. Mais
l'ayant rencontrée dans la salle des témoins, il me
parut qu'elle désirait m'entretenir en particulier,
et je crus devoir me rendre à son désir. Nous
eûmes en conséquence une longue conversation,
dont voici quelques traits; les seuls qui doivent
trouver place dans ma déposition. Elle me dit :
— Croyez-vous que j'aie été réellement chez Bancal? — Sans doute ; tout le monde le croit. Il est
impossible d'en douter : vous l'avez dit. — Je l'ai
dit, il est vrai ; mais la vérité est que je n'ai jamais
été chez Bancal. — Non-seulement vous l'avez dit,
mais vous l'avez démontré, en faisant d'avance la
description des lieux. Je le sais de M. Julien et de
votre père. Ce dernier me l'a dit en votre présence. Quelques momens après elle me dit : Mais
peut-on avouer qu'on a été dans la maison Bancal?
Donner une preuve juridique que l'on a été dans la
maison Bancal! —Je sens tout ce qu'un pareil aveu
a de pénible ; mais si la justice l'exige, personne
n'a le droit de vous demander quel motif, quel
accident, quel coup du sort vous a entraînée dans
cette maison..... Dans tous les cas, dites la vérité;
faites votre devoir, et il vous restera toujours
mon estime. — Madame Manson me fit encore les
questions suivantes : — Mais quand on est lié par
un serment ! — Un serment envers des scélérats,
un serment arraché par la violence ne saurait
vous lier; vous le sentez assez. — Mais que feriez-

vous si l'un des coupables vous avait sauvé la vie?
Peut-on porter la hache sur le cou de celui qui
nous aurait sauvé la vie? — Je dirais à la Cour ,
quand je serais en présence des prévenus : Un de
ces hommes m'a sauvé la vie ; je ne crois pas être
obligé de révéler son nom : la Cour jugera si je
dois parler.

Le président, en vertu de son pouvoir discrétionnaire, fait appeler la nommée Victoire Raynal,
femme Redoutez, ancienne servante de la mère de
madame Manson. Elle a dit : Ayant eu connaissance, par le bruit public, de ce qui venait de se
passer entre la dame Manson et M. Clémandot, je
m'empressai d'aller la voir pour lui parler, et lui
demander si tout ce qu'on disait était vrai. La dame
Manson finit par m'avouer qu'elle avait réellement été chez Bancal; que le sieur Clémandot
avait dit la vérité ; mais qu'elle s'était trouvée mal
dans le cabinet, et qu'elle n'avait pu rien voir ni
entendre. Elle ajouta qu'après être sortie, elle
était venue frapper à ma porte vers les dix heures
du soir; que, ne lui ayant pas ouvert, elle avait
passé une partie de la nuit près du couvent de
l'Annonciade. — La dame Manson a paru rétracter
ses aveux; elle m'a dit avoir fait des contes devant
M. le préfet lorsqu'elle avait été chez lui; elle m'a
dit aussi qu'elle avait eu des entrevues avec la
dame Pons, et que cette dernière l'avait priée de
ne pas parler.

La dame Manson, interpellée par le président,
convient qu'elle a tenu à ladite Victoire tous les

propos qu'elle vient de rapporter. Elle dit notamment ces paroles : Cette femme est incapable de
mentir.

La dame Pal, chez qui la dame Manson logeait,
ignore si cette dernière a passé dans son appartement la soirée du 19 au 20 mars.

Séance du 23 août.

Le président, en vertu de son pouvoir discrétionnaire, appelle sur les débats M. le chevalier de
Marcillac, capitaine de la gendarmerie, et lui demande s'il n'a pas quelques détails à donner, relatifs à la déposition que fit hier la dame Manson.
Cet officier répond que, lorsque la dame Manson
fut descendue du siége des témoins, il la fixa attentivement ; qu'il remarqua chez elle une grande
agitation ; qu'elle prononçait des phrases entrecoupées. — Personne n'a pitié de moi, dit-elle :
on croit que j'ai été chez Bancal. — Elle semblait
éprouver des contractions nerveuses au seul regard
de Bastide. — Du moins je n'épargne pas Jausion,
dit-elle une fois. — Elle continuait à parler, lorsque M. Fualdès fils se leva pour faire une interpellation; elle dit : Il va demander qu'on me
mette en prison..... Que veut-il que je dise?.....
Lorsque la nommée Victoire, entendue comme
témoin, eut fini de déposer, elle dit tout bas : Ce
n'est pas elle, *c'est moi qui mens.* Il déclare en outre
l'avoir entendue parler de son enfant, et prononcer

le mot *assassins*. Elle dit entre autres choses :
Je préférerais la mort à ma cruelle situation.

France de Lorne, directeur des contributions,
également interrogé en vertu du pouvoir discrétionnaire du président, confirme les détails que
vient de rapporter le précédent témoin : il a entendu la dame Manson, après la déposition de la
dite Victoire, dire : Elle est incapable de mentir :
ce n'est pas elle, *c'est moi qui mens.* — L'ayant
alors engagée à dire la vérité, elle répondit : Je
ne puis rien dire ; j'ai fait un serment. — Mais
vous en avez prêté ici un plus solennel ; vous avez
juré devant Dieu ! — Elle leva alors les yeux vers
le Christ, et garda le silence.

Clémandot, aide-de camp du général Vautré,
dépose que, le 28 juillet dernier au soir, étant à la
promenade avec la dame Manson, il lui dit que le
bruit courait en ville que, le soir de l'assassinat
de M. Fualdès, une dame ou une demoiselle s'é-
tait trouvée dans la maison Bancal ; qu'elle y était
restée malgré elle pendant tout le temps de cette
horrible exécution ; qu'on en citait plusieurs, et
qu'elle était du nombre. La dame Manson ne rejeta pas, selon moi, cette assertion avec assez de
chaleur ; je la crus fondée ; et, l'ayant pressée de
questions, elle m'avoua que c'était elle qui y était.
— Je la pressai de ne me rien cacher. Elle me
dit alors qu'étant entrée dans cette maison, et
parlant avec la femme Bancal, elle entendit au
dehors un bruit occasionné par plusieurs personnes qui semblaient se disputer l'entrée ; qu'alors

la femme Bancal la poussa dans un cabinet attenant, où elle l'enferma ; que la vivacité avec laquelle ce mouvement fut exécuté, la jeta dans
une grande frayeur ; que cette frayeur redoubla
lorsqu'il ne lui fut pas possible de douter qu'on
venait de commettre un crime affreux, et plus encore lorsque, malgré son trouble, elle put entendre que ses jours étaient menacés ; qu'enfin on la
fit sortir, et qu'on la reconduisit en lui faisant
promettre le plus grand secret sur tout ce qu'elle
avait pu voir et entendre ; qu'elle payerait de sa
vie la moindre indiscrétion. Elle ajouta qu'elle
avait été long-temps à se remettre de sa frayeur ;
que pendant dix-huit jours elle avait fait coucher avec elle une petite fille de chez madame
Pal, où elle demeurait, et que chaque soir, en
rentrant, elle visitait tous les coins et recoins de
son appartement. — Je lui dis que, puisqu'elle
s'était trouvée dans la maison Bancal elle devait
savoir quels étaient les assassins. — Avez vous reconnu, ajoutai-je, Bastide-Gramont ? Elle me répondit que, ne l'ayant jamais vu, elle n'avait pu
le reconnaître. — Et Jausion ? — Ah ! dit-elle, je
ne l'ai vu que deux ou trois fois, et je pourrais
difficilement le distinguer d'avec son frère. — Je
lui dis qu'étant du pays, il était surprenant qu'elle
n'en connût pas mieux les habitans ; à quoi elle
répondit qu'elle avait été long-temps absente. —
La faiblesse des raisonnemens de madame Manson, et l'embarras que lui causaient mes pressantes
questions sur ces deux personnages, me convain-

quirent qu'elle connaissait tous les acteurs de cette horrible scène. Ma conviction était si forte, que je dis : Madame, tout ce que vous venez de me dire présente comme un des principaux coupables un homme qu'on ne croyait coupable que du vol commis chez M. Fualdès le lendemain de son assassinat. — Qui donc? me dit-elle alors. — Jausion, lui dis-je. — A l'instant elle se couvrit le visage, et dit : *Ne parlons plus de cela ;* ce que je pris pour un aveu tacite. — Je lui demandai pourquoi elle n'avait pas fait de révélation à la justice. Ces gens-là, me dit-elle, tiennent à tant de familles ! tôt ou tard je payerais bien cher mon imprudence. D'ailleurs, les visites que j'ai reçues de madame de Pons et de madame Bastide m'en ont empêchée.

Le Président. Accusés Bastide et Jausion, qu'avez-vous à dire sur la déposition que vous venez d'entendre?

Jausion. M. Clémandot a fait dire à la dame Manson plus qu'elle ne voulait. Je demande, au surplus, que mad. Manson dise toute la vérité ; je ne désire pas autre chose.

Bastide se lève, et supplie à son tour la dame Manson de dire la vérité. Il s'exprime avec chaleur. Craignez-vous ma famille? dit-il. Si je suis coupable, elle me retranchera du nombre de ses membres.

Fualdès fils adresse également une vive exhortation à la dame Manson, pour l'engager à dire tout ce qu'elle sait.

Mad. Manson. Je n'ai jamais été chez Bancal...
Je ne dirai jamais... On me conduira plutôt à l'é-
chafaud.... Je suis femme d'honneur.... Je dis la
vérité à la justice.... Je n'ai rien dit à M. Clémandot; je l'ai affirmé par serment.

Bastide. Que craignez-vous, Madame? Ma famille prendra l'engagement...

Mad. Manson avec vivacité : Je n'ai point
d'engagement à prendre avec vous, Bastide.

Le Président. Comment se fait-il, Madame,
que vous soyez la seule qu'on dise avoir été chez
Bancal?

R. Je n'y ai jamais été, et n'en ai jamais parlé à
M. Clémandot.

Le président, en vertu de son pouvoir discrétionnaire, fait inviter M. le marquis d'Estourmel,
préfet de l'Aveyron, à se rendre à la séance.
Deux huissiers précèdent ce magistrat, et l'intro-
duisent dans la salle. J'ai eu, dit-il, beaucoup de,
conférences avec la dame Manson, où elle m'a fait
plusieurs aveux; elle m'a aussi écrit des lettres.
J'ai rendu compte du tout dans un rapport que
j'ai cru devoir en faire au ministre de la police générale. Je le remettrai à la Cour, avec les lettres à
l'appui; ma mémoire pourrait me tromper; mais
je me réfère entièrement au rapport, dont la Cour
peut ordonner la lecture.

Le Président demande aux conseils des accusés
s'ils consentent à ce que le rapport et les pièces
qui l'accompagnent soient lus publiquement.
Tous y acquiescent; le procureur-général y con-

clut lui-même, ainsi que la partie civile, et aussitôt cette lecture est faite.

*Rapport de tout ce qui a eu lieu dans les confé-
rences avec madame Manson, auquel sont
jointes ses lettres et autres pièces à l'appui.*

Le mardi 29 juillet, M. Clémandot me fit verba-
lement une déposition; elle est relatée dans la lettre n° 1, qu'il m'adressa le lendemain. — Le 51,
M. Enjalrand me témoigna le désir que j'entre-
tinsse madame sa fille, espérant que je l'amenerais
à dire la vérité. M. Julien me la conduisit. Elle
m'assura connaître à peine M. Clémandot, et nia
lui avoir jamais rien confié au sujet de l'affaire qui
nous occupait. — Le 1er août, elle m'écrivit la
lettre n° 2, et vint elle-même peu après. Elle
commença par reconnaître qu'elle avait en effet
raconté à M. Clémandot la plupart des choses contenues dans sa déposition; mais en même temps
elle soutint qu'elle avait simplement cherché à
l'intriguer par une histoire inventée à plaisir.
M. Clémandot survint. Je les mis en présence, et
elle reconnut que cet officier n'avait bien réellement répété que ce qu'elle lui avait dit dans leur
conversation du vendredi. Je cherchai alors à faire
apercevoir à madame Manson combien il était
peu probable qu'elle eût, de gaîté de cœur, fabriqué une pareille histoire à M. Clémandot. M. son
père la menaça de toute son indignation si elle ne
disait pas la vérité; elle était fort émue. Je restai

seul avec elle, et la conjurai de m'accorder sa confiance. Elle me dit souvent : Mais pourquoi veut-on que je témoigne? N'en sait-on pas assez sur cette affaire? Je n'ai rien vu, rien entendu; je n'ai connu personne. La veille, elle m'avait dit : Je n'ai point été chez Bancal; mais, dans le cas contraire, la mort ne m'en ferait pas convenir. Enfin, je l'amenai à avouer une partie des faits contenus dans sa déclaration datée du 4 août. Elle y ajouta quelques circonstances sur lesquelles je lui promis de me taire si sa franchise sur tous les autres points en rendait la publicité inutile pour le fond de l'affaire. — Je fis sentir à madame Manson qu'elle devait toute sa confiance à M. son père. Elle consentit enfin à faire ses aveux devant lui; mais elle y mit pour condition qu'on ne la séparerait pas de son enfant, et qu'on lui assurerait les moyens de pourvoir à son existence. M. Enjalrand s'y engagea quand je l'eus mis au fait; et elle répéta devant lui qu'elle s'était en effet trouvée chez Bancal dans la soirée du 19 mars, mais qu'elle n'avait reconnu personne. — Je proposai à madame Manson de nous suivre dans cette maison pour reconnaître les lieux. Elle y consentit, et le soir même je l'y conduisis, accompagné de MM. Enjalrand, Julien et Bruguière. Nous étions depuis peu d'instans dans la salle basse, où il paraît que l'assassinat a été commis, quand je vis madame Manson pâlir, trembler; peu après elle tomba à la renverse : nos soins la firent revenir. Elle crut reconnaître le cabinet où elle avait été jetée, et où il y avait un tonneau près de la fenêtre. M. Julien, s'y étant enfermé, se convainquit que de ce cabinet il était facile d'entendre ce qui se disait dans la salle. Cependant madame Manson, toujours plus agitée, me répétait : Sortons d'ici, je vous en conjure ; ramenez-moi ; je mourrai si je reste ici. Nous fûmes dans la cour, elle la reconnut, ainsi que l'entrée de l'allée. C'était dans cette allée même, et au moment d'en sortir, qu'elle fut, nous dit-elle, saisie et entraînée dans le cabinet. Elle remarqua l'escalier, et dit : je suis bien sûre de n'avoir pas monté de marches. — Voyant l'effet que la vue de ces lieux produisait sur mad. Manson, je la ramenai chez moi. En sortant, et toujours en présence de MM. Enjalrand et Julien, dont les exhortations secondaient puissamment les miennes, j'essayai de profiter de la disposition de son esprit pour obtenir de nouveaux aveux. Je ne pouvais douter qu'il ne lui eût été fait des menaces terribles. Elle en convint enfin, mais en assurant que l'homme qui l'avait tirée de ce lieu d'horreur, n'avait pas prononcé une seule parole, et lui avait seulement remis, en la quittant, ces mots écrits sur un chiffon : *Si, tu parles, tu périras.* Il était tard ; mad. Manson se retira : M. Julien lui donnait le bras, et il peut se rappeler qu'elle lui dit en traversant ma cour : Avec la manière dont M. le préfet s'y prend, il me fera tout dire. — Le lendemain matin, 2 août, je la fis prier de revenir ; je comptais sur les utiles réflexions que la nuit pouvait avoir amenées, et je ne voulais point lui laisser le temps de recevoir de mauvais conseils. Cette conférence dura huit heures. — Mad. Manson commença par me conjurer de ne la jamais ramener dans la maison Bancal : elle revint plusieurs fois sur cet article. Nous reprîmes notre conférence au point où elle en était restée la veille. Elle m'insinua que la vue de son père l'intimidait. Sur ma prière, il s'absenta, ainsi que M. Julien. — Je considérais attentivement mad. Manson : son anxiété était visible, et l'expression de ses traits manifestait le violent combat qui se passait en elle. Je lui dis tout ce que la circonstance devait nécessairement m'inspirer; elle parut vivement touchée de la sensibilité que je lui témoignais. J'aime à croire que c'est à ce sentiment que je dus sa confiance;. mais il est sûr qu'en ce moment le geste, l'accent de mad. Manson, portaient un caractère de vérité que je crois impossible à feindre. Ce fut alors qu'elle compléta la déposition transmise le 3 août à Son Excellence; déposition que je lui ai lue et relue en présence de M. son père, et en discutant chaque article avec elle; déposition enfin dont elle a consacré la vérité par sa signature.

Déclaration faite par madame Manson, le 2 août 1817.

« A l'entrée de la nuit, le 19 mars 1817, je passais dans la rue des Hebdomadiers. Étant près de la maison de M. Vaissettes, j'entendis venir plusieurs personnes; pour les éviter, j'entrai dans une porte que je trouvai ouverte, et que j'ai su depuis être la maison Bancal. Comme je traversais le passage, je fus saisie par un homme qui venait, soit du dehors, soit de l'intérieur de la maison; le trouble où j'étais et l'obscurité ne me permirent pas de le distinguer. On me transporta rapidement dans un cabinet. Tais-toi, me dit une voix; on ferma la porte, et je restai comme évanouie. Je ne sais pas le temps que je suis restée dans le cabinet. J'entendais de temps en temps parler et marcher dans la pièce à côté, mais sans distinguer ce qu'on pouvait dire. Un silence d'un quart d'heure succéda au bruit que j'avais entendu. J'essayai alors d'ouvrir une porte ou une fenêtre dont la serrure se trouva sous ma main, et je me donnai un coup violent à la tête. Bientôt un homme entre dans le cabinet, me prend fortement par le bras, me fait traverser une salle où je crus entrevoir une faible clarté; et nous sortons dans la rue. Cet homme m'entraîne rapidement jusqu'à la place de Cité du côté du puits; il s'arrête et me dit à voix basse : Me connais-tu? — Non, lui répondis-je, sans oser même jeter les yeux sur lui : j'avoue que je ne cherchais pas à le reconnaître. — Sais-tu d'où tu viens? — Non. — As-tu rien entendu? — Non. — Si tu parles, tu périras; et en me serrant violemment le bras : Va-t'en, me dit-il; et il me poussa. Je fis quelques pas sans oser me retourner. Après être un peu remise du trouble excessif que j'éprouvais, je fus frapper chez Victoire, ancienne femme de chambre de maman. On ne m'entendit pas. Je descendis l'Ambergue droite et fus me cacher sous l'escalier de la maison de l'Annonciade, que je savais être abandonnée. Je m'aperçus qu'un homme me suivait ; je le reconnus pour le même qui m'avait conduite précédemment. Il s'approcha et me dit : Est-il bien vrai que vous ne me connaissez pas ? — Non. — Je vous connais bien, moi. — Cela est possible ; tant de personnes peuvent me connaître de vue, que je ne connais pas ! — Nous l'avons échappé belle l'un et l'autre ; j'étais entré dans cette maison pour voir une fille. Je ne suis pas du nombre des assassins ; au moment où je vous ai saisie, voyant que vous étiez une femme, j'ai eu pitié de vous et je vous ai mise à l'abri du danger. Mais que veniez-vous faire dans cette maison? — J'y avais vu entrer quelqu'un que j'avais cru reconnaître, et je voulais m'en assurer. — Est-il bien sûr que vous ne me connaissez pas? S'il vous échappe la moindre chose concernant cette affaire.... Jurez que jamais vous ne parlerez de moi. Sur la place il ne faisait pas aussi noir qu'ici ; ne me reconnaîtriez-vous pas en me voyant le jour? — Je lui répondis que non. Il me quitta au bout d'une demi-heure et me dit : Ne rentrez qu'au jour et ne me suivez pas. — Je l'assurai que je n'en avais pas envie. Au point du jour, je regagnai ma demeure ; je me couchai : on ignora que j'avais passé la nuit dehors. Peu d'heures après, la nouvelle de l'assassinat se répandit dans la ville ; et j'éprouvai une telle frayeur, que, pendant

long-temps, j'ai fait coucher une petite fille dans
ma chambre. »

E. Manson.

Je placerai ici un aveu remarquable sur lequel
mad. Manson m'avait demandé le secret, et dont
elle n'a pas fait mention dans sa déclaration écrite.
Mad. Manson avait dit à M. Clémandot qu'elle
était habillée en homme lorsqu'elle fut chez Bancal.
Elle convint avec moi de cette circonstance, quand
elle vit que j'en étais informé. Je lui demandai
quel était son costume. — Une veste, me dit-elle,
que j'ai encore; quant au pantalon, il est inutile de le chercher. — Cette réticence éveilla mon
attention. Qu'avez-vous fait de ce pantalon? lui
demandai-je. — Je l'ai brûlé. — Pourquoi? —
Elle garda le silence. Je réitérai ma question, et
voyant qu'elle se troublait, j'ajoutai en la fixant :
Vous avez brûlé ce pantalon, parce qu'il était tâ-
ché de sang. Elle me répondit : C'est vrai; au moment où je me sentis saisie et transportée dans le
cabinet, je m'écriai : *Je suis une femme !* et ce
fut alors qu'on me répondit : *Tais-toi.* En me
jetant dans ce cabinet, j'ai heurté, je crois, contre
le loquet d'une fenêtre, et il n'en fallut pas davantage pour me procurer un saignement de nez. J'y
suis d'ailleurs sujette. Mon pantalon fut tout ensanglanté : je m'en aperçus plus tard; et, quand
je fus à l'Annonciade, je me r'habillai en femme;
ce qui me fut d'autant plus facile, que j'avais conservé ma robe sous mes habits d'homme. — Je

l'engageai de nouveau à être sincère ; je la pressai,
de me dire si elle n'était point entrée dans la salle
durant le meurtre, si ses vêtemens n'avaient pas
touché le corps de la victime. Elle persista dans
son premier aveu, en me conjurant de n'en point
faire mention et de ne le divulguer qu'à la dernière
extrémité. Toutefois, j'exigeai que MM. Julien et
Enjalrand en fussent instruits, et la connaissance en est parvenue, par eux, au ministère
public. Je cherchai à faire sentir à mad. Manson
toute la gravité de cet incident et les inductions
qu'on pouvait en tirer. En effet, je suis encore à
m'expliquer comment, sans y être obligée, elle
aurait été inventer de semblables circonstances,
qui sont au moins inutiles pour la vraisemblance
de son récit. Elle m'ajouta qu'elle voyait bien
qu'on pourrait la croire complice. Je repoussai
cette idée ; mais je lui dis qu'il ne me semblait pas
impossible, qu'on eût abusé de la position terrible
où elle s'était trouvée, pour la contraindre à participer en quelque sorte au crime, afin de la lier
irrévocablement, en identifiant ainsi sa sûreté avec
son silence. Non, je n'ai jamais pu penser que
mad. Manson fût complice ; tout concourt à repousser cette présomption. D'ailleurs, elle était
tellement émue, tellement pressée, que je ne puis
douter qu'elle ne me l'eût avoué dans ce moment.
— Mad. Manson me quitta entre quatre et cinq
heures. Il resta convenu avec M. Enjalrand qu'elle
déposerait le lendemain en justice tout ce qu'elle
avait consigné dans sa déclaration. Elle me laissa

l'idée, je l'avouerai, qu'elle avait dit la vérité, mais pas toute la vérité, et qu'elle connaissait les meurtriers, ou tout au moins son libérateur. Je pensai qu'elle était liée à la fois par la crainte et par la reconnaissance. — Moins d'une heure après que mad. Manson m'eut quitté, on m'apporta de sa part le billet n° 3. Je lui répondis de suite, en l'engageant à prendre confiance et à mettre tout son espoir dans sa franchise. Je fus aussi prévenu, le soir, qu'on cherchait à circonvenir mad. Manson, et que ce jour même, à sa sortie de la préfecture, elle avait été acostée par deux des défenseurs des prévenus. — Le lendemain 3 août, mad. Manson, au moment où je la croyais à déposer devant la justice avec monsieur son père, arriva chez moi, et me remit la lettre n° 4. Sa figure était toute décomposée, et j'avoue que je fus non moins ému qu'elle, lorsqu'elle m'articula qu'il ne devait pas être ajouté la moindre foi à sa déposition de la veille ; qu'elle n'était jamais entrée dans la maison Bancal avant d'y avoir été conduite par moi, et qu'elle avait fait un faux récit à M. Clémandot. — ·
Le ministère public fut informé de ces divers incidens, soit par moi, soit par M. Enjalrand, qui ordonna à sa fille de venir le trouver, et lui fit de vives remontrances. Mad. Manson revint ensuite chez moi, et me dit qu'elle était décidée de nouveau à soutenir en justice la déclaration qu'elle m'avait faite la veille. Je remarquai en elle une vive agitation, et, entre autres mots remarquables, elle me dit *que cette affaire ne pouvait manquer de lui*

coûter la vie. Je fis tout ce qui était en mon pouvoir pour calmer son imagination effrayée ; je la conjurai pour son honneur, celui de sa famille, de ne reculer devant aucun aveu, de dire enfin la vérité, toute la vérité. Elle m'avoua qu'elle avait reçu un billet anonyme par lequel on lui demandait un rendez-vous. Ce billet est ci-joint n° 5 ; il a été reconnu pour être de mad. Pons. Cette dame lui avait fait dire aussi qu'elle viendrait la voir. En effet, ce soir même on la vit entrer chez madame Manson, et en sortir après minuit avec un inconnu. — Le lendemain matin 4 août, je revis mad. Manson en présence de M. le procureur du roi et MM. Enjalrand, Julien et Daugnac. Elle nia d'abord la visite de mad. Pons; elle en convint ensuite; mais elle évita d'entrer dans les détails de cette longue conversation. Elle me remit une espèce de déclaration cotée n. 6, où je ne reconnus pas son style. Ce fut aussi, je crois, à cette séance, qu'elle m'avoua que le défenseur d'un des prévenus l'avait abordée, l'un des jours précédens, lorsqu'elle sortait de chez moi, et lui avait dit : Pourquoi allez-vous chez M. le préfet? votre affaire ne le regarde pas. J'aimai mieux douter de l'exactitude de ce propos, que de présumer que M. le défenseur pût avoir oublié la teneur de l'article 10 du livre I du Code d'instruction criminelle.

La lecture de la lettre précitée de mad. Manson m'ayant donné lieu de lui faire quelques observations sur les épreuves redoublées auxquelles elle avait mis depuis plusieurs jours ma patience et ma

bonne foi, elle crut devoir m'écrire, peu après
s'être retirée, la lettre n° 7, et plus tard celle n° 8.
En réponse à cette dernière, je l'invitai à venir de
suite, voulant partir le lendemain de bonne heure,
et ne pouvant différer plus long-temps une tour-
née dont depuis plusieurs jours elle occasionnait le
retard.

Madame Manson arriva bientôt, et me débita un
roman qu'elle écrivit ensuite et signa, et que je fus
communiquer à M. le procureur du roi. Le lendemain je quittai Rodez.

Rodez, le 4 août 1817.

« Le dimanche qui suivit le jour de l'assassinat
de M. Fualdès, sortant de la messe de la Cathédrale, un homme me remit une lettre dans un peloton et disparut. Il parlait patois; il me parut
jeune. Je rentrai chez moi, je dévidai ce peloton,
qui me parut volumineux, et je lus la lettre. Elle
était d'une belle écriture. On m'y disait : « Une
femme a pris ton nom, elle était chez Bancal. Si
cela vient à se découvrir, ne nie pas; tu ne risques
rien, tu n'as rien vu ni rien entendu. Tu diras que
tu avais à parler à quelqu'un, que tu es entrée,
que tu as été saisie par quelqu'un, qu'on t'a renfermée, que tu t'es évanouie, que tu n'as rien vu
ni rien entendu, que tu as été conduite par quelqu'un que tu ne connais pas jusque sur la place de
Cité, que la nuit était trop noire pour rien reconnaître; dis que tu étais en homme. Si on veut voir

ton habit, dis qu'il est brûlé. Si on te dit pourquoi, dis qu'il y avait du sang; et n'oublie pas que tu n'as rien vu ni rien entendu, et que tu n'as rien à craindre. Si tu as des dettes, elles seront payées; et après le jugement tu n'auras pas besoin des secours de ton père. Prends garde, si tu ne brûles pas cette lettre après l'avoir lue. Si tu en parles jamais, tu ne peux nous échapper, on saura bien t'atteindre, et le poignard ou le poison nous délivreront de toi. Tu seras soupçonnée, tu auras tout contre toi; avoue, tu n'as rien vu; tu ne causes aucun malheur, pourvu que tu soutiennes que tu étais sans connaissance. » Depuis ce temps, je n'ai plus entendu parler de cette affaire jusqu'au vendredi 25 juillet, où, me promenant avec mon frère au Foiral, M. Clémandot vint nous joindre, et me dit qu'il y avait une femme dans la maison Bancal, et que c'était sans doute moi, que plusieurs personnes le lui avaient dit. Il me pressa. J'eus l'air de plaisanter. Je lui dis : *Ah! il ne manquerait que cela.* Je lui fis des demi-aveux, pensant qu'il n'y croyait pas. Le lendemain je fus assignée. Je niai que je me fusse trouvée dans la maison Bancal. Enfin j'ai fait des aveux. J'ai tout nié ensuite, et me vois forcée de dire toute la vérité. Hier, dans l'après-midi, je reçois une adresse par un inconnu qui me conjure de la lui remettre, et il disparaît. Dans la matinée j'avais reçu une invitation de me rendre dans un lieu qu'on me désignait. Je réponds que je ne puis m'y rendre, que je ne connais aucun des assassins de M. Fualdès. Enfin on

me jette encore un billet par la fenêtre, vers les dix
heures du soir, où il y avait : *Tu n'as rien vu, tu
n'as rien entendu.* C'était sur du papier ressemblant
à un papier de soie; il y avait un ruban et une petite pierre.

E. MANSON.

J'appris peu après que mad. Manson était convenue de l'absurdité de cette dernière déclaration.
A mon retour, le 14 août, je trouvai la lettre n° 9
de mad. Manson ; mais je ne fis prier cette dame
de passer chez moi que le surlendemain. Elle
répondit à mon invitation par le billet n° 10. Elle
vint le lendemain matin 17. Je lui dis qu'elle se
perdait, mais que mon intérêt ne pouvant lui être
acquis que par sa confiance et sa franchise, elle ne
devait pas être surprise que je l'abandonnasse
à son sort. Elle peut se rappeler combien de
fois je lui ai répété : Je ne vous dis point de
soutenir votre première déclaration, si elle n'est
point exacte; je vous dis seulement de m'expliquer ce qui vous a portée à la faire: En tout,
vous n'avez qu'un intérêt à considérer, votre devoir; qu'une chose à dire, la vérité. — Elle
me confia que, depuis sa première entrevue avec
madame Pons, cette dame lui avait indiqué un
nouveau rendez-vous chez un nommé Geniez, et
qu'un inconnu lui avait aussi apporté l'adresse
d'une maison près le tribunal civil, en la priant de
s'y rendre. Le soir, je revis un moment mad. Manson chez M. le président. Quelques témoignages

d'intérêt que je donnai à la malheureuse position
où elle s'était mise par sa faute, me valurent sans
doute la lettre n°. 11, que je reçus le lendemain
matin 18. Mais à peine cette lettre m'était parvenue, qu'elle vint me la réclamer avec beaucoup
d'instances et de vivacité, en témoignant un grand
regret de me l'avoir écrite, à cause des conséquences qu'on pouvait tirer de ces mots : *Vous voulez
mon secret, j'y consens;* ce qui était reconnaître
qu'elle en avait un. Je promis à madame Manson
de ne point faire usage de cette lettre avant qu'elle
eût déposé devant la Cour. Elle sait que j'ai toujours été religieux observateur des promesses que
j'ai pu lui faire. Je reçus plus tard le billet n°. 12.
Le 20 au matin, je fis prier Victoire, la même
dont il a été fait mention dans la déclaration du 2,
de venir me parler. Elle m'avoua que madame
Manson lui avait fait les mêmes déclarations qu'à
moi. Il est positif que mad. Manson a dit à Victoire, le 1er. ou le 2 août, qu'en effet elle s'était
trouvée chez Bancal, qu'elle venait d'en convenir
devant moi, et qu'enfin elle lui fit tout le récit contenu dans la déclaration du 2. Comme je faisais
sentir à la dame Victoire le poids que donnait encore à ladite déclaration l'aveu que lui avait fait
mad. Manson des faits qui y sont relatés, cette
dame vint elle-même, et nous cherchâmes à lui
faire voir combien il lui serait impossible de sortir
du labyrinthe où elle s'était engagée, et de rendre
vraisemblables les motifs qui l'avaient décidée à
faire la déclaration susdite, si elle ne contenait pas

réellement la vérité. La dame Manson pria la dame
Victoire de sortir, et me dit alors ces paroles remarquables : *Je dois être interrogée. La figure de
M. Jausion s'alongera quand je parlerai.* Je la
pressai de s'expliquer, et elle ajouta : *Il aimerait
mieux que ce fût moi qui eût été chez Bancal ; mais
je ferai peut-être trouver celle qui y était.* Avant de
terminer, je crois devoir appuyer sur une circonstance qui ne me paraît pas indifférente. En dernier lieu, mad. Manson a établi, conformément à
sa première déposition du 29 juillet, que M. Clémandot était l'inventeur de tous les faits qu'il a
rapportés, et que jamais elle ne s'était livrée avec
lui à aucune confidence de ce genre. Or, mad. Manson, confrontée avec M. Clémandot, est convenue
en ma présence qu'il n'avait bien réellement répété
que ce qu'il lui avait entendu dire. Sans doute
M. Clémandot n'eût pu manquer d'être étrangement surpris, s'il eût vu mad. Manson sanctionner
par son aveu les impostures qu'il aurait inventées;
et son émotion ne m'aurait pas échappé.

Lecture est faite ensuite des lettres de mad. Manson, indiquées dans le rapport : elles portent l'em-
preinte de son indécision continue, telle qu'on
la retrouve dans tous ses interrogatoires.

La lecture étant finie, le préfet, sur l'interpellation du président, affirme véritable le contenu de
son rapport, ajoutant que la dame Manson elle-
même ne disconviendra pas de son exactitude. —
La dame Manson répond en effet dans ce sens, et

dit que le préfet est incapable de rapporter autre chose que la vérité.

Pendant la lecture d'une des susdites pièces dans laquelle il était parlé des menaces faites à la dame Manson, et où il était question de fer et de poison, cette dame s'est tout à coup évanouie, et a été emportée hors de la salle.

M. Julien, juge au tribunal de Rodez, est appelé par ordre du président. Il rapporte et confirme la plupart des détails contenus dans le rapport.

La dame Manson, interpellée, reconnaît également la véracité de M. Julien.

Le Président à la dame Manson. Dites-nous, madame, quelle était cette femme qui s'est trouvée chez Bancal.

La dame Manson. Je déclare que ce n'est pas moi; tout me porte à croire qu'une femme aura pris mon nom... M. Clémandot doit être justifié : on lui a dit qu'il y avait une femme chez Bancal ; je lui en ai parlé sur le ton de la plaisanterie. — M. Clémandot m'a dit : Convenez que c'est vous; si vous saviez l'intérêt que j'ai dans cette affaire!... Allons, avouez. — Je lui dis : Eh bien! oui, c'est moi. Depuis, je n'ai plus revu M. Clémandot.... Il en a abusé pour me faire servir de témoin.

Le Président. Mais comment se fait-il que tout ce que vous avez dit à votre cousin Rodat, avant d'avoir parlé avec M. Clémandot, s'accorde si bien avec les choses que vous avez rapportées à ce dernier?

La dame Manson. Tout ce qu'a dit M. Rodat est

vrai. Je lui en avais parlé parce que je l'avais ouï dire.

D. Eh bien?

R. Vous me forcez à un aveu terrible!...

Le président exhorte de nouveau la dame Manson à dire la vérité. Ne vous a-t-on pas dit que, si vous déclariez à la Cour ce que vous aviez déclaré à la préfecture, vous perdriez Jausion? — Oui. — N'était-ce pas de son ordre? — Non. — Mais qui vous l'a dit? — Je ne le dirai jamais.

Nouvelle exhortation du président. Descendez, lui dit-il, dans le fond de votre conscience; écoutez sa voix qui vous parle.

R. Que voulez-vous que je dise, quand mes aveux m'accusent?... J'ai dit vrai, quand j'ai dit que je n'avais pas été chez Bancal : je n'ai pas vu commettre le crime.

D. Mais n'auriez-vous pas vu la femme qui y était?

R. Non.

D. Comment donc avez-vous pu dire hier que Bastide et Jausion étaient coupables?

R. J'ignore si Jausion est complice de l'assassinat de M. Fualdès.

Le Président. Comment avez-vous dit hier à Bastide : *Avoue donc, malheureux!* et à Jausion : *Tu ne me connais pas!*

La dame Manson. Demandez à Bastide et à Jausion s'ils n'ont su que je fusse témoin que le jour où j'ai comparu au tribunal.

Jausion. Je ne l'ai su que lorsqu'on m'a signifié la liste des témoins.

Le Président à la dame Manson. Pourquoi faites-vous cette question? N'est-ce pas parce que vous saviez tout?

R. J'ai reçu un billet anonyme que je crois de madame Pons.

Le Président. Comment se fait-il, puisque vous n'êtes pas la dame qui était chez Bancal, et que les accusés sont censés la connaître; comment, dis-je, se fait-il que l'on vous ait ainsi circonvenue, qu'on vous ait donné des rendez-vous, écrit des billets anonymes? Pourquoi s'adresse-t-on à vous plutôt qu'à une autre? Vous gardez le silence !

La dame Manson. Que voulez-vous que je dise?.. Je vais vous fournir encore des armes contre moi. Je vais prouver que j'y étais, et cependant je n'y étais pas.

Il y a un témoin qui dépose que la fille Bancal a reçu une pièce d'étoffe pour faire un bonnet, et cette pièce ressemble à une robe que j'ai.

Le Président : Aucun témoin n'a déposé cela.

R. On le déposera.

Le Procureur-général. N'avez-vous pas demandé hier à quelqu'un s'il croyait que Jausion fût coupable? Cette personne vous ayant répondu qu'elle le croyait, ne lui dites-vous pas : Cela n'est que trop vrai?

R. Je ne me le rappelle pas.

Le président parle à la dame Manson de la visite qu'elle fit dernièrement dans la maison Bancal, en présence du préfet et de M. Julien : il lui demande si, en entrant dans le petit cabinet qui se trouve à côté de la cuisine, elle ne dit pas que c'était là où on l'avait renfermée. Elle répond qu'on lui arrache un aveu terrible.

Le Président. Quel est le serment dont vous avez parlé?

R. Je n'en ai point parlé. J'ai dit qu'on en tirerait toutes les conséquences qu'on voudrait; mais que si quelqu'un m'avait sauvé la vie, je ne pourrais jamais le faire monter sur l'échafaud. Je n'ai pas fait de serment : si j'en avais fait un, je ne me croirais pas liée par lui, puisqu'il m'aurait été arraché par la violence, et par des assassins qui n'ont aucun pouvoir sur moi. La dame Manson termine en disant que tout ce qu'elle a dit ailleurs est fabuleux, et qu'ici, devant la Cour, elle dit la vérité, parce qu'elle est libre.

M. Fualdès prie le président de demander à la dame Manson si elle a couché hors de chez elle le 19 mars. — Madame Manson répond : J'ai couché chez moi cette nuit-là. — A quelle heure est-elle entrée chez elle? — Je ne suis pas sortie de toute la soirée. — M. Fualdès insiste, et la dame Manson dénie. M. Fualdès invoque la déposition de Victoire. — R. Cela se rapporte à la déclaration faite à la préfecture. — D. N'avez-vous point passé une partie de cette nuit sous le vestibule de l'ancien couvent de l'Annonciade? — Non; tout ce que j'ai dit est faux : actuellement je dis la vérité.

M. Fualdès fils demande que la dame Castel, déjà appelée en qualité de témoin, soit appelée aux débats. Elle dépose, entre autres choses, qu'hier, étant dans l'enceinte du palais, à côté de la dame Manson, et s'entretenant ensemble sur le compte des accusés, cette dernière lui dit *que si elle voulait parler, elle les ferait tous condamner;* qu'elle ajouta encore cette phrase : *Il faut que les assassins périssent.* Elle parla aussi d'un serment.

La dame Manson. Vous avez mal entendu : j'ai dit seulement que je ne soutiendrais pas les assassins.

Le témoin. Ah, madame!

Hippolyte Mazars. Hier je me trouvais auprès de la dame Manson; la conversation roulait sur l'assassinat de M. Fualdès. La dame Castel, qui était près de nous, causait avec une autre femme qui paraissait prendre quelque intérêt aux accusés. La dame Manson, qui s'en aperçut, se leva brusquement, et, d'un ton animé, elle dit : Comment! vous osez vous intéresser à ces accusés! Oui, ils sont coupables, ils périront tous; mais ils n'avoueront jamais leur crime.

La dame Manson. Je n'ai pas dit comme cela; j'ai dit : S'ils sont coupables, ils périront tous.

Le témoin dépose qu'une autre fois, parlant avec madame Manson, elle lui dit que jusqu'à ce jour elle avait cru qu'on était lié par un serment qu'on avait prêté, mais qu'aujourd'hui elle savait le contraire.

La dame Manson. M. le président, je demande la parole : il est inconcevable que tout le monde

veuille que je sois témoin dans cette affaire ; c'est
incroyable.

Le témoin ajoute que dans une autre circonstance la dame Manson lui témoigna combien elle
aurait de peine à déposer devant les accusés, et
qu'elle lui demanda si le siége des témoins était
placé de manière à ne pas être aperçue par eux.
— La dame Manson, interpellée, convient en
partie de ce que vient de rapporter le déposant ;
mais elle prétend qu'elle se borna à lui demander
quelle était la place du banc des témoins.

M. Fualdès fils demande que le général Desperrières soit de nouveau entendu.

Le général déclare qu'à la fin de la séance d'hier
la dame Manson paraissait fort émue ; qu'ayant
fixé l'accusé Bastide, elle éprouva un grand effroi
et s'écria : *Quel regard ce misérable m'envoie !* —
Je cherchai à la rassurer ; je lui dis que, si elle
savait quelque chose, elle devait parler. — Non ;
jamais, jamais, répliqua-t-elle. — Le général
ajoute : Hier au soir, disposant une garde près de
l'appartement de cette dame pour la garantir de
toute espèce de péril, sans porter néanmoins aucune atteinte à sa liberté, elle dit tout à coup : Général, que ne vous ai-je connu plus tôt ! quand j'ai
commencé à parler, on aurait dû me donner une
garde.

La dame Manson, interpellée, convient qu'elle
a dit au général qu'on aurait dû la garder depuis le
moment qu'elle fut assignée comme témoin. —
Le général invoque, à l'appui de ce qu'il vient de

rapporter, le témoignage du marquis de Bournazel.

— Le marquis de Bournazel est entendu, et sa déposition confirme les détails que venait de faire connaître M. le maréchal-de-camp.

N° 67. — *Marie Maynier*. Le petit Bancal m'a dit que deux messieurs, dont l'un gros et ayant des bottes, vinrent dans la maison de son père, et amenèrent un homme malade qu'ils alongèrent sur une table. Le petit Bancal est âgé de huit ans : il pleurait en racontant ce fait. Son père était alors en prison ; il dit que le mouchoir trouvé était à lui, et qu'il y avait du sang.

N° 70. — *Causit*. Quatre jours après l'assassinat, la servante de Mourgues, coutelier, me dit tenir d'une fille de Bancal qu'on avait porté dans la maison un homme ; qu'on l'avait alongé sur une table ; que son père l'avait saigné ; que sa mère tenait la lumière, et qu'elle avait tout vu du lit où elle était couchée.

N° 71. — *La fille Cabrolier*, servante de Mourgues, même déposition.

Séance du 24 août.

N° 74. — *Bessière*, coutelier. Feu Bancal lui dit : Ce Fualdès m'en a fait une que je ne lui pardonnerai jamais. — Il a entendu madame Manson disant à la femme Castel que si elle parlait, elle ferait condamner tous les accusés.

N° 75. — *Marianne Fabry*. Le 20 mars, elle

alla chez la Bancal, et la trouva triste. — (La
Bancal a répondu qu'il était possible qu'elle fût
sensible à la mort de M. Fualdès.) — Le témoin a
ajouté : Le 21, j'allai porter du linge chez Anne
Benoît. Colard entra ; nous parlâmes de la mort
de M. Fualdès, que je déplore vivement. Colard
dit alors : *Oh ! il y en aura bien d'autres.*

Nº 78. — *La femme Dalas* était chez Brast
dans la soirée du 19 mars. Colard a dit qu'on
avait tué sur le Levezou un homme qui portait
4,000 francs : et qu'il en tuerait un pour 25 louis.

Françoise Calmels, femme Lacroix, raconte
les détails que l'accusée lui donna sur l'assassinat.
Elle lui dit qu'il avait été bâillonné avec un mouchoir ; qu'on l'avait saigné avec un mauvais couteau,
qu'il avait sur le corps une chemise qui ressemblait à
une aube ; qu'elle avait pris la bague de son doigt,
mais que le lendemain elle avait été forcée de la
rendre, et qu'on lui donna six francs en compensation. Elle ajouta que si on lui demandait au
tribunal ce qui s'était passé chez elle, elle dirait
aux juges qu'ils devaient bien le savoir, puisqu'ils
y étaient eux-mêmes ; qu'elle avait reçu trois écus
de cinq francs, et quelques autres pièces de mon-
naie qu'on avait trouvées dans les poches du
sieur Fualdès ; qu'une clé qui fut également trouvée sur lui fut donnée à un monsieur de la campagne, qu'elle ne nomma point ; qu'enfin ces
messieurs avaient dit qu'ils ne tuaient pas pour de
l'argent. — La femme Bancal, interrogée par le
président, dénie ces propos.

Jeanne Miquel, cuisinière à l'hospice, déclare
que la petite fille Bancal a dit devant elle: Ma
mère ne peut avoir rien dit au tribunal; elle ne
connaissait pas ces *messieurs*, *excepté celui de la
place de la Cité.* — Le petit garçon de la Bancal
lui a dit aussi qu'on avait égorgé M. Fualdès dans
sa maison, avec un couteau à manche noir; qu'il y
avait des *messieurs ;* qu'on avait reçu le sang de
la victime dans un baquet; qu'on l'avait ensuite
donné à un cochon, qui n'avait pas tout bu, et
qu'on avait jeté le reste. . ,

François Girard, économe à l'hospice. Ce 25
mars, après l'arrestation de Bancal, on envoya
leurs petits enfans, au nombre de quatre, à
l'hospice. Madeleine dit que sa mère ne pouvait
nommer personne, parce qu'elle n'avait connu
que le monsieur fort riche de la place de Cité,
chez lequel elle allait souvent chercher des eaux
grasses pour son cochon. — Une autre fois, cette
petite fille et son jeune frère lui dirent qu'ils
avaient vu égorger le sieur Fualdès chez eux;
qu'on l'avait étendu sur une table; qu'on avait
donné de l'argent à leur mère; que le monsieur
qu'on tuait était méchant; qu'il se remuait beaucoup, et que la table fut renversée; que le sang
fut reçu dans un baquet, et donné au cochon.

La femme Bancal. M. le président, demandez
au témoin s'il ne donna rien à ces enfans pour les
faire parler et leur faire dire tout ce qu'il voulait.

Le témoin. Lorsque ces enfans m'eurent fait ces

révélations, je leur donnai un sou; mais je ne leur avais rien donné auparavant.

Abry, avoué, raconte différens faits : il déclare entr'autres choses qu'une prisonnière qu'il a défendue dans le temps, lui a dit qu'une fois, parlant de l'assassinat du sieur Fualdès avec la veuve Bancal, quelqu'un ayant dit qu'il avait été égorgé avec un rasoir, cette dernière s'écria : *Non, c'est avec un couteau.* — Le témoin ajoute qu'ayant eu occasion de voir Bastide dans la soirée du 19 mars, il avait remarqué de l'égarement sur sa figure.

Marie Vernier, Françoise Ricard (âgée d'environ onze ans), et *Denise Roux* (âgée de dix ans), répètent le récit que leur a fait de l'assassinat la petite Bancal, tel que celle-ci l'a fait au témoin François Girard, cité plus haut.

L'accusée Bancal, interpellée par le président sur les dépositions qu'on vient d'entendre, proteste de son innocence.

Séance du 25 août.

Antoinette Castan a vu, le 19 mars, M. Fualdès passer avec l'accusé Bastide dans la rue du Touat.

Catherine Lacase vit, le 19 mars, à l'entrée de la nuit, sur la place de Cité, quatre personnes ; parmi lesquelles étaient M. Fualdès et Bastide. Le 20, de grand matin, elle trouva la femme Bancal qui paraissait épier ; elle lui demanda pour-

quoi elle était sortie de si bonne heure, et pourquoi elle portait un tablier blanc. Marianne Monteil, servante chez le sieur Saavedra, espagnol,
logé dans la maison Bancal, a rapporté au témoin
ce qui suit : Quelques jours après l'assassinat elle
voulut couper du pain pour un des enfans de
Bancal, et prit pour cela un couteau qui, sans
doute, avait servi à égorger M. Fualdès. L'enfant
s'opposa, en criant, à ce qu'elle en fît usage :
elle le tança, et lui dit de se taire. Mais il repartit
qu'il ne se tairait pas, et qu'à travers les trous
des rideaux de son lit il avait vu tuer un monsieur
avec ce couteau.

Bastide convient qu'il a bien pu se promener
avec M. Fualdès le 19 mars. La Bancal nie d'avoir
été sur la place de Cité le 20 mars, d'avoir parlé
au témoin, et d'avoir porté un tablier blanc.

Marianne Monteil allait dans la maison Bancal
pour y servir un Espagnol qui y était logé; elle
n'y couchait point. Le 23 mars, une jeune fille
de Bancal, nommée Madeleine, lui conta tout.
Son père tenait les pieds, sa mère portait la lampe;
elle lui fit voir les deux trous du rideau de lit par
lesquels elle avait tout vu. Elle demande du pain;
le témoin prend un couteau pour le couper : mais
cette enfant s'oppose à ce qu'elle en fasse usage, disant : C'est avec ce couteau qu'on a tué un monsieur.

Catherine Couderc était dans la prison, à côté
de la femme Bancal et de sa fille. Pendant la seconde nuit de leur réclusion, elle a entendu la

fille pleurer et se plaindre de s'être trouvée *ce soir*
dans la maison et d'y avoir été chercher de l'eau.
La'mère lui répondit : Tu le savais bien, pourquoi y venais-tu? Le témoin croit aussi avoir entendu dans la même nuit la fille disant à sa mère :
Puis-je dormir? y a-t-il moyen? — Un jour on
porta à la femme Bancal quelques vivres ; le témoin lui dit : Si vous en avez de reste, envoyez-
en à votre mari. — Il n'en a pas besoin, répondit la fille ; il a plus de 400 francs à son service.
La mère lui dit de se taire, et que cela était faux..
— Un autre jour, le témoin dit à la femme Bancal : Avouez ce que vous savez, cela vaut bien
mieux que de rester en prison. — Elle répondit :
Je ne le ferai point ; d'ailleurs, quand je le ferais,
on ne me punirait pas moins.

Victor Valat, soldat. — Il allait souvent chez
Bancal. Depuis qu'elle est arrêtée, la femme Bancal l'a fait prier par une fille de déclarer que
le 19 mars au soir il était chez elle habillé en
bourgeois, et qu'il se trouvait dans la maison.
lorsque le meunier y porta la farine.

Marie Bounhol. Elle a été à la prison ; la femme
Bancal l'a chargée de parler au soldat Valat, d'aller à l'hospice où étaient ses enfans, de leur ordonner de répondre qu'ils avaient couché le 19 au
second étage, en leur annonçant que, s'ils ne par-
laient ainsi, on les ferait périr. Pour les engager,
la Bancal chargea le témoin de donner quelque
chose à ces enfans.

Antoinette Gombert. — Le 25 mars, étant

dans l'église de Saint-Amans, elle vit deux enfans
de Bancal parler avec d'autres enfans. On leur dit.
Plaignez-vous votre père et votre mère? — Non,
parce qu'ils ont tué un monsieur. — Ils ne voulaient plus parler; cependant ils ont continué et
ont dit : On l'a mis sur la table : au premier coup
de couteau, le sang n'a pas coulé; on en a donné
un second, et il a coulé beaucoup de sang; il s'est
agité et a renversé la table; on l'y a remis, et on
a achevé de le tuer. La mère tenait la lampe; il y
avait des messieurs avec des bottes.

- *Bousquet-Chaudou.* Le 19 mars, à cinq heures
du soir, venant de la rue de l'Ambergue, il trouva
les sieurs Fualdès et Bastide. Le premier paraissait
en colère et parlait avec force. Bastide lui répondit
à l'oreille : ils allèrent sur la place de Cité. Le 20,
ayant appris la mort de M. Fualdès, le témoin va
chez les Lapinés, sur la place d'armes, où Bastide logeait son cheval, et demande à ces femmes
si Bastide était parti. — Oui. — Si son cheval
avait été mis la veille dans leur écurie. On lui répondit : Non, avec hésitation et embarras. Le témoin vit long-temps après Casals, maçon, qui
lui dit : Je rencontrai Bastide et Fualdès le 19.
Ayant affaire avec le premier, je le suivis; ils s'arrêtèrent devant la boutique de Devic, boucher,
rue du Touat. Là, Fualdès dit : C'est donc ainsi
que vous voulez me tenir parole? — Soyez tranquille, répondit Bastide à Fualdès, je vous ferai
votre compte ce soir. — Lacombe père a dit au
témoin : Comment Bastide peut-il soutenir n'avoir

pas été ici, puisque Ramond, menuisier, l'a vu au haut du faubourg à sept heures du soir?

Françoise Lagarrigue, Dubocq et Dalac ont vu Bastide le 19 au soir.

Antoine Ginestet de Magnac. Il but avec Bastide à la Morne le jour où celui-ci fut arrêté. Bastide lui demanda ce qu'on pensait de l'assassinat de M. Fualdès. — Le témoin lui répondit qu'il y avait plusieurs versions : pour opinion, pour vengeance, parce qu'il avait été accusateur-public, ou pour lui enlever son argent. — Bastide dit : On ne peut pas l'avoir tué par motif d'intérêt, il n'était pas en fonds ; M. de Seguret était le seul qui lui dût encore quelque chose sur le prix de Flars.... Bastide rapporta aussi au témoin qu'en jetant le cadavre à l'eau, on avait cru qu'il ne surnagerait pas. Il donna des détails sur la manière dont il avait été porté à la rivière, et dit les tenir de M. Constans.

Guillaume Estampes. Il était domestique de M. Fualdès le 19 mars. Il dépose ce qui suit : A huit heures du soir, M. Fualdès lui demanda une chandelle, monta dans son cabinet, redescendit bientôt portant quelque chose sous son bras gauche et sous sa redingote, et sortit. A minuit, madame Fualdès lui dit d'attendre son maître, et de lui allumer le feu. — Il passa la nuit dans la cuisine à l'attendre. Au point du jour, madame, qui lui parut avoir beaucoup d'inquiétude, l'envoya à la maison Antoine pour voir si son mari n'y était pas. On n'était point levé dans cette maison; il revint auprès de sa maîtresse, qui lui dit d'aller chercher le sieur Sasmayous. — Le bruit se répandit qu'on avait trouvé un cadavre dans la rivière. — La servante a dit au témoin que Bastide était venu le matin dans la maison Fualdès. — Jausion, sa femme et madame Galtier étant aussi venus chez M. Fualdès, cette dernière descendit à la cuisine et demanda un marteau ; il n'y en avait pas ; elle demanda une hache, qu'on lui donna ; elle remonta ; on entendit de suite du bruit. Le témoin monta aussi peu après, et vit le sieur Jausion, un sac à la main, qui lui dit : Je prends ce sac, parce qu'on doit mettre le scellé ; il ne faut rien dire à personne. Jausion frappe ensuite sur le bureau pour le refermer. — Il dépose que M. Fualdès avait deux portefeuilles : l'un noir et à fermoir ; l'autre rouge et plus petit ; que le bureau n'avait jamais été enfoncé ; que M. Fualdès en portait toujours la clé sur lui, et qu'il avait aussi un passe-partout ; que madame Jausion était dans le cabinet avec son mari et madame Galtier.

La dame Jausion nie d'avoir mis le pied dans ce cabinet. La dame Galtier appuie le dire de sa sœur. Selon Jausion ce domestique est un imbécille ; il dit qu'il l'avait chargé, lorsqu'il partit pour le Mur-de-Barrès, de rapporter à M. Fualdès fils que lui Jausion avait pris l'argent. — Le domestique soutient que Jausion ne lui a pas donné cette commission.

- Guillaume Estampes ajoute qu'il n'a parlé à M. Fualdès fils de l'effraction du bureau que quel-

ques jours après l'arrivée de ce dernier à Rodez. Il
le dit par hasard. Sur la demande que lui fit ledit
Fualdès, si Jausion était entré dans la maison, il
répondit : Oui, il a enfoncé le secrétaire. — Jausion a fait une dissertation pour prouver pourquoi
il n'a pas parlé de l'ouverture du bureau à madame
Fualdès, au colonel Vigier, arrivé avant M. Fualdès son gendre, et pourquoi il n'a pas dit la vérité
lors de son premier interrogatoire. — Autre discussion pour établir que madame Jausion n'est
point entrée dans le cabinet, et n'a point quitté
la chambre de madame Fualdès. — Le domestique
persiste à dire que, lorsqu'il monta dans ce cabinet,
madame Jausion y était avec son mari et madame
Galtier.

Le président a interpellé M. Fualdès, qui a répondu : Je ne puis pas dire à la Cour que ce serviteur soit doué d'une intelligence supérieure; il
est devant vous, et vous venez de l'entendre; mais
il serait aussi absurde qu'injuste de dire et de
croire que le témoin n'a pas son bon sens. Dans
tous les cas, ce que je puis assurer, c'est que Guillaume Estampes possède quelque chose de bien précieux, je veux dire une fidélité à toute épreuve et
un bon cœur.

Girbelle, huissier. Ce témoin va, le 20 mars,
assigner Bastide à Gros. La femme de ce dernier
lui demande ce qu'il veut, se trouve mal, et dit
ensuite à l'huissier que son mari est arrivé le soir à
temps pour faire collation. Bastide était à la Morne.
Sur-le-champ l'huissier va le trouver, et lui dit

qu'il vient l'assigner pour l'assassinat de M. Fualdès. Il paraît étonné, et frappe du pied. Bastide a dit au témoin qu'il croyait que c'était pour de l'argent qu'on avait tué M. Fualdès, et qu'il savait qu'il en avait.

. *F. Guitard.* Il y a environ dix ans que, voyageant avec Bastide, nous rencontrâmes un individu auquel cet accusé donna deux coups de bâton. Je lui demandai pourquoi il le maltraitait ainsi. Bastide répondit ces mots : *S'il avait vingt-cinq mille francs !* — Ayant acheté du blé à Bastide, le 24 août 1815, nous nous rendions ensemble et à cheval de Ségur à Gros. Il passa un homme qui reçut de Bastide un coup de bâton. Il s'en présenta un autre ; Bastide lui donna aussi un coup de bâton, disant encore : *S'il avait vingt-cinq mille francs !* Je fus effrayé, et ne voulus point aller à Gros chercher le blé. — Bastide répond : Lorsqu'on est sur le banc des accusés, toutes fables sont bonnes; je laisse à la Cour le soin d'apprécier cette déposition. — Le témoin persiste.

- *P. Cassal.* Je servais M. Fualdès dans mon état de maçon. Après la foire de la mi-carême, le jour de Saint-Joseph, entre quatre et cinq heures du soir, dans la rue du Touat, je vis M. Fualdès avec Bastide ; je les suivis pour demander à ce premier quand est-ce qu'il voulait que nous descendissions à son domaine de Vignes pour un travail dont il m'avait parlé. J'entendis M. Fualdès dire à Bastide d'un air sévère : Vous n'êtes pas venu cette après-dînée comme vous l'aviez promis. —

Bastide répondit : Je ne pense pas à vous faire tort, *soyez* tranquille, *je vous ferai votre compte ce soir.* — Quelque temps après, madame Bastide dit à mon épouse : Il n'y a que votre mari qui nous fasse de la peine; nous nous sommes arrangés avec les autres témoins. S'il avait besoin d'un sac de froment, dites à votre mari qu'il vienne chez moi, etc. Ma femme répondit que j'étais incorruptible. — Bastide : il est possible que M. Fualdès m'ait fait des reproches de ce que je n'étais pas venu pour ses affaires : j'ai pu lui répondre : Vous me faites tort; vous jugez mal mes intentions. On a adapté tous mes propos aux circonstances, parce que je suis malheureux.

Tremolet, percepteur à Ségur. Sa déposition porte sur une affaire d'intérêt entre lui et Bastide. Il a entendu parler d'une invitation faite par Bancal pour tuer un homme, à un marchand colporteur non domicilié à Ségur, mais gendre d'une personne qui y réside.

Catherine Bancal. Le mercredi 19 mars, à sept heures du soir, elle vit Bastide, qu'elle assure bien connaître, à la lueur des quinquets qui éclairaient la pharmacie du sieur Bruguière, sur la place de Cité. Elle rapporte que quelques filles disaient entre elles, après l'assassinat, que Bastide avait adressé ces mots à madame Fualdès, Soyez tranquille, je n'ai pas quitté votre mari jusqu'à son dernier moment.

Rose Pailhès, femme Chaffaux. Le 20 au matin, elle vit sortir Bastide de chez M. Fualdès; elle l'a

vu entrer dans cette maison trois ou quatre fois
dans la journée, et au moins deux fois avant neuf
heures. L'air de Bastide, sa mauvaise mine, ef-
frayaient le témoin ; il portait une veste, un vieux
pantalon vert, un chapeau troué, de gros souliers. En s'adressant à l'accusé qui lui dit qu'elle se
trompe de quelques heures, elle répond : Non,
Monsieur; vous m'avez fait trop d'impression ;
vous sembliez égaré; je dis que je ne voudrais pas
me trouver seule avec vous sur un chemin.   .

. *Charlotte Arlabosse*, couturière, était à sa fenêtre, à la Roquette, le 20 mars, de six à sept
heures du matin. Bastide passa, lui dit de venir ;
elle le suivit; ils parlèrent au haut de la côte. Il
portait le déjeûner dans son porte-manteau : ils
déjeûnèrent dans un champ, et se séparèrent ensuite. Il était en veste grise, chapeau rond, gros
souliers. Elle a resté deux ans au service de Bastide.

Antoinette Malier, accoucheuse. Elle était dans
la maison de M. Fualdès, le 20 mars, lorsque,
entre dix et onze heures du matin, Bastide vint
frapper à la porte; il avait un habit de campagne,
un pantalon vert; elle fut effrayée de son air. Il
demanda M. Fualdès.... Il entra : il demanda si
le cabinet de monsieur était ouvert; elle répondit : Oui. Il dit qu'il fallait le fermer et monta;
elle le suivit. Il ouvrit un placard, le tiroir d'une
table, examina tout, regarda les rasoirs de monsieur, puis il sortit et ferma le cabinet. La servante dit qu'il fallait ôter les draps du lit de ce

cabinet : Bastide y rentra avec cette fille et le témoin. Il aida la servante pour retirer les draps ; une clé tomba de son côté, il la ramassa, et dit qu'il fallait la mettre avec les autres, et les confier à la dame Galtier ou Jausion. — Ces deux dames, ajoute le témoin, ne firent que parcourir la maison Fualdès pendant toute la matinée du 20 ; elles furetèrent partout, examinèrent tout. — La servante demandant à Bastide quel était le monsieur qui, en sa présence, avait donné la veille un rendez-vous à M. Fualdès, il répondit en frappant du pied : *Je n'étais pas ici hier au soir.* — Après l'arrestation de Bastide, la dame Galtier parla au témoin, et lui dit qu'elle se trompait sur l'heure où Bastide était entré chez M. Fualdès; que les domestiques de Gros affirmaient qu'il était chez lui à cette heure ; que, si elle disait comme eux, Bastide sortirait de prison, et que sans doute elle avait pris Jausion pour Bastide. Le témoin lui dit qu'elle ne s'était trompée ni sur l'heure, ni sur la personne.

Marianne Varés. Elle était servante chez M. Fualdès. Son maître sortit le 19 à huit heures du soir. Le lendemain, à sept heures du matin, vint Jausion avec son épouse et la dame Galtier ; ils montèrent : la dame Galtier descendit bientôt et demanda un marteau : il n'y en avait pas. Elle voulut une hache, on la lui donna; peu de temps après on entendit du bruit ; le domestique monta. (Voyez la déclaration de Guillaume Estampes.) Ensuite, vers les onze heures, Basti de vint.

(Voyez la déclaration de Malier , accoucheuse.)
Quand Bastide entra chez M. Fualdès, les dames
Jausion et Galtier s'y trouvaient; elle les vit
joindre leur frère sur l'escalier; la dame Jausion
lui mit la main sur l'épaule, et ils se parlèrent en
secret. Ce témoin jure que la clé qui tomba dans
la ruelle où se trouvait Bastide, était luisante, et
celle du bureau de M. Fualdès. Il la portait toujours sur lui, ainsi que son passe-partout. — Des
interpellations ont été faites à Marianne Varès;
elle y a répondu sans hésitation.

Joseph Bourguet, fils, a vu le 20 mars, à huit
heures et demie du matin, Bastide venant de la
rue Neuve et se dirigeant vers celle de l'Ambergue,
où logeait M. Fualdès.

Malaterre, tailleur, ouvrant sa boutique à six
heures et un quart du matin, le 20 mars, vit
Bastide se dirigeant vers la maison Fualdès, bientôt il le vit sortir de la rue de l'Ambergue et aller
vers la maison Jausion : il portait une veste grise,
un vieux chapeau, de gros souliers.

Marie-Jeanne Batut, voisine de la maison Fualdès. Le 20 mars, elle a vu la dame Jausion et un
monsieur entrer dans cette maison; elle y vit aussi
entrer Bastide à trois heures du soir.

Marianne Marty, femme Serins : Elle a été domestique chez Bastide; la tante de cet accusé lui
a rapporté qu'il avait menacé son propre père;
elle dit que Bastide a menacé aussi un bouvier et
un fournier qui venaient chercher ce qui leur était
dû, mais elle n'a jamais été maltraitée par lui.

Elle a ouï dire que Bastide a tué un chasseur à Prades.

Séance du 27 août.

La femme *Ginestet de Magnac* parle des recherches que faisait le neveu de Bastide pour savoir si l'on n'avait point vu passer ce dernier dans la soirée du 19.

Etienne Faramond habite au faubourg et y a vu descendre Bastide, le 19, à six heures du soir. — Pierre Vial croit aussi l'avoir vu au faubourg vers les huit heures du soir.

Julien Mouisset. Il était dans la maison d'arrêt lorsque Bastide fut arrêté avec Bancal. Celui-ci, apprenant cette nouvelle, et sur l'interpellation qui lui fut faite si Bastide était du nombre des assassins, dit : Oui ; il y en avait bien d'autres : on les aura tous. Il ajouta : Le diable les emporte, ces b...

A. Boudon. Il y a deux ans qu'il alla à Dalmayrac chez M. Bastide père. Celui-ci lui parla de son fils Gramont. Le témoin lui dit : Votre fils est riche. — Pas trop, répond le père : il y a peu de temps qu'il se renferma avec moi dans mon cabinet, et me força à lui donner 1,800 francs. — Mais il ne vous aurait pas tué, si vous aviez refusé? — Je ne m'y serais pas fié ; il m'a mis le pistolet sous la gorge. — On a raconté au témoin que dans un bois, Gramont avait menacé son père de le tuer s'il ne lui donnait de l'argent. Le témoin a affirmé sa déclaration.

Carrère. Le 19 mars il se promena sur la place de Cité depuis sept heures et demie du soir jusqu'à neuf. Il entendit des cris plaintifs et étouffés du côté des rues du Terral ou des Hebdomadiers. Une vielle joua aussi pendant long-temps du même côté. Le 20, à sept heures du matin, on lui apprit l'assassinat de M. Fualdès. Vers huit heures, allant à la Cour d'assises, où il avait été appelé comme juré, il rencontra dans la rue du Touat l'accusé Jausion, et s'écria en l'abordant : C'est le pauvre Fualdès qu'on a trouvé dans l'Aveyron. Jausion répondit : Comment! c'est Fualdès? Son air froid frappa le témoin, qui, sans s'arrêter à la sensation que cette réponse lui faisait éprouver, ajouta : Il n'est pas possible que Fualdès se soit suicidé ; nous connaissons ses sentimens, la force de son caractère et sa position : il avait bien marié son fils, vendu Flars, et touché de quoi payer toutes ses dettes. — Oui certainement, dit Jausion, M. Fualdès était aujourd'hui fort à son aise. — Il n'a pas été tué pour ses opinions, dit le témoin : dans notre département il n'y a personne qui soit capable de commettre un crime de ce genre. Il faut que les effets qu'il a reçus de M. Séguret, que les sacs qu'il portait hier, provenant de la négociation de quelqu'une de ces lettres de change, soient la cause de sa mort : on l'aura assassiné pour les avoir. — Oui, dit Jausion, je sais qu'il a négocié quelque chose chez Bastide, marchand.

Louis Raynal, gendarme. Il entra avec le médecin Rozier dans la prison où était l'accusé Jausion. Ce dernier parla de son affaire et dit : Si j'étais dehors, je découvrirais bien les assassins. Le témoin lui conseillant de parler, il ajouta : Quand on me hacherait, je ne les nommerais pas ; pour moi, je n'y suis pour rien, ni mon beau-frère non plus. — On voulait faire une petite fortune à Bousquier s'il changeait quelques mots à sa déposition. Un nommé Canard en avait fait la proposition à la femme Bousquier, venant de la part de Causil de Lanhac. Bousquier a confirmé ce dernier fait.

Cadars, gendarme, fait la même déclaration que Raynal, et ajoute que Jausion, ayant été mis aux fers, était furieux, et disait qu'il se détruirait s'il en avait le moyen.

Marianne Baldet. Elle logeait dans la même maison que Bousquier. Le 19 mars au soir, celui-ci lui dit de ne pas fermer la porte, parce qu'il ne rentrerait qu'à dix heures. Le 20, à cinq ou six heures du matin, elle entendit chez Bousquier un homme qui disait : Nous avons encore le temps de dormir. Environ huit jours après, Bousquier étant arrêté, des enfans d'une voisine dirent au témoin qu'on avait trouvé un torchon ensanglanté sous l'escalier de la cave.

Louis Calmels. Bousquier lui a dit que Paleyret n'était pour rien dans l'assassinat de M. Fualdès ; que le soir où il fut commis, il avait bu et causé avec lui chez Rose Féral ; qu'en chemin il avait

trouvé une personne qui l'avait engagé à aller porter une forte balle.

Pierre Puech. Bousquier lui a dit qu'il n'avait
gagné que 8 ou 10 francs pendant la foire, et qu'un
homme l'avait engagé à aller porter une balle.

Etienne Baldet. Il a dit à Bousquier qu'on avait
arrêté Colard comme complice de l'assassinat.
Bousquier lui a répondu qu'il l'en croyait bien
capable. Bousquier n'alla point travailler au ha-
ras le 20 mars, selon son usage. Ce dernier, interpellé, a dit que ce jour-là il était resté chez lui
pour garder ses enfans : sa femme était absente.

Séance du 28 août.

Pons, ancien magistrat. Le 20 mars, à 11
heures du matin, Jausion se rendit chez le témoin
pour affaires d'intérêt. M. Pons lui dit : Eh bien ! le
pauvre Fualdès est assassiné ! Jausion répondit. Il
avait beaucoup d'ennemis : on dit que c'est un
homme revenu des galères qui a commis le crime.
M. Pons lui démontra l'absurdité de cet *on dit* et
ajouta : Mais ne prend-on pas des mesures pour
sauver les intérêts de la succession Fualdès ? Jausion répondit : On ne le fait pas par égard pour
la veuve. Ces ménagemens sont inutiles, repartit
le témoin : a-t-on vu si les effets, comme la montre, etc. etc., ont été volés ? — Je viens de voir
la montre sur la cheminée. M. Pons fut étonné de
l'air froid avec lequel Jausion parlait de cet événement : il en fit l'observation à M. Bancarel qui

était avec lui. — Depuis l'arrestation de Bastide ¦ le témoin a vu deux fois Jausion, qui lui a demandé s'il croyait l'assassinat de la compétence prévôtale; il lui a répondu qu'il le croyait, et qu'il serait d'ailleurs impolitique de décliner une compétence quelconque.

Rose Giron. Elle logeait dans la maison où était Bax. Le 19 mars, celui-ci ne coucha pas chez lui. Le lendemain, il dit au témoin que la veille il avait été joindre un portefaix, avait bu avec lui dans un cabaret du Terral où étaient Missonnier, Colard et Paleyret, et qu'ils étaient sortis à dix heures ou dix heures et demie. En parlant des assassins de M. Fualdès, Bax dit : Tant que Dieu me conservera le bon sens, vous n'entendrez rien dire de pareil de François Bax. — Le président à Bax : Vous disiez n'avoir couché le 19 avec Bousquier que parce que vous n'aviez pas encore de logement; cependant voilà un témoin qui semble dire que vous en aviez un. — Bax : Je n'y avais pas couché depuis long-temps avant le 20 mars. — Le témoin : Je ne suis pas sûr que Bax ait couché chez lui le 18; mais il y a logé antérieurement.

Martin Viala, aubergiste. Le 18 mars, Bax soupa chez le témoin avec un nommé Galtier : il craignait qu'ils ne sortissent sans payer. Il s'endormit au coin du feu, et Galtier sortit. Bax demanda un lit; le témoin, lui trouvant une mauvaise mine, ne voulut pas le loger, et exigea le prix du souper. Bax refusa, disant qu'il voulait coucher dans l'auberge, et que Galtier viendrait payer le souper le lendemain. Un gendarme arrive : il veut mener Bax en prison. Celui-ci a ses papiers en règle; il les laisse en gage, revient le 19 au soir pour payer son écot, et non celui de Galtier. On envoie chercher un gendarme, et on lui retient son passeport.

Le gendarme Guillot. Depuis l'arrestation de Bax, celui-ci a dit : Plût à Dieu que vous m'eussiez arrêté le mardi à l'auberge! je n'aurais pas fait ce que j'ai fait. Bax prétend avoir dit : Je ne me trouverais point dans le cas où je me trouve. *Monteil*, brigadier, a entendu Bax dire : Plût à Dieu qu'on m'eût arrêté le 18! je n'aurais pas fait... *Ramond*, huissier, a entendu le gendarme Guillot disant à Bax : J'ai mal fait de ne pas t'arrêter chez Martin le 18; à quoi Bax répondit : Plût à Dieu!... Il n'a pas entendu le reste.

Marthe. Elle a entendu rapporter que la fille Bancal disait à sa mère : Que je suis malheureuse d'être venue alors à la maison : si cela venait à se savoir, nous serions perdues! A quoi la mère répondit : Ne crie pas, on nous entendrait.

Chirac. Le 17 au soir, Bousquier et sa femme vinrent boire chez lui. Bax survint peu après, et parla à Bousquier d'une balle de tabac à porter.

Marianne Salvanhac. Anne Benoit lui a dit qu'el'e voudrait bien qu'on connût les auteurs de l'assassinat, parce qu'alors son mari sortirait de prison. Le témoin lui ayant demandé à qui était le mouchoir trouvé : A moi, répondit Anne Benoit. — Vous l'avez donc prêté pour étrangler M. Fualdès? — Anne Benoit rougit beaucoup; puis elle dit qu'on ne saurait jamais quels étaient les auteurs. — On dit que Bastide allait souvent chez Bancal, et qu'Anne Benoit lui tenait la main. — Bax était en pension chez le témoin, et lui devait. Lui donnant 30 sous, il lui dit que, devant porter une balle de tabac, il pourrait la payer. — A la même époque, Bax fit raccommoder un pantalon qu'il dit avoir déchiré en portant une balle au faubourg.

Amans Loubière, forgeron. Le 20 mars au matin, il entendit dire qu'on venait de trouver un cadavre. Colard entre chez lui vers six heures et demie pour allumer sa pipe, demande ce qu'on dit : le témoin lui annonce la nouvelle. Colard dit alors : Je n'ai rien entendu ni vu ; j'étais à boire avec Missonnier chez Rose, et me retirai à neuf heures. — Colard ne se souvient point de ce propos. Un juré en relève la singularité ; il paraît ne pouvoir appartenir qu'à une personne instruite de l'assassinat, et qui savait quels étaient ceux qui pouvaient en être accusés. — Suivant le témoin, Colard a réparé un fusil dans son atelier. — Colard nie. — Le domestique de Jausion s'est rendu chez le témoin, lorsque Bastide eut été arrêté à onze heures du soir, pour l'engager à aller porter une lettre à Gros. Jausion convient d'avoir envoyé son domestique chez ce forgeron : il voulait instruire madame Bastide de l'arrestation de son mari.

A. Aldebert, dit *Jolicœur*, jardinier. — Le 20 mars, à sept heures du matin, Jolicœur travail-

lant chez M. Raffenau, Colard y vint, parla de
l'assassinat, et dit qu'il avait été commis sur
M. Fualdès. Le témoin l'ignorait encore; il dit:
Je le regrette, c'était un brave homme. Colard répondit : Pas trop; mais son épouse est une brave
femme. Il ajouta: Il y en aura bien d'autres. Colard, interpellé, soutient qu'il n'a été chez M. Raffenau qu'à midi, et nie les propos qu'on lui attribue. — Il dit que ce n'est point chez Loubière
qu'il a appris la nouvelle, mais qu'il l'a sue en sortant de chez lui. — Jolicœur soutient que Colard
est venu chez M. Raffenau avant midi ; qu'ils par-
laient de l'assassinat, lorsque madame Raffenau
lui dit de sa fenêtre : Voilà qu'on porte le cadavre. — Or, il a été porté bien avant midi.

Joseph Lavernhe, commis chez M. Raffenau.
Le 20 mars, Colard vint scier du bois chez
M. Raffenau; il avait froid, s'approcha du feu et
s'endormit. Le témoin dit ensuite ; Ne savez-vous
rien de l'assassinat? On prétend qu'il a été commis
dans la maison où vous logez. — Colard répondit : Je n'en sais rien; j'étais à boire chez Rose
avec Missonnier et d'autres; je me suis retiré : il
faisait si noir, que ma femme, qui venait me chercher, ne m'a pas reconnu dans la rue. Il ajouta :
J'ai deux fusils; si j'avais entendu quelque chose,
je serais sorti avec mon fusil double, et j'aurais exposé ma vie pour le sauver. Le témoin ne peut pas
fixer l'heure à laquelle Colard vint dans le jardin
de M. Raffenau.

Joseph Ricard, cordonnier. Le 20 mars, à sept

heures et demie du matin, Colard vint à sa boutique. Colard ne s'arrêta qu'un instant, et sortit :
Il revint chez le déposant vers une heure de
l'après-midi, et s'endormit; il y resta jusqu'à près
de quatre heures. Colard parla d'un mouchoir
trouvé, et dit qu'il appartenait à Anne Benoit.
Colard nie d'avoir parlé de ce mouchoir.

Dalas, menuisier. Deux mois avant l'assassinat,
il était dans la chambre de Colard; on y parla
d'un individu assassiné sur le Levezou, et qui portait de l'argent. Colard dit alors : Si je savais
qu'un homme eût vingt-cinq louis, je lui tirerais
bien un coup de fusil pour les avoir.

Vernhes, serrurier, a réparé un fusil double
pour Colard, qui l'a retiré avant l'assassinat. Le
même lui a porté aussi un fusil simple.

Marie Cambourien, femme Cabrolier. Elle vit
passer dans la rue Anne Benoit et lui dit: Votre
mari est en prison. Anne Benoit lui répondit: Ils
cherchent bien à tout découvrir; mais ils n'y par-
viendront pas; ils ne sont pas assez fins. Anne Benoit nie ce propos.

La femme Girou, aubergiste. Elle vit sur la
place de Cité, le 22 mars, Anne Benoit causant avec
Jeanne Daubusson sur l'assassinat. — Anne Benoit dit : On l'a saigné sur une table; on lui a pris
le sang comme à un cochon. — On lui répliqua:
C'est dans votre maison qu'on l'a assassiné; en savez-vous quelque chose? Anne Benoit dit alors :
J'ai bien entendu du bruit et un gémissement
chez Bancal. — On ne saura pas qui c'est. — Ce

sont les nobles ; c'est pour affaires d'opinion : elle nomma M. de P. — Bastide passa dans ce moment: on dit à Anne Benoit que des soupçons couraient sur Bastide et L. — Elle répondit : Bastide n'y est pour rien.

Constans, ancien commissaire de police. Il se rappelle bien que la femme Girou lui a raconté les propos d'Anne Benoit. — Il mit peu d'importance au rapport de la femme Girou, sachant qu'elle était bavarde, et qu'elle donnait souvent des nouvelles fausses. (Questions pressantes, mêlées de reproches de la part du président. Discussion très-vive entre M. Constans et la femme Girou, qui paraît très-offensée)

Le maire est interpellé par le président; il déclare que la femme Girou ne lui a jamais fait aucun faux rapport, et qu'il n'a rien à dire à son sujet.

Jeanne Daubusson. Le 22, elle trouva sur la place de Cité Anne Benoit, qui lui dit: On aura beaucoup de peine à savoir quels sont les auteurs de l'assassinat; on cherche à le savoir, mais on ne le saura pas. On n'a pas pris de témoins. Cela ne s'est pas fait dans la maison Bancal, mais hors la ville, sans doute dans quelque jardin. On dit que c'est pour cause d'opinion, et non d'intérêt, qu'on l'a tué. On l'a saigné sur une table comme un cochon. — Anne dit que c'étaient les nobles qui avaient commis ce crime; qu'elle avait entendu siffler et tousser trois fois dans la cour; qu'elle avait entendu du bruit chez Bancal, mais que, quoi qu'il y eût eu, elle n'y serait point descendue, étant brouillée avec cet homme depuis quelque temps. Anne Benoît nie d'avoir parlé ainsi, et dit qu'elle n'a fait que répéter des bruits publics : elle n'a jamais parlé à la femme Girou. Étant seule dans sa chambre, elle a entendu siffler trois fois dans la cour.

Castan, perruquier. Il a vu un homme devant la maison Bancal, le 19 à sept heures trois quarts du soir. — Colard avait trois fusils et un sabre. — Anglade fils, vitrier, lui a dit qu'Anne Benoît était aux aguets lorsque M. Fualdès sortit de sa maison.

Anglade fils, vitrier. — Le 19 au soir, Anne Benoit vint à la maison de son père, située à côté de l'hôtel des Princes : une fois à sept heures et demie, pour porter du linge, et une seconde fois à huit heures un quart, disant qu'elle avait oublié quelque chose. Son usage n'était pas de porter le linge; on l'allait prendre chez elle. — Le témoin la questionnant, elle dit à sa mère : Faites taire votre fils; il me questionne plus que le commissaire de police. Elle a assuré n'avoir rien entendu, et avoir vu seulement la Bancal éclairant deux messieurs.

La dame Anglade appuie la déclaration précédente. Elle ajoute qu'elle a parlé depuis à Anne Benoit du mouchoir trouvé. Celle-ci a répondu qu'elle l'avait perdu en portant le linge, et que les rats y avaient fait des trous.

M. Palmié, capitaine. Le 19 juillet dernier, il se

rendit au café Coq, avec diverses personnes, parmi lesquelles était M. Ginisty. Ce dernier attendait M. Clémandot, qui le rassura sur les bruits qui couraient sur lui et la demoiselle A... Il dit qu'il savait ce qui s'était passé, et raconte les faits qu'il a depuis déclarés.

M. Déjean, pharmacien. Même déposition. — M. Clémandot ne voulut pas nommer la dame.

M. Ginisty. Le 10 juillet, M. Clémandot le joint et lui dit avoir quelque chose d'important à lui communiquer. Il lui donna tous les détails. — Le témoin : De qui les tenez-vous? De la dame elle-même. — Le témoin se décide à en parler à M. Palmié, qui l'engage à aller chez M. le juge d'instruction. — Revenant sur ses pas, il dit à M. Palmié qu'il vaut mieux amener M. Clémandot au café pour causer avec lui. Cela se fait. M. Clémandot conte tout, sans nommer la dame.

M. Philippe, Julien. Même déposition que M. Palmié.

Séance du 29 août.

... *Louis Pal*, marchand. Même déposition que M. Palmié. — Il a causé avec madame Manson, qui lui a toujours dit qu'elle croyait Bastide et Jausion coupables et que la suite le prouverait.

Lavuenhe, maire de Concourés. Dans la nuit du 19 au 20 mars, il se retira chez lui à une heure, et, passant devant la maison Bancal, il en vit la porte fermée, ce qui n'arrivait jamais. Le même soir, M. l'abbé Lavernhe, oncle du témoin, avait vu trois hommes apostés dans la rue des Hebdomadiers. — Le 20 mars, le témoin se trouvait à la maison commune lorsque Jausion y arriva. Il causa avec lui. Jausion parla peu, et n'avait pas l'air affligé : il dit qu'il venait réclamer la translation du cadavre à la mairie. — Le témoin partit de Rodez le 20, à quatre heures du soir ; il rencontra, sous la maison Carrier, Bastide-Gramont, et parla avec lui sur l'assassinat. — Bastide lui dit et lui répéta plusieurs fois avec une sorte d'affectation qu'il venait d'en savoir la nouvelle par l'huissier. Il était en veste, en gros souliers et à pied. Il dit au déposant qu'il était ainsi costumé, à cause de la précipitation avec laquelle il s'était rendu sur la citation qu'il avait reçue. — Le 29 juillet, le témoin, arrivant à Rodez, apprit les révélations faites par madame Manson. Le 30, il alla à Olemps, et en porta la nouvelle à M. Rodat, qui s'écria : Cela m'explique les conversations que j'ai eues avec madame Manson.

Colrat. On prétendait qu'il avait eu un rendez-vous avec madame Manson. Il nie.

Jean Burg, dit Canard, de Lanhac. Causit, de Lanhac, le chargea de faire savoir à Bousquier que s'il voulait changer quelques paroles à ses déclarations, on lui donnerait une récompense. — Le témoin parla à la femme de Bousquier pour qu'elle tâchât de lui faire voir son mari ; elle lui répondit que cela n'était pas possible. Il rapporta cette réponse à Causit, qui lui donna 15 francs pour ses peines.

Causit, de Lanhac. Étant à Dalmayrac, dans le mois de juin dernier, chez M. Bastide aîné, celui-ci lui demanda si Canard était sorti de prison, et le chargea de lui dire qu'il allât parler à Bousquier pour l'engager à se rétracter, et lui remit 15 francs pour les donner à Canard. Ce dernier venait d'être élargi, et avait connu Bousquier dans la prison.

A la réquisition du procureur-général, ces deux témoins ont été mis sous la surveillance de deux gendarmes.

Issanchon fils. Le 20 mars, vers onze heures du matin, il vit Bastide qui, à l'entrée de la rue du Touat, regardait passer le cadavre de M. Fualdès qu'on entrait dans la maison Daissènes. — Bastide nie, et prétend qu'on put le voir quand on portait le cadavre, des Maçons à l'hôtel-de-ville, entre quatre et cinq heures du soir.

Paleyret. Bousquier vint me chercher chez moi le 19 mars à huit heures du soir. Je fus le joindre chez Rose Féral. Bax y vint et but avec nous. Il sortit, rentra, ressortit, et ne rentra plus. — Je sortis avec Bousquier à neuf heures et demie. Nous nous séparâmes devant ma porte, voisine de celle de Rose Féral. — Lors de la première sortie de Bax, je demandai à Bousquier quel était cet individu. Il me dit : Je ne le connais pas; il reste à Rodez, il m'a engagé à porter ce soir à minuit une balle de tabac avec lui. Je ne me rappelle pas que quelqu'un soit venu à la porte demander Bousquier pendant que nous buvions. — Colard et Missonnier étaient dans le cabaret, lorsque nous y entrâmes; il ne parut pas que Bousquier les connût : ils s'en allèrent après que Bax fut sorti pour la seconde fois.

Marianne Martin a vu, le 20 avant midi, Bastide appuyé devant la boutique de M. Bonhomme, et regardant passer le cadavre qu'on portait à l'hôtel Daissènes. — Bastide continue de nier.

Mad. Delaure, née Cassan. Elle avait des affaires avec M. Fualdès, et pense qu'il tenait un livre-journal. Un jour elle déposa 5000 francs chez lui, et étant pressée, se retira sans exiger une reconnaissance. Ayant rencontré M. Fualdès, celui-ci dit : Vous avez laissé vos fonds sans prendre de sûretés. — J'ai cru, répondit-elle, n'en avoir pas besoin, sauf le cas de mort. M. Fualdès répliqua : Dans aucun cas, vous n'auriez couru aucun risque; j'inscris tout dans mon journal: votre dépôt y est porté. — M. Fualdès a parlé un autre jour au témoin, de la vente de Flars qui venait d'avoir lieu. — Le 20 ou 21 mars, elle entendit M. Maynier jeune qui demandait à Jausion quel était l'état des affaires de M. Fualdès. — Jausion répondit qu'elles étaient en bon état, et dit au témoin que, puisqu'il avait des affaires avec M. Fualdès, il offrait de s'en charger à 10 pour 100 de perte ; ce qui fut refusé.

Les débats généraux sont finis ; on commence les débats particuliers.

La veuve Bancal ne produit point de témoins à décharge. — On passe aux débats relatifs à Bastide.

Les témoins appelés ont persisté dans leurs déclarations. Voici les additions qui y ont été faites.

Guillaume Estampes affirme avoir vu Bastide, le 20, entre neuf et dix heures du matin, et qu'on lui a dit qu'il était déjà venu une première fois.

Antoinette Malier n'a point vu que Bastide soit venu plusieurs fois dans la matinée du 20. Elle ajoute que la dame Castel ouvrit la porte à Jausion et à Bastide. Elle déclare qu'elle a ouvert la porte à Bastide, le 20, à dix ou onze heures du matin : ce n'est pas elle qui l'a ouverte les autres fois ; elle a cependant su que Bastide était venu pendant qu'elle était à la maison commune : c'est la dame Castel qui le lui a dit.

Henri Carsenac dit que, sur l'invitation de M. le juge d'instruction, il parla à la fille Arlabosse, qui lui nia alors avoir déjeûné avec Bastide le 20, vers cinq heures et demie du matin. — Cette fille est confrontée avec Carcenac, et persiste dans sa déposition. Si elle n'a point parlé à ce dernier d'avoir déjeûné avec Bastide, c'est parce qu'elle ne voulait pas qu'on le sût : elle nie d'avoir été chez Bancal. Bousquier ne la reconnaît pas.

Madame Manson persiste.

Séance du 30 août.

TÉMOINS A DÉCHARGE.

J. *Guizot*, maréchal, de Rodez, dépose que, le 19 mars, l'accusé Bastide remisa son cheval chez le sieur Ginisty ; qu'il l'en retira vers les six heures un quart du soir, et partit.—Un autre témoin dépose dans le même sens.

Antoine Vernhes dit avoir rencontré Bastide ce soir-là, après six heures, sur la grande route, et venant de Rodez. — Un autre rapporte l'avoir vu à cheval, au fond du faubourg.

La dame Vernhes, née *Janson*, belle-sœur de Bastide. L'avocat de la partie civile observe que ce témoin, étant allié de l'accusé à un degré prohibé, ne peut être entendu, d'après l'article 322 du Code d'instruction criminelle ; il déclare au surplus qu'il n'a d'autre but que de ne pas mettre le témoin en opposition avec sa conscience. Mᵉ Romiguières demande alors que le témoin soit entendu en vertu du pouvoir discrétionnaire du président, et sans prestation de serment. M. Fualdès fils, voulant laisser aux accusés toute la latitude de leur défense, consent à son audition comme témoin assermenté. Les accusés y acquiescent aussi. Madame Vernhes prête serment, et dit s'être trouvée à Gros, le 19

mars au soir, lorsque Bastide y arriva, entre sept
et huit heures. Il quitta son habit, prit son bonnet
de nuit et ses pantoufles; il soupa, et se coucha à
l'heure ordinaire. Elle est assurée que Bastide a
passé cette nuit à Gros; car elle l'a entendu éteindre d'abord sa chandelle, et ensuite parler avec
son épouse dans le courant de la nuit. Le matin,
étant encore couchée, elle l'entendit appeler ses
domestiques; après quoi il partit pour son domaine de Lamorne. — Elle était à Gros, le 20
mars, lorsque l'huissier vint, vers les deux heures,
pour assigner Bastide, et c'est alors seulement
qu'elle apprit la mort tragique de M. Fualdès. Le
témoin, interpellé plusieurs fois par le président,
atteste la vérité de tous les faits qu'il vient de rapporter.

Claude Rosier, domestique à Gros, déclare
qu'il était à Gros le 19 mars au soir; que Bastide y
arriva vers les sept heures; que le lendemain
matin il sella son cheval, et qu'il partit entre six
et sept heures pour Lamorne.

Quatre autres témoins qui se trouvaient au
service de l'accusé à l'époque du 19 mars, attestent les mêmes faits que le précédent.

Victoire Causse dépose qu'elle est restée en qualité de servante pendant deux ans au domaine de
Lamorne; qu'elle en est sortie à la Saint-Jean dernière. Elle ajoute qu'elle était audit Lamorne le 20
mars; que Bastide, son maître, y arriva vers les
huit heures du matin, et qu'il n'en partit que lors-

que l'huissier vint le prendre à deux heures de l'après-midi.

— *Marianne Albrespy*, servante chez Bastide, déclare comme la précédente, que son maître vint à Lamorne, le 20 mars, vers les huit heures du matin, et qu'il n'en repartit qu'après l'assignation qui lui fut donnée, à deux heures, par un huissier de Rodez. — Le témoin ajoute que la nouvelle de l'assassinat de M. Fualdès était connue à Lamorne avant l'arrivée de l'huissier; qu'on l'avait apprise dès le matin; que les domestiques en parlèrent entre eux pendant leur dîner; que Bastide lui-même le savait alors, et qu'elle l'en entendit parler.

Le président lui demande plusieurs fois si elle est bien sûre de ce qu'elle vient de dire; et le témoin répond affirmativement.

Le Président. Accusé Bastide, vous venez d'entendre cette ancienne servante; elle assure que la nouvelle de l'assassinat de M. Fualdès était publique à Lamorne bien avant l'arrivée de l'huissier; et vous prétendez au contraire ne l'avoir apprise que par ce dernier.

R. Elle se trompe, M. le président.

Antoine Arlabosse, maître-valet à Lamorne, dépose que, le 20 mars, Bastide alla à Lamorne dans la matinée; il le vit entre autres dans un champ que l'on épierrait.

François Marronis, domestique de Bastide, vit son maître à Lamorne, le 20 mars, entre huit et neuf heures du matin. Bastide ne partit pour

Rodez qu'après l'arrivée de l'huissier qui apporta la nouvelle de l'assassinat.

D. Est-il bien vrai que vous n'apprîtes cet événement que lors de l'arrivée de l'huissier, vers les deux heures de l'après-midi ?

R. Oui, monsieur; nous l'ignorions auparavant.

D. En êtes-vous bien sûr?

R. Oui, monsieur.

Goudal, de Curlande, propriétaire au village de la Roquette, distant de Rodez d'environ une lieue, dépose que, le 20 mars au matin, avant le lever du soleil, et vers les cinq heures, il vit passer Bastide près du moulin dit *la Roquette*, qui n'est éloigné de ce village que de quelques minutes. Bastide était à cheval, enveloppé d'un manteau.

Le Président. Quelle direction prenait-il? Allait-il du côté de Lamorne?

R. Le chemin qu'il suivait pouvait le conduire à Rodez comme à Lamorne. Il n'était pas encore parvenu à l'endroit où la route se divise, lorsque je le vis passer; je ne puis dire conséquemment vers lequel des deux il continua sa marche.

Un autre témoin a vu passer Bastide à la Roquette, le 20 mars, vers les cinq heures et demie du matin. Il le vit parler avec la fille Arlabosse.

Cinq autres témoins à décharge, domestiques actuels ou anciens de l'accusé Bastide, déposent successivement avoir vu leur maître à Lamorne, le 20 mars, à sept heures et demie ou huit heures du matin; ils ajoutent qu'il ne s'en alla que lorsque l'huissier vint l'assigner, et que ce n'est que par ce dernier qu'ils furent informés de l'assassinat. Interpellés de déclarer si cette nouvelle ne leur fut pas connue dès le matin, et s'il n'en fut pas question pendant leur dîner, ils répondent négativement.

Pierre Mazet dépose qu'avant la Saint-Jean dernière, il demeurait au service de l'accusé Bastide; qu'il était à Lamorne le 20 mars; que son maître y arriva vers les huit heures du matin; que l'huissier vint l'y assigner à deux heures de l'après-midi, et qu'aussitôt il partit pour se rendre à Rodez. Le témoin ajoute que la nouvelle de l'assassinat de M. Fualdès était connue à Lamorne à huit heures du matin, et qu'il s'en entretint avec les autres domestiques, à dîner et à cette même heure. Ici le président rappelle sur les débats la fille Albrespy, l'un des précédens témoins. Tous les deux, ainsi rapprochés l'un de l'autre, persistent dans leurs déclarations, et soutiennent que l'assassinat était connu dès le matin à Lamorne, et que les domestiques en parlèrent pendant leur dîner.

Le Président. Bastide, que répondez-vous à ces deux témoins, dont la déposition concorde parfaitement?

Bastide. Je suis sûr qu'ils se trompent, M. le président; leur mémoire n'est pas juste : *d'ailleurs ce sont les deux moins habiles.*

François Chincholle, facteur de la poste aux lettres, témoin cité à la requête de Bastide, dépose que le 19 mars, vers les quatre heures du soir, le directeur de la poste l'envoya chez M. Fualdès pour faire acquitter par ce dernier un effet de 600 francs. M. Fualdès lui dit qu'il se rendrait le lendemain à la poste, et qu'il lui apporterait son argent. Le témoin ajoute que, lorsqu'il fut arrivé chez M. Fualdès, il vit l'accusé Bastide dans son cabinet, occupé à écrire une lettre.

On se rappelle que Bastide avait parlé d'un individu à redingote verte, qui était allé chez M. Fualdès dès le 19 mars, vers les cinq heures du soir, pendant que lui, Bastide, écrivait une lettre dans son cabinet.

Bastide prétendait que cet homme, qu'il n'avait pas connu, avait amené M. Fualdès hors de son cabinet, qu'il lui avait parlé en particulier, et qu'il n'avait point entendu ce qu'il lui disait : il paraissait croire enfin que cet inconnu pouvait bien être l'auteur du rendez-vous fatal, qui aurait amené la victime sous le couteau des assassins.

Le témoin, interpellé en conséquence par le président, affirme qu'il parla à M. Fualdès dans l'intérieur de son cabinet, et qu'il parla assez haut pour être entendu par Bastide qui était présent. — Connaissiez-vous auparavant Bastide? — Oui, monsieur le président, je connaissais Bastide, et Bastide me connaissait aussi.

Bastide persiste à dire qu'il ne reconnut pas le témoin, et qu'il n'entendit point ce qu'il disait à M. Fualdès.

Après avoir épuisé la liste des témoins à décharge de l'accusé Bastide, le président fait appeler plusieurs personnes en vertu de son pouvoir discrétionnaire. — La première, *Jean-Antoine Cabrolier*, sellier, demeurant sur la place de Cité, à l'extrémité de la rue de l'Ambergue et près de la maison Fualdès, déclare que le 20 mars, vers les huit heures du matin, il entendit fermer la porte de ladite maison Fualdès, et qu'au même instant il vit passer Bastide, qui traversa la place ; qu'il portait sa main gauche à la tête, et frappa avec la droite sur son chapeau ; ce qui fit dire au témoin, et à ceux qui étaient avec lui, que Bastide ne devait pas être content.

Jean-Louis Lacombe, cordonnier, se trouvait alors avec le précédent, et fait la même déposition que lui.

Bastide. — Ces témoins se trompent ; ils confondent le jour et les heures : j'ai déjà prouvé que j'étais dans ce moment à Lamorne.

Les deux témoins persistent dans leur déclaration. Le dernier ajoute, entre autres choses, qu'il est bien assuré de ne pas se tromper, parce qu'il se rappelle fort bien qu'il venait des bords de l'Aveyron, où il avait vu le cadavre de M. Fualdès, lorsqu'il aperçut Bastide, ainsi qu'il vient de le dire.

Jean-Joseph Dornes rapporte que le 19 mars au soir, allant à la promenade, il aperçut vers les sept heures Bastide qui partait monté sur un cheval gris, et se dirigeant sur la route qui conduit au bas du faubourg : il le reconnut parfaitement, et un quart d'heure après, il le vit revenir et aller placer son cheval dans une maison située près la cathédrale.

Le Président. — Vous rappelez-vous bien si c'était le mercredi soir, 19 mars, et non tout autre jour? — Oui, monsieur, j'en suis assuré, parce que je me souviens que le lendemain matin j'appris la nouvelle de la mort de M. Fualdès, et que je vis moi-même son cadavre sur le bord de la rivière.

Me Romiguières observe qu'il est bien étrange que jusqu'à ce jour on ait ignoré, et que Dornes ait lui-même laissé ignorer un fait si important, capable de mener son client sur l'échafaud.

Dornes déclare qu'il en a parlé à d'autres personnes avant ce jour, qu'il croit même en avoir fait part dans le temps à son oncle, substitut du procureur du roi. Il ajoute au surplus, pour répondre à d'autres observations du conseil de l'accusé, qu'il n'a pas cherché à déposer devant la Cour, et qu'il se disposait à quitter Rodez à l'instant même où il a été assigné par un huissier.

Dornes, substitut du procureur du roi, est appelé aux débats, et déclare qu'il croit bien que son neveu lui parla du fait ci-dessus; mais qu'il le laissa dans l'incertitude si ce fait se rapportait au mardi ou au mercredi. — Le neveu n'en a pas disconvenu, observant que depuis il s'était parfaitement rappelé que c'était le mercredi.

Dornes, neveu, persiste à dire que le fait eut lieu le soir même de l'assassinat. — Le président lui ayant demandé s'il avait positivement reconnu l'accusé Bastide lorsqu'il le vit rentrer dans la ville, il répond que, sans l'avoir bien vu en face, il le reconnut néanmoins à différens traits, notamment à ses longues jambes qui battaient les flancs du cheval, et encore à la couleur grise de ce dernier.

- On procède au débat particulier de l'accusé Bax.

Les témoins qui avaient parlé de cet accusé sont rappelés, et persistent dans leurs dépositions. — L'accusé Bousquier, interpellé par le président, affirme de nouveau la vérité de ses révélations relatives à Bax.

Débat particulier de Baptiste Colard.

Les témoins qui lui sont relatifs sont rappelés successivement, et déclarent persister dans leurs précédentes dépositions. — L'accusé Bousquier est de nouveau interpellé par le président. Il soutient que Colard était dans la maison Bancal le 19 mars au soir, lorsqu'il y entra avec Bax : il est sûr de ne pas se tromper ; il connaissait Colard auparavant ; il avait travaillé pendant quelque temps avec lui l'été précédent. — Colard ne disconvient pas de ce dernier fait.

Le président ordonne, en vertu de son pouvoir discrétionnaire, que le nommé *Antoine Rouvellat*, détenu, soit extrait des prisons et amené devant la Cour. Ce prisonnier rapporte différens propos outrageans et menaçans que Colard avait proférés contre les magistrats, et qui révèlent toute l'au-

dace et toute la férocité de son âme. — Le déclarant ajoute que l'accusé a également manifesté les
dispositions les plus hostiles contre le concierge de
la prison et contre Bousquier son co-accusé; qu'il a
dit vouloir tirer à l'un un coup de fusil comme à
un lièvre, et arracher les entrailles à l'autre. — Un
de ces jours', ajoute-t-il, je lui parlais des révélations de Bousquier : je lui demandai si réellement
il l'avait signalé comme l'ayant vu dans la maison
Bancal. — Colard me répondit tout à coup : *En
tout cas, s'il m'a reconnu, il ne m'a pas reconnu
seul.* — Le concierge m'ayant fait sortir de la
prison où j'étais avec Colard, celui-ci me recommanda le secret.

Le nommé *Bruguière*, dit *Pistolet*, autre détenu,
raconte les mêmes propos et les mêmes jactances
que le précédent. — Le concierge les rapporte
également comme les tenant de ces deux prisonniers; il ajoute , comme l'a déclaré Antoine Rouvellat, qu'en dernier lieu, ayant voulu séparer ce
détenu d'avec l'accusé Colard, il avait très-bien
entendu celui-ci recommander à l'autre de se taire
et de ne rien dire. — Le déclarant ne doute pas
que cela ne se rapporte aux propos que Colard
avait si indiscrètement tenus en sa présence.

Débat particulier de Missonnier.

— Bousquier persiste dans ses déclarations relatives à ce co-accusé. Il ajoute qu'il accompagnait le
cadavre lorsqu'il fut porté à la rivière, et qu'il

remplissait en quelque sorte les fonctions d'éclaireur.

Séance du 1er septembre.

On annonce que la fille Bancal, accusée, est grièvement malade, et qu'elle ne peut assister aux débats. Son défenseur demande qu'ils soient continués nonobstant son absence. Les autres accusés, ainsi que le procureur-général, y consentent. Le président ordonne en conséquence que la séance sera continuée, et qu'il sera fait mention du tout dans le procès-verbal.

Deux témoins appelés en vertu du pouvoir discrétionnaire du président, déclarent avoir vu l'accusé Bastide sur la place de Cité, à Rodez, dans la matinée du 20 mars.

On reprend le débat particulier de Missonnier. —Les témoins à charge persistent dans leurs dépositions.

Palous, médecin, témoin à décharge, rend compte de l'état moral de l'accusé ; il le traita, il y a une dizaine d'années, pour une aliénation mentale : il a su depuis qu'il avait plusieurs fois éprouvé une pareille maladie, et qu'habituellement il paraissait être dans l'état d'imbécillité.

Plusieurs autres témoins à décharge déposent à peu près dans le même sens, et rapportent divers faits tendans à faire croire que Missonnier ne jouit pas constamment de la plénitude de ses facultés

intellectuelles. *Bourguet,* entre autres, dépose
qu'en sa qualité de chirurgien, il a été dans le cas
de donner des soins à l'accusé, blessé d'un coup
de couteau qu'il s'était donné lui-même il y a environ deux ans.

Débat particulier d'Anne Benoit.

Les témoins et son co-accusé Bousquier déclarent qu'ils persistent dans tout ce qu'ils ont déposé
relativement à cette accusée.

Débat particulier de Victoire Bastide, femme Jausion.

Les témoins à charge persistent dans leurs déposition. — *Catherine Caffard,* seul des témoins à
décharge qui ait comparu, déclare qu'il y a deux
issues dans la maison habitée par la dame Jausion
et son mari. Elle ajoute que la porte qui donne
sur la rue de la Carcassonnerie était fermée le
19 mars au soir avant dix heures.

Débat particulier de la dame Galtier, née Bastide.

Après que les témoins à charge ont déclaré persister dans leurs dépositions sur le compte de cette
accusée, les témoins assignés à la requête de celle-
ci sont successivement appelés. Leur témoignage
n'est relatif qu'à la réputation et à la moralité de

la dame Galtier. On remarque parmi eux deux curés et un juge de paix. Tous font un éloge complet de ses vertus et de ses mérites. Tous déclarent pouvoir l'offrir pour modèle à son sexe, soit comme chrétienne, soit comme épouse, soit comme mère.

Débat particulier de Bousquier.

Un assez grand nombre de témoins est assigné à sa décharge. — *Palous*, maire de Magnac, dit que cet accusé a long-temps habité dans sa commune, et qu'il s'est toujours bien comporté : Il ajoute que sa famille a constamment joui d'une bonne réputation.

Plusieurs habitans de Rodez qui l'ont employé à leur service, déclarent qu'ils n'ont jamais eu à se plaindre de lui : sa fidélité, mise souvent à l'épreuve, n'a jamais été en défaut. — Les curés de Camboulazet et de Naves, dont Bousquier a été tour à tour le paroissien, rendent aussi un témoignage favorable sur sa conduite et sur sa moralité.

Débat particulier de Jausion.

Beaucoup de témoins à charge ont été rappelés et ont confirmé leurs précédentes dépositions. Dans le nombre se trouvait le nommé *Burg* qui avait rapporté que le 19 mars au soir, vers les dix heures, montant dans la rue de l'Ambergue,

il avait vu près de la porte de la maison de
M. de France un homme debout, cherchant à
se cacher, qu'il soupçonnait être l'accusé Jausion.

- On entend MM. *Portier*, *Panassier*, *Combres*
et *Julien Bastide*, commissaires chargés de vérifier les livres et papiers saisis dans le domicile de
l'accusé après son arrestation. Ils entrent dans divers détails pour faire connaître la situation res-
pective des affaires de Jausion et de feu M. Fualdès. — D'après un état dressé par ces commissaires, Fualdès se trouvait lors de sa mort, débiteur d'une somme de 43,000 fr. — La partie
civile, sur l'interpellation qui lui a été faite, déclare qu'en sus de cette somme il reste encore des
effets protestés, pour la somme de 90,000 fr.

On demande à l'accusé comment il se fait que
la succession se trouve aujourd'hui grevée d'une
si grande masse de dettes, lorsqu'il est à peu près
constant, d'après les débats, que le produit de
la vente de Flars devait éteindre son passif et lui
laisser encore de l'argent libre; lorsque lui-même
il a dit à diverses personnes, avant la mort de
M. Fualdès, qu'au moyen de cette vente, celui-ci
sortirait d'embarras et se mettrait tout-à-fait au
niveau de ses affaires. Bien plus, lorsqu'après sa
mort, on lui disait qu'il pouvait s'être suicidé,
il repoussa ces soupçons, et soutint que l'état de
sa fortune, l'aisance dans laquelle il devait se
trouver, ne permettaient pas de s'arrêter à une
pareille idée.

Jausion répond que lorsqu'il s'est exprimé avantageusement sur la fortune et les affaires de feu M. Fualdès, il l'a fait parce qu'il croyait de son devoir de ne pas décrier un ami, un parent. Il ajoute qu'il en a d'ailleurs parlé d'après la connaissance personnelle qu'il pouvait en avoir par suite de ses opérations avec M. Fualdès.—Mais ce dernier n'a pas toujours emprunté par son entremise. Il a fait sans doute beaucoup d'autres emprunts qu'il n'a pas connus, et qui lui ont fait ignorer à lui sa véritable situation. — D. Pourquoi M. Fualdès aurait-il faisait des emprunts si considérables? — R. Il fait de grandes dépenses. — D. Il est au contraire notoire qu'il vivait très-simplement. — R. Son fils dépensait à Paris jusqu'à 15,000 francs par an.

Un débat très-animé s'engage sur tous ces points entre les parties.

Le président ayant enfin demandé aux commissaires vérificateurs quelle était en résultat leur opinion sur les livres-journaux de Jausion, tous ont paru s'accorder à dire qu'ils n'étaient nullement dans l'état et la forme voulus par la loi, et que par conséquent ils ne méritaient aucune foi.

Jausion prétend qu'il jouissait dans le pays d'une grande confiance qu'il n'a jamais trompée, et que, par cette raison, il se contentait d'avoir de simples carnets pour toutes les opérations qu'il faisait sur la place de Rodez.

On rappelle les témoins à décharge. — *Yence père* et *Amans Carrier* déclarent qu'ils ont eu déposées entre les mains de Jausion, et sans aucun billet de sa part, des sommes assez considérables, qui toujours leur ont été fidèlement rendues.

, Trois domestiques de l'accusé déposent que le 19 mars au soir, leur maître rentra chez lui avant la nuit, qu'il soupa vers les sept heures, qu'il se retira ensuite dans la chambre de sa femme, et qu'il se coucha enfin vers les dix heures.

Clémandot prie le président de demander à la dame Manson si elle n'a rien à ajouter à sa déposition, annonçant qu'en cas de dénégation, il est prêt à ajouter lui-même à la sienne.

Mad. *Manson* déclare qu'elle n'a rien à dire.— Alors Clémandot se lève vivement et demande à parler. Il dit que jusqu'à ce jour il avait usé de grands ménagemens; qu'il avait professé des égards et une réserve extrême vis-à-vis de la dame Manson, espérant ainsi la déterminer à révéler franchement toute la vérité à la cour; mais que, puisque son espoir a été trompé, il doit faire connaître quelles ont été ses relations avec cette dame, pour donner la mesure des confidences qu'il en a obtenues, et prouver, s'il en est besoin, que, dans le rapport qu'il en a fait, il n'a cédé qu'au sentiment de la vérité et de la justice.

, *Mad. Manson.* Parlez, M. Clémandot.

Le président fait observer à Clémandot que sa déposition n'a pas été contredite, et qu'il ne croit pas que la révélation de ses rapports particuliers avec la dame Manson puisse rien ajouter à l'hom-

mage qu'on se plaît à rendre à sa véracité. — L'a-
vocat-général lui représente pareillement que son
honneur est intact, et que la manière franche et
loyale avec laquelle il avait déposé serait justement
appréciée. — Clémandot, satisfait de ces explications, n'insiste plus et va reprendre sa place.

Séance du 2 septembre.

Fabry, témoin à charge contre Jausion, est
rappelé sur les débats et raconte, par ouï-dire,
une violente discussion relative au réglement d'intérêts usuraires, qui aurait éclaté, il y a peu de
temps, entre l'accusé et l'un de ses proches parens,
et à la suite de laquelle Jausion aurait pris un fusil
et aurait menacé ce dernier. — Tiens, lui aurait
dit son parent, en ouvrant son habit, tire, scélérat ; tu m'as enlevé ma fortune, il ne te reste
qu'à m'ôter la vie. — Le témoin déclare qu'il a
entendu rapporter ce fait au parent lui-même,
et que de plus il l'a lu dans un mémoire écrit par
lui.

Julien Bastide, négociant à Rodez, déclare
que le mardi 18 mars, l'accusé Bastide alla chez
lui. — Le témoin lui remit un effet tiré sur une
modiste de cette ville. Il a revu depuis cet effet
entre les mains de la justice, et a remarqué qu'il
était teint de sang ; ce dont il fut surpris, parce
qu'il n'y avait aucune tache lors de la remise qu'il
fit à Bastide accusé.

R..., conseiller en la Cour royale de Rouen, présent aux débats, est appelé par le président, en vertu du pouvoir discrétionnaire. Il donne des détails sur le bon état des affaires de feu M. Fualdès, qu'il connaissait parfaitement.

Le président rappelle aux débats M. de Séguret, président du tribunal, et lui demande s'il a quelque raison de croire qu'au moyen de la vente de Flars, M. Fualdès dût liquider toutes ses dettes.

De Séguret. J'ai toujours pensé que non-seulement M. Fualdès devait trouver dans cette vente le moyen de payer ses dettes, mais encore un résidu considérable.

Le Président. Sur la foi du serment que vous avez prêté, je vous invite à nous déclarer quelle est votre opinion sur les motifs qui ont amené le crime qu'il s'agit de venger.

De Séguret. Mon opinion, M. le président, long-temps indécise, et encore aujourd'hui incertaine, ne saurait avoir de poids qu'autant qu'elle s'appuierait plus ou moins sur les faits de la cause et les indices résultant des débats : je la livrerai, puisque vous l'exigez, au grand jour, mais avec la réserve de l'homme qui n'émet qu'une conjecture dont la probabilité est le sujet de la plus grave discussion. — Je n'ai jamais pensé qu'un crime aussi atroce ait pu être le résultat de quelque léger intérêt pécuniaire. Dès le principe, il m'a paru qu'il devait se rattacher à une combinaison profonde, qu'entourait le plus grand mystère, et qu'il se liait à des intérêts immenses. L'accusation diri-

gée contre Bastide me parut invraisemblable, tant
qu'on ne lui donnait d'autre motif que la libéra-
tion qu'il eût voulu se procurer d'une dette de
10,000 francs, ou l'enlèvement des effets de commerce que j'avais remis à M. Fualdès. Vouloir
s'affranchir d'une dette de 10,000 francs n'é-
tait pas un motif en rapport avec la fortune de
Bastide, ni avec l'énormité du crime. D'un autre
côté, l'enlèvement des 26,000 francs que j'avais
remis ne pouvait être l'unique but de l'assassinat,
par deux raisons : la première était, qu'on ne pouvait soustraire utilement des effets passés nominativement à l'ordre de M. Fualdès, et que sa
famille eût pu suivre et réclamer dans les mains
des tireurs; la seconde, plus puissante encore,
était que les accusés avaient eu ces effets entre
leurs mains, et ne les avaient pas enlevés.

Il était également difficile d'expliquer la conduite de Jausion. Je ne pouvais croire, ni à la négociation manuelle qu'il prétendait avoir faite sur
la place de Cité, ni qu'un acte aussi important que
l'effraction du tiroir d'un homme récemment
assassiné fût le fruit d'une étourderie inconcevable
et désintéressée. J'étais dans cette confusion d'i-
dées et de conjectures, lorsqu'un négociant de
cette ville m'assura qu'il était à sa connaissance que
Fualdès, entraîné par ses rapports avec Jausion,
lui fournissait des signatures de complaisance que
Jausion négociait à son profit personnel; c'est-à-
dire que Jausion empruntait, au nom de Fualdès
et sur des effets de lui, des fonds qu'il retenait

pour les faire valoir à son profit, de sorte que Fualdès n'était emprunteur que de nom.

Cette notion nous parut être un trait de lumière et une explication vraisemblable d'une multitude de faits qui avaient jusqu'alors paru incohérens. Il était impossible de supposer que Fualdès n'eût pas retiré une contre-lettre, une déclaration quelconque, une promesse de garantie, pour les signatures de complaisance qu'il fournissait à Jausion. Il était positif qu'après le paiement presque intégral du prix de Flars, Fualdès avait voulu solder ses créanciers; il était vraisemblable qu'il avait également voulu retirer ses signatures de complaisance. En effet, les porteurs de ces signatures, voyant Fualdès quitter cette ville après avoir vendu son principal immeuble, perdant ainsi à la fois la garantie personnelle résultant de sa présence, et la garantie immobilière résultant de la propriété de Flars, se seraient levés en masse, et Fualdès n'eût pu les calmer qu'en produisant la contre-lettre, qui eût fait retomber sa dette sur Jausion. Pour éviter cet éclat, il fallait donc que Fualdès s'adressât à Jausion, et exigeât impérieusement de lui de libérer sa signature compromise. Jausion se trouva alors dans l'alternative, ou de faire rentrer une multitude d'effets en émission, ce que la rareté du numéraire rendait impossible, ou de se résoudre à la publicité de sa contre-lettre, éclat qui compromettait son état et l'exposait à perdre la confiance des capitalistes; ou de supprimer à la fois la réclamation, son auteur et toutes les traces de cette embarrassante négociation.

Si l'on s'arrête à cette affreuse supposition, à laquelle les soupçons élevés sur Jausion donnent une première vraisemblance, on voit d'abord que ce respectable magistrat aurait été égorgé, non pour une dette de 10,000 francs, non pour un échange d'effets échus par des valeurs identiques, mais principalement pour faire retomber sur sa succession peut-être cent ou cent cinquante mille francs de dettes qui, dans le fait, seraient celles de Jausion; mais pour retirer Jausion de la position vraiment embarrassante où l'avait placé l'abus de la signature de Fualdès; et ces motifs seraient plus en proportion avec l'énormité du crime. On s'explique ainsi pourquoi, à la première découverte du cadavre, on s'est empressé d'enfoncer le bureau, non pas pour enlever des lettres de change, mais pour détruire la contre-lettre et le livre-journal, qui eussent attesté que la dette énorme qui pèse aujourd'hui sur la succession Fualdès, n'était dans le fait que celle de Jausion.

La preuve de l'enlèvement des papiers les plus précieux de Fualdès résulte, invinciblement pour moi, de l'existence dans les mains de Jausion d'un acte de vente de Flars qu'il a déposé au greffe, et dont il prétend n'avoir bâtonné la signature qu'après la mort de Fualdès. Non, je ne croirai jamais qu'un magistrat généralement estimé, qu'un homme dont la délicatesse égalait la probité, m'eût vendu le domaine de Flars, tandis qu'il existait une précédente vente à un tiers; qu'il m'eût engagé à ne pas me presser de faire enregistrer mon titre, tandis que Jausion, en faisant transcrire le sien, de long-temps antérieur, eût pu m'évincer, et me réduire à poursuivre Fualdès du nom déshonorant de stellionataire. Le titre représenté par Jausion ne pouvait exister que dans les archives de Fualdès, qui en avait lui-même biffé la signature lorsqu'il rompit avec Jausion ce projet de vente pour la consommer avec moi; et ce n'est que dans ces mêmes archives que Jausion peut l'avoir pris.

Au reste, tout ce qui précède cette dernière assertion n'est, je le répète, que les conséquences qui m'ont paru naturellement dériver du fait dont j'obtenais la connaissance, fait qui m'était attesté par un négociant de cette ville. Je livre ces conjectures à la sagacité de MM. les jurés, sans entendre leur donner d'autre importance que celle d'une simple opinion.

Jausion. Je prie M. le président de demander à M. de Séguret comment on peut supposer que je fusse en même temps acquéreur de Flars et débiteur de M. Fualdès pour les signatures qu'il m'avait prêtées.

De Séguret. La diversité des époques en est l'explication. Il est probable que ce ne fut que lorsque le projet de vente de Flars eut été abandonné, que commença l'opération dont j'ai parlé.

Le Président. Quel est le négociant de qui vous tenez le fait important dont vous venez de parler?

R. C'est M. Paul Galibert.

- *Paul Galibert*, négociant, dit qu'il s'est entretenu avec M. de Séguret sur les objets dont il vient de parler ; mais il ajoute que ce n'était qu'une supposition qu'il faisait ; que tout se réduisait à des conjectures, et qu'il n'avait d'ailleurs aucune notion précise.

Le défenseur de Marianne Bancal demande que, malgré l'absence de sa cliente, retenue encore à l'hospice par sa maladie, il soit, du consentement des autres accusés, et de la partie plaignante, procédé au débat particulier qui la concerne.

Louis Coudissier, témoin à décharge, dépose que, le 19 mars au soir, il vit la fille Bancal à huit heures dans l'auberge de Glausy ; qu'il sortit, et l'y retrouva lorsqu'il rentra vers les onze heures.

François Couby vit également cette accusée chez Glausy vers huit heures du soir. Ce témoin ajoute que, le lendemain 20 mars, il aperçut Bastide dans la rue du Terral, entre six et sept heures du matin.

. Trois autres témoins déposent avoir vu aussi la fille Bancal dans l'auberge dudit Glausy, le 19 mars au soir, de huit à neuf heures.

Baptiste Bonhomme étant allé chez Glausy vers les neuf heures, y vit une fille qu'il ne connut pas. Il ajoute que, dans la même soirée, il entendit la vielle faire beaucoup de bruit dans la rue des Hebdomadiers. L'horloge venait de sonner huit heures, dit-il ; je me trouvais au coin de la rue St.-Vincent : tout à coup une femme, qui semblait être une grisette, passa près de moi, et gagna précipitamment la rue des Hebdomadiers. Au même instant j'entendis, dans cette rue, comme un bruit formé par la réunion de plusieurs personnes. Le témoin n'est pas sûr que la grisette qu'il vit passer soit la fille Anne Benoit.

Une servante du sieur Bourguet déclare qu'elle vit l'accusé Bastide entrer dans la maison Fualdès, le 20 mars, vers les six heures et demie du matin.

Labit, ancien commissaire de police, donne quelques détails défavorables sur le compte de Bax, d'Anne Benoit, de Bancal et de Colard. Il n'a au contraire rien à dire contre Bousquier.

Le président déclare la séance levée.

Séance du 3 septembre.

Le défenseur de Bousquier demande à faire connaître à la Cour, si déjà elle n'en est instruite, un fait qui honore son client. Il expose que, la veille, les prisonniers de la maison d'arrêt avaient trouvé le moyen de surprendre les clé de la prison, et qu'ils allaient tous s'évader, lorsque Bousquier, qui se trouvait détenu avec eux, les en empêcha par son énergie et par son courage.

Le président ordonne que le procès-verbal constatant ce fait sera remis au conseil de l'accusé, afin qu'il puisse en faire l'usage convenable.

La fille Bancal, accusée, est apportée sur un brancard dans la salle. Les médecins déclarent que l'état de sa maladie ne lui permet pas d'assister aux débats. Le conseil de l'accusée demande qu'ils soient continués hors sa présence; la fille Bancal y consent elle-même. Le procureur-général, la partie civile et les autres accusés y donnent aussi leur consentement. Alors on a reporté la malade à l'hospice, et les débats ont continué.

Le président fait appeler discrétionnairement la nommée *Marie Flotte*, *femme Raymond*, qui déclare que trois ou quatre jours après l'arrestation de Bastide, une servante de ce dernier, qu'elle reconnaîtrait si elle la revoyait, lui dit que son maître n'était point à Gros le soir de l'assassinat, et qu'il n'était allé à la Morne que peu de temps avant l'arrivée de l'huissier qui fut l'assigner.

On rappelle la servante de Bastide. — La femme Raymond la reconnaît pour celle dont elle a voulu parler. — La servante conteste d'avoir jamais tenu le propos dont il s'agit; elle dénie même d'avoir jamais été chez la femme Raymond. — Celle-ci persiste dans sa déclaration.

Les débats particuliers étant terminés, le président donne la parole à Me Merlin, avocat de la partie civile.

Dans un plaidoyer d'une grande étendue, et fort lumineux, Me Merlin a examiné les charges qui pèsent sur chacun des prévenus, relativement à l'assassinat, et au vol des papiers de Fualdès, le lendemain de l'assassinat, se réservant de prendre des conclusions relativement aux dommages réclamés dans l'interêt des créanciers de la succession.

Ensuite, le procureur-général a pris la parole

et a soutenu l'accusation avec beaucoup de vivacité.

M⁰ Combarel aîné a présenté la défense de la
femme Bancal. Il a rempli son devoir avec talent.

Séance du 5 septembre.

Après l'audition de la servante de Flottes, aubergiste, qui déclare avoir vu; le 20 mars, à six
heures du matin, Bastide-Gramont à pied, aux
environs de Languioule, M⁰ Romiguières parla en
faveur de Bastide. Sa plaidoirie, totalement im-
provisée, dura sept heures. Il chercha à prouver
que l'accusation, à l'égard de son client, n'était ni
vraisemblable ni vraie; mais il ne prouva autre
chose sinon qu'il était avocat fort habile.

A M⁰ Romiguières succéda M⁰ Rodier pour Jausion. Il repoussa tous les témoignages et tenta de
démontrer que son client ne pouvait être coupable de l'assassinat, ni du vol des papiers.

Le défenseur de Bax, M⁰ D. Combarel, celui de
Colard, M⁰ Foulquier, essayèrent d'écarter la déclaration de Bousquier, comme venant d'un homme
immoral, ayant constamment varié dans ses aveux.

M⁰ Grandet, conseil de Missonnier, s'attacha à
convaincre de l'imbécillité de ce prévenu.

Séance du 7 septembre.

M⁰ Verlac prétendit que Bousquier, qui a dé-
voilé tous les mystères du crime à la justice, ne

pouvait être rangé parmi les complices de l'assassinat.

Me Rous, pour Anne Benoit, combattit les déclarations de Bousquier et des autres témoins.

Me Batat n'eut pas de grands efforts à faire pour prouver que Marianne Bancal n'avait point eu connaissance du complot, et n'avait pris aucune part à l'assassinat.

Enfin, MM. Arsaud, pour la dame Jausion, et de Comeiras, pour la dame Galtier, remplirent aisément la tâche que leur imposait leur ministère, car ces dames n'avaient certainement pas coopéré au crime.

Séance du 8 septembre.

Le Président. Madame Manson, vous avez demandé à parler; approchez.

La dame Manson. Il me semble que M. le procureur-général veut prendre des conclusions contre moi. L'on m'a dit que j'ai fortement compromis les accusés par les révélations que j'ai faites... Je serais affligée d'avoir laissé dans l'esprit des jurés des impressions fâcheuses..... Je me suis évanouie plusieurs fois, et je crains que ces accidens ne soient interprétés d'une manière défavorable aux accusés... Pourquoi les accusés m'ont-ils saluée lorsque je parus aux débats?

Le Président. Ils vous connaissent sans doute!
— R. Non... je n'ai jamais été chez Bancal... Quel-

qu'un y a pris mon nom... L'on y a pris le nom d'Enjalrand; mais je n'y étais pas.

Le président rappelle à cette dame les révélations qu'elle a faites, soit dans le cours des débats, soit avant et après, à des personnes qui en ont témoigné, et réunit tous ses efforts pour l'engager à un aveu complet.

La dame Manson. C'est la fille Bancal qui m'avait raconté tous les détails que j'ai donnés depuis le commencement des débats.

Le Président. Mais avant cette époque, et la première fois que vous avez paru dans cette enceinte, n'avez-vous pas dit qu'il y avait une femme chez Bancal? — R. Non.

Le Président. N'est-il pas vrai que vous avez été voir la fille Bancal à l'hospice, pour savoir d'elle si elle vous aurait reconnue le 19 mars au soir dans la maison de son père? — Oui. — Vous avez donc été dans la maison Bancal? — Non.

Le Président. Vertueux Rodat, digne fils de votre père, approchez-vous. Avez-vous vu la dame Manson depuis votre première déposition devant la Cour, et ne vous a-t-elle pas raconté tout ce qu'elle a vu chez Bancal.

M. Rodat explique comment ses conversations avec madame Manson l'ont amené à se croire convaincu que cette dame s'était trouvée dans la maison Bancal le jour de l'assassinat. Il ajoute : Le 20 août dernier, la dame Manson s'est rendue chez moi à Olemps, où je l'avais priée de venir pour lui remettre une lettre de sa mère. Cette mère tendrc et accablée de douleur me priait de faire un dernier effort pour engager sa fille à réparer tous ses torts pour un aveu sincère. La dame Manson me raconta que, s'étant trouvée à l'hospice, la veille où l'avant-veille, avec quelques autres personnes, elle avait assisté à une révélation importante faite par la fille puînée de la veuve Bancal. Voici comment elle commença son récit : « La petite fille Bancal nous a dit qu'au moment où l'on introduisit le pauvre M. Fualdès dans la maison de son père, on fut obligé, avant de le poser sur la table, d'enlever deux pains qu'il avait donnés lui-même à Bancal. Comme on le plaçait avec violence sur cette table, elle se renversa. Alors M. Fualdès fit entendre ces mots : Donnez-moi un moment pour faire mon acte de contrition. «Tu le feras avec le diable, lui dit Bastide.»... A ces mots, j'interrompis la dame Manson... Vous ne m'apprenez rien de nouveau, lui dis-je, je connais ces détails. — C'est moi qui vous les ai donnés, me répondit-elle. C'est par moi que ces détails ont été connus. Je les tenais de la femme qui était chez Bancal.

Madame Manson fait observer au témoin qu'avant le 28 août, elle ne lui avait jamais parlé de la circonstance des deux pains donnés par M. Fualdès, mais que tout le reste est exact. Le témoin avoue qu'elle dit vrai.

Le président demande au témoin si dans la famille de madame Manson, tout le monde n'est pas convaincu que celle-ci a été témoin de l'assassinat de M. Fualdès chez Bancal. Le témoin répond affirmativement. — *La dame Manson.* Oui, monsieur, cela est vrai ; ma mère me l'a écrit.

Le Président. Mais n'en êtes-vous pas convaincu vous-même, M. Rodat? — R. Un moment j'en ai douté. Depuis notre dernière conversation, je crois à cet égard tout ce que le monde croit, qu'elle s'est trouvée chez Bancal le 19 mars au soir.

Un juré. Madame Manson, quel est le secret dont vous nous avez plusieurs fois parlé?

La dame Manson. Il se rattache aux motifs qui m'ont déterminée à faire une fausse déposition à la préfecture. Ces motifs m'empêchent de parler ; ne me forcez pas davantage.

Le juré. Quels sont ces motifs?

La dame Manson. Je ne puis les dire ; c'est un secret, je ne le dirai jamais.

Le Président. Comment avez-vous appris tout ce qui s'est passé chez Bancal ?

R. C'est une dame qui m'a tout dit. Qu'importe que tout tombe sur moi ? D. Nommez cette dame. R. C'est mademoiselle Pierret ; faites la comparaître. J'ai payé assez long-temps pour les autres.

Le Président ordonne que mademoiselle Pierret soit amenée. En attendant, il appelle aux débats l'huissier *Glandines,* et lui fait la question suivante :

N'est-il pas vrai que le 2 septembre courant, à la suite d'un goûter avec le sieur Constans, marchand de Rodez, celui-ci vous a raconté des aveux qui avaient été faits à sa femme par la dame Manson? R. Oui, M. le Président. — Le témoin relate ici des détails semblables à ceux donnés par Rodat.

La dame Manson. Je n'ai pu tenir ces propos, puisque je n'ai pas été chez Bancal.

Félix Constans, marchand, déclare néanmoins que sa femme les lui a rapportés comme les tenant de la dame Manson. Il ajoute que cette dernière dit à sa femme qu'on l'avait forcée à se mettre à genoux devant Bastide.

La dame Manson. Je ne me suis jamais mise à genoux devant personne.

Le Témoin. Vous êtes une menteuse, madame.

Le Président : Eh bien! Madame? R. Je n'ai jamais parlé à madame Constans ; c'est-à-dire, je lui ai bien parlé, mais je ne lui ai pas tenu les propos qu'on me prête. Si j'avais eu quelque confidence à faire, je ne me serais point adressée à madame Constans. — D. Vous niez donc ces propos? — R. Certainement ; je ne les ai pas tenus : j'ai bien parlé de cette affaire ; mais j'en ai parlé comme les autres.

Le Procureur-général. Mad. Manson a promis à la justice la vérité ; il faut qu'elle la dise toute entière. Elle nomme mademoiselle Pierret : nous savons que c'est un conte ; mais faisons appeler cette demoiselle, et alors nous persisterons de plus fort dans nos conclusions.

La dame Manson. J'ai eu des motifs qui m'ont

engagée à faire une fausse déclaration à M. le préfet.

Le Président fait observer aux jurés que la dame Manson a souvent parlé des violences qu'elle prétendait avoir éprouvées de la part de son père. Il donne à cette occasion la lecture des deux lettres suivantes qui prouvent le contraire. La première est du père de mad. Manson, et la seconde d'elle-même.

« Il est incroyable, ma chère maman, que moi, qui n'étais nullement témoin dans l'affaire de M. Fualdès, je le sois devenue par l'imprudence des prévenus et de leurs parens : *ils sont perdus*. » La dame Manson en convient.

Le Président. Est-ce mademoiselle Pierret qui était chez Bancal? R. Je n'ai pas dit que ce fût mademoiselle Pierret qui fût chez Bancal, mais que c'était elle qui m'avait donné tous les détails.

La demoiselle *Rose Pierret* est appelée aux débats en vertu du pouvoir discrétionnaire (1).

Le Président. Donnez une chaise. Ne craignez rien. M. votre père est près de vous. Quand vous serez en état de répondre, je vous interrogerai. D. Connaissez-vous les accusés? — R. je connaissais Jausion et Bastide. — D. Après la mort de

_____

(1) Le père de mademoiselle Pierret, ancien capitaine d'artillerie, occupait, à l'époque du procès, un emploi de percepteur des contributions dans l'arrondissement de Bezonne.

M. Fualdès, quelqu'un vous a-t-il instruite des détails relatifs à l'assassinat? — R. Non.

D. Y a-t-il long-temps que vous avez fait connaissance avec madame Manson?

R. Depuis la foire de Saint-Pierre (30 juin 1817.)

D. Depuis alors seulement? — R. Oui.

D. N'avez-vous pas rencontré mad. Manson auparavant? — R. Non.

Le Président. Mad. Manson a dit cependant qu'elle tenait de vous les détails qu'elle a fournis sur cette affaire. — R. Je ne lui en ai point parlé.

D. A quelle époque avez-vous été chez mad. Constans? — R. J'y ai été plusieurs fois.

D. Est-ce là que vous avez fait quelques confidences à madame Manson? — R. Non, et je n'ai pas eu de confidence à lui faire.

Le Président, à mad. Manson. Pourquoi avez-vous tant tardé à faire appeler mademoiselle Pierret? — J'observerai que j'ai vu mademoiselle Pierret chez mad. Constans avant la foire de Saint-Pierre... Je ne dis pas qu'elle m'ait déclaré s'être trouvée chez Bancal, mais elle me l'a donné à comprendre.... Je serai sacrifiée pour elle : je la croyais plus généreuse.

Le Procureur-général à mad. Manson. Vous avez cité mademoiselle Pierret; puisque ce n'est pas mademoiselle Pierret, nommez la personne, ou bien nécessairement c'est vous. — R. O mon Dieu! pourquoi ne parle-t-on pas pour moi?...

Le Présidént. Vous êtes témoin; vous pouvez devenir accusée. — R. Je le sais bien; vous pouvez me faire arrêter. Je n'ai jamais été chez Bancal; je ne suis pas la personne qui s'y trouvait : je paierai pour elle.

La dame Constans est appelée aux débats en vertu du pouvoir discrétionnaire. Elle paraît très-émue; elle pleure et ne parle pas. Le président l'invite à s'asseoir, et la rassure.

Fualdès fils. M. le président, on m'annonce que la veuve Bancal est prête à soutenir que la dame Manson était chez elle.

Monteils, gendarme, placé à côté de la femme Bancal, déclare qu'il a entendu cette dernière disant à voix basse : Qu'elle le dise, elle y était bien.

La dame Constans. Mad. Manson m'a parlé de cette affaire comme tout le monde. — (Hésitation de la part du témoin. Le président l'engage à ne rien cacher et à dire toute la vérité. Le témoin continue :) Madame Manson m'a souvent parlé de ce qui s'était passé chez la Bancal lorsqu'on assassina M. Fualdès.

D. Ne vous a-t-elle pas dit qu'elle s'y était trouvée elle-même?

R. (D'une voix faible:) Non, Monsieur. Une fois elle m'en parla de manière à me persuader qu'elle y était.

Le Président. Eh bien! elle vous l'a dit; tranchez le mot.

R. Elle m'a dit qu'il y avait une autre femme ,

mais qu'elle ne la nommerait pas, dût-il lui en
coûter la vie. Je fus engagée à aller chez la dame
Manson, afin de l'exhorter à dire la vérité. Elle
pleura long-temps, et ses réponses, ses larmes, ses
paroles entrecoupées, tout me fit connaître qu'elle
avait été chez la Bancal; et je suis bien convaincue
qu'elle y était dans cette soirée. J'ai raconté à mon
mari tout ce que madame Manson m'avait dit à ce
sujet, et je lui ai fait part de la persuasion où j'étais
qu'elle avait été dans la maison Bancal.

Le procureur-général demande au témoin si
la dame Manson n'a pas été engagée à taire la
vérité.

R. Je l'ignore; elle m'a parlé d'une visite de
mad. Pons, et voilà tout.

Le Président. Mad. Manson, persistez-vous à
tout dénier?

R. Oui.

Après l'audition de ces témoins, le président a
donné la parole à l'avocat de la partie civile pour
répliquer. Me Merlin a parlé pendant plusieurs heures, et a répondu aux objections mises en avant par
les conseils des accusés.

Séance du 10 septembre.

Le président ordonne, en vertu de son pouvoir
discrétionnaire, que le nommé J.-A. Canitrot,
concierge de la maison de justice, soit appelé aux
débats. Le témoin est amené, et dépose des aveux
volontaires de Bousquier, et des tentatives de sé-

duction de Bastide auprès de la belle-sœur de lui témoin pour obtenir d'elle de porter quelques lettres secrètes.

A midi, le président annonce que l'avocat-général Castan a la parole pour répliquer. Cette tâche avait été confiée à ce dernier par le procureur-général, que l'extrême longueur des débats, et le plaidoyer que peu de jours auparavant il avait déjà prononcé pour le soutien de l'accusation, avaient dû nécessairement fatiguer.

L'avocat-général s'est attaché à résumer, dans un discours improvisé d'environ trois heures, les plus fortes charges de la procédure, et à combattre successivement les principales objections présentées en faveur des accusés.

Séance du 11 septembre.

Les avocats des prévenus répliquent à l'avocat-général. Puis M. Fualdès fils prend la parole pour remercier magistrats, jurés, son avocat et ses concitoyens de l'intérêt que tous ont pris à sa douleur.

Séance du 12 septembre.

Le président demande aux conseils des accusés et de la partie civile s'ils ont quelque chose à ajouter à leur défense. Tous répondent négativement.

Le procureur-général fait quelques observations sur la dame Manson. Il paraît annoncer que sa conduite devant la Cour ayant été répréhensible, et donnant lieu à des soupçons sur son compte, on saura prendre ultérieurement contre elle les mesures commandées par la loi et par l'intérêt de la justice.

Le Président demande encore aux jurés s'ils ont quelque question ou observation à faire. Sur leur réponse négative, il déclare les débats fermés. Aussitôt après il a commencé le résumé de l'affaire, et a fait la lecture des questions soumises au jury : elles étaient au nombre de 51.

A midi et demi, les jurés se sont retirés dans leur chambre pour délibérer. A six heures, ils sont rentrés dans la salle d'audience. Le président a fait la lecture d'un rapport du médecin Richard, qui constate que les dames Jausion et Galtier sont dans ce moment grièvement indisposées et hors d'état de pouvoir paraître devant la Cour. Il annonce également que la fille Bancal, accusée, est encore retenue à l'hôpital par sa maladie, et qu'elle ne peut assister à son jugement. Les défenseurs consentent tous à ce qu'il soit passé outre en leur absence. Le procureur-général et la partie civile donnent le même consentement.

Le président demande alors aux jurés de faire connaître le résultat de leur délibération. Voici l'extrait de la déclaration qui a été lue par le chevalier Masson-Latieule, pour M. Hérail, chef du jury.

Oui à l'unanimité, Catherine Bruyère, veuve Bancal est coupable, comme complice, du meurtre commis sur la personne de M. Fualdès, le 19 mars dernier au soir, *avec préméditation*.

Oui, à l'unanimité, Bernard-Charles Bastide-Gramont, Joseph Jausion, François Bax et Jean-Baptiste Colard, sont coupables dudit meurtre, soit comme auteurs, soit comme complices, et *avec préméditation*.

Oui, à l'unanimité, Joseph Missonnier est coupable dudit meurtre, comme auteur, *mais sans préméditation*.

Oui, à la majorité absolue, Anne Benoit est coupable dudit meurtre, comme complice, *mais sans préméditation*.

Non, Marianne Bancal n'est pas coupable dudit meurtre, soit comme auteur, soit comme complice.

Oui, à la majorité absolue, Bernard-Charles Bastide-Gramont est coupable, *comme auteur*, du vol des livres-journaux, papiers et autres effets enlevés chez M. Fualdès, dans la matinée du 20 mars, *mais sans effraction*. — *Oui, à l'unanimité*, le même accusé est coupable dudit vol, *comme complice*.

Oui, à l'unanimité, Joseph Jausion est coupable dudit vol, comme auteur et comme complice, *avec effraction*.

Oui, à la majorité absolue, Victoire Bastide, épouse Jausion est *complice* dudit vol ; *mais elle a agi sans connaissance de cause*.

Non, à la majorité absolue, Françoise Bastide,

veuve Galtier, n'est pas coupable, comme auteur
ni comme complice du susdit vol.

·· Lorsque le juré a eu terminé la lecture de cette
déclaration, le président a ordonné que les accusés fussent ramenés dans la salle et remis à leur
place. Le greffier de la Cour a fait alors en leur
présence une seconde lecture de la déclaration du
jury.

· Aussitôt après, le président, en vertu du pouvoir qui lui est confié par la loi, déclare Marianne
Bancal et les dames Jausion et Galtier, acquittées
de l'accusation portée contre elles, et ordonne
qu'elles soient mises sur-le-champ en liberté, si
elles ne sont retenues pour autre cause. L'avocat
de la partie civile prend la parole et demande une
somme de 120,000 francs à titre de restitution
des objets volés, et dans l'intérêt de ses créanciers
seulement.

Le procureur-général se lève ensuite et requiert
que la Cour condamne les accusés veuve Bancal,
Bastide, Jausion, Bax et Colard, à la peine de
mort; Missonnier et Anne Benoit aux travaux
forcés à perpétuité, et Bousquier à deux ans d'emprisonnement et à 200 francs d'amende.

· La Cour, après avoir entendu le réquisitoire du
procureur-général, s'est retirée dans la chambre
du conseil pour délibérer. Elle est rentrée dans la
salle à huit heures du soir, et le président a prononcé l'arrêt dont voici l'extrait :

Attendu, en ce qui concerne les accusés veuve
Bancal, Bastide, Jausion, Bax et Colard, que la

déclaration affirmative du jury constitue un crime prévu par les articles 302 et 59 du Code pénal ;

La Cour, faisant droit au réquisitoire du procureur-général, les condamne à la peine de mort.

Attendu, en ce qui concerne les accusés Missonnier et Anne Benoit, que la déclaration affirmative du jury constitue un crime prévu par les articles 304 et 59 du Code précité ;

La cour, faisant également droit au réquisitoire du procureur-général, les condamne aux travaux forcés à perpétuité, à l'exposition, au carcan et à la marque des lettres T. P.

Attendu, en ce qui concerne l'accusé Bousquier que la déclaration du jury constitue un délit prévu par l'article 559 du même Code ;

La Cour, faisant droit, quant à ce, au réquisitoire du procureur-général, le condamne à une année d'emprisonnement et à 50 francs d'amende.

La cour condamne en outre tous les sus-nommés solidairement au remboursement des frais de la procédure, tant envers l'État qu'envers la partie civile.

La Cour, avant de statuer sur la demande formée par la partie civile, commet M. de Lunaret, l'un de ses membres, pour entendre les parties, prendre connaissance des pièces, et faire son rapport à la séance du lendemain 13 septembre.

Séance du 13 septembre.

M. de Lunaret, juge commis, fait son rapport. .

M^e. Merlin, avocat de la partie civile, déclare qu'il persiste dans ses conclusions prises la veille.

MM^{es}. Rodier et Romiguière prétendent que la partie civile n'ayant point formé une demande *en dommages*, mais seulement en *restitution d'objets volés*, il est impossible à la cour de prononcer en ce moment avec connaissance de cause ; qu'il s'agit d'établir le montant des valeurs qui ont été soustraites au préjudice des créanciers du sieur Fualdès, et que cette opération ne peut pas être l'ouvrage d'un moment. M^e. Merlin soutient que la commune renommée et les débats, établissant que la succession du sieur Fualdès se trouve grevée de plus de 100 mille francs de dettes, la Cour est à même de prononcer de suite sur la restitution demandée.

Le procureur-général observe que, dans l'état où elle est, la cause ne paraît pas susceptible de jugement ; que l'évaluation des restitutions peut donner lieu à de longues discussions : il demande en conséquence le renvoi des parties devant les tribunaux civils. — Arrêt conforme est rendu.

. Aussitôt après le prononcé de l'arrêt, tous les condamnés se pourvurent en cassation.

M^e. Romiguière, mesdames Jausion et Pons se

rendirent à Paris pour suivre le pourvoi, et M^e. Loiseau fut chargé de la défense.

Le 9 octobre, sur le rapport du conseiller Lecontour, après la plaidoirie de Me Loiseau et les conclusions de l'avocat-général Giraud-Duplessis, la Cour admit le pourvoi et renvoya la connaissance de l'affaire à la cour d'Albi (Tarn).

L'arrêt de Rodez fut cassé parce que trois témoins avaient fait leur déclaration sans avoir juré de dire *toute la vérité rien que la vérité*.

IIe. PARTIE.

COUR D'ASSISES D'ALBY.

On nous a manifesté le désir d'avoir une notice biographique de chacun des accusés ; nous nous empressons d'y satisfaire, en nous plaçant à l'époque du procès.

Bernard-Charles BASTIDE, surnommé *Gramont*, est né, vers 1770, à Dalmeyrac, maison de campagne de sa famille, située à 2 lieues de Rodez. Il a cinq pieds huit pouces, des traits réguliers, une figure assez belle ; sa physionomie est dure et son regard faux. On ne lui accorde ni esprit ni instruction. Sa femme est mademoiselle Janson de Peyralbes, appartenant à une famille honorable et fortunée : il n'en a point eu d'enfans. Il demeurait dans son domaine de Gros, et ne venait à Rodez qu'au temps des foires, et passait alors quelques jours chez Jausion. Pendant ces courts

séjours, il avait été plusieurs fois dans la maison
Bancal. Proche parent de M. Fualdès, il était de
plus son filleul, et c'est à ce double titre qu'il
était redevable de la vive amitié que lui portait
mad. Fualdès. Méchant, on le redoutait dans
le pays.

Joseph JAUSION, surnommé *Veinac*, naquit,
en 1768, à la maison de l'Esclauzade, à deux lieues
de Rodez. Après avoir fait de bonnes études au
collége de cette ville, et voulant se livrer au commerce, son père le plaça chez un riche marchand
de draps à Lyon. Ayant pris parti lors du siége, en
1793, pour les royalistes, il fut emprisonné et ne
dut sa liberté qu'au dévouement d'une personne
courageuse. Il retourna dans sa famille, s'occupa
d'affaires contentieuses, et fut nommé agent de
change lors de la création d'une bourse de commerce à Rodez. — Il épousa Victoire Bastide,
sœur de Bastide-Gramont, une des plus belles
femmes de Rodez. — Écolier, il s'était montré
indiscipliné, colère, emporté; mari, on le vit inquiet et jaloux; agent de change, on l'accusa
d'usure et de transactions illicites. — Il était, par
sa femme, parent de M. Fualdès et son ami depuis
vingt ans. — On a vu, page 415, que mad.
Manson, se tournant vers Jausion, avait dit :
*Quand on tue ses enfans, on peut tuer son ami,
on peut tuer tout le monde.* Voici l'explication de
cette exclamation mystérieuse. — Jausion avait
des relations d'intérêt avec un riche négociant de
Rodez qui avait épousé en secondes noces une

fille à son service. M. B. , âgé , infirme , vivait avec sa femme beaucoup plus en ami qu'en mari. Jausion séduisit cette femme : il lui fut bientôt impossible de cacher sa faute , et force fut de mettre un médecin dans la confidence. On annonça à M. B. que sa femme avait une hydropisie. Au moment de l'accouchement , les cris de douleur qu'entendait M. B. l'alarmèrent , et on l'entendit venir apporter des secours à sa femme. Le nouveau-né était entre les bras d'une domestique : les cris de sa mère avaient trahi un secret longtemps gardé ; les siens allaient le dévoiler tout entier. Mad. B. était dans un état affreux ; elle suppliait Jausion , qui était présent , de la dérober à sa honte. Le mari hâtait ses pas. Jausion ordonna à la domestique de faire disparaître l'enfant , et d'étouffer ses cris à quelque prix que ce fût. On sacrifia l'innocente victime à l'honneur de sa mère , en la jetant vivante dans une fosse d'aisances. — Les cris de l'enfant n'allèrent pas jusqu'à M. B... ; mais ils conservèrent encore assez de force pour être entendus dans la rue. Les voisins accourent ; la police survient ; on fait des perquisitions dans les maisons contiguës. Les gens de l'art, qui sont appelés , affirment que madame B... est accouchée depuis une heure au plus , et leurs conjectures se trouvent réalisées par la présence de la victime, qui est retirée de sa tombe empestée , et qui venait de rendre , presqu'au même instant le premier et le dernier soupir. — Plusieurs personnes sont arrêtées ; on instruit une

procédure ; madame B... est la seule qui fut mise
en accusation : sa domestique disparut, et Jausion
ne fut pas poursuivi. Ses liaisons avec M. Fualdès,
alors procureur général près la cour criminelle de
Rodez, ne contribuèrent pas peu sans doute à le
sauver. Si, dans cette occasion, M. Fualdès fit à
l'amitié le sacrifice de ses devoirs de magistrat, il
ne voulut pas du moins les trahir dans le temple
sacré de la justice : madame B... ne fut pas jugée à
Rodez ; elle fut traduite devant la cour criminelle
d'Albi, où l'on trouva moyen de faire évoquer
l'affaire. Elle fit grand bruit alors dans le pays.
Jausion était présent aux débats ; et madame B....
fut acquittée. Ce procès a été jugé il y a neuf ou
dix ans. — Depuis le jugement, madame B..., innocente aux yeux de la loi, plus malheureuse que
coupable aux yeux des hommes, a tout-à-fait
perdu la raison. Elle n'a conservé que le souvenir
de sa faute ; et, perdue pour le monde, elle lan-
guit dans la retraite, en pleurant ses erreurs.

On est persuadé dans le pays que M. Fualdès
avait soigneusement conservé dans ses papiers
quelques pièces, soustraites sans doute à la procédure, et qui auraient pu éclairer les juges sur la
participation de Jausion à la mort de l'enfant. On
croit aussi que Jausion avait intérêt à les faire
disparaître.

BANCAL, mort pendant l'instruction, et empoi-
sonné, dit-on ; Catherine Bruguière, femme
BANCAL ; François BAX, Joseph-Marie MISSONNIER,
BOUSQUIER, Jean-Baptiste COLARD et *Anne* BE-

NOIT, étaient tous les sept de la dernière classe du peuple. Il suffit, pour les faire connaître, de dire que les Bancal tenaient une maison de prostitution et que les autres accusés fréquentaient cette maison.

·¡ *Marie - Françoise - Clarisse* ENJALRAND est née, en 1785, au Perrier, maison de campagne de son père. Celui-ci, président de la cour prévôtale de l'Aveyron, avait été juge criminel avant la révolution. — Sa jeunesse fut vive et légère; sa réputation souffrait déjà de l'irrégularité de ses mœurs quand elle épousa M. Manson, lieutenant d'infanterie. Ils ne vécurent ensemble que peu de mois et se séparèrent. M. Manson partit pour l'Espagne. A son retour, il se fia aux promesses de sa femme, et lui pardonna. Ils ne tardèrent pas à se séparer de nouveau. M. Manson (Marc-Antoine) est percepteur des contributions directes de la commune de Crespins, et a obtenu, du tribunal civil de Rodez, à la fin du mois de décembre 1817, sa séparation de corps avec sa femme. — L'intrigue qui joue la passion occupe la vie de Clarisse et la distrait uniquement. Nous citerons un passage des *mémoires de M. Clémandot* (Paris, 1818, p. 93 et suiv.) qui la peint à merveille et donne la clé de sa conduite.

. « C'est une petite provinciale, passablement romanesque, quoiqu'elle n'en convienne pas ; passablement laide, elle en convient; qui, n'ayant aucun moyen d'être extraordinaire, a cependant voulu le paraître. Quelques esprits romantiques sont venus au devant de cette soif de célébrité, ils ont aperçu dans un obscur lointain quelques lueurs vacillantes, incertaines, quelques traits fantasmagoriques, et cette confusion est devenue pour eux un élément d'enthousiasme ; beaucoup de dissimulation, des sentimens douteux, équivoques, ont pris cette teinte d'une mélancolie vaporeuse qui ne manque jamais de trouver des partisans zélés parmi les personnes douées d'une âme ardente, et surtout parmi les femmes. Pour cette fois, les femmes, les âmes ardentes, les esprits romantiques ont été pris pour dupes. Mad. Manson et ses ténébreuses rêveries, ses sombres extravagances et son ridicule délire, étaient des pièges dans lesquels ils ont donné tête baissée... Sa galerie ne peut plus être que le Perrier ; là, comme la Madeleine, elle voudra toujours aimer quelque chose : elle se fera dévote ; elle aimera encore ; elle haïra encore ; elle ira à l'église... ! »

La Cour d'assises d'Albi étant saisie de l'affaire, les accusés furent transférés de Rodez dans cette ville, les 6 et 20 janvier 1818.

La nouvelle instruction ayant présenté des charges contre le commissaire de police *Constans*, *Louis Bastide*, *Yence d'Istournet*, *et Bessières-Veinac*, ces quatre personnes furent arrêtées et également conduites à Albi.

Après plusieurs mois d'attente, les débats commencèrent.

Séance du 25 mars 1818.

Composition de la Cour : de Faydel, président ; baron Alexandre de Cambon, vicomte de Combettes-Caumont, Pagan, Pinau, juges. — Procureur-général, baron Gary.

Jurés : Azaïs, de St-Jéri , Justin de Bonne, Alquier Boufard, de Carrière, Fournes, de Ginesti , de Cambon de Réalmont, de Solages, d'Aiguillon Prejol, Belle, Latour-du-Jean.

Avocats des accusés : Romiguière, pour Bastide, Dubernard, pour Jausion ; Bole, pour Colard ; Foulquier, pour Anne Benoit ; Dupuy, pour Bax ; Grandet, pour Missonnier ; Boudet, pour la femme Bancal ; Esquilat, pour madame Manson.

Le greffier lit les actes d'accusation. Les faits nouveaux qui s'y font remarquer sont relatifs à Jausion et à madame Manson.

Tels sont ceux concernant Jausion :

« Le bordereau que Jausion prétend avoir remis à Fualdès le 19 mars, vers les cinq ou six heures du soir, sur la place de Cité, ne s'est pas trouvé parmi les papiers de la succession. Non-seulement il n'est pas bien établi que le sieur Fualdès ait transporté sur Jausion la propriété des douze effets tirés par le sieur Fualdès, valeur en lui-même, sur M. de Séguret, à concurrence de 20,000 fr., et acceptés par celui-ci, passés sous l'obligation civile ; mais, au contraire, leur état matériel fait croire qu'ils n'ont pas cessé d'être la propriété de M. Fualdès, soit parce que la signature de M. Fualdès, mise en blanc à la suite de l'acceptation de M. de Séguret, ne constitue qu'un simple mandat donné à Jausion pour en opérer le recouvrement; soit parce que la page de son livre qui rappelle ses effets isolés, placée presque à la fin du registre, était précédée et suivie d'un grand nombre de feuillets en blanc, et que trois feuillets qui précédaient la page écrite ont été lacérés et emportés; soit parce qu'il n'a représenté aucun livre de caisse pour constater les versemens des dépôts qui ont pu lui être faits par le sieur Fualdès; soit enfin parce que les livres qu'il a produits devant les commissaires nommés sont, dans leur état matériel, dans la plus mauvaise tenue, et incapables de faire foi en justice.... » , ' ' , ' ' ' '

Voici ceux qui inculpent mad. Manson

« Les débats devant les assises de Rodez donnèrent lieu à des incidens peut-être aussi extraordinaires que l'attentat qui en était l'objet. Une femme Manson, née au Perrier, après avoir déclaré devant M. le préfet de l'Aveyron, exerçant les fonctions d'officier de police judiciaire, qu'elle avait été témoin oculaire de l'assassinat de Fualdès; qu'elle était dans la maison Bancal au moment où on l'égorgeait ; qu'elle avait couru le plus grand danger; après avoir fait les mêmes aveux à plusieurs personnes, a paru aux débats et dénié les faits, a juré n'être jamais entrée chez Bancal; et ses assertions orales étaient contredites par sa contenance, ses regards et ses gestes. La vue des accusés a produit dans elle des convulsions et des évanouissemens réels ou simulés. Plusieurs fois, pendant l'audience, elle est tombée ou a paru tomber en syncope. Des mots de *poignards*, d'*assassins*, s'échappaient de sa bouche, et des apostrophes contre Bastide et Jausion témoignaient la connaissance parfaite qu'elle avait des détails de l'assassinat. — La suite des débats a offert de la part de la femme Manson un scandale continuel de variations, de contradictions, et un mépris formel et avoué pour le serment qu'elle avait prêté de dire la vérité; et elle a audacieusement déclaré, à la fin des débats, que la vérité ne pouvait pas sortir de sa bouche. — Toutes ces circonstances annoncent que la femme Manson était initiée dans les mystères du crime commis sur la personne du malheureux Fualdès, ou du moins dans ceux de la consommation. Un grand intérêt pouvait seul donner lieu à ces variations, à ces contradictions, à ces rétractations, et à ce refus formel de dire la vérité. Dans les débats, dans ses lettres à M. le préfet de l'Aveyron, elle parlait de la fin tragique qui paraissait lui être réservée. La position de son fils, privé de sa mère, paraissait l'occuper ; tout enfin concourait à prouver qu'elle redoutait les peines dues aux criminels. — On a informé contre elle ; elle a avoué de nouveau avoir été chez Bancal au moment de l'assassinat de Fualdès ; mais ses réticences sur les détails, quoiqu'il soit positivement établi, par les déclarations qu'elle a faites à quelques témoins, que ces détails lui sont parfaitement connus ; mais le fait bien constaté de sa présence dans la maison Bancal au moment du crime ; mais la circonstance précédemment avouée par elle-même à M. le préfet , qu'un pantalon qu'elle portait en ce moment était teint du sang de la victime ; mais ses déclarations plusieurs fois répétées, que, dans les aveux de s'être trouvée dans la maison Bancal , elle n'avait dit qu'une partie de la vérité , et qu'elle la dirait tout entière aux débats publics, ont confirmé et aggravé les indices de sa culpabilité... — En conséquence, ladite femme Manson est accusée *d'avoir, avec connaissance, aidé ou assisté* les auteurs de l'assassinat de Fualdès dans les faits qui l'ont préparé ou facilité, ou dans ceux qui l'ont consommé. »

Mᶜ Romiguière , au nom de son client, invoque un moyen préjudiciel que la Cour rejette. — Le Président, s'adressant aux jurés , leur explique la cause. — Le procureur-général fait le développement de l'accusation. — Mᵉ Tajan , avocat de M. Fualdès fils , prend la parole pour faire connaître les motifs de l'intervention de ce dernier , comme partie civile. — M. Fualdès fils demande justice. — On procède à l'appel des témoins, dont 280 à charge, et 60 à décharge ; le Président les fait retirer dans les chambres qui leur sont destinées ; ils sont appelés ensuite, chacun à son tour fixé, pour les débats.

Audition des Témoins.

Lacombe. Le 20 mars il a vu Bastide sortir de

chez M. Fualdès. Il a entendu Bastide, le 19 mars,
dire à M. Fualdès, avec lequel il se promenait devant la Cathédrale : Il est vrai que je vous ai manqué de parole, mais je ne puis pas faire un sou.
— Bastide nie et soutient qu'il ne devait rien à
M. Fualdès, et qu'il n'était point à Rodez le 19.
(*Voir* p. 491.)

Séance du 26.

Alboui. Il prétend avoir félicité Bastide, le 23
mars, de ce qu'il était libre, et que l'accusé lui dit
regretter infiniment M. Fualdès, qui lui avait
prêté 10,000 fr., pour lesquels ils avaient réglé
ensemble le jour de la foire (c'est-à-dire l'avant-
veille de l'assassinat).

Cazals entendit, le 19 mars, M. Fualdès qui
disait à Bastide : *Pourquoi n'êtes-vous pas venu
comm evous me l'aviez promis ? — Je ne veux pas
vous faire de tort,* répondit Bastide; *je m'arrange
pour vous faire votre compte ce soir.* Cazals ajoute
qu'on est venu chez lui au mois de juin et au mois
d'août lui offrir du blé et de l'argent pour qu'il ne
répétât pas le propos. — Le procureur-général
demande, et la Cour lui accorde acte des réserves
qu'il fait contre Bastide, en raison de cette tentative de subornation.

Ursule Batut habitait la même maison que Jausion. Dans la journée du 19 mars, elle vit ce dernier qui causait avec Bastide sur l'escalier de la
maison. — *Tout mon monde est prêt,* disait Bas-

tide. — *Prends garde,* répliquait Jausion. — *Bah!*
c'est comme chez nous, reprit Bastide. Le témoin
passa à côté d'eux, et les salua.

François Bousquet déclare avoir vu M. Fualdès
et Bastide, le 19 mars, à l'entrée de la nuit.
M. Fualdès n'avait pas l'air content. Lorsqu'il apprit l'assassinat, il se souvint de cette circonstance,
et alla s'informer si Bastide avait passé la nuit à
Rodez. La femme chez laquelle il déposait son
porte-manteau lui fit une réponse évasive.

Bastide. M. le Président, la femme dont il s'a-
git est morte ; une personne respectable a reçu
d'elle une déclaration...

Le Président. Oui, je sais que cette femme est
morte, et qu'elle est morte à la suite d'un *vomis-*
sement (1). J'ai à cet égard des renseignemens officiels.

Ces mots du Président excitent une émotion
générale dans l'assemblée.

La femme *Massole* a vu, le 19 mars au soir,
Bastide et M. Fualdès. Bastide disait à ce dernier :
Rappelez-vous ce que je vous ai dit cette après-
dînée. — Oui, oui, je n'y manquerai pas, j'y serai à huit heures, huit heures un quart. Elle vit
ensuite Bastide passer, en quittant M. Fualdès, par
la rue des Hebdomadiers. Elle ajoute une circonstance postérieure au jugement de Rodez. Un jour
elle rencontra, étant avec une autre femme, la

(1) C'était la veuve Ginesty.

petite Bancal, à qui on demanda des nouvelles de
sa mère; l'enfant répondit : « Elle se porte bien;
mais mon père est mort de chagrin à cause de ce
maudit procès. Nous pouvons bien dire que, pour
quelques cents francs qu'il nous ont donnés, nous
en sommes tous la dupe. »

Le Président à Bastide. Qu'alliez-vous faire dans
cette rue des Hebdomadiers?—Rép. Vous savez
que c'est un vilain quartier ; j'allais peut-être par
là pour quelque raison que je ne puis dire.

Guillaume Estampes, ancien domestique de
M. Fualdès. (Voir p. 461, 484.)

Séance du 27.

Marianne Varez, servante de M. Fualdès.
(V. p. 402.)

Bergounhan, avoué. M. Fualdès portait toujours sur lui la clé de son bureau.

Sasmayous, parent et ami intime de M. Fualdès.
(V. p. 401.)

De Séguret. (V. p. 405, 502.) Jausion insistant
pour que le témoin dise s'il n'est pas vrai qu'il jouissait d'une bonne réputation de moralité à Rodez, de
Séguret répond : Je suis fâché que l'accusé provo-
que cette réponse. On dit tant de choses! — Jausion. Oui, depuis que je suis en prison ; mais
avant... — Avant... on disait que vous étiez fort
actif, fort exact comme agent de change ; mais une
affaire qui a retenti dans cette enceinte même a

laissé de fâcheuses impressions (le procès de la
dame B. pour infanticide).

Rozier et *Bourguet*, médecins. (*V*. p. 387, 388.)

Séance du 28.

Brast. (*V*. p. 389, 390.)

Julien (*V*. p. 407) et Biulas établissent d'une
manière positive que M. Fualdès avait un portefeuille à échéance.

Françoise Garribal a entendu rapporter un
propos tenu par la servante de Jausion le lendemain de l'assassinat. L'accusé aurait dit à sa femme,
en rentrant dans sa chambre : *Victoire, nous sommes perdus, le cadavre surnage.* Elle ajoute que
les domestiques de Jausion prétendaient qu'il
n'était pas sorti, le 19, après sept heures du soir.
Or, ayant passé, ce jour-là, la soirée dans une maison voisine de celle de Jausion, elle entendit, entre dix heures et minuit, la porte de Jausion se
fermer, plusieurs voix, et même des personnes
monter et descendre.

Jausion fait remarquer que le témoin n'a rien pu
entendre, puisque l'appartement où le témoin se
trouvait est séparé de l'escalier par une autre chambre et par deux gros murs. Le témoin insiste, et
Jausion s'assied en essuyant ses yeux remplis de
larmes.

Marie Bedos. (*V*. p. 407.)

A la demande du procureur-général, Sasmayous
est rappelé, et il lui pose cette question : Je vous

demanderai si, quand vous rencontrâtes Jausion, sa femme et madame Galtier, vous n'aperçûtes pas qu'ils avaient ensemble de longues conférences.

Sasmayous. Je le remarquai en effet; je pensais d'abord qu'ils s'entretenaient de l'événement; mais quand je sus ensuite qu'ils étaient montés dans le cabinet, qu'ils avaient enfoncé une armoire, je ne doutai plus que ce ne fussent eux qui eussent remis dans le cabinet la montre, que je n'y avais pas trouvée le matin.

Antoinette Castan. (*V.* p. 457.)

Gaston, notaire, dépose qu'à 8 heures du soir, le 19 mars, passant, pour se retirer, dans la rue du Terral, et de là dans celle de Françon-de-Valat, il eut à peine fait une douzaine de pas, qu'il entendit une personne qui disait : *Ce n'est pas encore prêt.* Le temps était obscur, on ne pouvait rien distinguer.

Lavernhe rapporte une circonstance qui pourrait faire croire qu'on avait eu l'intention de commettre le crime le 18 mars. Ayant rencontré Jausion à 5 heures du soir, il lui demanda un rendez-vous pour affaires ; l'accusé lui répondit avec préoccupation : Venez, ce soir à 7 heures, j'ai affaire ensuite. Ce qui confirma M. Lavernhe dans la pensée que M. Fualdès devait être assassiné le 18, c'est qu'un de ses oncles, octogénaire, rentrant chez lui, rue des Hebdomadiers, dans la soirée, vit trois ou quatre hommes tapis au coin d'une porte en face de la maison Bancal. (Pour le surplus du témoignage, *voir* p. 480-481.)

B. H. Calmels a vu Bastilde à Rodez le 20 mars, à huit heures du matin.

Françoise Garrigou. Enfermée dans la même prison que la femme Bancal, elle s'entretenait avec elle de l'assassinat de M. Fualdès, et un jour elle lui dit : *Quel courage de tuer M. Fualdès avec un rasoir ! — Ah ! ce n'était pas avec un rasoir, reprit l'accusée, mais avec un couteau qui coupait comme une scie.* — Un autre jour la femme Bancal lui demanda pourquoi elle était en prison, à quoi elle répondit ne pas le savoir, n'ayant jamais fait de mal à personne. *Ni moi non plus,* reprit la Bancal ; *mais je suis bien malheureuse. Une femme avait tué un de mes enfans, on ne la condamna qu'à deux ans de prison, qu'elle a même subis à l'hospice ; nous ne reçûmes que 1200 fr. de dommages, et sans M. Fualdès, nous en aurions reçu* 5000. Après un moment de silence la fille Bancal dit : *On pouvait le faire plus tôt, nous ne serions pas ici.*

Elle dépose en outre que Anne Benoît lui dit un jour, que, le 19 mars, elle avait soupé à huit heures et demie, et qu'à neuf heures elle était au lit ; et qu'elle ajouta que si elle était condamnée *elle déchargerait bien son estomac.*

Thérèse Cheyrouse. Le 20 mars, la femme Bancal vint chez elle, accompagnée de sa fille Madeleine, et dit qu'elle n'avait rien entendu le soir, pas même la veille ; mais l'enfant parla d'un soupir, d'un râlement, et alors sa mère lui donna un soufflet pour la faire taire. Un autre jour le témoin questionna la petite fille, qui lui confia qu'un gendarme lui avait dit d'aller dénoncer les coupables si elle les connaissait, qu'on lui donnerait même de l'argent; à quoi elle se refusa en disant : Qui sait si on le ferait? J'aurais peur de faire périr mon père et ma mère.

Pierre Pondrous, meunier, alla porter de la farine chez Bancal, le 19 mars, vers les sept heures et demie du soir. La Bancal vint lui ouvrir la porte, et lui recommanda de ne pas mettre la farine dans le chaudron. Un homme en redingotte et en chapeau rond était au coin du feu, et lui répéta ce que venait de dire la Bancal.

Victor (*Vala. V.* page 459.)

Jacques Giron. Une quinzaine avant la foire, Bancal vint m'acheter de l'étoffe, au prix convenu de 4 liv. 10 sous la *canne*. Il me dit : je viendrai la chercher à l'époque de la foire; je dois travailler pour des messieurs : *M. Jausion vous paiera.* Le lendemain de l'assassinat, Bancal vint chez moi, au point du jour. Vers les sept heures, il bêchait la terre. Je trouvai qu'il la bêchait mal; il me répondit qu'il n'avait pas dormi; qu'il avait fait le travail pour les messieurs, et qu'il viendrait avec sa femme pour prendre l'étoffe. — Le jour où il marchanda mon étoffe, Bancal me dit : *Dans les temps malheureux où nous sommes, il faut faire plus d'un métier pour vivre; j'ai beaucoup d'enfans, et aucun ne peut travailler. Si mon aîné n'était pas mort il m'aiderait... Les juges n'ont pas voulu condamner son meurtrier, mais je m'en vengerai!*

Séance du 29.

Le chevalier de Parlan. Ce témoin fait ainsi sa déposition : J'ai été à Rodez le 17 mars. J'y ai vu deux fois Bastide. Le premier jour il se dirigeait vers la rue de l'Ambergue ; le second, il était au café Ferrand avec Colard et Bax ; je m'approchai de la table qu'ils occupaient, et je saluai Bastide. Son air préoccupé me frappa ; je le quittai bientôt, et je demandai au garçon de café : Quel est cet homme (je désignais Colard)? — C'est un soldat du train, me répondit-il. Lorsque les débats commencèrent, je m'empressai de me rendre au tribunal, pour voir si je rencontrerais, parmi les accusés, les hommes que j'avais vus au café avec Bastide. Je reconnus, comme je reconnais encore, Colard et Bax. Le jour du café, Bastide avait l'air si troublé, si agité, que vraiment quelqu'un qui ne l'aurait pas connu n'aurait pas cru qu'il avait une *figure naturelle.*

Le Président à Bastide. Qu'avez-vous à répondre ?

Bastide. Mon Dieu, Monsieur, je ne connais pas les hommes qui étaient avec moi dans le café. C'étaient des marchands de bestiaux avec lesquels je réglais des comptes. Je leur fis donner de la liqueur, mais je n'en pris pas.

Colard soutient ne pas avoir été au café avec Bastide. — *Labro*, garçon du café, affirme qu'il reconnaît Bastide, Colard et Bax ; qu'il les avait vus boire ensemble chez son maître, et qu'il les avait servis lui-même.

Le Président à Bax. Puisque vous étiez à Rodez le 17 mars, racontez-nous ce qui s'est fait depuis ce jour jusqu'au 19.

Bax. Je m'en rapporte à mes interrogatoires.

Le Président. Il faut le répéter ici.

Bax redit les observations qu'il a faites les 19, 20, 26 février et 4 mars. Il désigne nominativement *Bastide - Gramont , Jausion , Bessières-Veynac,* et deux autres individus, l'un par *le Réné*, et l'autre *le marchand de tabac.* Il convient d'avoir porté le cadavre à l'Aveyron ; il donne les détails de la marche du convoi, mais il nie avoir eu connaissance de l'intention de commettre le crime, et avoir assisté à sa consommation.

Le Président continue ainsi son interrogatoire.

D. Combien y avait-il de femmes dans la cuisine de la maison Bancal? — *R.* Trois; j'avais d'abord pensé que l'une d'elles était *Charlotte-Arlabosse ,* mais j'ai été confronté avec cette fille, et je ne l'ai pas reconnue.

D. Anne Benoît n'était-elle pas l'autre femme? — *R.* Je ne l'ai pas vue; les deux autres femmes, comme je l'ai dit précédemment, me tournaient le dos.

Jausion. Je vous prie, Monsieur le Président,

ASSASSINS DE FUALDÈS. 545

de demander au témoin s'il me connaissait avant le procès.

Bax, avec énergie. J'ai dit la vérité : je vous ai entendu nommer deux fois dans la soirée du 19 mars. Je vous ai parfaitement reconnu. Je ne cherche pas à sauver ma vie, la mort ne m'effraie pas; je voudrais qu'elle eût déjà terminé tous mes maux. Un père et une mère sexagénaires, que mon silence avait réduits au désespoir, sont les seules causes qui m'ont engagé à tout dévoiler à la justice.

Jausion rappelle qu'il a écrit au président pour le prier de faire ses efforts pour obtenir que Bax dît la vérité. « Si j'avais craint quelque chose de ses aveux, dit-il, me serais-je déterminé à les provoquer ? Je ne le sais que trop, mes malheurs, je les dois à des ennemis qui en veulent à ma tête et à ma fortune. »

Bastide, voulant calmer Jausion qui s'est un peu emporté, lui dit : Eh ! mon Dieu, laissons cela, tout s'éclaircira; patience. Mad. Manson, qui avait la tête appuyée sur ses mains, se relève, et regarde Bastide d'un air étonné.

Plusieurs questions sont adressées à Bax sur le motif qui l'a empêché de faire plus tôt ses révélations. L'accusé répond qu'il pensait se tirer d'affaire autrement, et que d'ailleurs il ne voulait pas faire condamner ses complices.

Jean rapporte que Bastide lui dit un jour que sans Jausion, mad. Manson ne déposerait plus contre lui, qu'elle ne serait plus en vie.

3ᵉ SÉRIE. T. III. 35

Le président invite mad. Manson à dire ce qu'elle sait de l'assassinat de M. Fualdès.

Mad. Manson. Dans la soirée du 19 mars, à huit heures un quart, je passais dans la rue des Hebdomadiers; j'entendis du bruit; j'entrai dans une maison que je trouvai ouverte : j'ai su depuis que c'était la maison Bancal. Je fus poussée *par quelqu'un* dans un cabinet; j'entendis du tumulte; la frayeur me causa un évanouissement. Quand je revins à moi, le bruit avait redoublé : il me sembla qu'on traînait quelqu'un de force ; j'entendis parler, mais confusément et sans distinguer les voix.

(Ici mad. Manson tombe évanouie. Ayant repris ses sens, elle continue ainsi son récit, d'après l'invitation du Président.)

J'entendis des gémissemens... des cris étouffés... le sang coulait dans un baquet *comme une fontaine.* Je compris qu'on égorgeait quelqu'un : je craignis pour ma vie. Je tâchai d'ouvrir une fenêtre qui était dans le cabinet; je me donnai un coup qui occasionna une hémorragie abondante; je m'évanouis encore. *Un homme* vint bientôt me chercher, et me conduisit sur la place de Cité. Il me demanda d'où je venais. Je répondis que je n'en savais rien. — Me connaissez-vous? ajouta-t-il. — Non, lui répondis-je. — Il me quitta un moment, et j'allai frapper chez Victoire, pour passer le reste de la nuit avec elle. N'ayant pu me faire entendre, je retournai sur mes pas, et le *même homme* me suivit. Il me répéta sa dernière question, et j'y fis la même réponse, en ajoutant que *je ne désirais pas le connaître.*

Le Président. Un témoin vient de déclarer qu'il a entendu dire à Bastide que, si Jausion avait voulu le croire, vous n'existeriez plus.

Mad. Manson. Bastide a dit cela ; je ne le contredis pas.

Le procureur-général. C'est ici l'occasion de faire connaître à la Cour et au public les moyens employés pour corrompre les témoins : ces efforts ont été dirigés aussi contre madame Manson.

Je dois rendre compte de deux procès-verbaux : l'un du 28 février dernier, l'autre du 29 du courant. Il résulte du premier que madame Manson, se promenant dans le jardin de la prison, a trouvé un billet ainsi conçu : « Tu as parlé, mais tremble encore ; ils ne sont pas tous dans les fers ; nous saurons t'atteindre tôt ou tard : tu périras, toi et ton fils, par le fer ou par le poison. La mort vous attend tous deux. » — Mad. Manson écrivit à M. le président : « Ma vie est menacée, on en veut à mes jours et à ceux de mon enfant. Les machinateurs ont trouvé le moyen de parvenir jusqu'à moi ; j'ai reçu une horrible lettre ; je la remets entre vos mains, afin que vous en fassiez l'usage que vous jugerez le plus convenable pour notre sûreté et pour les intérêts de la justice. Nous nous mettons, mon fils et moi, sous la sauvegarde des lois. Daignez agréer, etc. » — M. le Président a donné acte à mad. Manson des déclarations qu'elle lui faisait, et ordonné que la lettre anonyme serait jointe à la procédure. — Le second procès-verbal constate un fait semblable au premier. Mad. Manson écrit au président : « Mes jours sont menacés, je périrai quelque jour victime des assassins de M. Fualdès. » Elle lui remet en même temps un billet ainsi conçu, qu'on a glissé dans la chaise à porteur qui la transporte de la prison au palais. — « Écoute un dernier avis, tais-toi. Le jour où tu déposeras sera le dernier pour toi et pour ton fils : dis que le président t'a menacée ; souviens-toi de tes sermens et de ton fils... Le fer est prêt, tu périras. »

Vous le voyez, c'est encore du sang qu'il faut aux assassins de M. Fualdès. Rassurez-vous, madame, les lois vous protègent ; les noms des assassins qui vous menacent sont connus ; ils répondent de votre vie sur leurs têtes. Dites ce que vous savez au nom de ce Dieu que vous voyez devant vous, au nom de la plus tendre des mères. La justice vous écoute ; vous avez acquis une triste et déplorable célébrité ; sachez l'honorer ; daignez achever votre déposition.

Mad. Manson. Il y avait beaucoup de monde dans la maison Bancal ; je ne reconnus personne.

Le Président. Traversâtes-vous la cuisine ?

Mad. Manson. Oui, je n'aperçus rien sur la table ; la lampe éclairait faiblement. Quand je sortis, il y avait peu de monde ; on parlait bas, et je n'entendis rien. *J'étais habillée en homme ;* je portais un pantalon bleu : je l'ai brûlé parce qu'il était teint du sang que j'avais perdu ; *je n'ai prêté aucun serment.*

Le Président. Comment savez-vous qu'il y avait du sang dans le baquet?

Mad. Manson. Parce que j'avais entendu des gémissemens qui me firent penser qu'on égorgeait quelqu'un.

Le Président. Celui qui vous conduisit était-il jeune? comment était-il habillé?

Mad. Manson. Je n'en sais rien : je ne fus pas curieuse, je ne le regardai pas.

Le Président. La loi et les magistrats veillent sur vous, Clarisse, parlez.

Mad. Manson. Je ne sais plus rien.

Le Président demande à la femme Bancal ce qui se passa le 19 mars au soir.

La femme Bancal. Le soir, à sept heures et demie, le meunier apporta la farine; j'allai au four, et de là à l'auberge où était ma fille; je revins chez moi, *fis faire la prière à mes enfans*, et les mis au lit. Je dis à Anne Benoit de ne pas fermer la porte, parce que ma fille devait venir coucher à la maison. Je me mis au lit. Quelque temps après, craignant qu'on ne me volât quelque chose, j'allai fermer la porte, et me remis au lit.

Le Président. N'avez-vous pas vu quelqu'un qui entraînait une dame?

La femme Bancal. Je n'ai jamais vu mad. Manson. J'atteste devant Dieu et la justice qu'elle ne sait rien, qu'elle n'a rien vu, et ne peut pas dire ce qu'elle ne sait pas. Elle ajoute qu'elle ne vit pas Colard dans cette soirée, et qu'il était fâché avec son mari.

Séance du 31.

Bax demande la parole, et dit : « On m'a interrogé hier pourquoi je n'avais pas dit la vérité quand l'arrêt de mort a été prononcé. En voici la raison : c'est que j'entendis alors M. Bastide dire à M. Jausion : *Sois tranquille, de quelque manière que cela tourne, nous ferons casser l'arrêt à Paris.* »

M. Fualdès prie le Président de demander au témoin Fabri, si Jausion, après avoir interpellé Bax de dire la vérité, n'interpella pas aussi la veuve Bancal. Jausion se lève aussitôt, et s'adressant à M. Fualdès avec l'accent de la colère : « Monsieur, lui dit-il, je suis étonné de l'acharnement que vous mettez à me poursuivre, après tout ce que j'ai fait pour votre père. Pour vous, je le sais, vous voulez ma fortune et ma vie... »

M. Fualdès. Ce reproche de l'accusé Jausion est bien cruel pour moi. Eh ! malheureux ! ta fortune, je la méprise, je n'en veux point. Garde ton or, il est teint du sang de mon père. Il fallait lui laisser la vie, et prendre tout ce que je possède, cruel ; mais tu étais altéré du sang de ce malheureux. Je vous ai dénoncé, Jausion, pour votre fortune ! Eh ! quelle fortune vous reste-t-il donc ?

N'est-il pas constant que vos parens, vos partisans ont tout ravi, tout mis à l'abri de mes poursuites ?... Je viens remplir ici le devoir sacré que la nature a gravé dans mon cœur. Jausion a tort de prétendre que je suis acharné à sa perte; je ne veux point de sang innocent, je ne cherche que la vérité : c'est son flambeau qui m'éclaire, lorsque, dans toutes les manœuvres séductrices qu'on fait jouer, j'aperçois que Jausion seul est l'objet des sollicitudes; Bastide est abandonné à l'échafaud qui l'attend... (A ces mots, Bastide relève la tête et regarde M. Fualdès avec une audacieuse fierté; Jausion paraît absorbé; mad. Manson est dans une violente agitation.) Mais la Providence veille, Jausion ! nous obtiendrons toute justice. »

Bastide. Oui, je crois que je suis abandonné par la partie civile, mais....

Le Président à Jausion. Ce n'est point M. Fualdès, c'est vous, Jausion, qui vous êtes dénoncé vous-même. On vous a demandé si vous aviez été chez M. Fualdès dans la matinée du 20 mars, vous avez répondu que non ; on vous a demandé si vous aviez des effets à M. Fualdès, vous avez répondu que non ; et tout cela a été prouvé contre vous.

M. Fualdès. L'accusé Jausion, qui interroge tout le monde sur son innocence, voudra bien sans doute interpeller madame Manson, et lui demander si elle l'a vu chez Bancal.

Le Président. Vous entendez, accusé Jausion ; on demande que vous interpelliez madame Manson.

Jausion ne peut contenir son trouble ; il hésite
un instant, puis il se tourne vers madame Manson,
et lui dit avec un rire dont l'affectation est remarquable : madame, on me charge de vous interpeller.

Madame Manson détourne la vue, laisse tomber sa tête sur ses mains, reste quelques instans
sans parler, et dit enfin : *Je n'ai rien à dire.*

M. Fualdès invite les jurés à remarquer la situation embarrassée des deux interlocuteurs.

Le Président à madame Manson. Parlez, madame ; vous devez la vérité à la justice. Avez-vous
vu l'accusé Jausion chez Bancal ? N'est-ce pas lui
qui vous fit sortir du cabinet, et qui vous conduisit à l'Annonciade ? Expliquez-vous sans crainte, la
justice vous protége.

Mad. Manson. Je ne puis rien dire ; je n'ai pu
le reconnaître. Non, je ne puis rien dire.

Marie Bonne. Cette fille fréquentait la maison
Bancal ; Bastide la voyait souvent. Un jour il l'engagea à donner un rendez-vous pour minuit à
M. Fualdès ; mais elle refusa de donner le rendez-
vous plus tard que six heures.

Bastide. Ça n'est pas vrai ; je ne connais pas
cette fille. M. Fualdès venait très-souvent chez
moi, seul ; nous allions à la chasse : si j'avais voulu
le tuer, j'aurais pu lui tirer un coup de fusil,
le jeter dans une rivière, sans que personne s'en
doutât.

Marie d'Aubusson déclare qu'elle a passé dans
la rue des Hebdomadiers le 19 mars, et a vu beau-

coup d'hommes aux environs de la maison Bancal.
« J'étais à peine passée, que j'ai entendu, ajoute le
témoin, un cri étouffé, comme une personne qu'on
suffoque; mais j'ai cru que c'était quelque fille qui
s'était fait attendre au rendez-vous, et qu'on suf-
foquait. .

Antoine Boudon vient déposer sur la moralité,
ou, pour mieux dire, sur l'immoralité de Bastide,
il a été trente ans au service du père de Bastide,
qui lui a dit que son fils Gramont l'avait entraîné
dans un cabinet, et lui avait mis un pistolet sur la
gorge pour lui faire donner une somme de 1800
francs. (*Voy.* p. 469.)

Le Président. Que dites-vous au père de Bastide
quand il vous raconta cette méchante action de son
fils?

Boudon. Je lui dis: Ah! laissez donc! il ne l'aurait pas fait. — Ma foi, je ne m'y serais pas fié;
c'est un malheureux, un fou.

La femme Calmels, prisonnière avec la Bancal,
lui a entendu dire que M. Fualdès avait été assassiné chez elle avec un couteau qui ne coupait pas.
La Bancal nie.

La Cour entend ensuite plusieurs témoins dont
les déclarations confirment les faits déjà avancés.
On remarque la déposition d'*Anne Solignat.* Interrogée sur la moralité de Colard, elle répondit:
Ils vivaient, Anne Benoit et lui, comme deux bêtes,
sans mariage, sans religion, comme des animaux
enfin qui mangent de l'herbe dans les buissons.

Marianne Marty. « Mon père et ma mère ont

tué M. Fualdès, lui a dit la petite Bancal : tandis qu'on saignait le *Monsieur*, maman tenait la chandelle et le baquet. C'est M. Jausion qui porta le premier coup. *Va-t'en*, lui dit Bastide, *tu ne sais pas faire cela ;* et il acheva. — Avec ces propos, tu feras guillotiner ton père et ta mère. — Tant pis ; pourquoi le faisaient-ils ? » — Marianne Marty coupait un jour du pain à la petite Bancal ; elle le repoussa avec horreur, parce qu'il avait été coupé avec le couteau qui avait servi à tuer le *monsieur*.

Séance du 1ᵉʳ avril.

Paul Galibert, négociant. Bastide me proposa une négociation d'effets de commerce le jour même de l'assassinat de M. Fualdès. Cette négociation ne put avoir lieu, parce que je n'étais pas en fonds.— Ce témoin pense, comme le témoin de Séguret, que les motifs de la coopération de Jausion au crime ne peuvent avoir eu d'autres principes que des signatures de complaisance, que le malheureux Fualdès accordait à Jausion, qui a voulu les dégager. (*V*. p. 506.)

Jausion se récrie et prétend qu'il était créancier de M. Fualdès d'une somme de 80,000 fr. , que cette créance est établie par ses livres et par ses carnets.

Le Procureur-général. Vos livres et vos carnets ne sont pas réguliers ; ils ne méritent donc pas la moindre confiance.

Félix Alboui. Le 19 au soir, je passais devant la

maison de M. Fualdès avec Jacques Durand, qui se préparait comme moi à la première communion. Je vis Bastide et un autre Monsieur adossés à la porte de M. Fualdès; mon camarade me dit : C'est Bastide avec Jausion.

Jacques Durand confirme la déclaration précédente.

Thérèse Giron et *Rose Graille*, femme *Villa*. Elles ont vu, le 19 mars au soir, dans la rue des Hebdomadiers, Bastide et un individu qu'elles croient être Jausion, entraînant une femme qu'elles ont prise pour une fille de joie.

Séance du 2 avril.

Le président fait mettre sous les yeux des jurés un plan de l'itinéraire qu'a suivi le cortége des meurtriers, nécessaire à l'intelligence de l'importante déposition qu'on va lire.

Teyron. « Le 19 mars, c'était le jour de Saint-Joseph, je revenais de l'Aveyron, où j'avais été tendre des crochets pour pêcher : lorsque je fus au chemin du pré de Gombert, je montai sur le tertre de ce pré, parce que le chemin était plus aisé. J'avais été à la rivière tendre une corde garnie de crochets avec lesquels on prend du poisson : ce genre de pêche ne se pratique que la nuit. Lorsque je fus arrivé presqu'à la cime du pré, j'entendis plusieurs personnes qui descendaient par le même chemin. Je crus que c'étaient des gens de Laguioule, et je m'arrêtai. Ces gens, qui s'approchaient, m'ayant

présenté un objet effrayant, je me cachai derrière
un buisson, et je vis passer un cortége précédé par
Bastide, que j'ai parfaitement reconnu, qui portait un fusil dont il avait tourné le canon vers la
terre. Il était suivi par quatre hommes qui portaient
sur deux barres un cadavre enveloppé dans une
couverture. Parmi ces quatre hommes, je reconnus
un soldat du train, nommé Colard, et Bancal, qui
étaient l'un et l'autre sur le devant ; par-derrière,
je reconnus Bax, qui portait une des barres ; mais
je ne reconnus pas celui qui occupait la quatrième
place. A côté de Bax et de l'inconnu qui portaient
ce cadavre. je vis par-derrière un autre individu
que je ne pus point reconnaître ; et enfin, à la distance tout au plus d'un pas de ces trois derniers
individus, je reconnus positivement Jausion, qui
portait, comme Bastide, un fusil dont le canon
était tourné vers la terre. Je le reconnus, parce que
je l'avais vu fort souvent, quoique, dans le moment
que je vous parle, il eût sous son chapeau rond une
espèce de mouchoir blanchâtre qui lui tombait sur
les yeux. De la place où je m'étais tapi, je suivis
des yeux ce cortége, qui parcourut les sinuosités
du parc. Lorsqu'il fut arrivé au milieu, les individus qui le composaient s'arrêtèrent pour respirer : alors je pris mes souliers à la main, et je pris
subitement la fuite. »

Le Président à Teyron. Vous affirmez bien
avoir reconnu les accusés que vous avez nommés ?

Teyron. Oui, monsieur, je l'affirme.

Le Procureur-général. Depuis que vous avez

fait votre déclaration, n'a-t-on pas cherché à vous
faire des propositions? n'a-t-on pas voulu vous
effrayer ?

Teyron. Oui, monsieur, on m'a apporté une
lettre; on voulait me la faire lire dans une maison
de la rue des Hebdomadiers; mais j'ai eu peur, et je
n'ai pas voulu.

Le Procureur-général. Je sais que vous avez eu
des craintes; que depuis que vous êtes à Alby, vous
en avez encore. Reprenez votre calme, vous n'avez
rien à craindre; vous êtes sous la sauve-garde des
lois.

Teyron. M. Yence D'Estourmel voulait me faire
dédire de ma déposition; mais on me couperait la
tête que je n'en retirerais pas un mot.

Le Procureur-général. Pourquoi avez-vous tant
tardé à révéler à la justice le fait important que vous
faites connaître en ce moment? Vous étiez à Rodez
quand les débats se sont engagés; qui a pu vous
retenir ?

Teyron. On avait arrêté Bastide une fois, il avait
été relâché; je craignais qu'il ne sortît encore, et
il aurait fort bien pu me traiter comme M. Fualdès.
Au surplus, j'ai dit dans le temps à M. Danglade,
médecin, que mon *meilleur camarade savait tout;*
et comme c'est moi qui suis mon meilleur camarade,
je voulais dire que je savais tout.

Me Romiguière. Je vous prie, M. le président,
de demander au témoin si quelqu'un l'a vu attacher ses filets sur l'Aveyron et garnir ses crochets.

Teyron. La pêche est défendue, et je n'avais point envie de me faire voir pour qu'on saisît mes filets.

Bastide, qui fait souvent des questions dont l'importance est connue de lui seul, et qui paraissent fort insignifiantes à tous les auditeurs, demande au témoin avec quoi il amorçait ses hameçons?

Teyron. Avec des vers.

Le Président à Bastide. Vous avez entendu cette réponse toute simple; où voulez-vous en venir?

Bastide. Eh! mon Dieu! oui, je l'ai entendue! *Patience, tout cela s'éclaircira.*

Mᵉ Romiguière. Je vous prie encore, M. le président, de demander au témoin par qui il a été vu en rentrant chez lui.

Teyron. Par mon camarade, garçon de moulin comme moi. J'avais la figure toute renversée.—Eh! qu'as-tu? me dit-il; comme tu trembles! est-ce que tu as froid?—Non, parbleu, j'ai bien chaud; mais je tremble de peur.

Le conseiller Pagan. Bax, vous venez d'entendre le témoin; il vous a reconnu, a-t-il dit : est-ce la vérité?

Bax. Oui, Monsieur, le cortége était composé ainsi qu'il l'a raconté; j'étais effectivement sur le derrière.

Le Président à Teyron. Bax était-il à droite ou à gauche?

Teyron. Je ne me le rappelle pas.

Colard. Demandez-moi un peu, M. le président, à ce témoin, s'il m'a reconnu ?

Teyron au Président. Oui, Monsieur, parfaitement.

Colard. Cela n'est pas vrai ; je n'ai pas trempé dans ce crime-là ; j'en ai l'*âme sacrée et les mains aussi.*

Colard. Témoin, vous rendrez compte de votre déposition devant Dieu. M. Fualdès, soyez sûr que je ne suis pas *la victime de votre père*, j'aurais donné mon sang.

Anne Benoit à Teyron. Mon pauvre ami, vous êtes un faux témoin.

Jausion. Je ne crains pas la mort ; mais je suis indigné de me voir accusé par un témoin qui ne me connaît pas, qui ne m'a jamais vu.

Le conseiller Combettes de Caumont. Vous conviendrez, accusé Jausion, qu'il est bien extraordinaire que la déposition de cet homme se rapporte en tous points avec celles de Bax et de Bousquier.

Bastide (d'un ton d'inspiration). Messieurs, pour vous assurer de la fausseté de ce témoin, vous n'avez qu'à regarder ses traits ; voyez quelle altération.

Le Président. Le témoin est fort calme ; sa figure n'annonce aucun trouble dans son âme.

Anne Benoit. Quand on dirait mille fois que Colard a porté le corps, je dirais toujours que non.

Colard. Oui, Messieurs, qu'elle le dise si je suis

coupable ; qu'elle dise toute la vérité. Ce n'est pas ma femme, c'est que dans l'espoir de l'être que...

M⁰ Dubernard, avocat de Jausion, prie le Président de faire sortir Teyron. Le témoin sort, et le défenseur de Jausion fait demander à Bax à quel endroit il a entendu Bastide dire à Jausion : *Tu trembles! as-tu peur?* Bax répond : *Après avoir passé la muraille.* Teyron est rappelé, et déclare avoir entendu parler, mais n'avoir pu distinguer ce qu'on disait.

Séance du 3.

J. F. Blanc. Le 19 mars, vers 5 heures du soir, je vis M. Fualdès avec Bastide. Le 20 mars au matin, entre 7 et 8 heures, je me rendis chez Jausion pour lui apprendre l'assassinat de M. Fual-dès. Mad. Jausion était auprès de sa commode, Jausion au milieu de la chambre, assis sur une chaise. A cette nouvelle, mad. Jausion fut frappée de stupeur et d'affliction. Quant à Jausion, il ne dit mot; ce qui me causa une grande surprise.

Le Procureur-général fait observer que Jausion a déclaré n'avoir su la fin tragique de M. Fualdès que vers 8 heures et demie du matin; déclaration tout-à-fait démentie par la déposition du témoin, qui est allé chez l'accusé entre 7 et 8 heures. — Jausion ne répond pas.

Le Procureur-général. M. Blanc, connaissez-vous mad. Manson? avez-vous eu occasion de parler avec elle de l'assassinat de M. Fualdès?

Blanc. Oui, monsieur, je me suis entretenu plusieurs fois avec mad. Manson pendant les assises de Rodez. A cette époque elle me dit ces paroles remarquables : Je ne voulais pas être témoin ; je suis un témoin trop important : ma déposition les tuerait. —

Le Président à mad. Manson. Ce que le témoin vient de déposer est-il exact ? — *Rép.* Je conviens m'être entretenue avec M. Blanc de l'assassinat de M. Fualdès ; mais je n'ai jamais parlé de tuer.

Blanc. Madame, vous l'avez dit ; vous m'avez parlé d'échafaud.

Mad. Manson. Non, monsieur, je n'ai parlé ni de tuer ni d'échafaud.

Blanc. Ce n'est pas la première fois que mad. Manson nie. Je persiste dans ma déposition. Je dois rappeler encore que mad. Manson me dit à la même époque que mad. Pons comptait beaucoup sur elle.

Mad. Manson. Cela est vrai.

Le Président fait à l'accusée de nouvelles et vives instances pour s'expliquer enfin.

La femme Bancal. Madame, dites la vérité.

Mad. Manson jette sur cette femme un regard plein de dédain et de mépris, et se tait.

Me Dubernard, avocat, se lève alors, et dit avec vivacité : Au nom de la vérité, au nom de la société, au nom de l'honneur, au nom de Dieu, parlez, parlez. Madame ! je vous en conjure.

Mad. Manson. M. Dubernard, je ne puis rien dire.

On insiste encore; elle garde le silence. Enfin, Bastide, qui depuis quelques instans semblait moins calme, se retourne vivement, et s'adressant à madame Manson : *Oui, dites la vérité ; parlez!* — *Malheureux!* reprend l'accusée. —Allons, plus de monosyllabes, parlez !... — *Malheureux! tu ne me connais pas, et tu as voulu m'égorger !*

A ces mots, prononcés avec emportement, la salle retentit d'applaudissemens. Madame Manson tombe évanouie, et par intervalles revenant à elle, éprouve une agitation convulsive.

Lorsque le trouble a cessé, et que l'accusée a repris ses sens, M. Fualdès la supplie d'achever de dire toute la vérité; mais elle tombe de nouveau évanouie, et l'audience est remise.

On a vu jusqu'ici avec quel art mad. Manson est entrée en scène et a su ménager les gradations de l'intérêt qu'elle a ajouté au plus lugubre des drames. Enfin elle a parlé. Mais qu'on ne s'attende pas que toute la vérité suivra immédiatement le premier aveu qu'elle a laissé échapper : non ; si elle ne dénie plus ce qu'elle aura dit, on la verra encore faire naître des incidens du plus haut intérêt, tenir les esprits en suspens; enfin, jeter, jusqu'à la fin de cette importante action, une teinte mystérieuse ou romanesque sur les plus épouvantables circonstances du crime.

Séance du 4.

Le témoin *Blanc* est rappelé et persiste dans ses déclarations.

Le Président presse madame Manson de dire si ce n'est pas Jausion qui l'a sauvée des mains de Bastide. On voulut vous égorger; quelqu'un vous sauva-t-il? — Oui, quelqu'un me sauva. — Cet homme était-il parmi les assassins, ou arriva-t-il fortuitement pour vous sauver? — Je ne puis pas dire s'il est venu du dehors ou s'il était du nombre des assassins; mais je n'oublierai jamais qu'il m'arracha des mains de ce malheureux. — L'individu qui vous fit sortir du cabinet était-il le même que celui qui vous conduisit à l'Annonciade? — Oui, monsieur. — Vous ne vous rappelez pas les traits de cet inconnu? — Je ne me les rappelle pas, monsieur. — Cet homme n'est-il pas parmi les accusés? — *C'est possible*, monsieur. (Tous les regards se tournent vers les bancs des accusés, et se fixent sur Jausion.)

*M*ᵉ *Dubernard.* Veuillez vous expliquer, madame; vos demi-aveux, vos réponses ambiguës, sont mille fois plus meurtriers qu'une désignation directe.

Mad. Manson. Je n'ai rien à dire.

Jausion. Madame, ce n'est pas pour moi; la mort n'a rien qui m'effraie; mais pour ma malheureuse femme, pour mes enfans, veuillez parler; ma vie est entre vos mains; il dépend de vous de me sauver ou de me faire monter sur l'échafaud.

Mad. Manson. M. le Président, je ne puis ni sauver ni faire condamner Jausion.

Bastide. Toutes ces exclamations ne veulent rien dire : nous ne sommes pas ici sur un théâtre.

madame Manson a assez amusé le public ; il faut que cela finisse. Que signifie cet éclat d'hier ? Que veut-elle.

Le Président. Arrêtez, accusé Bastide : appelez-vous théâtre le banc où vous êtes assis ? S'il est vrai que vous ayez voulu égorger madame Manson, vouliez-vous qu'elle vous le reprochât de sang-froid ? Détrompez-vous, Bastide, ce n'est point ici une comédie.

Bastide. Eh ! mon Dieu ! je m'en aperçois bien; c'est une tragédie bien cruelle pour moi, car ma conscience ne me reproche rien.

Mad. Manson. Votre conscience ne vous reproche rien !... *Que M. Bastide prouve son innocence, et je monterai sur l'échafaud à sa place.*

Bastide. Prouver mon innocence ! ce n'est pas difficile. Mad. Manson croit nous intimider; elle se trompe; elle en a bien fait d'autres à Rodez; cela ne nous touche plus.

Le conseiller Pinaud à madame Manson. Je veux vous faire part, madame, d'une remarque qui sans doute a frappé tous ceux qui ont entendu vos réponses. Tout le monde s'est aperçu que vous aviez laissé une lacune dans le récit de votre fâcheuse aventure dans la maison Bancal. Il est difficile de croire, Madame, que vous ne la puissiez remplir : racontez-nous ce qui s'est passé depuis votre entrée dans le cabinet jusqu'à votre départ de la maison. N'est-il pas vrai qu'on ne vous laissa sortir qu'après avoir exigé de vous un serment terrible ? Ne reconnûtes-vous pas, en prêtant ce serment, dont on vous a relevée à jamais, ceux qui vous entouraient? — Je n'ai reconnu que l'homme que je vous ai nommé; j'ai vu tout très-confusément. — N'en reconnûtes-vous pas quelques autres ? — Non, Monsieur.

Le Président. Ne vîtes-vous pas un cadavre sur une table ?

Mad. Manson. Monsieur, je ne vis rien.

Le conseiller de Combettes de Caumont. Ne vous fit-on pas mettre à genoux ?

Mad. Manson. Je ne me suis pas mise à genoux : on a pu m'y précipiter... Je n'étais pas de sang-froid... J'ai vu tout à travers un nuage... Je frémis encore !...

Bastide (d'un ton ironique). Le costume de Madame, s'il vous plaît ?

Mad. Manson au président. J'avais un pantalon et un spencer; j'étais en homme.

Le Président. Que vous dit, Madame, l'individu qui vous fit sortir du cabinet ? — Je ne me le rappelle pas, Monsieur; on faisait beaucoup de bruit; il y avait plusieurs personnes qui m'entraînaient; les unes pour m'arracher de ses bras, et lui pour me retenir. — Il dut y avoir un long débat entre les assassins pour décider votre sort ? — Je crois qu'il y eut un autre homme qui s'opposa à ce que je fusse égorgée. — Ne pourriez-vous donner quelques détails sur le serment qu'on exigea de vous ? — Je ne me rappelle pas les termes de ce serment. J'ai dit tout ce que je pouvais dire; il me semble qu'on doit être satisfait.

Bastide (en souriant). Je voudrais savoir ce qui attirait madame Manson chez Bancal !

Le Président. Quoiqu'il soit pénible pour vous, madame, de répondre à cette question, je suis forcé de vous y engager.

Mad. Manson. J'épiais les démarches de quelqu'un, et j'en avais le droit. J'entendis le bruit de plusieurs hommes qui marchaient, et je me réfugiai dans la première porte ouverte que je rencontrai.

Bastide. Et ne pourrait-on pas savoir le nom de ce quelqu'un ? est-ce un si grand mystère ?

Mad. Manson. Bastide me permettra de ne point répondre à cette question ; je crois que j'en ai dit assez.

Le Procureur-général la presse de dire la vérité. Nous vous écoutons, nommez celui des accusés présens qui vous a sauvée ?

Mad. Manson. Je n'ai pu le reconnaître ; j'ai déjà eu l'honneur de vous le dire.

Bastide. Mad. Manson me connaissait-elle avant de m'avoir vu ici ?

Mad. Manson. On me l'a fait voir quelquefois en me disant que c'était le frère de madame Pons ; mais je le connaissais à peine...

Bastide. C'est vrai...

Mad. Manson (vivement.) Oh ! ce n'est point un malheur ! Je ne l'ai pas reconnu dans la maison Bancal ; mais depuis je l'ai reconnu positivement pour celui qui a voulu m'égorger.

Le conseiller Pinaud. Madame, un dernier

mot sur Jausion. Vous avez dit que Bastide voulut vous égorger ; vous avez dit à Rodez que Jausion a sauvé la vie d'une femme qu'on voulait immoler ; il est constant maintenant que vous êtes cette femme : c'est donc Jausion qui vous a sauvé la vie ? Parlez, madame ; s'il est innocent, ne le laissez pas sous le poids d'une conséquence aussi accablante.

Mad. Manson. Je ne donnerai pas de conclusion à cet égard.

Après ce débat, plusieurs témoins viennent jeter de nouvelles lumières sur les faits qui ont précédé le crime. Une femme *Boudon* déclare que, le 18 mars, elle a vu Jausion chez Bancal, et qu'elle lui adressa la parole. Une autre femme, nommée *Banine*, a vu aussi l'accusé sortir de la maison Bancal, quelque temps avant l'assassinat.

D'autres témoins déposent de faits relatifs à Colard ; un d'eux déclare lui avoir entendu dire qu'il tuerait volontiers un homme pour vingt-cinq louis.

L'audience est terminée par l'audition du témoin *Albène.* (V. p. 400.)

Séance du 6.

La femme *Chassant* déposa que le 19 elle avait trouvé, à huit heures et demie du soir, dans la rue des Hebdomadiers, auprès de la maison Bancal, une canne et un mouchoir. La femme Bancal persista dans ses dénégations ; que vinrent de

nouveau combattre les aveux de Bousquier , que
cet accusé répète, en ajoutant que , pendant qu'il
était en prison à Rodez , un inconnu vint lui promettre une charretée de blé et 8,000 francs pour
prix de sa rétractation.

La femme *Tessèdre* déclare que , dans la soirée
du 19 mars, se rendant chez une famille espagnole
logée dans la maison Bancal, elle aperçut plusieurs
individus dans cette maison , et entendit très-dis-
tinctement prononcer ces paroles : *Il ne nous
échappera pas , nous le tenons.* Elle frappa à la
porte de Bancal , qui vint lui-même ouvrir , et la
reçut fort mal en lui disant : Allez-vous-en tout
de suite , *parce qu'il doit se passer quelque chose
ici.* Le témoin ajoute que , tandis que la porte
était ouverte , elle entendit *des soupirs , des cris
étouffés, des gémissemens.*

La fille *Duclos* demeurait dans la maison Bancal; le 19 mars au soir , elle vit une femme qui
donnait à manger à un cochon dans un baquet.
Elle fut d'autant plus étonnée de cela, que le pauvre animal se passait souvent de nourriture. Lorsqu'on parlait à Anne Benoît de l'assassinat, elle
paraissait embarrassée et baissait les yeux : un
jour le témoin lui demandait ce qu'elle en pensait :
Ah ! bah, ma foi , répondit l'accusée, *que ceux
qui l'ont fait le disent.* En parlant ainsi elle baissa
la tête. — *Toi, tu seras bientôt dedans ,* reprit
un homme qui était avec elle; en effet , deux
jours après, Anne Benoît était arrêtée...

La femme *Solanet* vit le 19 mars, à dix heures

du soir, Bastide armé d'un fusil, et on lui a
offert cinquante louis pour rétracter sa première
déclaration.

· *Burg.* « Il y a deux ou trois ans qu'étant à la
promenade, je rencontrai Missonnier auprès d'un
petit bras de rivière. « Que fais-tu là ? — Moi,
rien, seulement je vais à la chasse aux poissons.
— Comment, à la chasse aux poissons ! es-tu fou ?
— Il y a deux heures que je veux en prendre avec
ma ligne, et ils ne veulent pas se laisser attraper,
je vais prendre le parti de les tuer à coups de
pierre. » Effectivement, voilà mon homme qui
se déshabille, remplit son chapeau de pierres,
descend dans la riviere, et fait la chasse aux poissons. Ça allait assez bien pendant quelques instans ;
mais je l'entendis bientôt *barbuter*, et je vis que si
je ne l'aidais pas à se tirer de là, il pourrait bien
se noyer ; je courus à lui, et je le fis sortir de
l'eau. « Oh ! ce n'est rien, me dit-il, c'est que,
voyez-vous, j'en tenais un ; il a voulu se sauver,
et j'allais le chercher. »

Missonnier, interrogé, répond qu'il se souvient
bien de cette aventure, et que c'était une petite
promenade bien gentille.

Séance du 7

- *Dupré*, la dame *Massat* et la fille *Forges*, ra-
content des particularités qu'ils auraient tenues
de la dame Constans, relatives à la présence de
madame Manson chez Bancal. (Voy., plus loin, la
déclaration de cette dame, et encore p. 518.)

Le conseiller *Pinaud* s'adresse à madame Manson, et lui dit : Dans vos exclamations à Rodez , vous vous écriâtes : *Tous les coupables ne sont pas dans les fers !* La justice vous demande un aveu général ; nommez-nous ceux qui ne sont pas encore dans les fers.

Mad. Manson. J'ai dit tout ce que je pouvais dire. Il y a une nouvelle procédure entamée, d'autres individus sont arrêtés. (Ce sont *Yence*, notaire, *un frère de Bastide* , *Bessières-Veinac* , neveu de Bastide, *Constans* , ex-commissaire de police et *Charlotte Arlabosse* , maîtresse de Bastide.) Je serai sans doute appelée à de nouveaux débats , et alors je répondrai lorsqu'on m'interrogera. En ce moment je ne dois pas accuser les autres.

M. *France de Lorné.* Il ajoute à la déclaration qu'il a faite à Rodez (*V.* pag. 429) : — « Le dimanche après l'arrêt de condamnation de Rodez, avec MM. de Sufren, Henry et Auguste de Bonald, Frayssinet de Valady, et Adolphe Dubosc, nous eûmes la curiosité d'aller voir la petite Madelaine Bancal dans l'hospice où elle était déposée. Voici les détails que j'ai recueillis de sa bouche. — Le 19 mars au soir sa mère la fit coucher, au second étage de la maison, dans une chambre où elle ne couchait ordinairement pas. — Avant de s'aller coucher, et dans la soirée, il s'était réuni des messieurs et d'autres personnes qui avaient soupé avec une poule et des poulets, et avaient trinqué ensemble. Lorsqu'elle fut dans la chambre où on l'avait conduite , elle entendit un grand bruit dans la rue, qui lui fit peur; elle descendit en chemise et sans souliers, et se glissa dans le lit qui se trouve près de la porte de la cuisine. Ce fut au moyen d'un petit trou qui était au rideau qu'elle vit entrer une bande d'individus entraînant un monsieur. Elle reconnut dans cette bande Bastide, qu'elle connaissait déjà, et fit connaissance avec Jausion, qui fut interpellé par son nom par une dame qui, conjointement avec une autre, était occupée à fermer la porte; l'une de ces dames était plus grande et plus forte que madame Manson, et portait un chapeau blanc avec des plumes vertes. Après que la porte fut fermée, elle se trouva mal; on la fit revenir avec de l'eau-de-vie, et on les fit sortir l'une et l'autre par la fenêtre qui donne sur la rue. Ce fut alors qu'on fit asseoir ce monsieur près de la table, qu'on lui présenta des lettres de change à signer, en lui disant : *Il faut faire des lettres de change, et mourir...* Ce furent Bastide et Jausion qui lui présentèrent ces lettres de change. Cela fait, on l'étendit sur une table, et avec un grand couteau à gaîne (semblable à ceux avec lesquels on égorge les cochons, et que Bastilde avait apporté sous son habit) on l'égorgea. Ce fut Jausion qui porta le premier coup, mais il éprouva un mouvement d'horreur qui le fit retirer. Bastide continua; et enfin on lui fit porter plusieurs coups par Missonnier. —Colard et Bancal tenaient les pieds, Anne Benoît le baquet, et la femme Bancal remuait *le sang avec sa main à mesure qu'il tombait.* (Mouvement d'horreur dans l'auditoire.) Un monsieur

boiteux, avec des favoris noirs, tenait la lumière.
Au moment où il venait d'être égorgé, Bastide entendit du bruit dans un petit cabinet qui est au bout de la cuisine. Il demanda s'il y avait quelqu'un dans la maison ; la femme Bancal répondit qu'il y avait une femme dans le cabinet ; Bastide dit qu'il fallait la tuer. Madame Manson sortit alors, et se jeta aux genoux de Bastide ; elle était venue le même jour, à neuf heures du matin, parler à la femme Bancal ; le soir elle était revenue dans cette maison avant que les enfans fussent couchés, ayant un grand voile noir qui lui tombait jusqu'aux genoux ; on se borna à lui faire placer la main sur le ventre du cadavre. Bastide voulut aussi s'assurer s'il y avait quelqu'un dans le lit ; la petite Madelaine fit semblant de dormir ; Bastide lui passa deux fois la main sur la figure, et dit à la femme Bancal qu'il fallait se défaire de cette enfant ; celle-ci y consentit moyennant une somme de 400 fr. Le projet avait été formé de porter le cadavre dans son lit, en plaçant un rasoir au cou. Jausion, Bastide et d'autres sortirent pour aviser à l'exécution de ce projet ; ils rentrèrent ensuite en disant qu'il était impossible, parce qu'il y avait quelqu'un à la fenêtre. On se détermina alors à porter ce cadavre à la rivière ; alors la femme Bancal lava la table et tout ce qui pouvait être couvert de sang. Bancal ne rentra point de toute la nuit. — La femme Bancal envoya le lendemain matin cette enfant à son père, dans les champs, lui porter la soupe ; elle lui avait recommandé de dire à son père *de faire ce qu'il*

savait. Elle trouva celui-ci occupé à faire un trou ;
elle crut qu'il lui était destiné ; elle s'acquitta de la
commission , son père l'embrassa en pleurant , et
lui dit : Non, sois toujours bonne fille , et va-t'en.
—Bastide était revenu le lendemain de grand matin.
chez la femme Bancal ; revêtu d'une lévite verte.—
Le trou creusé par Bancal fut employé à enterrer
un des deux cochons à qui l'on avait fait boire le
sang, et qui en était mort. »

A la suite de cette déclaration un débat s'engage
sur la question de savoir s'il sera donné ou non
lecture des interrogatoires subis par la jeune Bancal
comme témoin dans l'accusation dirigée contre
Mad. Manson. Le procureur-général s'y oppose ;
et la Cour, après avoir délibéré, déclare que les
dépositions ne seront pas lues.

Séance du 8.

Amans Rodat, cousin de madame Manson , répète les déclarations importantes qu'il a faites à
Rodez. (*V.* p. 423 et suivantes, 512.)

. *Le Président* à madame Manson. Cela est-il
exact? — Je ne me le rappelle pas. — Vous ne
contredisez cependant rien.—Oh, mon Dieu ! non.

Me Tajan. Il me paraît qu'il y a un point essentiel dans la déposition de M. Rodat. Madame
Manson lui dit un jour, ainsi qu'à M. Enjalrand,
son père : *Hé bien ! si vous le voulez, je dirai
que c'est Jausion qui....* Je prie madame Manson
de vouloir bien nous expliquer cette réticence..

Mad. Manson. Je ne me rappelle pas précisément ce propos. Je crois l'avoir déjà dit devant la Cour de l'Aveyron; mais puisque M. Rodat le rapporte, il faut bien qu'il soit vrai; je ne le contredis pas.

Mᵉ *Romiguières* et le *Président* prient vivement madame Manson de s'expliquer.

« Hé bien, oui ! s'écrie-t-elle, j'ai entendu refuser quelques minutes à M. Fualdès pour faire sa prière. M. Romiguières est-il content? »

Mᵉ *Romiguières.* Si je suis content!... Non : je le serai quand vous aurez dit toute la vérité. Quel est celui qui a réfusé à M. Fualdès le temps de se réconcilier avec Dieu?

Mad. Manson. Bastide...

Mᵉ Dubernard se lève à son tour; il demande que madame Manson s'explique sur le propos par elle tenu à son père et à M. Rodat : *Hé bien! si vous le voulez, je dirai que c'est Jausion qui...;* qu'elle parle avec la même franchise.

Mad. Manson. Je ne me rappelle pas ce propos, mais il doit être exact, puisque mon cousin l'a dit.

Mᵉ *Dubernard.* Il est étonnant que madame Manson ne se rappelle pas des propos de cette importance, lorsqu'elle les a consignés d'ailleurs dans ses Mémoires.

Mad. Manson. Ces Mémoires sont pleins de dénégations.

Mᵉ *Dubernard.* Abandonnez ce système. Puisqu'après avoir menti à Rodez, vous avez promis de dire la vérité à Albi, expliquez-vous clairement.

Mad. Manson. Elle est bien obscure pour vous, la vérité, M. Dubernard.

Me *Dubernard.* Oui, madame; mais cette obscurité vient toute de votre part, parce que vous refusez de faire connaître la vérité. Si elle était en mon pouvoir, je n'aurais pas hésité un instant à la dévoiler à la justice, à la société. C'eût été pour moi le premier, le plus sacré des devoirs.

Le conseiller Pinaud. Vous avez décrit les lieux de la scène. Vous avez remarqué une table sur laquelle le malheureux Fualdès a été égorgé; vous étiez donc maîtresse de vous-même. Vous avez vu les assassins, et vous les avez connus; sans doute, leurs traits sont restés gravés dans votre mémoire. Vous avez prêtez un serment; oubliez-le : parlez.

Mad. Manson. Ce que vous dites, monsieur, prouve tout au plus que j'étais dans le cabinet.

Le conseiller. Cela prouve que vous étiez assez maîtresse de vous-même pour reconnaître ce qui se passait autour de vous.

Mad. Manson. Une barrique, des planches ne se cachent pas, mais des individus qui commettent un crime sont intéressés à se cacher.

Le conseiller. Vous nous avez dit avoir reconnu deux autres coupables qui ne sont pas sur le banc des accusés; nommez-les, on les jugera : sont-ils dans les fers?

Mad. Manson. Cela peut être.

Le conseiller. Prenez garde, Madame, d'oublier vos devoirs les plus sacrés; vous vous compromettriez à jamais aux yeux de Dieu, aux yeux de la société. Etes-vous sûre qu'il y avait deux autres individus dans la maison Bancal?

Mad. Manson. M. le conseiller, j'ai fait observer hier que j'étais sur le banc des accusés, que je n'avais qu'à me défendre. Accusée, ma complicité doit être établie ; témoin, je saurai ce que je dois dire.

Bastide. Quel langage! Que la Cour exige de madame Manson des explications comme d'un autre complice.

Mad. Manson (se levant avec véhémence et vivacité). *Moi, votre complice, Bastide...!*

Bastide. Oui, madame, vous ne devez pas jouir de plus de priviléges que nous; vous vous réservez ainsi d'attaquer, l'un après l'autre, tous les membres de ma malheureuse famille; qu'on vous les présente, vous deviendrez leur accusatrice...

» Elle ajoutera, continue-t-il, à ses calomnies malheureuses! Comment attendre la vérité de la bouche d'une femme qui, comme une actrice, vise à la célébrité, et qui fait peu de cas des moyens pour y arriver : le crime ou la vertu, n'importe ! Quelle idée elle nous donne de ses dépositions! Ici c'est un *Phénix,* partout ailleurs ce serait... Je me tais. Quoi qu'il en soit, j'étais chez moi le 19 mars au soir. »

Bastide demande la permission d'interpeller madame Manson. « Que voulez-vous ? » dit cette dame.

— Où m'avez-vous connu? — A Rodez! — A quelle époque, Madame? — Quatre jours avant l'assassinat. — Où m'avez-vous vu depuis? Chez

Bancal. — Et après l'assassinat? — Dans une rue. — Quelle rue? — Rue Neuve — Qu'avez-vous dit? — Qu'importe? — Qu'importe. Vous m'avez confondu avec mon frère; vous avez demandé si j'étais Louis de Gramont : malheureuse! vous prépariez déjà...»

Le Président (interrompant l'accusé). Ces débats n'aboutissent à rien. Mad. Manson, affirmez-vous avoir reconnu Bastide dans la maison Bancal? — Oui, M. le président : il est un des assassins de M. Fualdès; oui, il a voulu m'égorger : je le dis pour la cinquième fois. — Vous l'affirmez bien sûrement? — Oui, Monsieur.

Bastide. Quelle affirmation que celle d'une femme qui a abjuré tous sentimens d'honneur et de pudeur!

Le Procureur-général. Mais, Bastide, tout vous accable; pourquoi vous récrier sur la déclaration de madame Manson? Bax, Bousquier, Teyron, une population de témoins vous accusent. Que voulez-vous, que pouvez-vous exiger de la dame Manson?

Bastide. Qu'elle motive ses déclarations; qu'elle donne des détails; qu'elle réponde catégoriquement, qu'elle ne puisse étudier toutes les circonstances ce soir pour faire une scène demain; qu'elle parle aujourd'hui, en ce moment.

Le Président. Elle a parlé, elle vous a nommé deux fois.

Bastide. Elle a parlé comme on parle dans *Racine*, comme on parle sur le théâtre; mais est-ce

ainsi que l'on répond à la justice?... Ah ! si j'avais
le malheur !...

Le conseiller Pinaud à la dame Manson. Je vous
demande de nous apprendre ce qui s'est passé
dans la cuisine de Bancal , depuis votre sortie du
cabinet jusqu'au moment où vous sortîtes dans la
rue?

Madame Manson. Je prêtai un serment. — Qui
l'a demandé? — Bastide ! — Où prêtâtes-vous ce
serment ? — Au pied d'un cadavre. — Quelles sont
les personnes qui étaient autour de ce cadavre? —
Il y avait beaucoup de monde ; il y avait d'autres
personnes que Bastide. — Quelles étaient ces personnes ? — Je ne puis les nommer , je suis accusée.
— Madame, je vous prie, et, s'il est besoin, je vous
somme de les nommer. — Je ne veux pas en nommer d'autres.

Plusieurs autres questions sont adressées à
madame Manson, et ensuite au témoin Rodat, auquel on demande son opinion sur les variations de
madame Manson, et s'il pense qu'elles soient l'effet
de l'inconséquence ou d'une impulsion étrangère.
Le témoin a le sentiment intime que l'accusée a
en horreur tout ce qui n'est point juste et honnête,
mais que son âme est très-vive, et qu'elle recherche
plutôt les belles actions que celles qui sont dictées
par la sagesse et la saine raison.

Ramond-Baucarel. Le lendemain de l'assassinat, il alla chez Jausion, qu'il trouva soucieux et
de mauvaise humeur. Le témoin dit à l'accusé, dont
la figure était altérée : « Hé bien ! ce pauvre Fualdès

a donc été assassiné?—Oui.—Connaît-on le motif? c'était sûrement pour le voler ? — Eh ! non , répondit Jausion, *c'est pour opinion* ; c'est un homme revenu des galères qui l'a tué, et il aura probablement été payé pour ça…. »

Les témoins entendus pendant le reste de cette séance, et ceux appelés à déposer à celle qui suivit, concernent plus particulièrement la femme Bancal que les autres accusés. Une partie rapportent des discours de la petite Madelaine, et parmi ceux qui déclarent ce que la Bancal leur aurait dit, la déposition de *Marianne Viala* offre seule une circonstance nouvelle que n'a point confirmée la suite des débats. Suivant le témoin, qui aurait annoncé à la Bancal que mad. Manson serait mise en jugement, l'accusée aurait répondu : *Ah! la c……, elle le mériterait autant que les autres ; elle faisait sentinelle sur la porte , au moment où les autres le saignaient.*

Les audiences qui suivent sont consacrées aux dépositions que nous avons déjà rapportées, qui ne font que confirmer les faits déjà connus, et qui surtout prouvent d'une manière positive la fausseté de l'*alibi* qui fait la principale défense de Bastide. Les déclarations de *Canitrot* (*V*. p. 519), geôlier, de la prison de Rodez, et de la femme *Vassal*, sa sœur, viennent encore ajouter de nouvelles charges à celles qui pèsent sur les accusés. Nous devons reproduire la déposition du dernier témoin.

« Le 19 mars au soir , à l'entrée de la nuit , dit

la femme Vassal, je rencontrai Bastide dans la rue de l'Ambergue-Gauche ; il me remit un parapluie et un paquet, pour que je fusse les porter chez Jausion, au service duquel j'avais été un an auparavant. Bastide, faisant réflexion, reprit le parapluie et le paquet, et descendit par la même rue. Le lendemain 20 mars, vers les six heures du matin, je fus cueillir quelques herbes, pour faire un remède, dans le pré de la Capoulade : on m'apprit qu'il y avait un cadavre dans l'Aveyron ; je descendis aussitôt pour l'aller voir. Le cadavre flottait encore sur l'eau ; il était couché sur le dos, ce qui donnait la facilité de voir le visage. Je crus reconnaître M. Fualdès, mais je ne restai pas longtemps, parce que mes maîtres avaient besoin de moi.

» J'étais alors au service de M. Coméiras. En remontant de la rivière, je rencontrai Bastide derrière les maisons de Laguioule ; il était dans une situation à pouvoir considérer le cadavre, et à voir toutes les personnes qui descendaient au travers dudit pré de la Capoulade. Bastide avait l'air inquiet et agité ; il était tout seul. Je crus qu'il attendait quelque fille à qui il avait donné rendez-vous, et qu'il était impatienté de ne pas la voir venir.

» Lorsque Bastide fut en prison, comme je suis belle-sœur de Canitrot, concierge, j'avais le privilége d'entrer dans les prisons : ce fut pour cela que mad. Jausion vint me prier de lui rendre un service dont j'étais seule capable. Elle me chargea d'une écritoire pour la remettre à Bastide, en l'avertissant d'écrire les noms de quelques personnes qui l'auraient pu rencontrer sur son chemin, lorsqu'il partit, le soir du 19 mars, pour aller à Gros ; moyen infaillible pour donner la preuve qu'il n'était point à Rodez le soir de l'assassinat. Madame Jausion m'avait encore chargée de lui dire qu'il fût tranquille, qu'elle avait parlé avec Fualdès, le fils, et que tout s'arrangerait. Elle finit par me promettre une bonne étrenne si je voulais condescendre à ses désirs.

« Pendant le cours des derniers débats (à Rodez), m'entretenant de cette affaire avec la nommée *Marianne*, servante de la dame Galtier, celle-ci me dit : Ce n'est ni toi ni moi qui avons commis le crime ; je tiens d'une des domestiques de Jausion (je crois qu'elle me nomma *Julie*, la femme-de-chambre), que le 20 mars, au matin, Jausion était entré dans la chambre de sa femme, et qu'en ouvrant les rideaux du lit il lui avait dit : *Victoire, nous sommes tous perdus, l'homme surnage*. Je fais observer que cette fille-de-chambre aurait pu parfaitement entendre ce propos, s'il est vrai, parce qu'elle couchait dans une petite chambre qui n'est séparée de l'appartement de madame Jausion que par une légère cloison en planches. »

Le 224e témoin, la femme *Miquel*, dépose que la veuve Ginesty (*Voir* p. 537) lui a dit que si elle voulait parler, elle ferait pendre Bastide, tant elle en savait.

Le gendarme *Cadars* déclare qu'étant de planton, le 5 mai 1817, à la prison de Rodez, il vit Jausion avec les fers aux pieds. L'accusé pleurait et protestait de son innocence; il disait qu'il se détruirait s'il en avait le moyen. Le lendemain, Rozier, médecin de la prison, entra dans le cachot de Jausion, et, après une courte conversation faite à voix basse, le témoin entendit Jausion dire : *Je ne déclarerai jamais les coupables, quand même je devrais être haché. (V. p. 471.)*

Le Président fait rappeler le témoin Rodat, qui déclare que M. *Flaugergues,* qui a entendu les paroles de Jausion, avait dit que cet accusé avait prononcé ces mots : *Vouliez-vous que j'accusasse mon beau-frère?*

Le président demande à madame Manson si elle a aussi entendu ce propos. L'accusée répond affirmativement, et ajoute qu'elle vit même Bastide donner un coup de poing à Jausion.

Après cet incident, plusieurs témoins déposent avoir entendu Bastide dire, en apprenant l'arrestation de Jausion : *Le malheureux ! il aura eu l'imprudence de négocier quelques effets.*

Après cette séance, Bastide et Jausion, rentrés dans leur prison, en sont venus aux mains. Jausion a poussé le cri de détresse : *Sentinelle ! au secours!* Il paraît qu'on avait prévu cette scène. L'autorité avait aposté des gens à la porte pour les surveiller.

Séance du 13.

Le président annonce, à l'ouverture de l'audience, que la femme Bancal lui ayant fait dire qu'elle avait une révélation à lui faire, il s'était rendu auprès d'elle, et qu'après l'avoir exhortée à persévérer dans les bonnes dispositions qu'elle lui témoignait, il lui avait dit que ses aveux seraient reçus à l'audience. Puis, s'adressant à la femme Bancal :

« Parlez, femme Bancal, avant qu'on entende le concierge, dont la déposition doit compléter la vôtre. »

« Messieurs, je dois vous dire que si jusqu'ici j'ai menti au tribunal, c'est que j'avais peur ; mais à présent je vois bien qu'il ne peut rien m'arriver de pis que ce qui avait été prononcé contre moi à Rodez; et je me confie dans votre bonté, Messieurs, pour que vous me traitiez favorablement. Le 19 mars, à huit heures et demie du soir, six personnes entrèrent chez moi tirant par les bras et par le collet un monsieur qui avait un mouchoir autour de la figure (c'était M. Fualdès). Il y avait quatre *messieurs*. Je reconnus parfaitement Bastide; un des autres était, je crois, *espagnol* : mon mari ne voulut pas me dire quels étaient ceux que je ne reconnus pas; cependant il m'assura qu'un d'eux était un neveu de Bastide. — Bax et Colard étaient du nombre des six personnes qui entrèrent à la fois. Ce dernier ne resta dans la cuisine qu'un quart d'heure environ; il en sortit en disant : *Où m'a-t-on conduit?* Il rentra quelques instans après, car je le revis dans la maison. J'entendis que M. Fualdès prononçait quelques mots, entre autres ceux-ci : *Que vous ai-je fait ?* C'est Bastide, je crois, qui répondit, mais je n'entendis pas sa réponse ; et un des six dit à M. Fualdès : *Priez Dieu.* Nous voulûmes sortir, Bastide s'y opposa ; il nous menaça de nous tuer, si moi et mon mari faisions un pas pour sortir. Je tombai sur une chaise, la tête appuyée sur mes mains. Mon mari qui s'aperçut que je me trouvais indisposée, me fit sortir sur l'escalier, et j'y perdis toute connaissance. Quand je sortis de la cuisine, Missonnier n'y était pas encore : il est probable qu'on l'a amené comme un imbécille qui ne savait pas où il allait. Bousquier arriva long-temps après, et j'affirme que je ne vis pas du tout Anne Benoît. Je remarquai seulement une fille qui, je crois, est de la Roquette ; personne ne lui parla ; elle ne parla à personne, et sortit. — Lorsque je fus sur l'escalier, on ferma toutes les portes ; ce qui fait que je ne puis dire ce qui se passa ; mais il me semble qu'il y avait du monde en dehors. Le soir, dans la cour, je demandai à Madelaine ce qu'avaient fait ces messieurs qui étaient entrés chez nous. « Ah ! maman, me dit cette petite, le monsieur qu'ils ont tué était bien méchant; on l'a tué comme un cochon. » Mon mari, que je questionnai aussi sur cette malheureuse affaire, me dit qu'on avait reçu le sang dans un pot; il fut porté sur un tas de fumier qui était auprès du Coin des Frères. »

Le Président. Pourquoi n'avez-vous pas découvert plus tôt la vérité?

La Bancal. On avait fait courir le bruit que nous partirions pour Montpellier, et qu'on nous délivrerait en route. Je vivais dans cette espérance.

Le Président. Combien y avait-il de femmes chez vous? Bax prétend qu'il y en avait trois.

La Bancal. Je crois n'en avoir vu entrer qu'une: je n'ai pas même aperçu mad. Manson. M. Bastide est cause de tous nos malheurs; sans lui, mon pauvre mari ne serait pas mort dans les prisons, je n'y serais pas, moi, depuis un an, et mes enfans ne seraient pas à l'hôpital.

Bastide. Je ne conçois rien à l'effronterie de cette femme. Je ne l'ai jamais vue; je ne suis jamais entré chez elle. Vous voyez bien, Messieurs, qu'elle fait sa fable comme les autres. Je voudrais bien qu'elle pût dire où elle m'a connu.

La Bancal. Je vous connais depuis deux ans; je vous ai vu cent fois à Rodez.

Bastide. Demandez-lui, je vous prie, si elle m'a vu quelquefois dans sa maison?

La Bancal. Non; je ne vous y ai vu que cette fois-là; et si j'avais su que vous y vinssiez, les gendarmes seraient arrivés aussitôt que vous.

Bastide. A quelle heure vîtes-vous entrer ce prétendu cortége?

La Bancal. Pardi! Vous devez bien le savoir.

Bastide. Demandez à cette malheureuse si, dans la charrette, lorsqu'on nous conduisit au tribunal, je ne lui ai pas dit de faire connaître la vérité ?

La Bancal. Vous ne m'avez jamais parlé de cela.

Bastide. C'est un coin du rideau qui se lève; le reste ne tardera pas à se découvrir.

Me Dubernard. Je vous prie, Monsieur le Président, de demander à la femme Bancal si Jausion ne l'a pas suppliée de dire la vérité.

La Bancal. Si, une fois, dans la charrette.

Le procureur-général. Femme Bancal, vous a-t-on remis dans la soirée du 19, après l'assassinat commis, trois pièces de 5 francs, deux pièces de 50 centimes et la bague que portait M. Fualdès ? Avez-vous vu qu'on remît une clé à l'une des personnes présentes, en lui disant : *Va ramasser le tout ?* Avez-vous demandé qu'on vous remît la chemise de M. Fualdès, que vous disiez *ressembler à une aube*; et l'un des individus présens n'a-t-il pas rejeté cette demande en disant que cela pourrait les compromettre ? Madelaine et Bax attestent ces faits. Vous les avez vous-même rapportés à des témoins qui ont été entendus dans la procédure.

La Bancal. Non, Monsieur, je n'ai jamais reçu d'argent ni de bague.

Le procureur-général. Il est évident que la femme Bancal, ainsi que l'accusé Bax, retranchent, des aveux que leur arrache la force de la vérité, toutes les circonstances qui tendraient à établir leur participation au crime.

Le Président. Femme Bancal, vous convenez maintenant que votre fille a dit la vérité?

La Bancal. Tantôt bien, tantôt mal.

Me Tajan. Puisque la femme Bancal a commencé à dire la vérité, il faut qu'elle la fasse connaître tout entière. Est-il vrai que Bastide lui ait offert une somme pour tuer sa fille?

La Bancal. Non; mais il lui dit : Si tu parles, on te tuera.

Me Tajan. La femme Bancal a-t-elle reconnu positivement Jausion?

La Bancal. Il me semble bien que c'est lui qui était un des messieurs; mais je ne puis l'affirmer.

Le procureur-général. Femme Bancal, vous avez dit que six individus entrèrent dans votre maison, traînant le malheureux Fualdès bâillonné avec un mouchoir et ayant le cou fortement serré par un autre mouchoir. Parmi ces six individus il en est deux que vous déclarez ne pas connaître, et dont vous pensez que l'un est neveu de Bastide; vous nommez les quatre autres : Bastide, Bax, Colard, et le quatrième, que vous croyez être Jausion, sans pouvoir, dites-vous, l'assurer positivement. Vous n'avez pas toujours eu, sur la présence de Jausion dans le lieu du crime, le doute que vous exprimez maintenant. Vous avez dit, avant le jugement de Rodez, en présence de quatre témoins qui ont été entendus aux débats, que *le scélérat de Bousquier avait reconnu les pauvres, et n'avait pas voulu reconnaître les riches.*

Vous avez ajouté qu'il n'avait pas voulu reconnaître Jausion ; vous avez alors déclaré à ces témoins
que Jausion avait participé au crime. Depuis l'arrêt de condamnation émané de la Cour de Rodez,
vous avez dit à un autre témoin, qui a été aussi
entendu aux débats, que Bastide et Jausion vous
avaient promis une demi-charretée de blé annuel-
lement pendant cinq ans ; vous avez, par là,
établi que, Jausion ayant le même intérêt que
Bastide à vous faire garder le silence, vous saviez
qu'il était aussi coupable que Bastide : comment
pouvez-vous nous dire aujourd'hui que vous ne
pouvez déclarer positivement si Jausion était du
nombre des assassins ?

La Bancal. Les témoins dont vous parlez n'ont
pas dit la vérité.

Le procureur-général. Je demande qu'on rappelle ces témoins.

Les témoins Marguerite et Catherine Barrèze
sont rappelés ; entendues en l'absence l'une de
l'autre, elles affirment que la femme Bancal leur
a expressément dit dans la prison, à son retour du
tribunal, et avec l'accent de la fureur, que Bousquier n'avait pas voulu reconnaître les riches,
et n'avait pas voulu nommément reconnaître Jausion ; et elles s'accordent sur les lieux où le propos
a été tenu, c'est auprès d'un pilier qui soutient le
plancher de la salle où elles se trouvaient.

La Bancal. Je n'ai reconnu dans ma maison
que Bastide.

Bastide. C'est moi qui suis la bête noire !

La Bancal. Parce que c'est vous qui êtes cause de notre malheur. Si je n'ai pas parlé plus tôt, c'est que j'avais encore peur de vous.

Le procureur-général à Colard. Vous avez entendu la partie de la déclaration de la femme Bancal qui vous concerne. Elle rapporte même un propos que vous avez tenu dans le lieu du crime.

Colard. La femme Bancal est une menteuse. Anne Benoit peut répondre de mon innocence, et elle en répondra. Quand on me trancherait la tête, je ne conviendrais pas d'une fausseté pareille. Je n'ai pas été chez la Bancal.

Missonnier. Monsieur, je n'ai pas entré dans cette maison-là depuis que la Bancal y est locataire.

Le Président. N'avez-vous pas fait deux fois le tour de la table pour vous sauver?

Missonnier (se tournant vers les accusés). Monsieur, j'en *demande* à ces Messieurs si c'est vrai.

Le Président. Ne vous a-t-on pas fait entrer par force dans cette maison?

Missonnier. On ne m'y a pas fait entrer du tout, puisque je n'y ai pas été.

Me Grandet. M. le président, je vous demande pardon, mais c'est un imbécile qui s'est mis dans la tête de ne rien dire. Allons, parle donc, dis ce que tu sais.

Missonnier. Il n'y a qu'à appeler les témoins qui l'ont rapporté de la rivière le matin, *c'est pas les mêmes* qui l'ont porté le soir; ils ne s'entendront pas, et ils diront la vérité. Moi j'ai été me coucher.

Colard. C'est vrai, Missonnier a été se coucher.

Le Président fait introduire le concierge de Sainte-Cécile. Il rapporte toutes les confidences de la Bancal; il ajoute qu'elle lui avait assuré que si elle n'avait pas reconnu Jausion aux débats de Rodez, elle l'avait *parfaitement* reconnu à Alby pour être un de ceux qui entraînèrent M. Fualdès dans la cuisine.

Le procureur-général. Vous l'entendez, Messieurs, il résulte de la déclaration du concierge, 1° que, dans la journée d'hier, la femme Bancal, lui ayant demandé de recevoir par écrit les révélations qu'elle voulait faire à la justice, lui a nommé Jausion comme l'un des quatre assassins qu'elle connaissait; 2° que ce matin la femme Bancal lui a dit avoir reconnu seulement Jausion dans les débats actuels, mais l'avoir reconnu *parfaitement*; vous venez maintenant d'entendre à cette audience que la femme Bancal ne peut pas positivement affirmer que c'est lui : il est essentiel de se fixer sur ces variations, dont il y a lieu d'espérer que les débats ultérieurs feront connaître la cause. ..

La Bancal assure qu'elle ne se rappelle pas avoir dit qu'elle avait *parfaitement* reconnu Jausion, mais seulement qu'elle croyait l'avoir reconnu.

Le Président à Bax. La Bancal affirme qu'elle vous a reconnu dans la maison, au nombre de ceux qui entraînaient M. Fualdès.

Bax. C'est une calomnie, monsieur ; cette femme veut me perdre : qu'elle dise la vérité ; parlez, Bancal, faites comme moi, ne cachez rien.

Bastide (regardant tour à tour Bax et Bancal). *Que conclure de cette troupe de coquins ?*

Séances des 14, 15, 16, 17, 18, 20, 21 *et* 22.

On entend un grand nombre de témoins. Nous ne rapporterons point leurs dépositions, parce que, les unes, nous les avons déjà données, et que les autres ne font que corroborer celles-là.

Dans la séance du 17, on se livre à l'examen des livres et carnets de Jausion, d'après lesquels M. Fualdès serait resté son débiteur d'une somme de 67,000 fr. — Le procureur-général ne voulait prendre aucune part au rapport de vérification, attendu que ces livres et carnets sont irréguliers, et qu'on n'en peut rien conclure, ce que confirme d'ailleurs le rapport des quatre commissaires.

M. Fualdès fils, après avoir soumis à la Cour des observations dans le sens du procureur-général, se retire de l'audience.

La discussion à ce sujet est continuée le lendemain.

Les débats sont fermés le 22, et la parole est accordée à la partie civile.

M. Fualdès fils prononce un long discours pour justifier l'action qu'il a intentée contre des individus qui lui paraissent avoir été les meurtriers de son père et les spoliateurs de sa succession.

Mᵉ Tajan, avocat de M. Fualdès fils, commence sa plaidoirie.

Séance du 23.

Mᵉ Tajan se disposait à continuer sa plaidoirie, lorsque le président déclara que la Cour reprenait la continuation des débats.

Le Président annonce ensuite qu'il a reçu de Bax de nouveaux aveux, que cet accusé va renouveler à l'audience, ce qu'il fait en ces termes :

« Le 18 mars 1817, vers les dix heures du matin, les nommés Yence d'Istournet, Bessières-Veinac, Louis-Bastide et Réné m'abordèrent sur la place de Cité; ils m'invitèrent à aller avec eux au Foiral, disant qu'ils avaient quelque chose de particulier à me confier; je les suivis. Arrivés aux arbres de la promenade, ils me proposent de prendre part au pillage par eux projeté, de la maison de M. de France, qui devait avoir lieu dans la même soirée. (M. de France est un témoin entendu par la Cour. Il était dans la salle d'audience pendant cette déclaration, et il ne put contenir un mouvement d'effroi en apprenant le péril dont il avait été menacé). Ils m'offrirent, et ce fut Yence qui me fit cette offre, une somme de 1,200 fr. si

ASSASSINS DE FUALDÈS.

je voulais les seconder dans l'accomplissement de leur projet ; je m'y refusai. Mais, concevant des inquiétudes sur les suites de cette proposition non acceptée, ils me firent des observations menaçantes : je leur promis de ne point révéler leur projet, si toutefois je n'étais point interpellé en justice. Nous nous séparâmes, et je ne les vis plus de toute la journée du 18, ainsi que je l'ai dit dans mes précédens interrogatoires. Le 19 mars, vers dix heures du matin, je fus accosté sur la place de Cité par le marchand de tabac que j'ai désigné sous ce nom. Le rendez-vous pour la livraison de la marchandise par moi achetée, fut fixé, comme je l'ai dit, à huit heures du soir du même jour ; nous fûmes ensemble à la porte de la maison Bancal ; et les indications données pour me faire ouvrir la porte, nous nous séparâmes. Je revins chez Rose Feral ; je bus un coup avec Palayret et Bousquier. Colard et Missonnier sortirent, et moi-même après eux : huit heures venaient à peine de sonner. — Je fus acheter du tabac chez la femme Anduze, au fond de l'Ambergue gauche ; de là je montai par l'Ambergue droite, et, à cet égard, je dois rétablir un fait que j'avais tu jusqu'ici. Je me rendis immédiatement chez Bancal. Il était environ huit heures et demie ; la personne qui m'ouvrit la porte était (comme je l'ai déjà dit) le marchand de tabac. Je fus introduit dans la maison Bancal : là, je reconnus Bastide-Gramont, Jausion, Bessières-Veinac, Yence d'Istournet, Louis Bastide, Réné, Bancal, Colard, et la femme Bancal. Il y avait encore deux

autres femmes que je ne reconnus pas ; je les ai déjà
signalées. Là, je vis M. Fualdès, assis sur une chaise,
entouré par les individus que je viens de désigner. Je
remarquai Jausion tenant un portefeuille en maroquin, sur le revers duquel j'aperçus une petite
plaque jaune au moyen de laquelle ce portefeuille
se fermait. La couleur de cet objet était bleue ou
rouge ; je ne puis autrement la signaler. — Déjà
M. Fualdès avait signé quelques effets ; il en signa
quelques autres en ma présence : il y en avait environ douze ou quinze. Cela fait, Jausion les réunit,
les renferma dans le portefeuille dont je viens de
parler, et mit ce portefeuille dans sa poche. À peine
la signature des billets fut-elle terminée, que Bastide-
Gramont annonça à M. Fualdès qu'il fallait mourir. Ce dernier fit un mouvement, se leva, et, s'a-
dressant à Bastide, il lui dit avec force : « Eh quoi !
pourra-t-on jamais croire que mes parens et mes
amis soient au nombre de mes assassins ? » Pour
toute réponse, Bastide-Gramont saisit Fualdès,
veut l'étendre sur la même table où il venait de signer les billets ; les individus qui l'entouraient le
secondent. Fualdès résiste ; au milieu des efforts
qu'il faisait pour se défendre, je l'entendis qui demandait un moment pour se réconcilier avec Dieu.
— Bastide-Gramont fut celui qui lui répondit :
Va, tu te réconcilieras avec le diable. Enfin, Fualdès
est dompté, et étendu sur la table. Jausion, qui tenait un couteau à la main, lui porta le premier
coup (mouvement d'horreur dans l'auditoire) ; j'i-
gnore s'il le blessa. Fualdès fait un effort, la table

est renversée. Il échappe des mains de ses assassins ; il se dirige vers la porte ; je m'y trouvais placé ; je ne fis aucun mouvement pour l'arrêter. Bastide, qui s'en aperçut, me donna un soufflet, et, de concert avec les autres individus, il ressaisit Fualdès, et de nouveau ils l'étendent sur la même table, qui avait été redressée. Dans le moment, Bastide s'arme du couteau ; il le plonge à plusieurs reprises dans la gorge de Fualdès ; ce dernier poussait des gémissemens et des cris étouffés ; j'ignore s'il avait été tamponné, ou seulement bâillonné. — La femme Bancal recevait le sang, non dans une cruche, mais dans un baquet. Les deux autres femmes étaient de l'autre côté de la table ; elles ne prenaient aucune part à tous ces apprêts. Lorsque Fualdès eut expiré, on prit son corps, on le transporta sur deux bancs près de la croisée qui donne sur la rue. Bientôt après on replaça le corps de Fualdès sur la table. Ce fut là qu'on fouilla les poches de ses vêtemens, et qu'on en retira les objets dont j'ai parlé dans mes précédens interrogatoires. Je confirme de nouveau tout ce que j'ai dit, tant à l'égard de la chemise que de la bague et des pièces d'argent données à la femme Bancal. Je me rappelle que ce fut Jausion qui, ayant retiré d'une des poches une clé, la donna à Bastide, en lui disant · Va, ramasse le tout. Cela fait, Jausion sortit. — Peu de temps après on entendit du bruit dans un cabinet donnant sur la cour. Bastide demanda avec vivacité à la femme Bancal d'où provenait ce bruit ; celle-ci répondit qu'il y avait une femme. Bastide-Gramont ouvre la porte, il saisit cette femme. Elle était travestie en homme. Il la traîne dans la cuisine, il veut l'égorger. Celle-ci lui dit : Je suis une femme, je vous demande la vie. Bastide lui porte les mains sur la poitrine, tenant encore le couteau avec lequel il venait d'égorger Fualdès; il persiste à vouloir lui arracher la vie. Je m'oppose de tous mes moyens à ces excès. — « Dans cet intervalle, Jausion rentre dans la cuisine, fait des reproches à Bastide, et lui dit : Tu es déjà embarrassé d'un cadavre, que feras-tu de l'autre? Je me joins à ces instances pour sauver cette femme : je l'avais reconnue, quoique traverstie, pour être la fille de M. Enjalran, que j'avais vue à Rodez, dans le temps que M. de Goyion était préfet. Bastide consent enfin à lui donner la vie, mais exige d'elle un serment. On la contraint à se mettre à genoux, à étendre la main sur le cadavre; et là, on lui fait faire le serment de ne rien dire, à peine de perdre la vie par le fer ou par le poison. Elle se relève : je m'aperçois qu'elle avait du sang à l'un des doigts de la main. — » Jausion la prend sous sa sauve-garde, et la conduit hors de la maison Bancal. Il était alors à peu près neuf heures et demie. Je reçus l'ordre de Bastide-Gramont d'aller chercher Bousquier. Je sortis, accompagné de Bessières-Veynac, de Réné et du marchand de tabac. Arrivés dans la rue du Terral, les trois individus se portèrent au Coin de Françon de Valat; moi je me dirigeai vers le puits de la place de Cité; je m'arrêtai quelques instans, et lorsque je vis passer Bousquier, je l'appelai; nous fûmes ensemble chez Bancal, où, étant arrivés, je ne vis plus dans la cuisine Louis Bastide, Yence, Bessières-Veinac, Réné et le marchand de tabac. »

Mad. Manson, interpellée par le président, déclare ne rien contester de la déposition de Bax.

Jausion avec fureur. Bax, vous êtes un coquin, un assassin plus cruel que ceux qui ont égorgé Fualdès; ils avaient sans doute un motif de vengeance, et moi je ne vous ai rien fait, et vous vous plaisez à m'enfoncer un poignard dans le corps.

Le Président à Bax. Ne secondâtes-vous pas les meurtriers de M. Fualdès?

Bax. Si on m'avait dit d'aider, je l'aurais fait.

Un Juré à Bax. Dites-nous si on avait placé les lettres de change en long ou en large devant M. Fualdès.

Bax. C'était en long.

Ainsi M. Fualdès avait signé des endossemens et non des lettres de change.

Me Rajan a repris sa plaidoirie, qu'il a continuée les 24 et 25. Il a mis beaucoup d'habileté à établir le degré de culpabilité de chacun des accusés.

Séance du 27.

Le président annonce aux jurés que la femme Bancal est dans l'intention de faire de nouvelles révélations à la justice.

Un profond silence règne dans la salle; on espère que l'accusée va révéler tout ce qu'elle a vu et tout ce qu'elle sait; mais l'attente de la justice ne fut pas complétement satisfaite. La femme Bancal ajoute seulement à ses premières révélations ces circonstances nouvelles : 1° Elle a vu Bastide faire signer à M. Fualdès, tantôt en long, tantôt en large, les lettres de change qui avaient été posées devant lui sur la table de cuisine; ce qui prouve que cet infortuné a souscrit et des corps de billets et de simples endossemens. 2° Elle a vu M. Fualdès demander à ses assassins un peu de temps pour recommander son âme à Dieu ; mais elle n'a pas entendu ce que ceux-ci lui ont répondu. 3° Elle a remarqué que Bastide avait un grand portefeuille rouge. 4° Le lendemain 20 mars, au matin, elle trouva dans sa cuisine un de ces effets sur papier timbré ; comme il était taché de sang, elle le jeta au feu.

Bastide, interpellé sur cette déclaration, prétend que toutes ces révélations sont copiées les unes sur les autres : « Ah ! mon Dieu ! continue-t-il, je me doutais bien qu'elle accoucherait encore de quelques-uns des détails donnés par Bax. Tous les *révélans* sont comme ça ; ils répètent ce que les autres ont dit. *Mettez là-dessus une musique espagnole*, et que chacun conserve son rôle, ce sera comme dans *Iphigénie en Tauride*. »

La femme *Couderc*, rappelée aux débats, dépose que la femme Bancal lui a dit qu'il y avait *quinze* personnes présentes lorsque l'assassinat fut commis.

Madame Constans. « Je ne sais que ce que m'a

dit mad. Manson. Je la vis quelques jours après l'arrestation de Jausion; elle me demanda ce qu'on disait de l'assassinat de M. Fualdès. Tout le monde croit, lui répondis-je, que Jausion a tracé le plan de l'assassinat, et que Bastide en a été l'exécuteur. — Ah ! les misérables ! me dit-elle, ils sont bien coupables tous les deux; ils méritent la mort. Enfin, elle finit par m'avouer qu'elle avait été elle-même dans la maison Bancal. Voici les circonstances qu'elle m'apprit de l'assassinat : Elle était allée dans la maison Bancal pour y attendre quelqu'un. La femme Bancal ne voulait pas la recevoir, attendant elle-même des messieurs. Au moment où elles s'entretenaient ensemble dans le corridor, il arriva tout à coup des individus qui entraînaient violemment M. Fualdès. Alors la femme Bancal la fit entrer brusquement dans le cabinet attenant à la cuisine. Ce fut là qu'elle fut, malgré elle, témoin du plus affreux des spectacles. Après qu'on eut égorgé l'infortuné Fualdès, Bastide ouvrit la porte du cabinet, et s'écria : Nous sommes perdus ! voici un homme ! Elle avait, en effet, un pantalon de nankin qui fut taché par la main toute sanglante de Bastide. Il la tira avec force du cabinet et voulut l'égorger, ayant encore le coutelas dont il venait d'égorger M. Fualdès; mais Jausion vint à son secours. Il dit qu'il répondait d'elle sur sa tête; que c'était mademoiselle Enjalrand, et qu'il était sûr de sa discrétion. On la fit mettre à genoux devant le cadavre, et prêter serment de ne rien révéler de tout ce qu'elle avait vu, sous peine de perdre la vie. Ensuite Jausion la conduisit dans la rue de l'Ambergue, et de là sur la place de Cité.»

Mad. Manson nie, et Constans lui adresse ces mots : *Vous êtes maîtresse de me démentir, vous en avez démenti tant d'autres !*

Le procureur-général prononce un discours, qu'il divise ainsi :

1° Les faits antérieurs à la journée du 19 mars 1817;

2° Les faits qui se sont passés dans la journée du 19 mars, jusqu'à l'heure où le sieur Fualdès est parti pour le fatal rendez-vous;

3° Ceux qui ont eu lieu depuis sa sortie jusqu'au moment où le corps a été jeté dans l'Aveyron ;

4° Les faits postérieurs.

Ce magistrat discute avec une grande lucidité les charges de l'accusation.

Séance du 28.

Me *Boudet* plaide en faveur de la Bancal, et s'adresse à la clémence plus encore qu'à la justice des jurés.

On s'attendait à voir Me Romiguière; mais il s'est borné à se lever et à dire : *L'accusé Bastide demande la parole.*

Bastide lit sa défense. Il discute les preuves, accuse témoins et co-accusés, proteste de son innocence, et finit ainsi : « Que s'il me fallait éprouver encore l'injustice des vivans, j'en appelle à un prochain avenir. L'avenir gravera sur ma tombe : *Bastide est innocent.*

M⁰ *Dubernard* prend la parole pour Jausion, et tente de prouver que son client n'est coupable ni de vol, ni d'assassinat.

Séance du 29.

M⁰ *Esquilat* présente la défense de madame Manson : sa tâche était facile à remplir.

Mad. *Manson* a parlé après son avocat, pour faire le récit de ses *souffrances* depuis le commencement du procès.

Séances du 30 avril, des 1ᵉʳ et 2 mai.

On entend les défenseurs des autres accusés. M⁰ *Bole* pour Colard, et M⁰ *Grandet* pour Missonnier, se font surtout remarquer par un rare talent de discussion : aussi regrettons-nous vivement de ne pouvoir, à cause des limites de notre cadre, rapporter leur plaidoyer.

M⁰ Tajan, M. Fualdès fils, le procureur-général et les avocats des accusés prennent successivement la parole pour réfuter et répliquer.

Les débats sont fermés.

Séance du 4.

Le président fait le résumé de la cause, et donne ensuite connaissance des questions soumises par la Cour aux jurés.

Les jurés, entrés dans la chambre des délibérations à deux heures, n'en sortent qu'à sept.

Le chef des jurés, la main sur le cœur, lit la réponse aux questions soumises. Elles sont toutes résolues à l'unanimité.

La Bancal est déclarée coupable de complicité de meurtre avec préméditation ;

Bastide et Jausion, coupables de meurtre avec préméditation, et de vol avec effraction ;

Colard et Bax, coupables de complicité de meurtre avec préméditation ;

Anne Benoit coupable de complicité de meurtre, sans préméditation ;

Missonnier, non coupable de meurtre ni de complicité dans le meurtre, mais coupable de la noyade du cadavre ;

Bax, Colard, Bastide et Jausion, coupables de la noyade du cadavre ;

Mad. Manson non coupable, *à l'unanimité.*

Le président ordonne qu'on introduise les accusés. Leur contenance présente des contrastes frappans. Jausion, faible et abattu, est soutenu par des gendarmes ; Bastide, toujours ferme, montre encore plus de fierté que de coutume ; Colard paraît calme et résigné auprès d'Anne Benoit plongée dans la douleur.

Mais ce fut lorsque la Cour, après la lecture faite par le greffier de la déclaration du jury, se fut retirée, pour délibérer sur l'application de la peine, que Jausion offrit un douloureux spectacle.

Dans sa profonde affliction, les phrases qu'il prononçait n'offraient aucun sens. « Ah ! Messieurs, s'écriait-il, vous n'avez pas voulu connaître la vérité... Je suis innocent... Il fallait demander à M. Fualdès quels étaient ses ennemis... Le procureur-général a juré ma perte...On veut mon argent, qu'on le prenne; mais qu'on me laisse à mes enfans... Quand je serai sur l'échafaud je parlerai comme à présent... Dieu vous jugera... Je suis innocent... Pauvres enfans ! que vont-ils devenir, sans honneur, sans fortune ?... ils mourront à l'hôpital... Je veux qu'on creuse une tombe pour y mettre ma femme et mes enfans avec moi; on écrira dessus : *Jausion était innocent.*. Que Bax, puisqu'il est condamné, dise maintenant la vérité... qu'il dise si j'étais chez Bancal... »

Et la voix accusatrice de Bax répond : Oui, vous y étiez !

Le retour de la Cour interrompt pour un instant les exclamations de Jausion, qui maintenant n'inspire pas moins de pitié que d'horreur.

Le président lit l'arrêt qui condamne

La femme *Bancal, Bastide, Jausion, Colard* et *Bax*, à la PEINE DE MORT;

Anne Benoit, aux travaux forcés à perpétuité, et à la flétrissure des lettres T P ;

Missonnier, à deux ans de prison;

Et prononce l'acquittement et la mise en liberté de madame Manson.

L'arrêt de mort renouvela la scène de désespoir qui avait précédé la délibération de la Cour. Jausion renouvela ses protestations; mais son affliction

était encore moins touchante que celle de Colard
et d'Anne Benoit. Cette malheureuse disait avec un
accent déchirant : « Ah ! condamnez-moi comme
Colard... Je veux la mort ; s'il meurt... je veux
mourir ! »

La séance du 5 mai 1818 fut la dernière consacrée
à ce mémorable procès, dont les débats avaient
été ouverts le 25 mars. Les criminels furent condamnés à payer 60,000 francs de dommages-inté-
rêts à M. Fualdès fils ; mais leur fortune était dé-
naturée, et le fils de la victime ne retira d'autre
avantage de sa légitime poursuite, que la satisfaction
d'avoir vengé la mémoire de son malheureux père.

Les condamnés, Missonnier excepté, se pourvurent en cassation ; mais leur pourvoi fut rejeté le
30 mai.

Le 3 juin, dès le matin, les postes militaires
sont doublés, et les mesures prises pour mettre
à exécution, dans la journée, l'arrêt de condamnation. A onze heures, Bastide, Jausion et Colard
entendent la lecture de l'arrêt qui rejetait leur
pourvoi. Chargés de chaînes, les mains liées derrière le dos, les condamnés sont aussitôt séparés,
et chacun d'eux est plongé seul dans un cachot, et
gardé à vue jusqu'au moment terrible qui se prépare. Jausion est résigné, Bastide abattu ; Colard
pleure, moins de perdre la vie que de quitter pour
toujours sa chère Anne Benoit. Celle-ci, de son
côté, ne s'occupe que de Colard.

Quelques instants après, Bastide et Jausion de-

mandent un notaire pour faire leur testament d•
mort. Un des juges, M. Pagan, les sollicite de fair•
à leur heure suprême l'aveu de leur crime. Tou:
deux, ainsi que Colard, protestent encore de leur
innocence: ils demandent qu'on se souvienne d•
leurs dernières paroles.

Enfin, ils partent à quatre heures et demie, ac-
compagnés des ministres de la religion, pour l;
place du Manége, lieu de l'exécution.

Jausion monta le premier. Avant de perdre la
vie, il dit ces mots : Je meurs innocent de l'assassinat de Fualdès; un jour viendra qu'on ne reprochera plus à mes enfans d'être les fils d'un assassin

Colard accusait Bastide de sa perte; et celui-ci,
sans force et sans courage, traîné sur l'échafaud
le dernier, ne reprit ses sens que pour s'écrier :
Que dira ma famille ?

Bax, recommandé à la clémence du roi, et la
Bancal, durent déposer dans le nouveau procès
dirigé contre Yence, Constans, et Bessières-Veinac, accusés d'être auteurs ou complices de l'assassinat de M. Fualdès.

Les débats de cette nouvelle affaire ne tardèrent
pas à s'ouvrir. Là, madame Manson, Bax, Teyron
renouvelèrent leurs déclarations. La présence des
accusés Yence et Bessières-Veinac au crime fut
constatée par de nombreux témoins; mais des témoignages non moins importans établirent leur
alibi : les trois accusés furent acquittés.

FIN DU TROISIÈME VOLUME DE LA 3ᶜ SÉRIE.

TABLE DES MATIÈRES.

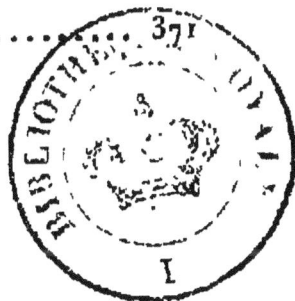

FIN DE LA TABLE.

www.ingramcontent.com/pod-product-compliance
Lightning Source LLC
Chambersburg PA
CBHW031720210326
41599CB00018B/2454